AF558112

Lutz Dammbeck

SEEK

Der Golem geht um – Affären zwischen Kunst, Wissenschaft und Technologie

Spector Books

IMPRESSUM

Gestaltung: Malin Gewinner
Titelschrift: Erkin Karamemet
Bildbearbeitung: ScanColor, Leipzig
Lektorat: Jan-Frederik Bandel
Korrektorat: Anne König, Jan Wenzel
Druckerei: Memminger MedienCentrum Druckerei und Verlags-AG
Erste Auflage, 2023

Erschienen bei
Spector Books
Harkortstraße 10
04107 Leipzig
www.spectorbooks.com

Printed in Germany
ISBN 978-3-95905-714-1

Vertrieb:
Deutschland, Österreich: GVA,
Gemeinsame Verlagsauslieferung Göttingen GmbH & Co. KG
www.gva-verlage.de
Schweiz: AVA Verlagsauslieferung AG
www.ava.ch

Inhalt

Vorlauf

1999 schien eine digitale Revolution zu beginnen, die nach und nach alle Bereiche der Gesellschaft erfasste. Dass die Kunst der Moderne dabei eine führende Rolle spielte, wurde in den Medien kolportiert und schien allgemein klar. Darüber wollte ich 2001 einen Film mit dem Titel *Das Netz* machen.

Doch nach und nach verschoben sich bei der Recherche die Gewichte: Kunst schien lediglich nachzuvollziehen, was zuvor in den Laboren und Werkstätten von Universitäten und Firmen, oft im Auftrag staatlicher Institutionen, erdacht und gebaut worden war.

Waren Künstler also nur Cheerleader für die Verbreitung der Ideen von Wissenschaftlern, Technikern und Politikern?

Übriggeblieben von meinem ursprünglichen Ansatz für den Film waren diese und andere Fragen und, als ein Ergebnis meiner Recherchen, Material zur Ausstellung *SOFTWARE – Information technology: its new meaning for art*, die 1970 im Jewish Museum in New York stattfand. Die Ausstellung galt als wegweisend für Verbindung von Konzeptkunst mit den neuen technischen Apparaten und Netzwerken, und den dazugehörigen Theorien wie Kybernetik, Systemtheorie und Konstruktivismus.

Hauptanziehungspunkt der Ausstellung war eine Maschine mit dem Titel *Seek*, in der Mongolische Wüstenrennmäuse mit einem computergesteuerten Greifarm interagierten. *Seek* erschien als die spielerisch-künstlerische Vorwegnahme eines Gesellschaftsmodells, dessen Konturen sich 1970 schon erahnen ließen. In einem für *Das Netz* geführten Interview sagte mir Jack Burnham, der Kurator der Ausstellung: „*Seek* war irgendwie wie H. G. Wells, und man stellte sich vor, dass so etwas in Zukunft vielleicht passieren könnte. Und zwar mit Menschen, nicht nur mit Mäusen."

Das ging mir lange nicht aus dem Kopf. Wie kamen Künstler, Architekten und Ingenieure dazu, so eine Maschine zu bauen? Wie konnte ich die Genealogie dieser Maschine beschreiben? War der Nachbau nur eine technisch-handwerkliche Aufgabe, oder gab es ein zu ergründendes zusätzliches Geheimnis, das tief und fest in die magischen Zahlenspiele des Computers eingeschrieben war, der die Maschine steuerte? Wie sichtbar machen, was im Verborgenen liegt?

Mit einem Team baute ich ein Replikat: *Seek II.* Ich wollte aber nicht nur eine Maschine nachbauen, sondern auch versuchen, für etwas, das nur als immaterielle Abstraktion, als Rechenmodell, als Zahlensammlung oder Simulation darstellbar war, wie zum Beispiel die Kybernetik, ein Präparat herzustellen. Traditionell war das ein Objekt, das in der Naturkunde zu Anschauungs-, Lehr-, Demonstrations- oder Forschungszwecken diente. Präparate waren der Natur entnommene Objekte, die durch entsprechende Verfahren aufbereitet wurden. Kybernetiker und Systemtheoretiker verwendeten aber Bilder und Zahlen, um ihre Ideen und Vorstellungen zu veranschaulichen. Computersimulationen, Diagramme und Statistiken lösten so Holz- oder Gipsmodelle ab, und Nervenmodelle ähnelten Schaltplänen, die sich von denen einer Maschine nicht unterschieden und auch nicht unterscheiden sollten.

Mir schwebte dagegen ein Präparat vor, das als reales „Ding" in einem realen Raum stand, das man anschauen, anfassen und um das man herumgehen konnte. Ich war neugierig, ob dieses Ding die spirituelle Dimension und die gegenständlich gewordene Wahrheit einer mathematischen und konstruktivistischen Idee einfangen konnte, und auch darauf, wie ein heutiges Publikum auf eine Versuchsanordnung von 1970 reagieren würde.

Dieses Buch soll den Film und den Nachbau der Maschine ergänzen, um durch, eine Art vergleichender Kunstgeschichte die Strömungen der Wissenschaft, der Politik und der Kunst zusammenzuführen, die mir für die Genealogie von *Seek* bedeutsam erscheinen.

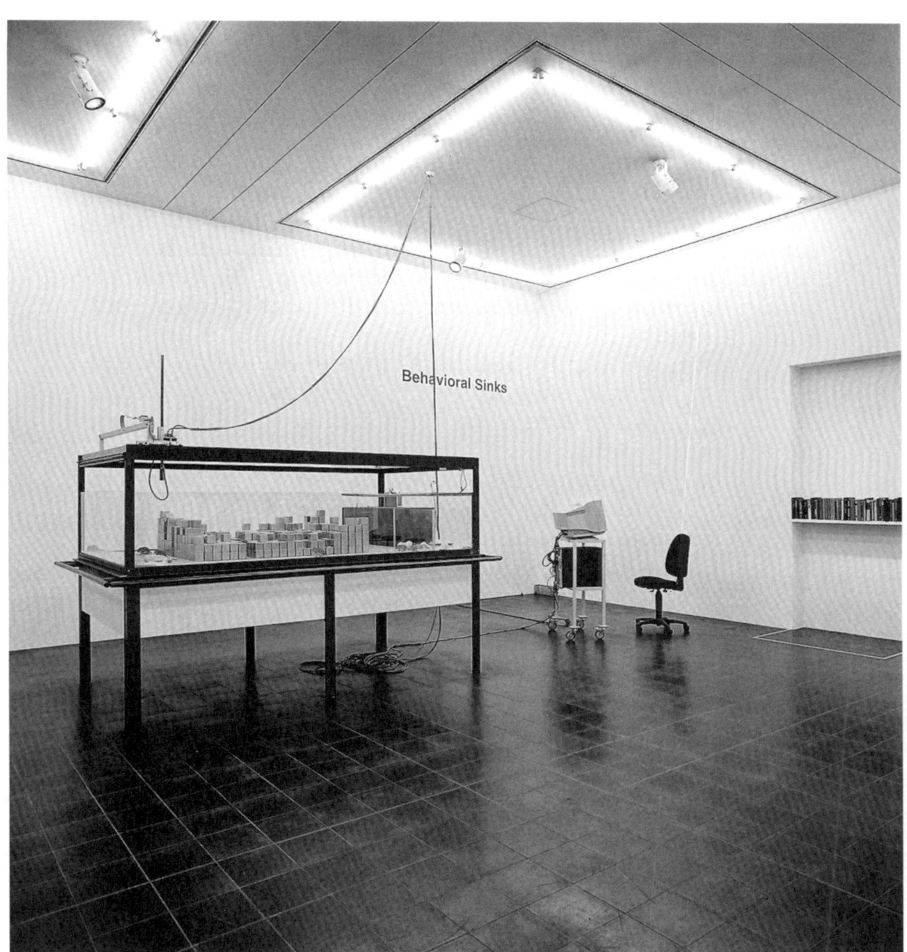
Behavioral Sinks

Jewish Museum (I)

An der New Yorker Fifth Avenue, gegenüber dem großen See vom Central Park, steht ein Haus im spätgotischen Stil. Es wurde 1908 errichtet und gehörte einst dem deutschen Bankier Felix M. Warburg. Seit 1944 ist es das jüdische Museum der Stadt New York. 1937 hatte die Witwe von Felix M. Warburg das Herrenhaus der Familie als dauerhaften Sitz des Museums gestiftet, das vom Jewish Theological Seminary of America, dem JTS, betrieben wurde, der führenden Rabbinerschule der konservativen jüdischen Bewegung.

Den Grundstein der Sammlung bildete ein Geschenk von 26 Judaica, die mit einer von Felix M. Warburg erworbenen Sammlung jüdischer Zeremonialkunst zum Kern der Sammlung des Museums wurde.

Damit entwickelte sich das Jewish Museum in New York nach dem Zweiten Weltkrieg, neben dem Bezalel National Museum in Jerusalem und den Jüdischen Museen in Prag und Paris, zu einem der wichtigsten Aufbewahrungsorte für Judaica und Kunstgegenstände aus jüdischen Sammlungen in ganz Europa.

1970 zeigte das Museum in einer Sonderausstellung in einem Nebengebäude Dinge, die New York bis dahin noch nicht gesehen hatte. Während im obersten Stockwerk Talmudgelehrte und Rabbiner über ihren Schriften und Manuskripten saßen, fand im unteren Stockwerk ein bis dahin einzigartiges Experiment statt.

Computergesteuerte Greifarme bewegten sich über einer Stadt aus kleinen Metallwürfeln, durch deren enge Gassen Mäuse hin und her huschten. Durch alle Räume der Ausstellung schlängelte sich ein Gewirr aus Video- und Netzwerkkabeln, blinkten die Kontrollleuchten von Oszillatoren, Mischpulten und Monitoren, summten Verstärker und Ringmodulatoren, ratterten Computerdrucker und werkelten Künstler und Ingenieure geschäftig an seltsamen Apparaten. Würde es wirklich gelingen, einen neuen Golem zu bauen?

1 *Zuweilen fahre ich empor aus dem Dämmer dieser halben Träume und sehe für einen Augenblick wiederum den Mondschein auf dem gebauschten Fußende meiner Decke liegen wie einen großen, hellen, flachen Stein, um blind von neuem hinter meinem schwindenden Bewußtsein*

herzutappen, ruhelos nach jenem Stein suchend, der mich quält – der irgendwo verborgen im Schutte meiner Erinnerung liegen muß und aussieht wie ein Stück Fett.

Kunst und Technik (I)

Die Ausstellung im Jewish Museum war nur ein kleiner Punkt auf einem Zeitstrahl, der Jahrzehnte, wenn nicht gar Jahrhunderte, zurückreichte, auf dem sich Ideen und Ereignisse in Kunst, Wissenschaft und Technologie ablesen ließen, die zu einer Moderne gehörten, die sich den Bau der Zukunft auf die Fahnen geschrieben hatte.

1915 hatte der Physiker Albert Einstein in Berlin seine „Allgemeine Relativitätstheorie" vorgestellt, nach der Raum, Zeit und Materie keine festen, sondern veränderliche Größen waren. Einstein und seine Theorie wurden von der Presse als „eine neue Größe der Weltgeschichte" auf die Titelseiten gehoben und inspirierten auch zeitgenössische Künstler und Architekten, die diese Vorstellung eines raumzeitlichen Kontinuums aufnahmen und mit ihren bildhaften Fantasien vermischten.

Wenige Jahre später, 1922, fand in Weimar ein konstruktivistisch-dadaistischer Kongress statt, auf dem diese Inspirationen Thema waren. Treibende Kraft war Theo van Doesburg, ein Vertreter der niederländischen Avantgarde und Wegbereiter der abstrakten Kunst, der von einem unerschütterlichen Glauben an den Fortschritt beseelt war.

Van Doesburgs *Mécano*, eine Beilage der Zeitschrift *De Stijl*, sollte eine *Internationale Zeitschrift für psychische Hygiene, mechanische Ästhetik und Neodadaismus* sein und diesen Glauben popularisieren. Weitere Teilnehmer am Kongress waren die Dadaisten Tristan Tzara, Hans Arp und Hans Richter, die Konstruktivisten El Lissitzky, László Moholy-Nagy und der De-Stijl-Architekt Cornelis van Eesteren sowie einige Studenten des Bauhaus, das gemäß einem 1919 erschienen „Bauhaus-Manifest" alle Künste und Künstler klassenübergreifend in einem neuen Bau der Zukunft zusammenführen wollte. Grundsätzlich ging es Bauhäuslern, Dadaisten wie auch den Konstruktivisten um die Rolle des Künstlers als Pionier einer neuen Seh- und Bildkultur, in der auch die systematische Subversion der Maschine als künstlerische Kraft, wie sie auch von Francis Picabia, Max

Ernst, Man Ray oder Marcel Duchamp propagiert wurde, genutzt werden sollte.

Doch dieser Bau der Zukunft sollte nicht nur von Künstlern und ihrer Kunst allein errichtet werden. Wissenschaft und Technik waren, neben der Politik, Felder, auf denen im Sinne des Fortschritts in ganz Europa an diesem Vorhaben gearbeitet wurde. Es waren, neben Physikern wie Einstein, vor allem Philosophen wie Rudolf Carnap, einer der glänzendsten Vertreter einer neuen philosophischen Schule, die das Denken als Instrument der Wissenschaft festlegten und „szientistisch“ waren, also das methodische Vorgehen nach wissenschaftlichen Maßstäben pflegten und einforderten.

Der „Wiener Kreis“, der sich um die Zeitschrift *Erkenntnis* gesammelt hatte und zu dem auch Kurt Gödel, Hans Hahn, Olga Hahn-Neurath, Otto Neurath und Moritz Schlick gehörten, ließ als Grundlage der Erkenntnis nur das Physische gelten. Wissenschaftlichkeit sollte das Instrument für die gesamte Lebensführung werden. In dieser „Wissenschaftlichen Weltauffassung“ war alles planbar, zum Beispiel auch die Sprache. Das war eingebunden in eine Philosophie, in der, wie in der modernen Physik, nun alle Bezüge zur Natur gekappt wurden.

Diese neue Künstlichkeit hatte eine Menge Bezüge zu dem, was zur gleichen Zeit in den Künsten an Nachdenken darüber begonnen hatte, wie sich mithilfe von Wissenschaft, Logik und neuen Maschinen feste und tradierte Vorstellungen vom Raum und Zeit auflösen ließen und so eine neue und umfassende Sichtweise auf den Menschen möglich wurde. In Theater, Film und bildender Kunst entstanden so in verschiedenen europäischen Ländern Konzepte und Projekte, die diese Impulse aufnahmen und sich dieser Neuordnung widmeten.

1927 fragte der Theaterregisseur Erwin Piscator den Architekten Walter Gropius, damals Direktor des Bauhaus, ob dieser ihm ein neuartiges Totaltheater entwerfen könne. Das Bauhaus richtete daraufhin eine Ideenwerkstatt ein, aus der unter anderem das U-Theater von Farkas Molnár und das Kugeltheater von Andor Weininger als Entwürfe hervorgingen. Walter Gropius selbst entwarf ein Totaltheater, das Filmprojektionen im gesamten Saal ermöglichen sollte. Dazu gab es eine Hauptbühne, eine rotierende Arenabühne und umlaufende, zwischen den Reihen platzierte Stege als Spielflächen.

Doch nicht nur die Vorstellungen von Raum, Zeit und Materie standen auf dem Prüfstand. Vor dem Hintergrund von

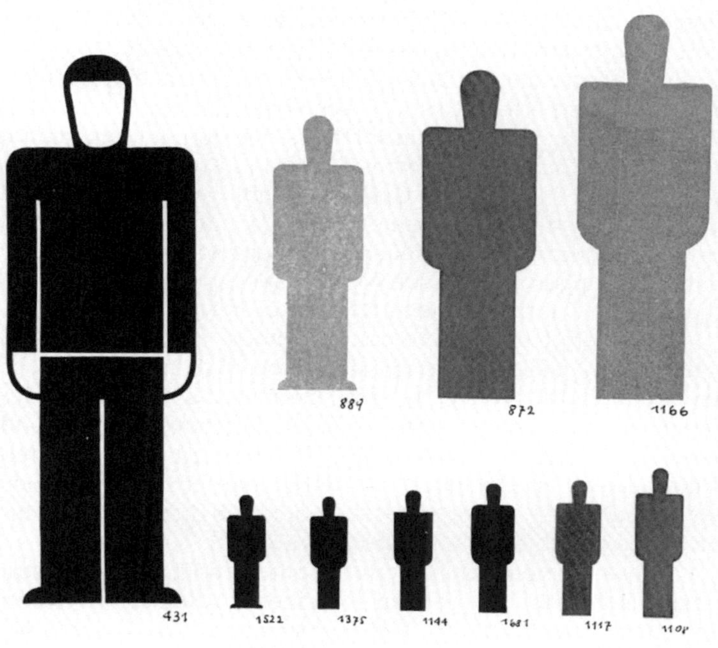
872
1166
431
1522
1375
1144
1681
1117

Dada, Konstruktivismus und Futurismus und begünstigt von einer allgemeinen Technikfaszination geriet auch die psychosoziale Gestalt des Menschen selbst in den Blickpunkt.

1923 hatte der Sozialpsychologe Kurt Lewin, einer der Mitbegründer der Berliner Gestaltpsychologie, mit einer Studentengruppe des Psychologischen Instituts der Berliner Universität begonnen, Filmaufnahmen von Kindern in Konfliktsituationen herzustellen. Die Berliner Gestaltpsychologen arbeiteten, anders etwa als die Wissenschaftler des Wiener Kreises, experimentell und interessierten sich für innere wie visuelle Sinneswahrnehmungen, die es den Versuchspersonen ermöglichten, Phänomene wahrzunehmen und zu interpretieren.

Begünstigt durch eine neu im Handel angebotene Handkamera für Amateure, die mit dem Slogan „Filme dich selbst" beworben wurde, versuchte sich Lewin an der Aufhebung des Gegensatzes von Leben und Labor. Die Versuchspersonen sollten sich „frei" fühlen und „natürlich" vor der Kamera agieren, während die Wissenschaftler bei den Dreharbeiten die Methode der versteckten Kamera einsetzten, die auch durch ein neu entwickeltes Teleobjektiv unterstützt wurde.

Diese „Lebensexperimente" sollten, so Lewins Vorstellung, das gewöhnliche Leben in seiner Authentizität einfangen und Nicht-Sichtbares sichtbar machen. Durch das Spiel von Trieb und Hemmung, das sich in der Mimik, der Gestik, dem Ausdruck und der Interaktion der Probanden niederschlug, sollten die Gesetze der psychischen Dynamik klar, deutlich und wiederholbar zur Erscheinung gebracht und so die zugrunde liegenden Gesetzlichkeiten aufgespürt und festgehalten werden.

Lewins neuartige Filmästhetik interessierte auch die zeitgenössische Filmavantgarde. 1929 hielt der russische Regisseur Sergej Eisenstein am Berliner Psychoanalytischen Institut einen Vortrag. Kurz darauf kam es zur Begegnung zwischen Eisenstein und Lewin, der ihm seine Filme vorführte. Eisenstein war begeistert von Lewins Studien zur mimischen und gestischen Ausdrucksbewegung und dem dafür entwickelten Setdesign. Eisenstein war Anhänger der von seinem Lehrer Wsewolod Meyerhold entwickelten Theorie einer „Biomechanik" des Ausdrucks, die in Teilen den Methoden von Lewin ähnelte und die methodischen Grundlagen für ein körpertheatrales Raum- und Bewegungssystem der Schauspieler bereitstellen sollte.

Eisenstein war auf der Suche nach Mitteln und Methoden, um nicht nur das Verhalten zu beobachten und dann daraus Schlüsse zu ziehen, sondern auch weitergehend die für ihn biologische Anarchie des Individuums mithilfe des Films zu ordnen, den er als Psychotechnik, als Mittel zur Regulation des Verhaltens und des Denkens begriff.

Eisenstein, der zunächst höhere Mathematik studiert hatte und die mathematische Genauigkeit schätzte, war durch die Wirren des Bürgerkriegs als Bühnenbildner an das Proletkult-Theater in Moskau gekommen und später dort Regisseur geworden.

Er war nun auf der Suche nach der inneren Mechanik der „heiligen“ Kunst und den verborgensten Schichten der künstlerischen Methode, die er nicht in der Liquidierung von Form und Sinn oder der Ersetzung von organischer Natur durch Konstruktion sah, wie andere Künstler in den 1920er Jahren, sondern im Finden einer Maßeinheit, mit der sich die Mechanik und die Wirkungskraft von Kunst exakt erfassen ließ.

Die Verbindung der unterschiedlichen Wirkungseinheiten von Kunst sollte durch Montage erfolgen, durch eine „Montage der Attraktionen“, oder besser, um es im Pawlow'schen Duktus auszudrücken: durch eine „Theorie der künstlerischen Reizerreger“.

Für Eisenstein hieß das, veränderte Wahrnehmungssituationen zu schaffen, indem er das Setdesign veränderte, das von Maschinen, Apparaten, Institutionen, Bauten oder Ereignissen bestimmt wurde, auf die der Zuschauer reagieren sollte – durch eine Vision des neuen medialen Sehens.

Das Kamera-Auge sollte nun mobil, dynamisch, kaleidoskopisch und panoramaartig sein, das „mechanische Auge“ eines „Ich“, das nun eine Maschine war, wie es sein Kollege Dziga Vertov nannte, sollte rotieren und ohne Anziehungskraft in einem Raum schweben, in dem es kein links oder rechts, kein oben oder unten, kein nah oder fern mehr gab und in dem die hierarchische Topografie aufgehoben war.

Für die narrative und lineare Konstruktion einer Geschichte war in diesem experimentellen und polyzentrischen Raum nun kein Platz mehr.

2 *Ein runder, leuchtender Fleck taucht vor mir auf, und im Schein des Mondlichtes erkenne ich wiederum das Fußende meines Bettes. Noch liegt der Schlaf auf mir wie ein*

schwerer, wolliger Mantel und der Name Pernath steht in goldenen Buchstaben vor meiner Erinnerung. Wo nur habe ich diesen Namen gelesen? – Athanasius Pernath?

Schismogenese

Als der Biologe und Anthropologe Gregory Bateson 1929 begann, am mittleren Sepik-Fluss in Papua-Neuguinea eine Gruppe der Yatmul zu erforschen, prägte er den Begriff der *Schismogenese*: ein Teufelskreis, in dem sich der Gegensatz zwischen zwei Personen – oder zwei Gruppen – bis ins Unerträgliche verstärkt.

Das Volk der Yatmul lebte in einer klassenlosen Gesellschaft in autonomen Dörfern und ernährte sich von Gartenbau und Fischfang. Bateson hatte die Verhaltensmuster unter jugendlichen Dorfbewohnern beobachtet und als „schismogenetisch" beschrieben; als Prozess progressiver kultureller Differenzierungen, die sich durch symmetrische oder komplementäre intersubjektive Rückkopplungen verstärkten und ausbreiteten. *Schismogenese* war ein Konzept, um problematische Verhaltensmuster zwischen Kleingruppen oder Teilen der Gesellschaft zu erklären, und ließ sich auch als *symmetrische* und *komplementäre Schismogenese* in den sozialen Interaktionen beobachten.

Batesons *Schismogenese* war ein indirekter Vorläufer der Idee der „positiven Rückkopplung", die Abweichungen verstärkte. Bei diesen Reaktionen auf erfolgte Störungen gerieten Systeme in einen Veränderungsprozess, der damit enden konnte, dass diese Systeme zerbrachen oder sich in einem neuen und anders gearteten Gleichgewichtszustand wiederfanden.

Batesons Beobachtungen schlossen an zeitgenössische Forschungen in der Psychiatrie und der Psychoanalyse an, die versuchten, neurotische Symptome auf eine neurobiologische Basis zurückzuführen, und dafür geschlossene neuronale Schaltkreise und Endlosschleifen verantwortlich machten. (Zu nennen ist hier die Theorie des Psychoanalytikers Lawrence S. Kubie von den „geschlossenen zurückstrahlenden Kreisläufen" als möglichem neurophysiologischem Unterbau der Neurosen. Kubie gehörte zum Kreis von Mead und Bateson, und seine Beobachtungen wurden Jahre später von dem Neurophysiologen Warren McCulloch aufgegriffen, der 1943 gemeinsam mit Walter Pitts das Modell des „McCulloch-Pitts-Neurons" entwickelte, das für John von Neumann wiederum eine der entscheidenden Vorstufen der digitalen Rechenmaschine war. Mithilfe ihres Modells hatten McCulloch und Pitts in ihrem legendären Text „A logical calculus of the ideas immanent in nervous activity" argumentiert, dass die Vorgänge im Nervensystem als logische Operationen zu beschreiben seien, bei denen der Aktivitätszustand einer einzelnen Nervenzelle mit einem simplen physischen Akt korrespondierte, der wie eine Flip-Flop-Schaltung an- und ausgeschaltet werden konnte.)

Bateson hatte seine Forschungen bei den Yatmul dann ab 1938 zusammen mit der Ethnologin Margaret Mead fortgeführt. Beide bildeten eine Art Forschungs- und Wissenschaftsgemeinschaft und diskutierten auf ihren gemeinsamen Forschungsreisen über Psychoanalyse, Psychoanalytiker wie Anna Freud und Erik Erikson, stellten Theorien über die Abläufe sozialer Interaktion auf, dachten über kulturbedingte Unterschiede in Bezug auf Motivation, Geschlecht, Emotionen und Sozialisation nach und reflektierten über individuelle und kulturelle Konsistenz.

Im Ergebnis definierte ihre Zusammenarbeit mehrere Schlüsselmomente und Paradigmen des sozialen Denkens in der Mitte des Jahrhunderts neu, darunter die psychologische Anthropologie, die Kommunikationstheorie und die Double-Bind-Theorie der Schizophrenie. Noch später schienen ihre Erkenntnisse auch für eine Theorie nützlich zu sein, die „Kybernetik" genannt werden würde.

Margaret Mead war eine Schülerin von Franz Boas, einem deutsch-amerikanischen Ethnologen, Sprachwissenschaftler und Geografen, der aus einer seit 1670 in Westfalen lebenden jüdischen Familie stammte und 1886 in die USA übergesiedelt war. Der Einfluss von Boas betraf nicht nur Meads anthropologische Forschungen im engeren Sinne, sondern prägte auch ihre spätere Haltung zum Wesen von Kultur und Persönlichkeit.

1898 war Boas als Professor für Anthropologie an die Columbia University berufen worden. Boas war der erste Ethnologe, der den bisher in diesem Fach praktizierten Rassismus dezidiert ablehnte. Er hielt das Konzept der Rasse für eine wissenschaftlich untaugliche Kategorie. Statt der nicht hinterfragten Klassifizierung von Menschentypen und einer angeblich festen Abfolge von „primitiven" Kulturen zu überlegenen „Hochkulturen" plädierte er für einen „Kulturrelativismus" als einzig vertretbare Methode: Jede Kultur sei individuell, könne nur aus sich selbst heraus verstanden werden und habe ihre eigenen Lösungen entwickelt. Boas interessierte sich deshalb für das Verhältnis von „Rasse“ und „Kultur“ und das komplexe Beziehungsgeflecht zwischen der „Kultur“ und anderen Bestimmungsfaktoren menschlichen Handelns.

Es waren vor allem seine engste Mitarbeiterin Ruth Benedict und seine Schülerin Margret Mead, die diese Sichtweise in der Ethnologie später durchsetzten.

Boas hatte sich mit einer Studie profiliert, die er zwischen 1908 und 1910 im Auftrag der US-Einwanderungsbehörde durchgeführt hatte. Als nach der Wende zum 20. Jahrhundert mit der Zahl der Einwanderer aus Ost- und Südosteuropa auch der Rassismus und Antisemitismus in den USA sprunghaft anstieg und Rufe nach einem Einwanderungsstopp laut wurden, hatte die US-Einwanderungsbehörde Boas beauftragt zu untersuchen, ob die Idee des Melting Pots praktisch realisierbar war.

Franz Boas versuchte nun nachzuweisen, dass sich die Schädelform der von ihm untersuchten Einwanderer nach längerem Aufenthalt in den USA veränderte. Auch wenn sich später herausstellte, dass beim Zusammenzählen der Messdaten der Wunsch der Vater des Gedankens gewesen war: Boas hatte mit seiner Studie dem amerikanischen Mythos vom Melting Pot, dem Einschmelzen der verschiedenen Einwanderergruppen zu einem neuen Menschentypus, eine scheinbar wissenschaftliche Grundlage gegeben.

Doch um seine Hauptthese zu verifizieren, dass nicht die Biologie oder die Rasse den Charakter und das Verhalten eines Menschen prägte, sondern vor allem die Kultur, fehlten ihm noch Beweise. Er erarbeitete einen Forschungsplan und beauftragte seine 23-jährige Studentin Margaret Mead mit der Realisierung.

Mead reiste nach Samoa und lieferte 1928 mit ihrem Buch *Coming of Age in Samoa* nicht nur die von Boas erhofften Belege – die sich Jahrzehnte später im Licht einer Überprüfung allerdings weitgehend als Poesie erwiesen –, sondern auch das meistverkaufte anthropologische Buch jener Zeit, das das Denken von Millionen Lesern in aller Welt beeinflusste.

Margaret Mead war mit der Frage nach Samoa gereist, ob Jugendliche dort die gleichen Probleme hätten wie ihre Altersgenossen in den USA. Nach ihrer Rückkehr beschrieb sie eine paradiesische Gesellschaft ohne Zwang und ohne vorgegebene

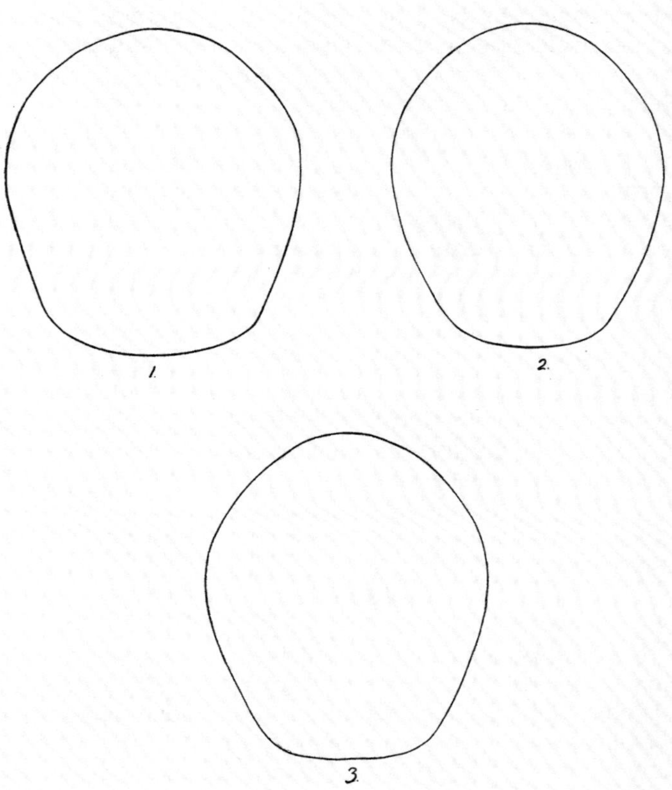
1.
2.
3.

Geschlechterrollen, ohne enge Bindung an Mutter oder Vater und die engen Fesseln einer Kleinfamilie, wo in wechselnden Gruppenbeziehungen freie Liebe und sexuelle Freizügigkeit herrschten und Traditionen und Riten nichts als ein anmutiges Spiel mit sozialen Formen waren.

Nun schien bewiesen: Kultur – und damit das Wesen einer Persönlichkeit – wurde nicht durch biologische Zwänge geformt, sondern durch das Environment, die Umwelt, und war das Ergebnis von Entscheidungen, die von den jeweils geltenden Normen geprägt wurden. Diese Normen waren Konstruktionen und deshalb veränderbar. Natur erschien als ein Rohstoff, der beliebig formbar war.

3 *Dann wacht in mir heimlich die Sage von dem gespenstischen Golem, jenem künstlichen Menschen, wieder auf, den einst hier im Getto ein kabbalakundiger Rabbiner aus dem Elemente formte und ihn zu einem gedankenlosen automatischen Dasein berief, indem er ihm ein magisches Zahlenwort hinter die Zähne schob.*

Apeiron

Philosophen, Wissenschaftler und Techniker hatten allerdings schon lange vor Dada, dem Konstruktivismus, dem Wiener Kreis oder dem Bauhaus begonnen, Maschinen und Menschen, Unbelebtes und Belebtes zusammenzudenken. Aber wann, wo und wie hatte das angefangen? Wann wurden die Anfänge gemacht für jenes Mess- und Regelwesen, mit dem zunächst nicht nur die Schönheit fixiert, sondern auch die Wissenschaft zum normativen Prinzip der Welterklärung in den Künsten und der Architektur erklärt wurde? Wann hatten die Künstler damit begonnen, ihre Sichtweise auf das Kunstwerk, den Raum oder die Perspektive zu verändern? Wann und wie waren Logik und mathematische Beweisbarkeit zu ihrer entscheidenden Rolle in der Neuzeit gekommen? Begann das mit dem ersten Zweifel an Gott, am Glauben, am gesprochenen Wort, an der Verkündigung? Wann tauchte das erste Mal ein Terminus wie „Unendlichkeit" auf? Wie entstanden später daraus Visionen von künstlichen Gehirnen und von auf Mathematik und Logik aufgebauten Steuerungsprozessen in Rechenmaschinen, mit denen Menschen Wahrnehmung und Erkenntnisse ausdrücken und kommunizieren konnten? Woher kam die Idee, diese künstlichen und intelligenten Apparate in Systemen zu organisieren und diese Apparate sich schließlich selbst kopieren zu lassen? Wann fing das an?

Begann das schon in der Antike, als in Griechenland die Menschen an die Möglichkeit glaubten, künstliche und automatische Wesen herzustellen? So berichtete Platon von Daidalos, bekannt als Schöpfer vieler Bildnisse von Herakles, er habe lebende Statuen hergestellt, die er fesseln musste, damit sie nicht davonliefen. Homer schrieb, dass Hephaistos als Gott des Feuers und der Schmiede goldene, sich eigenständig bewegende künstliche Dienerinnen ebenso erschuf wie den Talos, einen gigantischen Automaten, der die Insel Kreta bewachte, und Anaximander in Milet sprach vom „Apeiron", dem unbegrenzten Raum, also von etwas Unendlichem.

Setzte sich das dann bei Nikolaus von Kues, genannt Cusanus, und dessen Nachdenken über das Wesen und die Bedeutung des Unendlichen fort, wo in der Tradition des Platonismus die Notwendigkeit des mathematischen Denkens für die Philosophie betont und die metaphysischen Gedanken mit Vorliebe anhand von mathematischen Beispielen symbolhaft veranschaulicht wurden? Kam es zur entscheidenden Zäsur, als die platonische Mathematik zum Ersatz für die Theologie wurde?

Allerdings waren die Verbildlichungen solcher Ideen noch rein mechanische Wunderwerke, die meist eine menschliche Gestalt imitieren sollten. Das waren Werke von Mechanikern und Maschinenbauern, die mit Wasser und Dampf angetrieben und durch Drähte bewegt wurden, also keine Wesen, die auf mysteriöse Art und Weise durch ein Wort, eine Zahl oder durch Kombinationen von Zahlen erschaffen wurden.

Solche Geschöpfe fanden erstmals bei den jüdischen Mystikern Erwähnung, die Spuren folgten, die sich bis zu den Psalmen des Alten Testaments zurückverfolgen ließen, in denen beschrieben wurde, wie Gott Adam schuf. Adam war demnach der erste Golem, so stand es in Psalm 139,16. Dieser Golem war zunächst nur ein Zwischenprodukt, eine unfertige Masse, dem Gott durch sein Wort eine Seele einhauchen musste. Das berührte einen spirituellen Bereich, in dem das „Buch der Schöpfung" (Sefer Jetzira) und die Welten des Sefirot und der zehn göttlichen Emanationen es den Gerechten erlaubten, einen Blick ins Innere der Schöpfung zu werfen, um eine neue Welt zu erschaffen.

Die Gedanken der mittelalterlichen Kabbalisten, aus einer Zahl oder einem Wort und der spielerischen Kombination von Worten künstliche und lebendige Wesen zu erschaffen und sich so über die Schranken der Natur hinwegzusetzen, versuchten dagegen etwas zu umfassen, das sich der später dominierenden Ratio zu entziehen schien und doch zugleich zu dieser Entwicklung beitrug. Die so entstandenen – oder besser: erdachten – Wesen waren zwar esoterisch und religiös inspiriert, standen aber auch für eine neue Natur, die endgültig die mittelalterliche Scholastik hinter sich ließ.

Gab es Berührungspunkte oder gar Gemeinsamkeiten zwischen den Lehren einer jüdischen und christlichen Kabbala im Spätmittelalter und den Wissenschaftlern der Neuzeit, die sich anschickten, die Natur durch überprüfbares Wissen zu beherrschen, indem sie deren Regeln und Gesetze zu erkennen versuchten?

Der französische Philosoph, Mathematiker und Naturwissenschaftler René Descartes hatte 1637 die These von den „animaux-machines" aufgestellt, nach der Tiere (wie Menschen) gefühllose Maschinenwesen waren, die nicht anders als Uhrwerke funktionierten, die den Gesetzen ihrer Mechanik unterworfen waren. Descartes war der Begründer der analytischen Geometrie und hatte mit seinem *Discours de la Méthode* den modernen Rationalismus eingeleitet. Seine Universalmathematik versprach, nicht nur die gesamte physische Welt, sondern auch die Ethik und die Psyche analysieren zu können.

Das schien illuminiert vom Widerschein der Ideen von mittelalterlichen Kabbalisten oder – noch weiter zurück – der Vorsokratiker, die nach dem Ursprung aller Dinge, nach der *arché*, gefragt hatten. So wie die Pythagoreer im 6. Jahrhundert v. Chr., die in ihrem Gedankengebäude eine Art Zahlenmystik und später unter dem Einfluss des geometrischen Weltbildes des Anaximander das allumfassende Prinzip der normativen Welterklärung als eine den Stoff bewegende, gliedernde und gestaltende Form, also als mathematische Zahl, gesehen hatten.

Im cartesianischen Weltbild schienen nun auch menschliche Leidenschaften steuerbar, und die Summe der Affekte, so hoffte man, ließ sich auch auf algebraische Grundformeln zurückführen.

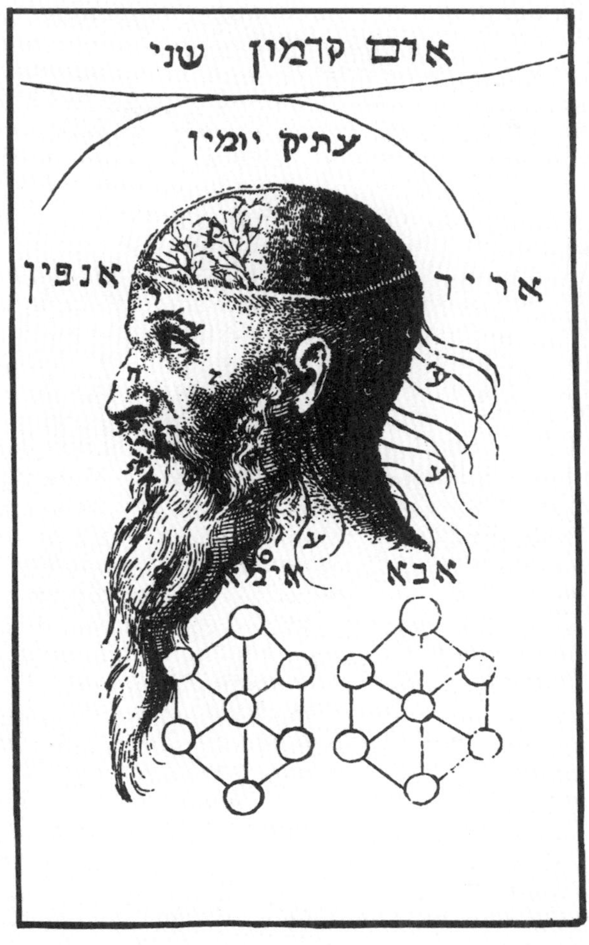
אדם קדמון שני
עתיק יומין
אריך אנפין
אבא
אימא

Begann es also in Frankreich, als Zeitgenossen das 18. Jahrhundert als „Siècle des Lumières" bezeichneten? Als die „Querelle des Anciens et des Modernes" überwunden wurde und die *Encyclopédie* und die Französische Revolution als praktische Einlösungen des aufgeklärten Zeitalters galten? Als ein Bewusstsein dafür entstand, dass die Aufklärung hier ihren Kern hatte?

Wo also ansetzen, um die Ur-Quelle, aus der das alles entstand, und den Verlauf, den die Entwicklung seitdem genommen hat, einigermaßen genau zu bestimmen?

In seinen Grundlagen der Philosophie hatte D'Alembert 1750 zur Bestätigung des Epochenbewusstseins, nämlich Zeitalter der Philosophie zu sein, vor allem auf die Naturwissenschaften verwiesen: „Die Wissenschaft der Natur gewinnt von Tag zu Tag neuen Reichtum; die Geometrie erweitert ihre Grenzen und hat ihre Fackel in die Gebiete der Physik, die ihr am nächsten lagen, vorgetragen; das wahre System der Welt ist endlich erkannt, weiterentwickelt und vervollkommnet worden ... gleich einem Strom, der seine Dämme durchbricht."

Dieses 18. Jahrhundert war aber nur die Vollendung des 16., vor allem aber des 17. Jahrhunderts, in welchem die entscheidenden Durchbrüche zur neuen Kosmologie, zu den wichtigsten technischen Erfindungen und der dazu erforderlichen Mathematik und Forschung erfolgten: die kopernikanische Wende, das Programm der technischen Naturbeherrschung in Francis Bacons *Neuem Organon der Wissenschaften,* Descartes' *Konzept der universellen Mathematik*, Galileis experimentelle Widerlegungen des Aristotelismus und Newtons abschließende Formulierung des Weltsystems auf der Basis des Atomismus und des Gravitationsgesetzes in seinen *Principia Mathematica*.

War es also das Zeitalter des Barock, das das aristotelisch-thomistische Weltbild zum Einsturz brachte und das Mittelalter von der Neuzeit trennte? Denn das, was als Wissen gelten wollte, hatte nun der Vernunft zu gehorchen, und diese Vernunft gehorchte wiederum der Mathematik und dem Experiment. Was als „wirklich" gelten wollte (und nicht als Traum, Wahn oder Metaphysik), hing letztlich von den Überprüfungsverfahren und Messgeräten ab, welche sich in der Physik vom mikroskopischen Raum bis zum unendlichen All bewährt hatten.

Die mathematische Quantifizierbarkeit war es, die nun über den Aussagegegenstand entschied. Logik und mathematische Beweisbarkeit waren jetzt die Grundlagen, um die verwirrende Welt der Erscheinungen und vor allem das Problem von Ewigkeit und Unendlichkeit zu bändigen, ein zentrales Problem von Philosophie, Religion und Kunst.

Seltsam, wie an verschiedenen Orten und zu verschiedenen Zeiten kleine, zunächst unscheinbare Teilchen entstanden, die sich einnisteten und die dann über Jahre, Jahrzehnte oder gar Jahrhunderte hinweg sich wie kleine Quecksilberperlen schließlich zu einer Masse zusammenfanden, aus der etwas Neues geformt werden konnte.

4 *Und wie jener Golem zu einem Lehmbild in derselben Sekunde erstarrte, in der die geheime Silbe des Lebens aus seinem Munde genommen ward, so müßten auch, dünkt mich, alle diese Menschen entseelt in einem Augenblick zusammenfallen, löschte man irgendeinen winzigen Begriff, ein nebensächliches Streben, vielleicht eine zwecklose Gewohnheit bei dem einen, bei einem andern gar nur ein dumpfes Warten auf etwas gänzlich Unbestimmtes, Haltloses – in ihrem Hirn aus.*

Jewish Museum (II)

Das Jewish Theological Seminary of America (JTS) wurde 1886 in New York als Schule für Rabbiner in der Tradition des konservativen Judentums und zur Bewahrung und zum Studium des jüdischen Wissens gegründet.

Die Gründer planten eine Bibliothek, die als Zentrum für jüdische Studien in den USA dienen sollte und bald durch Spenden von seltenen Büchern und Manuskripten erweitert wurde. Die Gründung der Bibliothek erwies sich als vorausschauend, da es damals noch möglich war, große Reichtümer an seltenen Büchern und Manuskripten zu erwerben; viele der ungewöhnlichen Stücke wären während des Ersten Weltkriegs und der darauffolgenden Unruhen zerstört worden, wenn sie nicht hier einen sicheren Ort gefunden hätten. 1904 erhielt das JTS die erste bekannte Schenkung von jüdischen Zeremonialgegenständen in der Hoffnung, dass neben der Bibliothek auch ein Museum eingerichtet werden würde.

Die Schenkung der Benguiat-Sammlung im Jahr 1925 war einer der Impulse für die spätere Gründung eines solchen

Museums. Die Sammlung jüdischer Zeremonialkunst von Ephraim Benguiat wurde aufgrund ihres Reichtums und ihrer Schönheit als die „vollkommenste ihrer Art“ bezeichnet und 1893 auf der Weltausstellung in Chicago als Leihgabe ausgestellt.

Die Sammlung war von der Familie Benguiat zusammengetragen worden, die in den größeren Städten Europas und der Vereinigten Staaten, unter anderem in Boston, verstreut war. Die Männer der Familie waren Sammler und Händler. Sie verkauften meist, was sie sammelten, mit Ausnahme von jüdischen Ritualgegenständen.

Als die Weltausstellung in Chicago zu Ende ging, übertrug Ephraim Benguiat diese Leihgabe an die Smithsonian Institution in Washington, und nach seinem Tod wurde sie von Felix M. Warburg mit der Hilfe einiger Freunde angekauft und eingelagert, bis das JTS sie ausstellen konnte.

Das Bestreben, die Benguiat-Sammlung und andere Sammlungen jüdischer Ritualgegenstände zu erhalten, war Ausdruck des wachsenden Interesses an der Erforschung und Bewahrung der jüdischen Kultur.

Ein anderer Faktor war die jüdische Emanzipation im 19. Jahrhundert, die dazu führte, dass für viele Juden die Bräuche und Traditionen an Bedeutung verloren. Zu Beginn des 20. Jahrhunderts gab es in New York die größte Konzentration amerikanischer Juden, die unter einem latenten Antisemitismus und damit verbundenen sozialen Einschränkungen litten, was in den 1930er Jahren seinen Höhepunkt erreichte und Emanzipation und Assimilation förderte.

Nach dem Aufstieg des Nationalsozialismus in Deutschland und unter dem Einfluss der Weltwirtschaftskrise wurde auch in den USA antisemitische Propaganda auf der Grundlage der *Protokolle der Weisen von Zion* verbreitet. Der wachsende Antisemitismus war vor allem in akademischen Einrichtungen und Unternehmen zu spüren, die nicht bereit waren, mit Juden zusammenzuarbeiten. Das führte zu dem Bedürfnis der zweiten Generation jüdischer Immigranten, eine jüdisch-amerikanische Identität zu behaupten. Diese Generation jüdischer Einwanderer wurde säkularer und übernahm die Werte der amerikanischen Mittelschicht. Die Assimilation sorgte innerhalb der jüdischen Gemeinschaft für eine Distanz zum traditionellen Judentum und zog auch eine Neubewertung der Ritualgegenstände nach sich. Infolge dieses Wandels ging die Zahl der

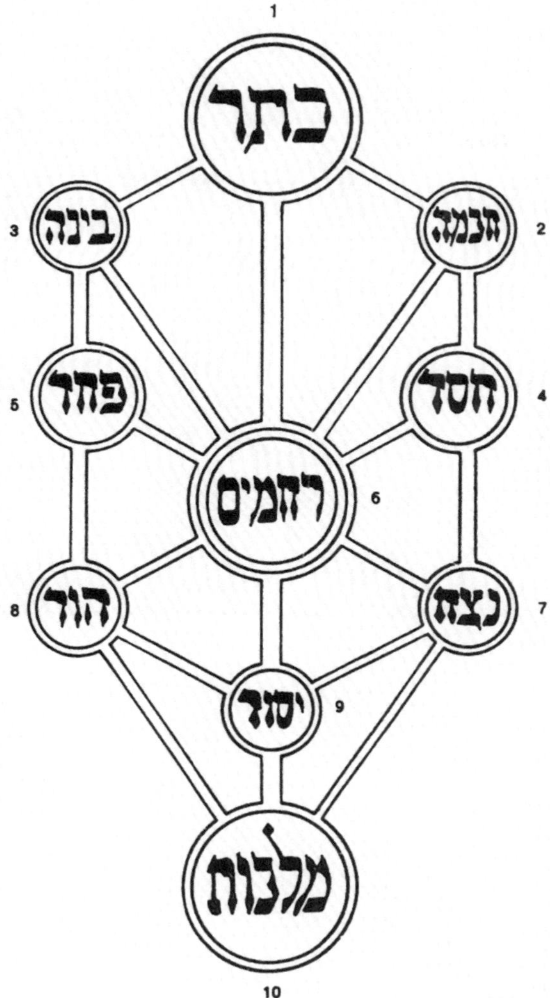
1
כתר
בינה 3
2 חכמה
5 פחד
4 חסד
רחמים 6
8 הוד
7 נצח
יסוד 9
מלכות
10

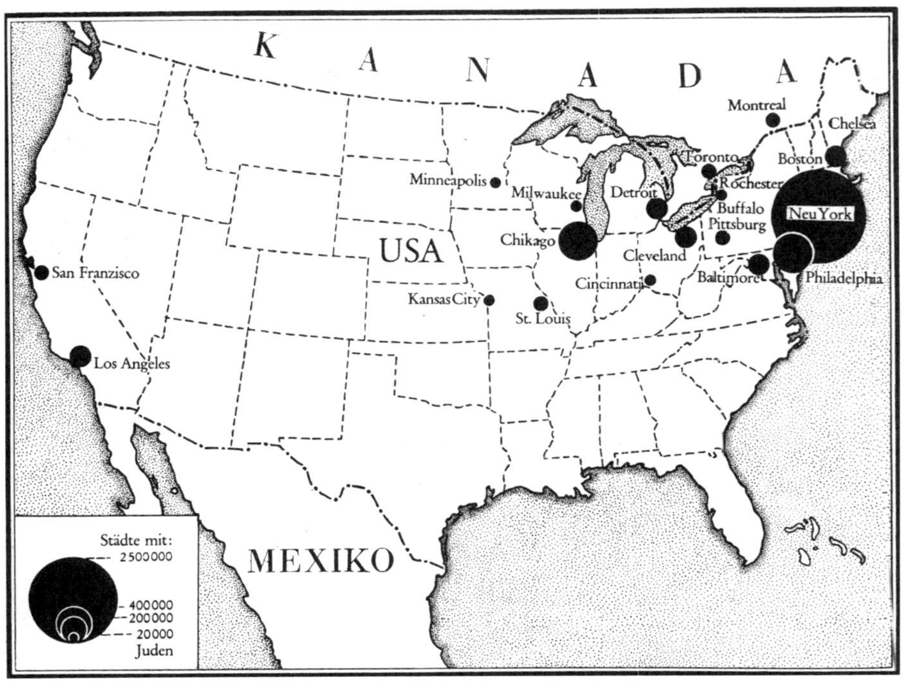
K A N A D A
Montreal
Chelsea
Boston
Toronto
Rochester
Buffalo
Pittsburg
Neu York
Philadelphia
Baltimore
Minneapolis
Milwaukee
Detroit
Chikago
Cleveland
Cincinnati
USA
San Franzisco
Kansas City
St. Louis
Los Angeles
MEXIKO
Städte mit:
2500000
400000
200000
20000
Juden

Synagogenbesucher zurück, und es bestand die Gefahr, dass rituelle Gegenstände beschädigt oder verstreut würden.

Ein weiterer Grund für eine zunehmende Assimilation war das Aufkommen von wissenschaftlichen Methoden zur Erforschung des Judentums, eine Bewegung, die im 19. Jahrhundert in Deutschland von jüdischen Gelehrten entwickelt wurde.

Die Lehre vom Judentum als Wissenschaft, so der vom JTS unterstützte Ansatz, werde dazu beitragen, dass Juden als Teil der westlichen Welt begriffen würden. Außerdem würden es diese Studien auch Juden ermöglichen, die Geschichte ihres eigenen Volkes besser zu verstehen. Denn Juden waren nun Teil der amerikanischen Mittelschicht, zum Beispiel als Kunstkritiker und Kunstmäzene, und der jüdische Einfluss auf die westliche Kultur war klar erkennbar und entwickelte sich stetig weiter.

1930 zog das JTS in sein neues Gebäude an der Ecke Broadway und West 122nd Street und 1931 wurde in einem Raum im Erdgeschoss das Museum of Jewish Ceremonial Objects eröffnet. Zwischen 1931 und 1939 fanden hier mehrere Ausstellungen zu jüdischen Feiertagen mit Druckgrafik, jüdischer Musik, seltenen Büchern und Manuskripten statt. Die Sammlung des Museums wurde auch durch einen stetigen Strom kleiner Spenden unterstützt – was zeigte, dass das Museum bereits als Aufbewahrungsort für jüdische Ritualgegenstände anerkannt war.

5 *Es muß ein Gleichnis gewesen sein, beschwichtigte ich mich, – eines jener krankhaften Gleichnisse, mit denen er einen zu überfallen pflegt, die man nicht versteht, und die einen, wenn sie später unerwartet sichtbar werden, so tief erschrecken können wie die Dinge von ungewohnter Form, auf die plötzlich ein greller Lichtstreif fällt. Ich holte tief Atem, um mich zu beruhigen.*

Kunst und Technik (II)

1930 las der sowjetische Filmregisseur Sergej Eisenstein einen Artikel über den amerikanischen Architekten Frank Lloyd Wright, der in New York einen gläsernen Turm bauen wollte.

Wrights Projekt entstand unter dem Einfluss der zeitgenössischen Experimente mit Glasarchitektur, zu denen auch der

Glasturm gehörte, den Mies van der Rohe 1921 für die Friedrichstraße in Berlin entworfen hatte. Der Glasturm von Mies sollte, wie das Projekt von Wright, Architektur als „neue Lebensform" erfahrbar machen.

Das stand im Kontext zeitgenössischer Architekturutopien, etwa der Ideen jener Architekten, die sich in der Künstlergemeinschaft „Gläserne Kette" um Bruno Taut scharten, und andererseits der Vorstellungen der Konstruktivisten über die Disziplinierung der biologischen Anarchie durch den funktional organisierten Raum.

Das Glashaus sollte die Menschen dem Kosmos annähern und seine geschlossene Glas-Welt auf die Unendlichkeit des Universums projizieren. Anstelle der Statik und Geschlossenheit eines traditionellen Baus sollte der Mensch dem kosmischen Theater der Natur ausgeliefert sein, in dem die Architektur als eine neue Religion der Schöpfung erschien.

Die Architekten der Künstlergemeinschaft „Gläserne Kette" meinten, den Menschen mit einem neuen Sehen ausstatten zu können, das ihn befähigte, das kosmische Spektakel der Natur zu genießen. Glas schien dafür ein ideales Material. Es sorgte für die kubistische Pulverisierung der räumlichen Strukturen, es zerschnitt die Figuren und sorgte für Reflexionen, Deformationen, Verstümmelungen und eine Zergliederung des Raums. Ein hartes und glattes Material, nüchtern und kalt. Glas war ein Feind des Geheimnisses und versprach Durchsicht, Transparenz und Offenheit. Man konnte die Oberfläche sehen, aber man konnte auch einfach durch das Material hindurchsehen.

Auch für den Künstler Josef Albers war Glas während seines Studiums am Bauhaus sowohl durch seine industrielle Qualität, als auch durch seine Vieldeutigkeit ein faszinierendes Material, auf das er immer wieder zurückkam.

Glas als Werkstoff war auch für andere Studenten und Dozenten am Bauhaus interessant, die es zur Ausgestaltung der neuen Lebensformen nutzten, zu denen auch die durch Johannes Itten, Paul Klee und Wassily Kandinsky in die Bauhaus-Lehre eingebrachten esoterischen Heilslehren wie Mazdaznan, Astrologie, Anthroposophie und Mystik gehörten. Der Schweizer Itten, Leiter eines Vorkurses am Bauhaus, war Anhänger der Mazdaznan-Bewegung, die spezielle Heils- und Heilungslehren sowie strenge vegetarische Diäten propagierte. Das erste Hauptwerk von Johannes Itten am Bauhaus war ein konisch zulaufender Turm aus farbigen Glasfächern, die den funkelnden Kreisel in eine rasante Drehbewegung zu versetzen schien. Der „Turm des Lichts" war ein Weltanschauungskunstwerk, das symbolisch den Entwicklungsgang der Menschheit verkörpern sollte, den Aufstieg vom Materiellen zum Geistigen, zum Logos und hin zu Gott.

Das war auch als metaphysischer Kommentar zur gläsernen Utopie der Konstruktivisten und Funktionalisten zu verstehen, die in den 1920er Jahren versuchten, eine ideale Organisation der Bewegungsabläufe in der Privatsphäre zu erreichen. Etwa indem sie versuchten, das Taylor-System, also das Prinzip einer wissenschaftlich begründeten Prozesssteuerung von Arbeitsabläufen, ins Privathaus zu verpflanzen und in einer Wohnung, einem Klub oder einem Hotel zu etablieren.

Doch ob metaphysisch oder konstruktiv-rational inspiriert, das Ergebnis war ähnlich: Die Lebensprozesse wurden als Produktionsprozesse betrachtet. Die mögliche Reihenfolge der Bewegungen während des Wohnens und Arbeitens wurde im Grundriss festgelegt, um so den Bewegungsablauf zu lenken. Das waren erste Schritte zur Organisation des privaten Raums nach dem Schema des gelenkten Verhaltens. Die gefundenen räumlichen Lösungen der architektonischen Formen sollten das „Biologische" disziplinieren. Ein Subjekt zirkulierte im Raum und folgte dabei den Möglichkeiten, die ihm der Architekt anbot. Der sollte diese Möglichkeiten genau berechnen, rationalisieren und limitieren, damit keine unnützen Bewegungskreise oder Leerlauf entstanden. Diese Ideen einer neuartigen visuellen Dramaturgie im Raum waren auch für andere künstlerische Disziplinen interessant, so für die bildende Kunst.

Die Form-Experimente der neuen Malerei wurden in diesem „neuen" Raum naturalisiert und standen der experimentellen Fotografie und den kinetischen Licht-Installationen sehr nahe, die sich ebenfalls mit Glas als Material beschäftigen – etwa die Arbeiten des ungarischen Fotokünstlers László Moholy-Nagy am Bauhaus und des russischen Konstruktivisten Alexander Rodtschenko oder die von André Kertész geschaffenen Fotoexperimente mit dem Titel *Distortions,* in denen Körper und Raum gleichermaßen verzerrt und in neue Dimensionen aufgelöst wurden.

Der aus Ungarn stammende Moholy-Nagy war im April 1923 als Ingenieur-Künstler an das Bauhaus berufen worden, wo er eine dynamisch-konstruktive Kunst unter Einsatz neuer Medien propagierte, unter anderem den „Licht-Raum-Modulator“, einen Apparat zur Demonstration von Licht- und Bewegungserscheinungen. Moholy-Nagys besonderes Interesse galt der Architektur und der Wirkung von Licht und Transparenz. Seine Inspiration fand er bei der Glasarchitekturtheorie von Adolf Behne – einem dem Neuen Bauen zugeneigten deutschen Architekten.

Die Experimente von Moholy-Nagy mit Licht und Raum, von Eisenstein mit Film, von Mies van der Rohe in der Architektur und von Oskar Schlemmer und Erwin Piscator im Theater verbanden Transparenz der Struktur und Wechsel der Positionen und Perspektiven als Grundprinzip einer neuen visuellen Dramaturgie, die nur in einem experimentellen, polyzentrischen, nichteuklidischen Raum ohne oben und unten und ohne vorgegebene Orientierung möglich war. Sachliche Raumplaner trafen auf utopistische Raumentwerfer in Architektur und Kunst, die von „Vitalbauten“ „Totaltheater“ oder „Weltbauten“ träumten. Die Baukunst wurde zum „raumgefaßten Zeitwillen“ erklärt. Vor allem die Architektur war nun, nach László Moholy-Nagys Darstellung im neuen Bauhaus-Buch von 1929, die „Gliederung des universellen Raums“.

Auch in den Experimenten der Malerei und des Theaters hatte sich das Verständnis des Raums durch die Erfahrungen der modernen Großstadt verändert. Erstmals entstanden eigenständige Kunstobjekte wie der „Merzbau“ (1923–1947) von Kurt Schwitters, der „Prounenraum“ (1923) von El Lissitzky oder das vierdimensionale Theater von Erwin Piscator in Berlin.

Zwei am Bauhaus in Weimar in den 1920er Jahren kreierte Bühnenwerke machten die Mechanisierung des Bühnengeschehens sogar zur Handlung. Das erste Stück stammte vom ehemaligen Bauhaus-Schüler Kurt Schmidt und trug den Namen *Das mechanische Ballett*, das zweite Stück schrieb Moholy-Nagy mit dem Titel *Die mechanische Exzentrik*.

Die Schichtung zweidimensionaler Räume durch bewegte, abstrakte Bilder und entfernt an Menschen erinnernde, mannshohe, farbige, geometrische Tanzfigurinen wurde von dahinter verborgenen Tänzern so bewegt, dass durch die Choreografie fortwährend ein der abstrakten Malerei gemäßes Bildgeschehen ablief. Moholy-Nagys Bühnenwerk bezog den Film, die dreidimensionale Bühne und sich auf mehreren Bühnenebenen

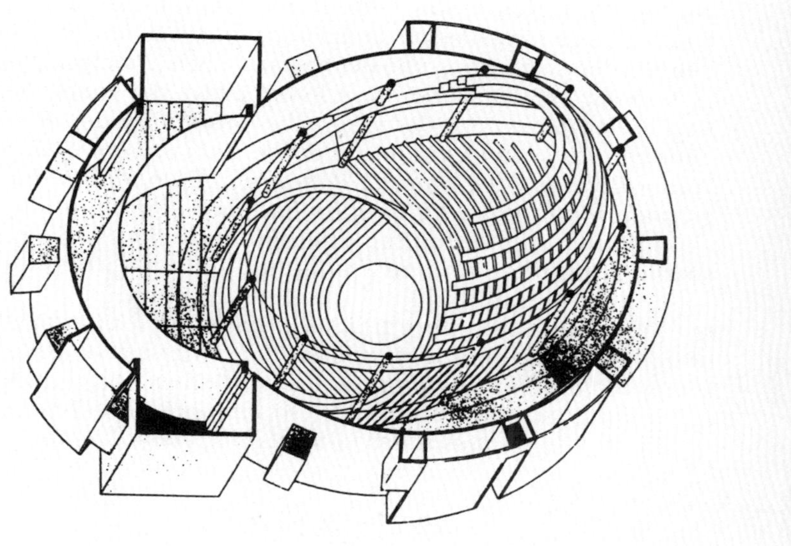

bewegende Gegenstände, Gitterraster und Kulissen ein. Am Ende dieses Stückes erschien ein Tänzermensch als lebendes Beispiel der Abstraktion und der menschlichen „Biomechanik".

In den 1930er Jahren emigrierten einige der ehemaligen Bauhäusler in die USA, Gedanken über das Prinzip der Verbindung von Kunst und Technik im Gepäck. Anni und Josef Albers, Walter Gropius, Mies van der Rohe und László Moholy-Nagy gründeten in Chicago das New Bauhaus und setzten fort, was sie in Weimar und Dessau begonnen hatten: künstlerische und soziale Utopien praktisch zu überprüfen.

6 *Mit einem Schlage begriff ich diese rätselhaften Geschöpfe, die rings um mich wohnten, in ihrem innersten Wesen: sie treiben willenlos durchs Dasein von einem unsichtbaren magnetischen Strom belebt – so, wie vorhin das Brautbukett in dem schmutzigen Rinnsal vorüberschwamm.*

Heidegger (I)

Das Problem von Ewigkeit und Unendlichkeit beschäftigte auch die Gegner eines auf den Erkenntnissen der Physik und Mathematik beruhenden Fortschritts.

Für den deutschen Philosophen Martin Heidegger war dieser Fortschritt eine „technische Machenschaft". Mit den Mythen war es für ihn damit endgültig aus. Diese Machenschaft war für ihn ein Werk des Weltjudentums, das damit seiner weltgeschichtlichen Aufgabe der „Entwurzelung des Seienden aus dem Sein" folgte.

Er dagegen galt als Aufhalter und Hoffnung derjenigen, für die die moderne Technologie insgesamt eine Fehlentwicklung war. So saß er im tiefsten Schwarzwald in seiner Hütte, sah den Nebel, der im Tal aufstieg, hörte das fließende Wasser am Brunnen vor der Hütte und dachte über das nach, was er das „Gestell" nannte. Dieses Gestell machte für ihn das Wesen einer modernen Technik aus, die nun gesiegt hatte. Das Wesen des Gestells, so Heidegger, war die Gefahr, und das Gefährliche der Gefahr war das sich verstellende Wesen des Seins selbst. Die Auseinandersetzung um das Wesen des Seins war für ihn deshalb eine Auseinandersetzung zweier unterschiedlicher Wissenssysteme: Die *techne* hatte den Sieg über die *aletheia* (von Heidegger als

„Unverborgenheit“ gedeutet) errungen, und er mahnte, diese zurückzugewinnen.

Was mochte Heidegger damit meinen? Offenbar musste der Mensch, um den richtigen Tod zu sterben, diese *aletheia* „schauen“, also erkennen. Dafür solle er sich rein machen von dem, was Heidegger das „Ge-stell“ und das „Seyn“ nannte, um nicht die einmalige Gelegenheit des richtigen Sterbevollzugs zu versäumen. Es winkten dabei, gemäß dem von ihm so genannten „Geviert“, die himmlischen Göttlichen den irdischen Sterblichen zu, wobei Heidegger Sterblichen, die die *aletheia* erkannten, in einer Erlösungsfantasie den Göttlichkeitsstatus beimaß. Genau das, nämlich eine Erlösungsfantasie, war die Technik für Heidegger nicht, sondern ein Gewürge von Fall zu Fall, von Lage zu Lage und durch alle Zwiespältigkeiten hindurch. Und durch dieses Gewürge versäumten die Menschen die Möglichkeit dessen, was im Grunde erstrebenswert war, nämlich die Technik durch menschliches Tun zu meistern und menschenwürdig zu lenken.

Die Griechen und ihr Götterbegriff waren für Heidegger deshalb Vorbild, weil sie seiner Meinung nach keiner modernen Technik und keinem Gestell ausgesetzt waren, sondern lediglich eine mythopoetische Verbindung zum Sein herstellen mussten, um wesentlich zu sein und Seinsgeschichte zu schreiben.

Der Ausweg aus der Moderne, aus der Welt der Uneigentlichkeit schien Heidegger daher nur möglich durch einen Brückenschlag zum griechischen Denken und zum griechischen Ursprungsmythos. Die Einheit von Menschen und Göttern schien so den Weg zu einem nahtlosen Anschluss an die Götter Heraklits und antiker Philosophen zu ebnen und ermöglichte eine Rückanbindung an das anti-wissenschaftliche Wissen von einer „Ur-geschichte“ und deren Bodenhaftigkeit. Nicht im archäologisch-musealen Sinn, sondern als Prozess und Mythologie. Denn für Heidegger überlebte die verlorengegangene Einheit des Lebens nur noch im Mythos.

Deshalb spielte Sprache für Heidegger eine so große Rolle. Sprache als Werkzeug des Dichters stand im Gegensatz zu „Information“, wie sie in den neuen Theorien der Physik und Mathematik verstanden wurde. In einer „Wissenschaftlichen Weltauffassung“, wie sie etwa vom „Wiener Kreis“ vertreten wurde, war alles planbar, auch die Sprache. Daraus folgte die Notwendigkeit, eine logisch korrekte Kunstsprache zu erfinden

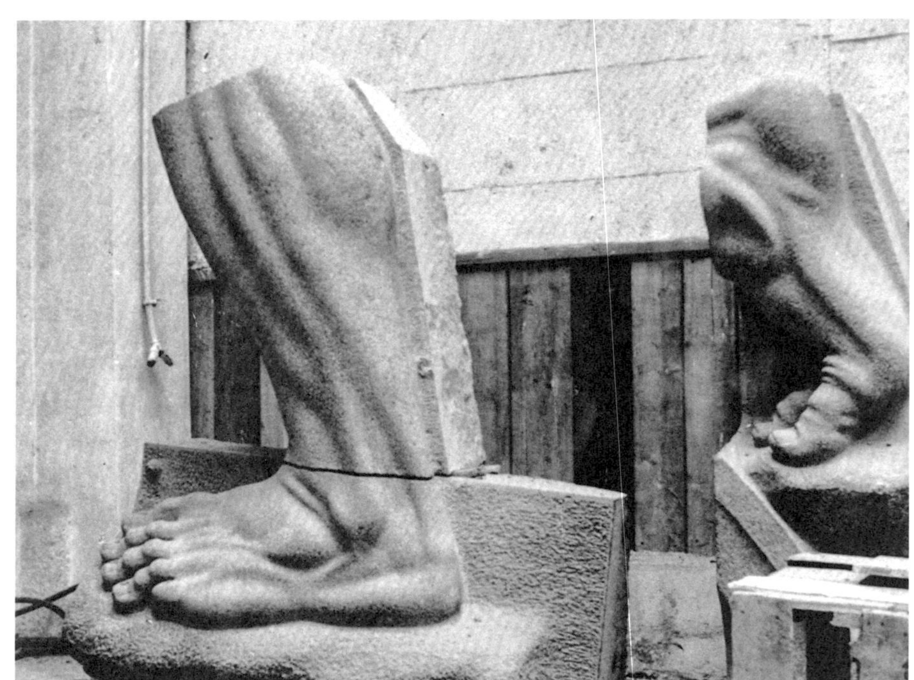

– oder besser: zu konstruieren –, in der man zwar nicht dichten oder beten konnte, aber in der „Informationen“ austauschbar waren. Für Heidegger wohnte dagegen in der Sprache das Sein.

Der Mythos der Nähe zur Antike bedeutete ihm zugleich die Nähe zu den Göttern. Diese Antike erschien ihm als eine von Götternähe charakterisierte Zeit, in der ein kommender Gott ersehnt werden konnte. Denn dies, die Wiederkehr der Götter, war einer der Leitmythen Heideggers: Der Auftrag der Deutschen – und Heidegger sah sich an deren Spitze – war das Bewahren einer uralten Lehre, die wiedererstarken müsse. Der „Grund der Geschichte des Abendlandes“ musste geschützt werden vor dem inneren Feind, der Rechenhaftigkeit des jüdischen Wesens und äußeren Feinden wie dem Amerikanismus oder dem Bolschewismus.

Seine Mission sah Heidegger deshalb darin, einem Volk (gemeint war das deutsche) die verlorene Metaphysik zurückzugeben. Der planetarische Krieg, den Heidegger kommen sah, war für ihn die Apokalypse, in der sich die Technik selbst vernichtete, um etwas freizusetzen, auf das er seine Hoffnung setzte: den anderen Anfang.

7 *Ich sah einmal auf einem menschenleeren Platz zu, wie große Papierfetzen, – ohne daß ich vom Winde etwas spürte, denn ich stand durch ein Haus gedeckt, – in toller Wut im Kreise herumjagten und einander verfolgten, als hätten sie sich den Tod geschworen. Einen Augenblick später schienen sie sich beruhigt zu haben, aber plötzlich kam wieder eine wahnwitzige Erbitterung über sie, und in sinnlosem Grimm rasten sie umher, drängten sich in einen Winkel zusammen, um von neuem besessen auseinander zu stieben und schließlich hinter einer Ecke zu verschwinden.*

AA-Predictor

Am 7. September 1940 begann die deutsche Luftwaffe mit der Bombardierung englischer Städte. Schon ein Jahr zuvor, 1939, hatte sich Vannevar Bush, seit 1932 Vizepräsident und Dekan des Instituts für Ingenieurswissenschaften am MIT, dem Massachusetts Institute of Technology in Cambridge, und Mitgründer des späteren Rüstungskonzerns Raytheon, Sorgen über das Luftabwehr-Problem der amerikanischen Armee gemacht.

Die feindlichen Flugzeuge wurden immer größer und schneller und waren für immer größere Flughöhen ausgelegt, so dass es zunehmend schwieriger wurde, diese Flugzeuge mit gewöhnlichen Geschützen zu bekämpfen.

1940 taugten die besten Radarsysteme der USA und Englands noch nicht dazu, als automatisches Feuerleitsystem etwa die deutschen Junkers Ju 88 oder später die V1 und V2 genannten Raketen zu bekämpfen.

Um das zu ändern, wurde auf Veranlassung von Präsident Roosevelt im Juni 1940 das National Defense Research Committee (NDRC) gegründet. Unter der Leitung von Warren Weaver, der auch die naturwissenschaftliche Abteilung der Rockefeller Foundation leitete, richtete das NDRC einen Ausschuss mit der Bezeichnung „Sektion D-2“ ein, der für Kontrollsysteme zuständig war und sich auf die Steuerung der Flugabwehr konzentrierte.

Im Oktober 1940 wurde zudem das Strahlungslabor am MIT, das MIT Radiation Laboratory, eingerichtet. Dessen Forschern gelang eine brillante Entdeckung: Wenn sich der reflektierte Radarimpuls durch Feedback vergrößern ließ, um die Servomotoren der Radarantenne zu steuern, dann konnte dieses schwache Signal auch eine Haubitze steuern. Wenn also eine Radaranlage automatisch ein Ziel verfolgen konnte, dann konnten auch Geschütze automatisch ihr Ziel verfolgen. Denn bisher war die Vorhersage die größte Herausforderung: Wie konnte man die Handlungen und Bewegungen des Feindes vorhersehen, um sie gezielt bekämpfen zu können?

Die Lösung dieses Problems versprach ein neuartiger Zündmechanismus. Der neue amerikanische Abstandszünder war eine Miniatur-Radiostation mit Sender, Antenne und Empfänger, die in der kleinen Spitze des Artilleriegeschosses steckte. Das Funkgeschoss war ein Meilenstein – und 1942 begann die Massenproduktion.

Aber das Problem der Vorhersage von Verhalten beschäftigte auch Wissenschaftler in anderen Fakultäten und Abteilungen des MIT, unter anderem den Mathematiker Norbert Wiener. Im November 1940 reichte Wiener ein vierseitiges Exposé für die Produktion eines „Flugabwehr-Prädiktors“ (AA-Predictor) im NDRC ein, um die bisher rein mathematischen Möglichkeiten der Vorhersage an einen Apparat zu delegieren. Kurz vor Weihnachten 1940 wurde das Projekt genehmigt.

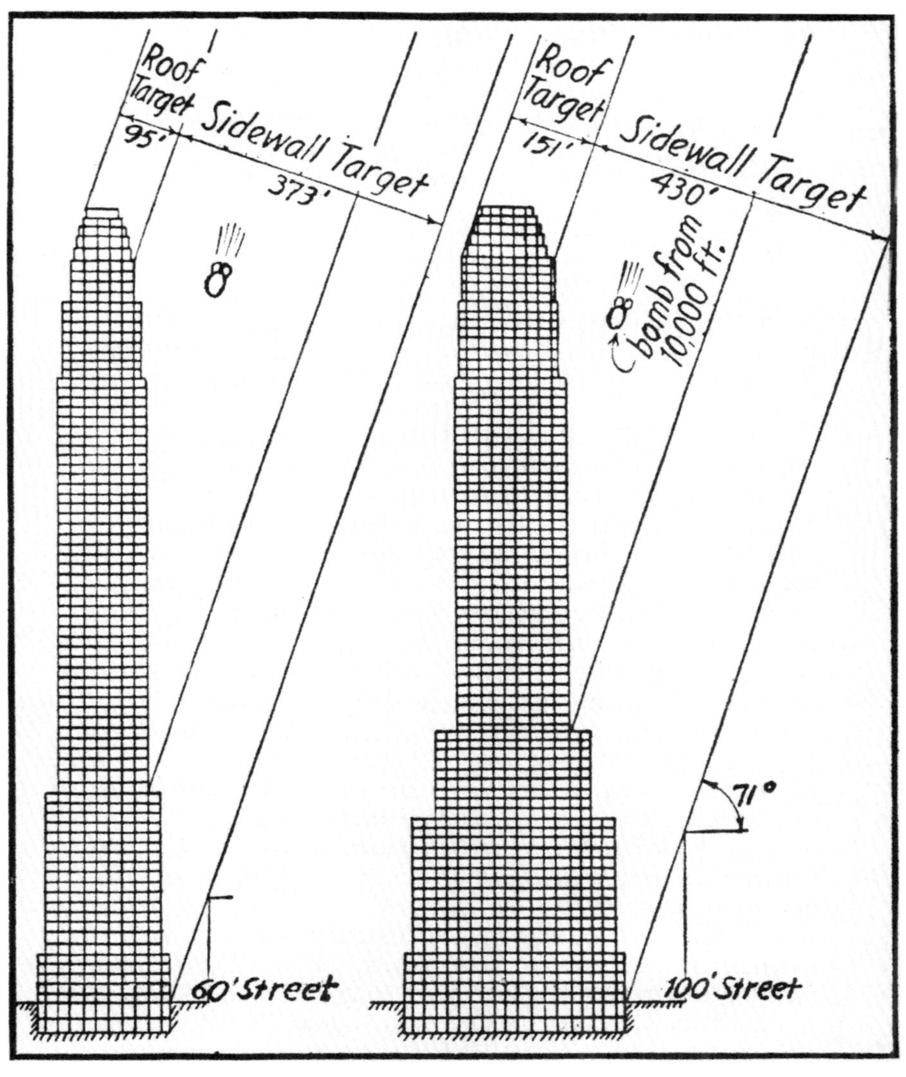
Roof Target
95'
Sidewall Target
373'
Roof Target
151'
Sidewall Target
430'
bomb from 10,000 ft.
71°
60' Street
100' Street

8 *Ein dunkler Verdacht stieg damals in mir auf: was, wenn am Ende wir Lebewesen auch so etwas Ähnliches wären wie solche Papierfetzen? – Ob nicht vielleicht ein unsichtbarer, unbegreiflicher »Wind« auch uns hin und her treibt und unsre Handlungen bestimmt, während wir in unserer Einfalt glauben unter eigenem, freiem Willen zu stehen?*

Servor

Am 8. Dezember 1941 griffen japanische Flugzeuge die im Hafen von Pearl Harbour liegende Flotte der USA an. Der folgende Rüstungsfeldzug veränderte die amerikanische Industrie von Grund auf.

Ein Flaschenhals der Entwicklung blieben aber die schnell hundertfach gebauten Geschütztypen zur Luftabwehr, genauer gesagt: ihre Zieltabellen, ihre „firing tables".

Zwar konnten die Geschütze inzwischen schon automatisch ein Ziel verfolgen, doch die Berechnung der Geschossbahnen blieb eines der Hauptprobleme. Wie konnte man die Flugmuster feindlicher Piloten simulieren, um das Pilot-Flugzeug-Verhalten mathematisch zu modellieren?

Im Februar 1942 legten Norbert Wiener und sein Assistent, der Ingenieur Julian Bigelow, dem NDRC einen ausführlichen Bericht mit dem kompliziert klingenden Titel „Interpolation, Extrapolation, and Smoothing of Stationary Time Series" vor. Im Grunde schlug Wiener vor, sein Wissen über elektrische Netzwerke in der Servotechnik der Luftabwehr anzuwenden.

Das Projekt sollte versuchen, künftige Handlungen eines Organismus vorherzusagen, indem nicht die Struktur des Organismus, sondern dessen vorheriges Verhalten studiert wurde. Wie würde der Pilot sein Flugzeug steuern, und wie konnte das mechanisch erkannt und beantwortet werden? Konnten nicht mittels der Analyse bisheriger Flugbahnen und Bewegungen des Feindes wahrscheinlichkeitstheoretische Mittelwerte berechnet werden, um die Vorhersage der zukünftigen Position des Feindes zu ermöglichen? Um dann Geschosse im richtigen Moment abzufeuern und die maximale Todeswahrscheinlichkeit des Gegners zu gewährleisten?

Wiener und Bigelow mussten dabei das Wesen des technisierten Krieges berücksichtigen, in dem Menschen, Schiffe und

Flugzeuge auf dem Radarschirm nur mehr abstrakte Punkte und Zeichen waren. Der Pilot verschmolz mit seiner Maschine, die Grenze zwischen Mensch und Maschine verwischte, und es entstand ein anonymes, mechanisiertes Gegenüber, dessen Handlungen nun modelliert und berechnet werden konnten.

Wiener ging davon aus, dass Mensch und Maschine im System seiner Berechnungen eine Einheit, einen *Servor* bildeten, ein Gerät mit der Fähigkeit, Abweichungen während des Betriebs selbst zu korrigieren. Das war brillant gedacht, blieb aber (zunächst) nur eine Theorie. Denn sein Apparat funktionierte praktisch nie wie erhofft, und während die amerikanische Kriegsmaschinerie auf Hochtouren lief und Zehntausende der erfolgreich eingesetzten Abstandszünder von den Bändern liefen, trug Wieners AA-Predictor nichts zur Verbesserung der Luftabwehr bei.

Doch seine Idee, Mensch und Maschine als Teile eines Systems zu sehen und dabei Rückkopplungen und Servomechanismen zu berücksichtigen, blieb nicht ohne Folgen.

Was als Suche nach einem verbesserten Flakrechengerät begann, wurde auf scheinbar rätselhafte Weise später zum Modell einer neuen revolutionären Wissenschaft, der Kybernetik, die sich bald mit anderen Wissenschaftsbereichen zu einer permanenten Revolution verbinden würde, die alle Lebensbereiche umfasste und zukünftig ermöglichen sollte, alle Grenzen und Begrenzungen aufzuheben.

„Permanente Revolution“ war die amerikanische Definition eines Prozesses, den Leo Trotzki 1929 in seiner Bibel des Marxismus beschrieben hatte, der aber nun nicht, wie bei Trotzki, beendet war, wenn der Glückszustand des Kommunismus erreicht war, sondern als unabschließbares und offenes System verstanden wurde. Eine Revolution also, die immer weiterging, nie zu Ende war und schließlich zur Revolutionierung aller Lebensumstände führen und ihre Werkzeuge den wechselnden Gegebenheiten anpassen konnte.

9 *Wie, wenn das Leben in uns nichts anderes wäre als ein rätselhafter Wirbelwind? Jener Wind, von dem die Bibel sagt: Weißt du, von wannen er kommt und wohin er geht? – Träumen wir nicht auch zuweilen, wir griffen in tiefes Wasser und fingen silberne Fische, und nichts anderes ist geschehen, als daß ein kalter Luftzug unsere Hände traf?*

Kreisläufe

Diese permanente Revolution hatte – wie jede andere Revolution – eine Vorlaufzeit, die hier aus der Technisierung des Bewusstseins kam. Das ging mit der jeweiligen Technik zusammen, hier dem In-sich-selbst-Kreisen, dem Zirkulären, verbildlicht zunächst durch Rückkopplungsschleifen, Feedbacks.

Im Mai 1942 fand in New York mit Unterstützung der Macy Foundation ein Treffen mit dem Titel „Cerebral Inhibition Meeting" statt, organisiert von Frank Fremont-Smith, einem Neuropathologen und Wissenschaftsmanager, und Lawrence K. Frank, einem Sozialwissenschaftler.

Eingeladen waren Neurophysiologen, Biologen, Anthropologen, Soziologen und Psychiater, unter anderem Waren McCulloch, Gregory Bateson, Margaret Mead und Lawrence S. Kubie. Es ging um Hypnose und Rückkopplungssysteme, viele der Gespräche und Diskussionen kreisten um „negatives Feedback" (Rückkopplungen) und wie Nicht-Techniker einen Zugang dazu finden konnten.

Es lag bei diesem Treffen etwas in der Luft, das alle in nervöse und freudige Erregung zu versetzen schien, aber es gab noch keine Begriffe, die das, was hier an Ideen und Theorien in Ansätzen umherschwirrte, zusammenfassen konnten.

Einer der Teilnehmer, der Psychoanalytiker Lawrence S. Kubie hatte sich schon in einer Studie mit dem Titel „A theoretical application to some neurological problems of the properties of excitation waves which move in closed circuits" mit Vorgängen in neuronalen Prozessen beschäftigt. Kubie hatte darauf aufmerksam gemacht, dass es auch in Nervensystemen geschlossene Kreisläufe (*circuits*) oder Schleifen (*loops*) geben müsse.

Das war für die versammelten Konferenzteilnehmer – Jahre später nannte man einige von ihnen „kybernetische Neurophysiologen", aber den Begriff „Kybernetik" gab es 1942 noch nicht – von großem Interesse, denn hier ging es nicht um Materie oder Energie, sondern um „Informationen" und die Frage, wie das Gehirn diese verarbeitete.

Kubie hatte dafür eine Theorie der „geschlossenen Kreisläufe" (*reverberatory circuits*) vorgeschlagen, die einer Neurose zugrunde liegen könnten. Die Annahme war, dass es sich um eine unbekannte Form von statischer Energie handele, die unter

Fig. 4.

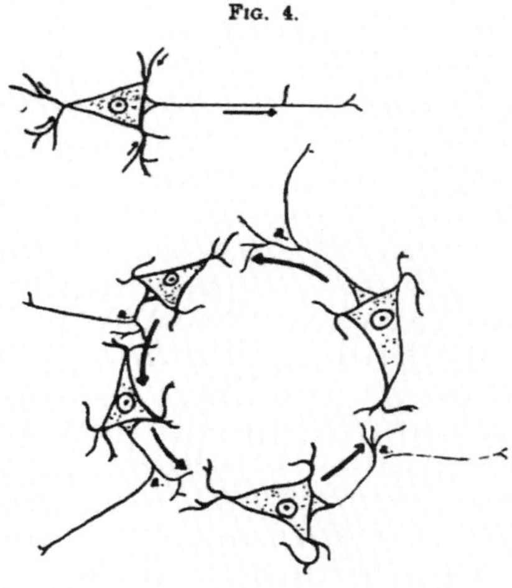

Fig. 5.

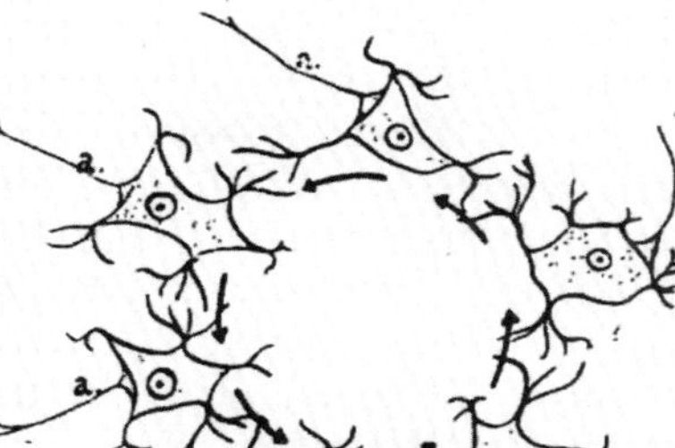

bestimmten Umständen in Nervenimpulse umgewandelt und freigesetzt werden konnte. Wenn es also möglich war, dass zirkuläre Erregungswellen in irgendeinem Teil des Nervensystems existierten, wäre es auch möglich, solche Wellen zur Erklärung spontaner neurologischer Phänomene heranzuziehen. Um zu verstehen, wie Erregungswellen in geschlossenen Kreisläufen auf das umgebende Gewebe einwirken können, war es nötig, deren eigentümliche Eigenschaften zu betrachten.

Die sich durch das Nervensystem bewegenden Impulse hatten drei Möglichkeiten: Sie konnten entweder unkontrolliert in offenen Kreisläufen von afferenten zu efferenten Bahnen (den Hufeisenschaltungen der aktiven Hirnareale) wandern oder sie gelangten in refraktäre Bereiche, in denen sie zerstört wurden. Oder sie mussten sich in regelmäßigen oder unregelmäßigen Kreisläufen drehen, die sie schließlich auf sich selbst zurückführten. Diese Energieansammlung könnte dann als potenzielle Quelle unwillkürlicher Bewegungen betrachtet werden, wenn ihre Entladung durch eine Krankheit von einem normalen Muster der Regulierung und Hemmung befreit würde. Das Zentralnervensystem erschien so nicht nur als Speicher von statischer „nervöser Energie", sondern als Ort von mehreren Kreisläufen von Erregungswellen, von denen eine vorübergehende Bewegung ausgelöst werden konnte. Ein solches Ereignis konnte zum Beispiel einem epileptischen Anfall zugrunde liegen.

Kubie hatte in mehreren Artikeln seine Theorie der geschlossenen Kreisläufe (*reverberatory circuits*), die einer Neurose zugrunde liegen konnten, vorgestellt. Seine Perspektive auf Kreisläufe war für die übrigen Teilnehmer des Treffens in New York auch deshalb interessant, weil sie nicht technisch war. Aber es gab noch keine brauchbare Terminologie für all das, was die versammelten Wissenschaftler verschiedenster Disziplinen brennend interessierte. „Am Anfang", so erinnerte sich Gregory Bateson im Rückblick, „nannten wir die Sache *Feedback*, und die Modelle, die uns damals vorgestellt wurden, waren gelenkte Raketen und die Zielsuche. Aber am Ende der Konferenz hatten wir den Entwurf für das, was künftig getan werden musste."

10 *Wer kann sagen, daß er über den Golem etwas wisse? Man verweist ihn ins Reich der Sage, bis sich eines Tages in den Gassen ein Ereignis vollzieht, das ihn plötzlich wieder aufleben läßt. Und eine Zeitlang spricht dann jeder von ihm,*

und die Gerüchte wachsen ins Ungeheuerliche. Werden so übertrieben und aufgebauscht, daß sie schließlich an der eigenen Unglaubwürdigkeit zugrunde gehen.

Little Boy

Ein paar Monate nach der Vorlage des Berichts von Wiener und Bigelow an das National Defense Committee (NDRC) startete 1942 in Los Alamos der Bau einer amerikanischen Atombombe. Präsident Roosevelt hatte entschieden, das zunächst rein wissenschaftliche Projekt eines Entwicklungsprogramms für Atomenergie in ein Projekt zur Entwicklung schlagkräftiger Nuklearwaffen umzuwandeln.

Zwei Planungspapiere, das eine die Atombombenforschung, das andere die militärische Rechenplanung betreffend, setzten zugleich eine Entwicklung in Gang, die zur Genealogie eines neuen Rechengeräts gehörte: des Computers.

Das eine Papier mit dem Titel „National Defense Research Council“ von dem theoretischen Physiker Robert Oppenheimer erwirkte den Start des Manhattan-Projekts, mit der Folge des milliardenteuren Aufbaus der Labore für die amerikanische Atomindustrie. Das andere Papier mit dem Titel „The Use of High Speed Vacuum Tube Devices for Calculating“ enthielt den Entwurf der ersten rein elektronischen Rechenmaschine zur Berechnung von Geschütz-Richttabellen, ENIAC genannt, die ohne mechanische Bauteile auskam.

Die Verknüpfung beider Diskurssphären, die militärisch und epistemologisch eigentlich keinen Zusammenhang hatten, kam im Herbst 1944 durch den Mathematiker John von Neumann zustande, der als ranghöchster „military consultant“ und Chefrechner das Projekt sechs Monate lang begleitete.

Der ENIAC war alles andere als ein Computer im heutigen Sinne. Er war nichts anderes als das Abbild eines analog und parallel rechnenden *differential analyzers* in Röhrenform – und ein Gigant, der Räume füllte. Denn aus der Mathematik der Berechnungen für die neue Waffe, die Atombombe, hatten sich Aufgaben ergeben, die sich nur mit verbesserten Rechenmaschinen für die erforderlichen Geschütz-Tabellen bewältigen ließen.

Das „Manhattan Project“ hatte von Anfang an drei Ziele, die nach der Zündungstechnik für atomares Sprengmaterials

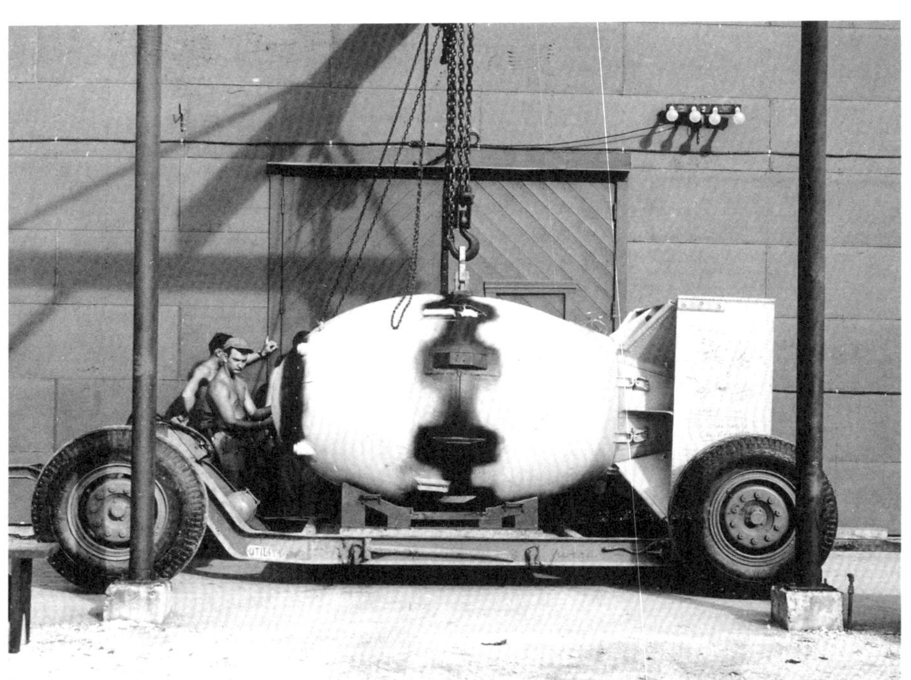

abgestuft waren und voraussetzten, dass eine Atombombe als Zünder für eine später zu entwickelnde Wasserstoffbombe machbar sei.

Die Geschütz-Zündungen für die Bomben basierten auf atomarer Spaltungsphysik, also auf der Spaltung von Uran durch einen Beschuss mit Neutronen. Die Entdeckung des Neutrons war 1932 ebenfalls aus Beschuss-Experimenten hervorgegangen, nicht anders als die revolutionäre Uran-Spaltung 1938. Technisch war die erste Atombombe also nichts anderes als die Ausweitung der experimentellen Laborphysik, wobei diese Beschuss-Experimente in die Größenordnung einer Zerstörungsbombe ausgedehnt wurden.

Die später über Hiroshima abgeworfene Bombe „Little Boy" hatte die Form eines in Stahl eingefassten Artilleriegeschosses. Für dieses Geschoss war ein schnellstfeuerndes Geschütz zu entwickeln, zudem Produktionsanlagen für hyperreines Uran-235 zu errichten und ein Meiler zur Produktion von Plutonium zu bauen.

Ungeklärt war zunächst die Frage der Implosionszündung. Deshalb war im Spätsommer 1943 der Mathematiker John von Neumann als Experte für Hydrodynamik hinzugezogen worden. Er errechnete, dass das Plutonium durch den Mantelsprengstoff so unerhört verdichtet würde, dass bereits eine subkritische Kugelmasse als Ausgangsmaterial für eine Zündung ausreichen würde.

Anfangs wurden die dafür benötigten Gleichungen, wie in der Industrie bisher üblich, von Mathematikerinnen berechnet. Diese Frauen hießen „Computer", denn ihre Arbeit war „computation" – numerisches Lösen komplizierter Gleichungen aller Art mit Bleistift auf Papier und mit mechanischen Tischrechnern.

Bisher gänzlich unbekannt waren aber theoretische Lösungswege. Für diese Rechentheorien mussten immer mehr hochrangige Mathematiker wie John von Neumann und hochqualifizierte Fachsoldaten aus dem Special Engineering Detachment der US Army hinzugezogen werden.

Doch John von Neumann, der Chefrechner aus Los Alamos, hatte eine weitere hochgeheime Aufgabenstellung: die Lösung des sogenannten „Super-Problems" – die Berechnungen für eine „Super-Bombe", die Fusions- oder Wasserstoffbombe.

Denn mit keiner bis dahin bekannten Rechenmaschine würden sich die komplexen Zündungsvorgänge dieser „Super-

Bombe" errechnen lassen. Nur ein neuer Typ – das, was später „the Neumann device" genannt wurde – würde diese Arbeit leisten können. Von Neumanns „First draft of a Report on the EDVAC" war dann nichts anderes als der Architekturgrundriss der heutigen Computer: Der Rechner EDVAC war ein Nachfolger des 1942 entwickelten ENIAC und garantierte eine sehr viel schnellere Verarbeitung von Daten gegenüber Programmen auf Lochstreifen.

Die Entwicklung dieser Architektur hatte aber nicht nur technische und mathematische, sondern auch medienspezifische Komponenten. Die US-Armee hatte sich von Arthur Page, dem Vizepräsidenten des Telekommunikationskonzerns American Telephone and Telegraph Company (AT&T) und Vater der modernen PR-Industrie, ein Büro für Öffentlichkeitsarbeit einrichten lassen. Das führte dazu, dass das „Manhattan Project" von Anfang an durch einen Reporter der *New York Times* publizistisch begleitet wurde. Als einziger Reporter durfte er beim Abwurf der Bombe auf Nagasaki mitfliegen und war verantwortlich für Artikel über das beginnende atomare Zeitalter, die im Sinne der Militärs die Stärke der Waffe groß- und die Gefahren der Radioaktivität kleinredeten. So erschien den Lesern die neue Waffe als Nutzbarmachung der elementaren Kräfte des Universums und die Kernkraft wichtig zum Erhalt des Weltfriedens.

11 *Der Ursprung der Geschichte reicht wohl ins siebzehnte Jahrhundert zurück, sagt man. Nach verlorengegangenen Vorschriften der Kabbala soll ein Rabbiner da einen künstlichen Menschen – den sogenannten Golem – verfertigt haben, damit er ihm als Diener helfe die Glocken in der Synagoge läuten, und allerhand grobe Arbeit tue.*

Paranoia (I)

Im Jahr 1941 begann, Monate vor Kriegsbeginn, der Kontakt zwischen Sôkichi Takagi, dem Superhirn des Geheimdienstes der japanischen Marine, und den wichtigsten Mitgliedern der Kyôto-Schule, einer Gruppe von japanischen Philosophen um Kitarô Nishida, die sich systematisch mit der westlichen Geistestradition auseinandersetzten. In Konkurrenz zu den nationalistischen und imperialistischen Ideen des japanischen Mili-

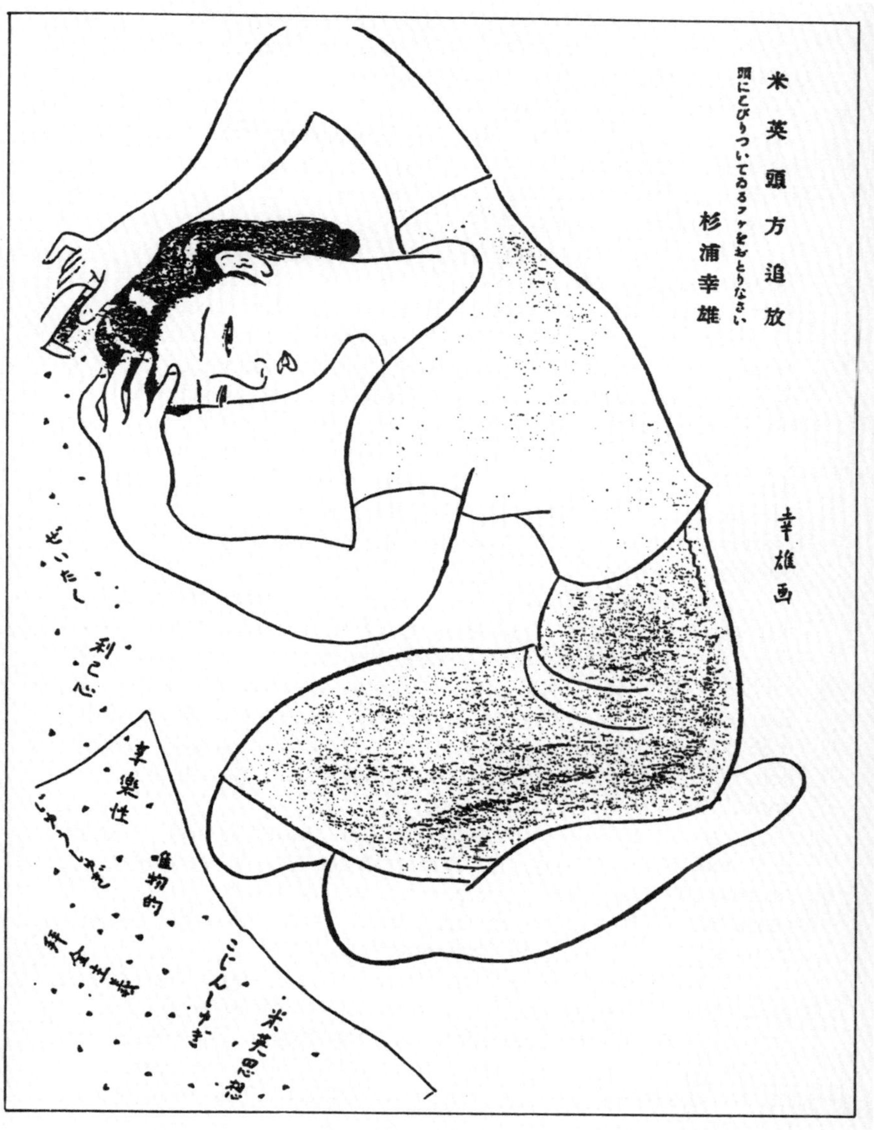
米英頭方追放
頭にこびりついてゐるフケをおとりなさい
杉浦幸雄
幸雄画
米英思想
こじんしゆぎ
唯物的
享樂性
拜金主義
利己心
ぜいたく

tärregimes diskutierten Philosophen und Marineoffiziere in der Literaturfakultät der Universität von Kyôto über die philosophischen Grundlagen einer „Großostasiatischen Wohlstandssphäre". Japan, das bis dahin einzige industrialisierte und moderne Land Asiens, sollte zum „Führer" einer asiatischen Einflusssphäre aufsteigen, aus der die bisher herrschenden westlichen „Kolonialherren" wie die USA, Großbritannien oder die Niederlande ausgeschlossen waren.

Nach der Zerstörung von zwei japanischen Städten und Zehntausenden Toten durch „Little Boy" und „Fat Man" war klar, dass in dieser Welt kein Platz war für den Idealismus der Philosophen. Die bis dahin nicht vorstellbare Freisetzung von zerstörerischer Energie machte sie ratlos und ließ sie für lange Zeit verstummen. Es war die moderne Technologie, die die Welt und deren Geschichte veränderte.

Hier sei eine Abschweifung erlaubt: Konnten die Japaner das begreifen? Sie, die in den Jahren zuvor mit Eifer westliche Kultur, Forschung und Technologie übernommen und „verjapanisiert" und deren Physiker an einer japanischen Atombombe gebaut hatten?

Die Apparate und Vorrichtungen dafür mussten in Japan auf einem „Sumpf" errichtet werden. Auf dem „Sumpf" einer von Wasser umgebenen Insel, auf dem nichts wuchs, vor allem nichts „Fremdes" – und wo die Ideen des Westens von einer Existenz jenseits der Natur fremd blieben, so wie es einer der 1638 zur christlichen Mission nach Japan entsandten jesuitischen Padres in dem Filmdrama *Silence* von Martin Scorsese charakterisiert hatte.

Ein Sumpf als ein alles verschlingender Boden, in dem letztlich alles unterging: Roboter als „Pseudo-Menschen", Atomkraftwerke oder Ideen von einem „japanischen Haus", wie es der deutsche Philosoph Karl Löwith während seiner Emigrationszeit in Japan beschrieben hatte.

Löwith hatte als jüdischer Flüchtling in Japan Aufnahme gefunden und lehrte bis 1941 an der Universität in Sendai, bevor er in die USA übersiedelte. Sein Bild vom japanischen Haus mit einem „ur-japanischen" Souterrain und einem Obergeschoss, in dem die Moderne lebte, und der fehlenden Verbindung zwischen beiden Geschossen war aber ungenau, wenn nicht falsch. Löwith (er-)kannte das japanische Haus nicht. In dem gibt es, so sagen die Japaner, ein japanisches Zimmer mit einer Matte aus

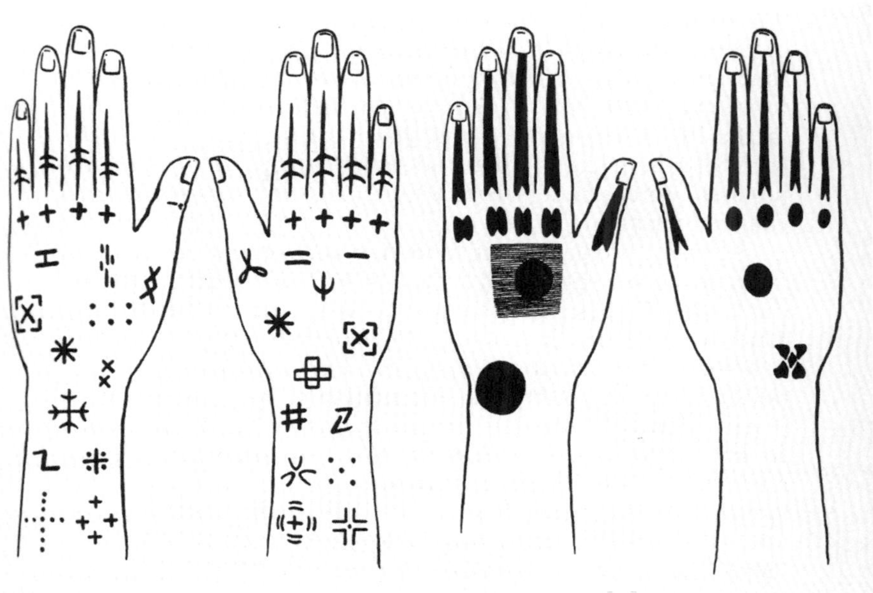

Reisstroh, dem Tatami, und ein europäisches Zimmer, meist mit einem Klavier. Dazwischen gibt es eine Schiebetür, die Transparenz zulässt. Meist ist diese Tür mit Papier bespannt, also nicht fest, sondern durchlässig. Im Westen, in Europa, im Abendland, ist die Tür entweder offen oder geschlossen, und es gibt in der Architektur ein klares Innen und Außen. In Japan und anderswo in Asien war das anders. Hier waren Innen und Außen halb oder ganz durchlässig.

Diese Durchlässigkeit fand sich auch in der Haltung der Japaner, Technologie und Wissenschaft zu handhaben, um durch den Prozess der Modernisierung scheinbar unberührt „hindurchzugehen". In einem Land, in dem es immer schon Erdbeben gab und sich über die Jahrhunderte eine Erdbeben-Mentalität entwickelt hatte, machte man auch nach der Katastrophe mit dem Nächstliegenden weiter. Das Nichts ist immer nah, so lautet eine der vielen Formeln für japanisches Denken. Die moderne Technik, die aus dem Westen übernommen wurde, verlangte zwar eine besondere Vorsicht, da sie die Zukunft selbst unter die Vorherrschaft eines Funktionierens brachte. Und ein Japaner sah wohl die Gefahren der nuklearen Technologie, der europäische Teil seines Verstands sagte ihm, er sollte keine Atombomben oder Atomkraftwerke bauen. Aber eine andere innere Stimme sagte: Es geht sowieso schief. Und etwas in ihm war darüber sehr erleichtert. Der Sumpf schloss sich über dem in ihm Versunkenen, und das Leben ging weiter, als sei nichts als das Selbstverständliche geschehen. In Japan bedeutete das Ende Gewissheit, nicht Erwartung.

War es das, was ein anderer deutscher Philosoph, Martin Heidegger, in seinem Text „Aus einem Gespräch von der Sprache – Zwischen einem Japaner und einem Fragenden" als Chance für eine „Kehre", also einen anderen Umgang mit Technologie gesehen hatte, als er in einem von ihm für diesen Text erfundenen Dialog über diese Undurchsichtigkeit und Nicht-Erkennbarkeit des Japanischen nachdachte?

Hoffte er, dass die Deutschen wie die Japaner im Innern das Eigene bewahren und im Außen die anstehende Umformung geschehen lassen konnten, ohne im Eigentlichen berührt zu werden? Hatte er, als er 1953/54 diesen Text schrieb, also noch die Hoffnung, dass „seinen" Deutschen der Brückenschlag zum griechischen Denken und dem griechischen Ursprungsmythos gelingen würde, um „einen anderen Anfang" zu wagen?

Angeführt von einem *katechōn*, einem Hölderlin'schen neuen Ritter, einem Aufhalter? Oder ahnte er, dass es dafür bereits zu spät war? Dass die Deutschen nach ihrer Missionierung durch die USA und den Westen ihr Eigenes aufgeben würden und so, ihre eigene Geschichte negierend, von ihrer Vergangenheit zwar scheinbar erlöst wurden, aber stattdessen die von außen kommende „Machenschaft", gepaart mit neuem Selbsthass, alten und neuen Neurosen und der altbekannten deutschen Selbstgerechtigkeit den nun freien Raum einnehmen würde?

Die Geschichte dieser zunächst nur für die beiden Hauptfeinde Japan und Deutschland erdachten Missionierung mit den damals modernsten Werkzeugen und Technologien begann allerdings nicht erst 1945, als der erbittert geführte Zweite Weltkrieg zu Ende ging.

Schon einige Jahre zuvor, im September 1941, also noch vor dem japanischen Angriff auf Pearl Harbour und der darauffolgenden deutschen Kriegserklärung an die USA, hatten in Washington in der Gewissheit eines späteren Sieges die Planungen für eine europäische Nachkriegsordnung begonnen, die später als Blaupause für eine neue Weltordnung unter Führung der USA dienen sollten.

Diese Blaupause galt es nun nicht nur umzusetzen, sondern diese Umsetzung auch gut zu verkaufen. Das war beim „Manhattan Project" und der späteren Nutzung der Atomkraft mithilfe der Medien gelungen, aber 1945 fehlten noch eingängige Schlüsselbegriffe wie zum Beispiel „Kybernetik". Es gab zwar eine Vielzahl von Ideen und Praktiken, für die allerdings der *eine* Begriff, der allen einleuchtete und mit dem zum richtigen Zeitpunkt die für Laien schwer verständliche Materie popularisiert werden konnte, noch fehlte. Ein Begriff, der nicht nur symbolisch für eine permanente Revolution aller Lebensbereiche stand, sondern der auch über das Symbolische hinaus praktisch angewandt dafür sorgen konnte, dass sich dieses Gewirr von Ideen, Begriffen und Praktiken am Ende zu Handlungen verdichtete.

Auf der Suche nach der Genese dieses *einen* Begriffs ist es sinnvoll, nochmal einen Schritt zurück zu gehen, ins Jahr 1929, und aus der technischen wieder in die psychoanalytisch-soziologische Sphäre zu wechseln.

Die Folgen des Ersten Weltkriegs und der zyklischen Krisen eines liberalen Wirtschaftssystems, die Große Depression, der Zusammenbruch des Bankensystems und die allgemeinen Auswirkungen der technischen Modernisierung hatten in den USA zu einer Zunahme von psychischen Erkrankungen geführt, die Formen einer Epidemie angenommen hatten.

Die Ärzte waren ratlos. Hatten diese Krankheiten biologische oder seelische Ursachen? Waren es Erkrankungen des Körpers oder des Bewusstseins, der Seele?

1935 stellten die amerikanischen Freimaurer umfangreiche Mittel zur Erforschung der *Dementia praecox* zur Verfügung, einer Spielart des Irre-Seins wie Paranoia. Ein Schüler Sigmund Freuds, der Psychiater Nolan D. C. Lewis, übernahm die Koordination der Forschungen, mit denen sich die analytische Psychiatrie, ein neues und noch umstrittenes Fach, beweisen wollte. Der Forschungsansatz von Lewis war interdisziplinär und von den Ideen Freuds dominiert, der in den USA zum Vater einer Revolution in der Psychiatrie ausgerufen wurde und nicht nur als Erneuerer der Psychiatrie, sondern auch der Kultur galt. Freuds Ideen versprachen, alles menschliche Denken und Fühlen in einem in sich geschlossenen System analysieren zu können, und kamen den Ansichten von Anthropologen über die Bedeutung kultureller Prägungen sehr nahe.

1935 bewarb sich auch Margaret Mead, inzwischen in die Lehren Freuds eingeweiht, um Forschungsgelder der Freimaurer und schlug Feldforschungen in Bali vor, da dort, wie sie schrieb, die gleichen Formen von Verhaltensstörungen auftraten, die auch in der amerikanischen Gesellschaft stark zunahmen.

In Bali hofften sie und Gregory Bateson, eine homogene Kultur mit komplexen religiösen und künstlerischen Ausdrucksformen vorzufinden, in der psychische Abweichungen wie Paranoia als normal galten und integriert waren. Beide Forscher sprachen nicht die Sprache der Balinesen. Deshalb legten sie den Schwerpunkt auf das Beobachten des Verhaltens, der Körper und der Rituale.

Mead und Bateson suchten in Bali nach *den* unverfälschten und ursprünglichen Zeremonien und Bindekräften, die in der Lage waren, abweichendes und abnormes Verhalten wie zum Beispiel Paranoia so in den Alltag zu integrieren, dass die Kranken dort teilnehmen und funktionieren konnten.

Seltsam war: Die Menschen in Bali schienen glücklicher zu sein als die Menschen in den westlichen Kulturen. In Bali kümmerten sich nicht hochstudierte Mediziner um die psychisch

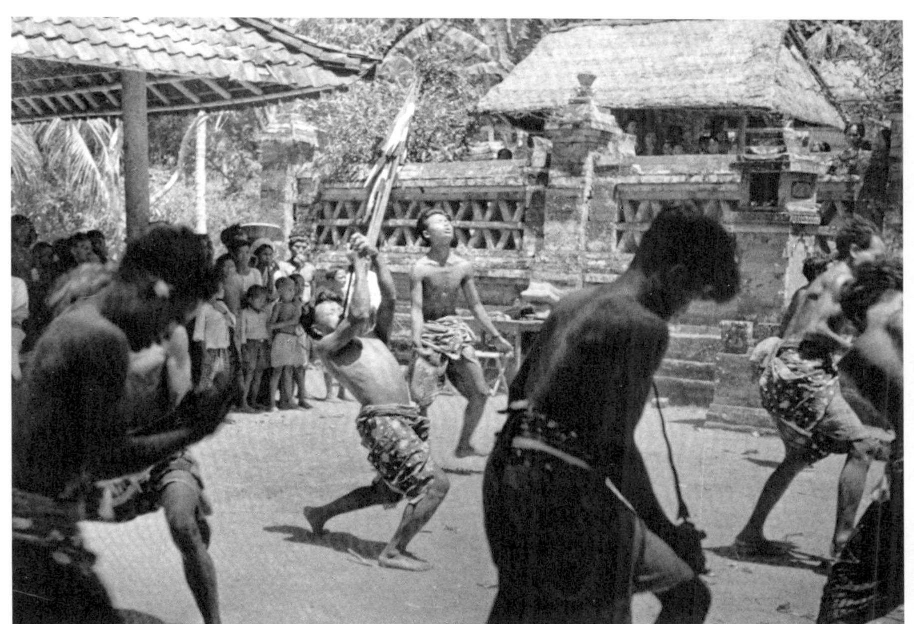

Kranken, sondern Dorfschamanen oder andere Mitglieder der Gemeinschaft. Das Primitive, Abweichende, Paranoide musste also nicht eliminiert, weggesperrt oder wegoperiert werden, sondern war beherrschbar und konnte integriert werden, wenn es Räume wie symbolische Handlungen, religiöse Zeremonien und Rituale erhielt, wo es zunächst sichtbar wurde – um dann geheilt zu werden.

Der Aufsatz „Configurations in Play“ des 1933 in die USA emigrierten Wiener Psychoanalytikers Erik Homburger Erikson über die Rolle des Spiels war eine der theoretischen Grundlagen für die Forschungen von Mead und Bateson in Bali.

Nach Erikson war das Spiel eine unbewusste Sprache und dem Traum verwandt. Hier war der Trainingsplatz und der Ort für rites des passages, den Übergang von einem Zustand in einen anderen, wo Kranke wie Gesunde Verhaltensmuster und Rollen spielerisch einstudieren und durch Wiederholung verfestigen konnten.

Im Spiel konnte der Patient zur Aufgabe des Eigenen und zur Anpassung an anderes geführt werden, und am Ende dieses Prozesses zur gewünschten Veränderung des Verhaltens und zur Annahme einer neuen Identität.

Wie, fragten sich Mead und Bateson, konnte man die Rituale der „Primitiven“ kopieren, um diese dann in der eigenen, der modernen amerikanischen Gesellschaft, modifiziert und massenhaft anzuwenden? Wie Rituale und Liturgien so schematisieren und formatieren, dass diese abstrakten Muster dann auf die eigene und später alle anderen Kulturen übertragbar waren? Wie konnte man in sich geschlossene Feedback-Systeme entwickeln, wo sich die darin ablaufenden kulturellen und psychischen Prozesse berechnen und vorherbestimmen ließen?

Als Mead und Bateson 1939 aus Bali nach New York zurückkehrten, fanden sie ein anderes Amerika vor. Ein Krieg lag in der Luft.

Mead und Bateson wurden 1940 Mitglieder eines Komitees für Nationale Moral, dessen Ziel es war, die eigene Moral und die des Feindes zu analysieren. Das Studium des nationalen Charakters wurde zur kriegsrelevanten Angelegenheit. Was war ein Amerikaner, ein Engländer, ein Japaner oder ein Deutscher, was waren seine Stärken und was seine Schwächen? Was hielt Demokratien zusammen, und welche Rolle spielte dabei die Moral? Bei den Amerikanern waren die Initiative des

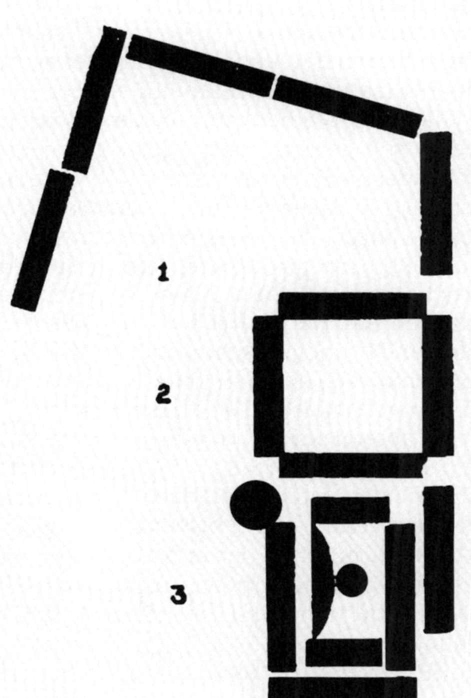
1
2
3

Individiuums und das Bewusstsein der Unabhängigkeit seines Handelns zwei entscheidende Aspekte der Persönlichkeit von Führungseliten. Waren die jungen Amerikaner aggressiv genug, gegen die deutschen und japanischen Soldaten zu bestehen – fähig, den Willen des Gegners zu brechen? Wissenschaftliche Experimente hatten gezeigt, dass Aggressivität eine Kulturerfahrung war, bei der die Erziehung eine große Rolle spielte. Diese Fragen beschäftigten nicht nur die verantwortlichen Militärs, sondern auch die Mitglieder des Komitees für Nationale Moral.

Mead und Bateson übertrugen ihre in Bali entwickelten Forschungstechniken auf einen neuen Gegenstand. Statt der Balinesen wurden nun die deutschen und japanischen Kriegsgegner Gegenstand ethnografischer Feldforschungen.

Wie würden diese Feinde in einer Auseinandersetzung reagieren? Wie konnte man das vorhersehen? Und wie konnte deren Kultur auf abstrakte Muster reduziert werden, so dass sich später, nach dem erwarteten Sieg, in kontrollierten Experimenten einzelne Variablen verändern ließen? Die Deutschen boten sich als Versuchsobjekte für ein bisher einmaliges Experiment an: die praktische Erprobung der in Bali gewonnenen theoretischen Erkenntnisse an einer großen Gruppe von Versuchspersonen, deren Kultur und Mentalität der amerikanischen näher war als die der Balinesen.

Eine Kultur, in der die Symptome einer aus amerikanischer Sicht psychischen Erkrankung als normales Verhalten galten und Teil dieser Kultur waren. Wie in einem riesigen Labor konnte nun mit einem Mix aus Psychoanalyse und Sozialwissenschaften ein bisher einmaliges Umerziehungs- und zugleich Selbst-Umerziehungsprogramm experimentell erprobt werden – die Integration einer großen Gruppe mit abweichendem autoritärem Verhalten in das System einer liberalen westlichen Demokratie. Um diesen Ansatz einer neuen Wissenschaft zu überprüfen, bedurfte es nun nur noch eines Großlabors und Sponsoren für dessen Finanzierung.

Und es fehlte immer noch der eine Begriff, das Schlagwort, das auch über das Symbolische hinaus praktisch eingesetzt werden konnte, damit sich das Gewirr von Ideen, Begriffen und Praktiken am Ende zu Handlungen verdichtete.

12 *Aus dem Golem sei aber doch kein richtiger Mensch geworden und nur ein dumpfes, halbbewußtes Vegetieren*

habe ihn belebt, wie es heißt. Und das auch das nur tagsüber und kraft des Einflusses eines magischen Zettels, der ihm hinter den Zähnen stak und die freien siderischen Kräfte des Weltalls herabzog.

Jewish Museum (III)

Der Aufstieg des Nationalsozialismus und der Ausbruch des Zweiten Weltkriegs machten die USA und Palästina, später auch Israel, zu den einzigen Orten, an denen die jüdische Kultur beschützt und bewahrt werden konnte.

Die darauffolgenden Kriegsjahre waren auch ein Wendepunkt für das Jewish Theological Seminary of America, das JTS. Das Trauma des Holocaust verschärfte die Dringlichkeit, Objekte zum Zwecke der Erinnerung und Bildung zu sammeln und zu bewahren.

In Europa waren reiche Bestände an jüdischen Artefakten von Beschlagnahmung und Zerstörung bedroht. Dies ebnete den Weg für eine Erweiterung der Sammlung für jüdische Zeremonialobjekte durch die Ankunft von zwei wichtigen Sammlungen aus Polen in den USA: der Sammlung der jüdischen Gemeinde von Danzig und der Sammlung von Benjamin Mintz aus Warschau.

Im Jahr 1904 hatte die jüdische Gemeinde von Danzig die Judaica-Sammlung des Kaufmanns Lesser Gieldzinski erhalten, eines wohlhabenden jüdischen Sammlers dekorativer Kunst. 1938 beschloss die Gemeinde jedoch aufgrund der ernsten politischen Lage, dass es am besten sei, die Objekte ins Ausland zu verschiffen.

Nach ihrer Ankunft in New York im Jahr 1939 wurden die Objekte aus der Danziger Sammlung in leeren Schlafsälen des JTS ausgestellt, wo sie den ganzen Sommer über nach Vereinbarung besichtigt werden konnten.

Später wurden die Objekte in einem Schaufenster des Scribner's Bookstore in der Fifth Avenue ausgestellt. Diese prominent platzierte Ausstellung in einem zentralen Teil Manhattans zeigte das wachsende Vertrauen in das Museum und die gewachsene Akzeptanz der Juden in New York. Denn Juden waren in den USA immer noch eine Minderheit und wurden als solche behandelt. So durften sie die meisten öffentlichen

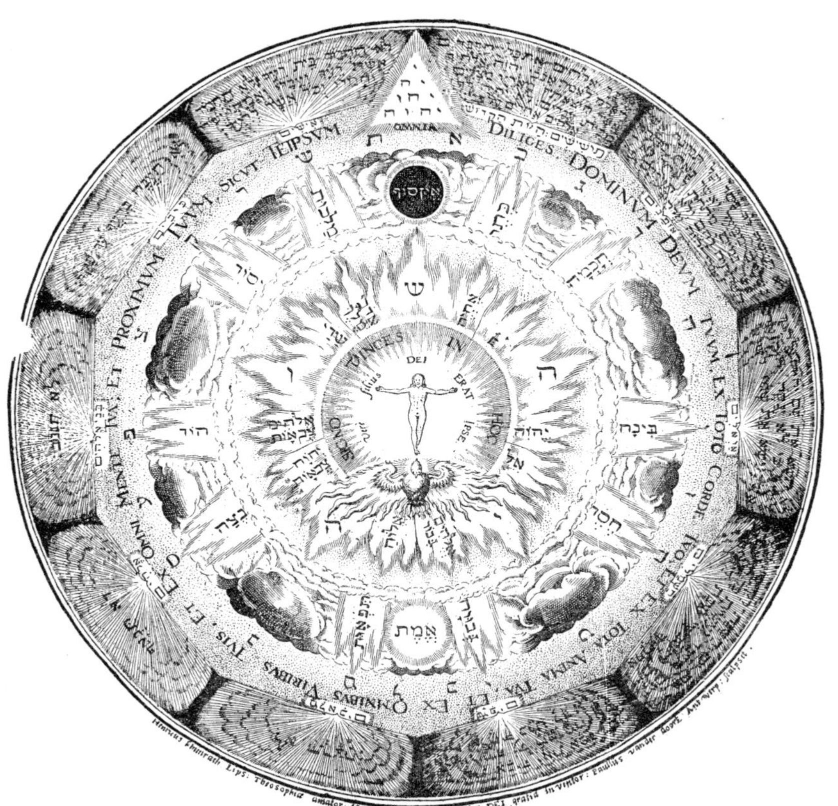
OMNIA
DILIGES DOMINUM DEUM TUUM EX TOTO CORDE TUO ET EX TOTA ANIMA TUA ET EX OMNIBUS VIRIBUS TUIS ET EX OMNI MENTE TUA ET PROXIMUM TUUM SICUT TEIPSUM
VINCES IN HOC SIGNO
DEI
filius
ERAT
IPSE

Universitäten nicht besuchen und konnten den meisten Country Clubs oder anderen Vereinen nicht beitreten.

Dabei waren die New Yorker Juden eine der größten und wohlhabendsten jüdischen Gemeinden in den USA.

Die Gemeinde reagierte auf die Einschränkungen durch die Mehrheitsgesellschaft, indem sie rein jüdische Einrichtungen und Organisationen gründete, zum Beispiel für jüdische Kulturprogramme und eine jüdische Graduate School.

Im Januar 1944 stiftete Frieda Schiff Warburg, die Witwe des 1937 verstorbenen Felix M. Warburg, das Herrenhaus der Familie als dauerhaften Sitz eines jüdischen Museums in der Fifth Avenue. Das Museum sollte ein internationales Kulturzentrum für die jüdische Gemeinde werden und das Museumsprogramm Vorträge, einen Museumsführer und eine Zeitschrift umfassen.

Wo die meisten jüdischen Sammlungen Kontinentaleuropas beschlagnahmt oder zerstört waren und jüdischen Gelehrten der Zugang zu jüdischen Büchern in öffentlichen Bibliotheken verwehrt wurde, sollte es nun einen Zufluchtsort für jüdisches Wissen geben. Die wichtigsten Zentren jüdischen Lernens des letzten Jahrhunderts waren weitgehend zerstört, und es war nun die Aufgabe des amerikanischen Judentums, an diesem Ort das Banner des jüdischen Wissens und der jüdischen Lehre hochzuhalten.

In das neue Jewish Museum sollten Besucher mit unterschiedlichem Hintergrund eingeladen werden, um Juden und Nicht-Juden einander näherzubringen und die interreligiöse Verständigung zu fördern. Noch unklar war aber, wie das künftige Programm des Museums im Einzelnen aussehen sollte.

13 *Und als eines Abends vor dem Nachtgebet der Rabbiner das Siegel aus dem Munde des Golem zu nehmen versäumt, da wäre dieser in Tobsucht verfallen, in der Dunkelheit durch die Gassen gerast und hätte zerschlagen, was ihm in den Weg gekommen. Bis der Rabbi sich ihm entgegengeworfen und den Zettel vernichtet habe. Und da sei das Geschöpf leblos niedergestürzt. Nichts blieb von ihm übrig als die zwerghafte Lehmfigur, die heute noch drüben in der Altneusynagoge gezeigt wird.*

Paranoia (II)

Ende 1943 erschien in New York ein Buch des Neurologen und Psychiaters Richard M. Brickner mit dem Titel *Is Germany Incurable?*

Brickner hatte zuvor Kontakt zum Kreis um Margaret Mead und Gregory Bateson aufgenommen und Mead gebeten, ihn beim Verfassen seines Buchs zu beraten. 1942 hatte er die wichtigsten Thesen seines Buchs bereits in einem Aufsatz im *American Journal of Orthopsychiatry* unter dem Titel „The German Cultural Paranoid Trend" veröffentlicht. Nun, in der entscheidenden Phase des Zweiten Weltkriegs, versuchte sich Brickner an einer Analyse des deutschen Gegners und seiner psychischen Fehlentwicklungen und bot als Psychiater ein Rezept für die Heilung der seiner Meinung nach paranoiden Deutschen an. Die Handlungen des nationalsozialistischen Deutschlands zeichnete Brickner entsprechend einem psychiatrisch-psychoanalytischen Krankheitsbild: Seit vielen Generationen sei der deutsche Charakter durch eine in der deutschen Kultur fest verankerte Paranoia geprägt.

Brickner versuchte nun, analog zur medizinischen Untersuchung eines einzelnen Patienten, die Entstehung eines kollektiven Krankheitsbildes zu entwickeln und daraus eine Therapie abzuleiten.

Deutschland erschien so als das Problemkind der Moderne. Ein Kind, das sein Gefühl des Versagens, das mittelalterliche „Reich" durch Reform oder Revolution in die Gegenwart zu transformieren und damit zu eigener Identität zu kommen und Staat zu werden, durch Aggressivität gegen sich und andere zu kompensieren versuchte. Brickner malte das Bild eines zu schnell gewachsenen, von Minderwertigkeitskomplexen und Versagensängsten gepeinigten Kindes. Einerseits unterwürfig, andererseits überheblich und aggressiv, entstand das Bild einer unsicheren Person, die nicht wusste, wer sie war, die sich herumgeschubst und ungeliebt fühlte, eingekreist von Nachbarn, die ihre wunderlichen Ideen und Fantasien geringschätzten. All das zeichnete einen paranoiden Charakter aus, so wie er in der Fachliteratur jener Jahre und auch von Freud beschrieben wurde, auf den sich Brickner bezog.

In einer Ausstellung in der Medizinischen Akademie in New York hatte Brickner im Oktober 1942 erstmals sein Material für

PARANOID CULTURE

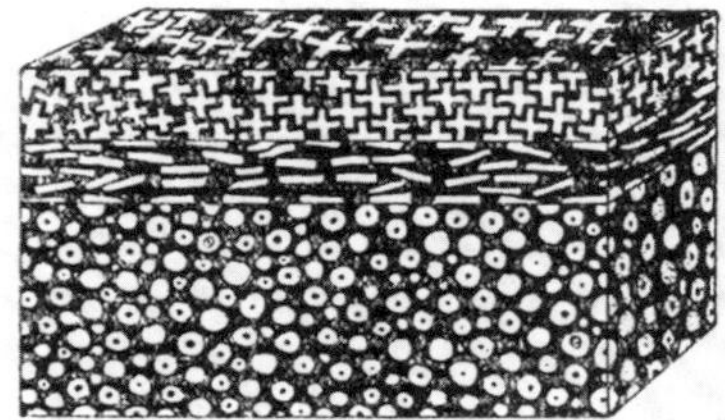

NON-PARANOID CULTURE

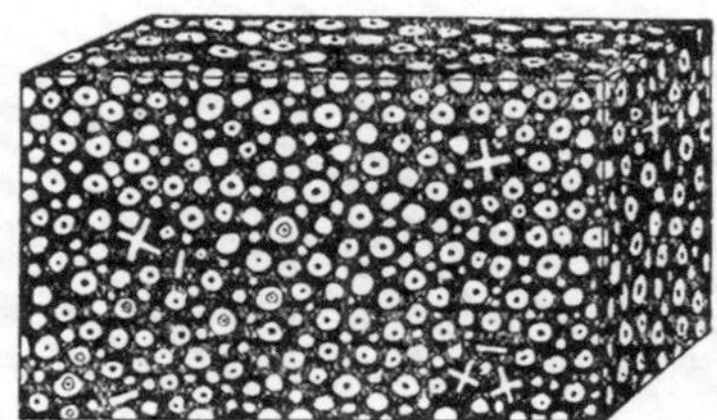

Ardent for paranoid values
Acquiescent to paranoid values
Rebellious against paranoid values
Believers in non-paranoid (i.e. democratic) institutions

FIG. 1

WRONG DICHOTOMY

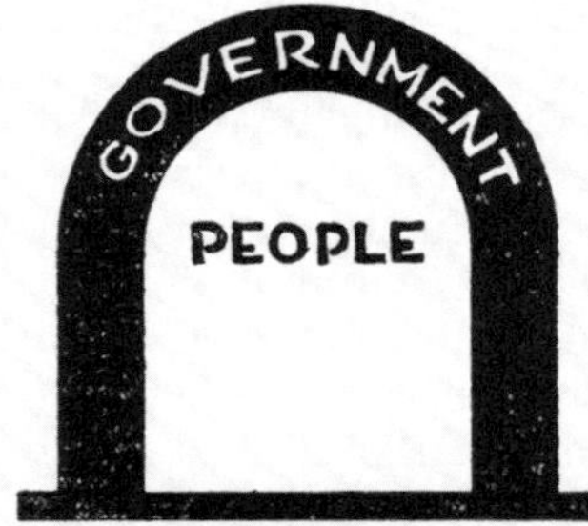

BETWEEN GOVERMENT AND PEOPLE
"We have no quarrel with the German people"
The usual conception is that of a strong fanatical government saddled upon a helpless people.

RIGHT DICHOTOMY

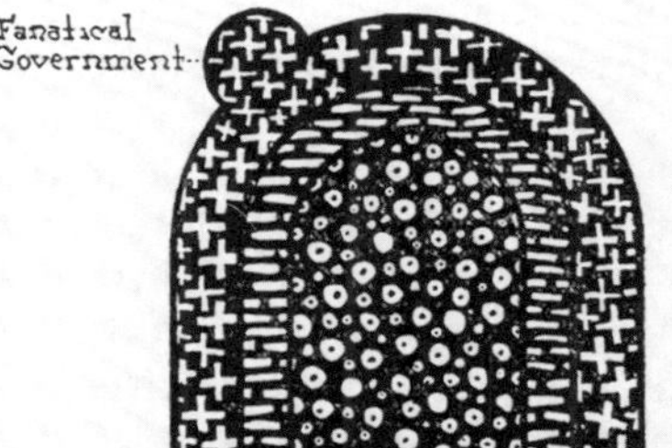

BETWEEN PARANOID AND NON-PARANOID ELEMENTS OF THE CULTURE
Present conception is that our quarrel is with the paranoid and not the non-paranoid phases of the German culture, and that the fanatical governments are merely products of the former.

FIG. 2

das Buch und seine Analyse der deutschen Paranoia vorgeführt, für die er auch Ergebnisse der Forschungen von Mead, Bateson und Benedict zum Beispiel in Bali einbezog. Den friedlichen und auf Kooperation bedachten Balinesen, Indianern und anderen „Naturvölkern“ stellte Brickner nun den preußischen Junker gegenüber: das Schreckgespenst einer Kaste, die mit ihrer Aggressivität, Arroganz und Militanz die deutsche Kultur dominierte und von klein auf erzogen und trainiert wurde, Krieg zu führen.

Die Masse der Deutschen war dazu erzogen worden, paranoid zu denken und zu fühlen. Das war aber nach Brickner keine angeborene, sondern eine anerzogene Krankheit. Eine besondere Art der Erziehung, oder der Umerziehung, war deshalb der Schlüssel für eine Heilung. Die wenigen nicht-paranoiden Deutschen bildeten dabei als sogenannte „clear areas“ den Ausgangspunkt für psychiatrische Therapien nicht nur von Einzelnen, sondern von ganz Deutschland als einer sozialen Gruppe. Psychiater, Soziologen und Anthropologen, schlug Brickner vor, sollten deshalb an der Ausarbeitung der Therapiepläne für Nachkriegsdeutschland beteiligt werden.

Das war zwar eine spektakuläre Diagnose, aber eine Diagnose aus der Ferne, ein Fall von „Study of Culture at a Distance“, bei dem Nichtwissen durch Projektionen und durch von einer „American Angst“ geschürte Gefühle ersetzt wurden. Margaret Mead hat das Vorwort für Brickners Buch geschrieben. Ein von ihr engagierter Ghostwriter sollte Brickner nun helfen, das Krankheitsbild der Deutschen für ein amerikanisches Publikum verständlich zu machen. Dafür fehlte Brickner allerdings, wie seine Berater fanden, noch ein spektakuläres Beispiel, das die „deutsche Paranoia“ drastisch illustrieren würde, am besten ein Mörder. Die Wahl fiel auf den Fall des „Hauptlehrers Wagner“. Wagner war ein Paranoiker, der 1913 zum Massenmörder wurde und in seinem Wahn 14 Menschen massakrierte und elf Menschen schwer verletzte. Dass er später in der Heilanstalt behauptete, schon früh Nationalsozialist, Antisemit und Rassehygieniker gewesen zu sein, schien Brickners Thesen abzurunden.

Als *Is Germany Incurable?* erschien, erregte es viel Aufmerksamkeit, auch der in die USA emigrierte deutsche Sozialphilosoph Max Horkheimer, mittlerweile Direktor der wissenschaftlichen Abteilung des American Jewish Committee, rezensierte das Buch in der Zeitschrift *The New Leader*, einem antistalinistischen und liberal-linken Magazin aus dem Umfeld des bekannteren New Yorker Journals *Partisan Review*.

Das große Interesse an Brickners Buch war verständlich, denn Paranoia galt erstens als unheilbar, zweitens fehlte es bisher an staatlichen Konzepten und Ideen, was nach einem Sieg auf dem Schlachtfeld mit den vormaligen Kriegsgegnern Deutschland und Japan geschehen sollte.

Brickners spektakuläre These von einer kollektiven Paranoia der Deutschen und die damit erzeugte mediale Aufmerksamkeit erschienen Margaret Mead zudem geeignet, dem Ansatz ihres Kreises für eine neue und interdisziplinäre Wissenschaft, die so unterschiedliche Disziplinen wie Soziologie, Psychiatrie und Psychoanalyse, Philosophie und Anthropologie vernetzte, mehr Einfluss zu verschaffen. Obwohl im Allgemeinen ohne eine richtige Diagnose keine erfolgreiche Therapie möglich ist, organisierten Mead und Brickner mit Unterstützung des amerikanischen Außenministeriums eine Konferenz unter dem Titel „Germany After the War", die an mehreren Tagen im Mai und Juni 1944 in der medizinischen Fakultät der Columbia University stattfand. Eingeladen waren die führenden Psychiater der USA, vorwiegend Psychoanalytiker, und auch einige Soziologen und Pädagogen. Brickner, Mead, Kubie und andere Konferenzteilnehmer waren dem psychoanalytischen Konzept Freuds verpflichtet, vor allem seiner im englischsprachigen Raum dominierenden Definition von Paranoia.

Die Konferenz, später auch als „Brickner-Conference" bezeichnet, stellte nun in Vorträgen und Diskussionen das deutsche Volk als einen an Paranoia erkrankten Patienten vor – und zugleich kompetente Ärzte und Wissenschaftler, die eine neuartige Therapie anbieten konnten. Diese Heilmethode hieß „Reeducation" und war ein großes Programm zur Umerziehung der Patienten – wie auch zur Selbsterziehung und Selbstimmunisierung der Therapeuten.

Geist und Wesen der scheinbar noch tief mit dem Mittelalter verbundenen Deutschen sollten damit grundlegend verändert werden: Der Geist des Rationalismus würde künftig die deutsche „Dunkelheit" ersetzen, der Geist des Kalküls die deutsche „Unberechenbarkeit", der Geist der Toleranz den deutschen „Radikalismus", der Geist des Liberalismus die deutsche „Despotie" und der Geist einer humanitären Brüderlichkeit den

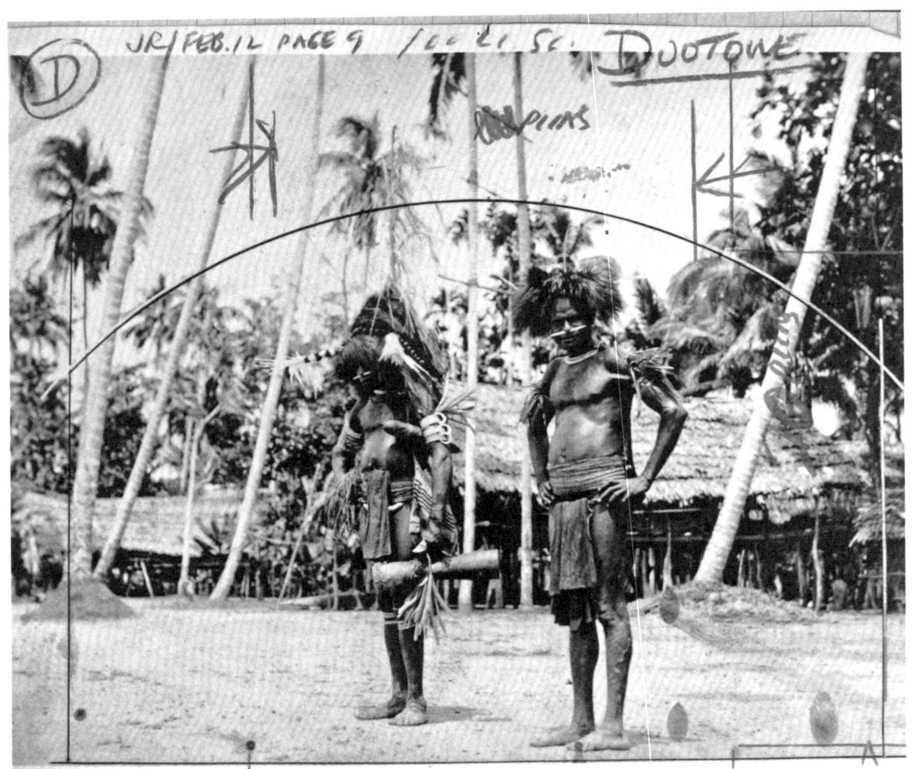
JR/FEB.12 PAGE 9

deutschen „Rassenwahn". In einem letzten Gefecht sollte nun vollendet werden, was der Westen im Ersten Weltkrieg zwar begonnen, aber nicht mit letzter Konsequenz zu Ende geführt hatte, so Margaret Mead in ihrem 1943 veröffentlichten Buch *And Keep Your Powder Dry*.

Schon wenige Tage nach Beendigung der Konferenz filterten Beamte im US-Außenministerium jene Gedanken der Wissenschaftler aus, die ihnen für eine praktische Umsetzung brauchbar erschienen. Demnach waren nach Beendigung des Krieges drei Arten von Kontrolle wichtig. Erstens: streng durch das Militär. Zweitens: großzügig durch schnelle Bereitstellung von Freiräumen, die eine neue Entwicklung ermöglichen, von Trainingsplätzen und Orten für *rites de passages*, in denen neue Verhaltens- und Rollenmuster einstudiert und verfestigt werden konnten. Drittens: Die Politik Amerikas sollte keine Rache suchen und bestrafen, sondern zunächst die Verspannungen lösen, die zur Fehlentwicklung Deutschlands geführt hatten. Fehler wie die Demütigung der Deutschen nach der Beendigung des Ersten Weltkriegs waren zu vermeiden. Die Deutschen waren Patienten, die an einer schweren Krankheit litten, aber nach ihrer Genesung Partner Amerikas in einer neuen Weltordnung sein würden. Dafür musste Deutschland ein Marktstaat werden. Die Eigenkräfte der Wirtschaft und deren normative Kraft des Faktischen würden dann zum Anschluss Deutschlands an das westliche System einer liberalen Marktwirtschaft und eines unteilbaren freien Weltmarkts führen. All das würde auch für den Umgang mit Japan gelten, unter Beachtung einiger japanischer Besonderheiten.

Die bisher eher als Orchideenfächer angesehenen Disziplinen Soziologie, Psychiatrie und Psychoanalyse, Philosophie und Anthropologie hatten nun anscheinend ihre Kriegstauglichkeit unter Beweis gestellt, und die Gruppe um Mead und Bateson konnte Kontakte zu wichtigen Sponsoren und Stiftungen knüpfen. Den neuen mächtigen Waffen, der Atombombe und den Rechensystemen, konnten nun die aus Soziologie, Psychiatrie, Anthropologie und der Psychoanalyse geschmiedeten Waffen gleichberechtigt zur Seite gestellt werden und durch Werbung, Film und Propaganda komplettiert werden.

Wurden die von Brickner und Mead vorgeschlagenen Konzepte auf der Konferenz noch auf einem akademischen Niveau vorgetragen und diskutiert, übersetzten die Beamten

...hree Met Again

From 'The Stars and Stripes'

THE STARS AND STRIPES Wednesday, Sept. 27, 1944

An Editorial

What Do You Do With This Kid?

AMONG the 20,000 Germans who surrendered at Beaugency the other day was a 17-year-old kid like this. He was cute as a bug, with flaxen hair, blue eyes and a peaches and cream skin that had never been nicked by a razor. He was shy and soft-spoken and he blushed as he talked, like any nice youngster with a grownup stranger. This is how the conversation went:

* * *

Question: How long have you been in the army?

Answer: 36 weeks. 32 weeks in France. 4 weeks in Germany

* * *

Q: Are you a Nazi?

A: Yes.

* * *

Q: Were you in the Hitler Youth and the Nazi Children's organization (Pimpf)?

A: Yes.

* * *

Q: Will Germany win the war?

A: Yes. If the civil population of Germany can stick it, then we'll win the war.

* * *

Q: If Germany wins the war, will you punish the United States?

A: We want living space.

* * *

Q: If Germany doesn't win the war, will you fight again for lebensraum?

A: I cannot reply.

* * *

Q: Do you think the Germans are the master race?

A: If the Fuehrer says so, it is true.

* * *

Q: Where would you like to be sent?

A: To the United States.

* * *

Q: The U.S. has many kinds of people—Czechs, Poles, Negroes, Democrats, Jews.

A: After the war, it will be otherwise in the United States.

* *

Q: There won't be those people any more?

A: They will disappear.

What do you do with a kid like that?

Anybody got any ideas?

HERE is a sample of Hitler youth—a 17-year-old German soldier who firmly believes that "if the Fuehrer says so, it is true." Nothing could better dramatize the Allied problem of what to do about Germany because the Germany of the future will be a nation of boys like this one — warped and conditioned by years of Nazi domination.

...gh ...her im... ...velt

...id at ...icheon, ...he suf... ...and stop ...destruc... ravaging

... such a ...ll said, ...mproved ...Presiden... United

...dience ap... ...d: "And ...so breath...

...applauded ...ield Mar... ...ned the ... This ...t the ...k of ...vill ...or

...gth ...des... ...ust ...go... his

...ould continue his cooperation President Roosevelt. ...aid no one could be blamed ...ping that victory would the Allies and peace to 1945, provided "he does ... or her effort...

Capital T...

im Außenministerium die Ergebnisse später in ihre Behördensprache.

Das Konferenzergebnis allgemeiner, verständlicher und auch trivialer zu formulieren, blieb der Werbung vorbehalten – und dem Film. Ende 1944 kam in den USA ein Spielfilm mit dem Titel *Tomorrow, the World!* in die Kinos, der Brickners und Meads Thesen scheinbar illustrierte. Der Film war allerdings keine wissenschaftliche Darstellung einer medizinischen Theorie, sondern zeigte, was sich die Autoren unter Psychiatrie, Psychoanalyse und Verhaltenstherapie vorstellten und wie sie das in die Sprache Hollywoods verwandelten. Die Vorlage der Geschichte war ein am Broadway erfolgreiches Theaterstück. Emil Bruckner, ein deutsches Waisenkind, kommt in die Vereinigten Staaten und besucht seinen Onkel. Emil ist Hitlerjunge und stark von der Nazi-Propaganda indoktriniert, die er wie ein Papagei ständig wiederholt. Er ist auch davon überzeugt, dass er als Nazi-Spion in die Vereinigten Staaten geschickt wurde und startet einen Ein-Kind-Angriff gegen sein Umfeld. Während er mit immer weiter ausufernder Gewalt gegen Juden, Frauen und eingewanderte amerikanische Schulkinder vorgeht, wird an ihm das Experiment der deutschen Umerziehung erprobt.

Am Ende kippt die Renitenz und Aggressivität von Emil, und seine bis dahin starke Schuld- und Schamabwehr wird gestellt – vorher bekommt er allerdings noch eine Bestrafung durch Schläge (allerdings nicht vom Onkel, da das Schlagen von Kindern durch Erwachsene vor dem Hintergrund der gewünschten psychoanalytischen und gewaltfreien Pädagogik verpönt war, das erledigt die Gruppe, die „peers“, hier der polnischstämmige Klassenkamerad), und am Ende erhält Emil durch den Akt eines „Reinforcement“ die Uhr, die er sich zu Beginn des Films so sehnlich gewünscht hat. Nach dieser paradoxen Intervention bricht er zusammen. Er weint. Nun kann er neu aufgebaut werden.

Das Ganze war eine Melange aus Psychoanalyse und Behaviorismus in einem Film, der die amerikanische Bevölkerung behutsam an die zu diesem Zeitpunkt noch unfertigen Reeducation-Konzepte heranführen sollte. Der deutsche Hitlerjunge wird in die amerikanische Familie aufgenommen und amerikanisiert. Schaut her, so werden wir das machen. „You too can be like us!“

14 *Ich kann freilich nicht wissen, worauf sich die Golemsage zurückführen läßt, daß aber irgend etwas, was nicht sterben kann, in diesem Stadtviertel sein Wesen treibt und damit zusammenhängt, dessen bin ich sicher. Von Geschlecht zu Geschlecht haben meine Vorfahren hier gewohnt, und niemand kann wohl auf mehr erlebte und ererbte Erinnerungen an das periodische Auftauchen des Golem zurückblicken als gerade ich!*

Rauschen

1939, der deutsche Philosoph Martin Heidegger saß gerade an seinem im Jahr zuvor begonnenen Manuskript von *Die Geschichte des Seyns*, in dem später seine Skepsis gegenüber einer „unmenschlichen" Technik und dem „rechnenden" Denken deutlich werden würde, da teilte ein 23-jähriger Amerikaner namens Claude Shannon seinem Doktorvater Vannevar Bush, dem „Godfather of Technology" am MIT, brieflich mit, dass er sich nun mit den theoretischen Grundlagen der Kommunikation beschäftige. Shannons Informationstheorie wurde später die Magna Carta des Kommunikationszeitalters. Dem Brief fügte er eine Zeichnung bei, die als Diagramm zwei Kästchen zeigte, in denen die Begriffe „Sender" und „Empfänger" standen.

Fast zehn Jahre später, im Herbst 1948, publizierte Shannon seinen berühmten Aufsatz zur Informationstheorie „A Mathematical Theory of Communication", der ebenfalls das bekannte Diagramm enthielt: ein Kästchen für den Sender, ein Kästchen für den Empfänger. Zusätzlich gab es nun aber in der Mitte ein weiteres Kästchen: Rauschen – ein neues Paradigma. Als eine Art Kontrastmittel machte das Rauschen abstrakte Konzepte wie Information oder Kommunikation erstmals fassbar.

Rauschen, das waren Verzerrungen, Störungen oder Interferenzen bei der Übertragung von Informationen. Dank Shannons Theorie ließ sich das Rauschen nun bändigen und nützliche von wertloser Information trennen. Zudem ergaben sich weitere interessante Fragen: Was brauchte es, um ein Signal oder eine Information in diesem Rauschen zu verstecken? Und wie ließen sich die im Rauschen versteckten Informationen entdecken?

15 *Ich weiß nicht, wo ich anfangen soll, meinte der Alte zögernd, die Geschichte mit dem Golem läßt sich schwer fassen. So wie Pernath vorhin sagte: er wisse genau, wie jener Unbekannte ausgesehen habe, und doch könne er ihn nicht schildern. Ungefähr alle dreiunddreißig Jahre wiederholt sich ein Ereignis in unsern Gassen, das gar nichts besonders Aufregendes an sich trägt und dennoch ein Entsetzen verbreitet, für das weder eine Erklärung noch eine Rechtfertigung ausreicht.*

Kybernetischer Kreis

Und die permanente Revolution? Und die Suche nach dem *einen* Begriff, der die Tür zu dieser Revolution aufschließen sollte und zugleich geeignet war, öffentlich dafür zu werben? Wann wurde der gefunden?

Um das zu beantworten, ist es nötig, noch eine weitere Schleife rückwärts zu drehen. Das größere Ganze, in das Theorien wie Gregory Batesons *Schismogenese* oder auch seine gemeinsam mit Margaret Mead entwickelte neue Anthropologie, McCullochs und Kubies Sichtweise auf die Bewegung von Neuronen und Shannons mathematische Theorie der Kommunikation eingebettet werden konnten, war die Kybernetik.

1943 veröffentlichte Norbert Wiener gemeinsam mit dem Elektroingenieur Julian Bigelow und dem Neurophysiologen Arturo Rosenblueth in der amerikanischen Zeitschrift *Philosophy of Science* einen Text mit dem Titel „Behavior, Purpose and Teleology".

Der Text war die Quintessenz der Forschungen und Versuche, die Wiener und Bigelow zwischen 1940 und 1942 für Warren Weaver und das National Defense Research Committee (NDRC) unternommen hatten und die nun, teilweise terminologisch überarbeitet und mit weiteren Überlegungen verquickt, zum kybernetischen Common Sense wurden. Denn dieser Text war einer der ersten kybernetischen Schlüsseltexte, die antraten, das Antlitz von Technologie nachhaltig zu verändern.

Teleologie ist das Wissen oder die Wissenschaft von den Zielen beziehungsweise Zwecken (*teloi*), und war ein die westliche Kultur und Philosophie seit ihren griechischen Anfängen beunruhigendes Problemfeld. Von be- und vorschreibender Handlungstheorie, von Theorien zu Zielen und Zwecken von Handlungen – bis hin zur Kritik von Annahmen zielgerichteter Prozesse in der Natur setzte sich die europäische Philosophie zwischen Aristoteles und Kant mit vielen solchen Problemstellungen auseinander. Und nicht allein die Philosophie fragte nach Teleologie. Der Text von Wiener, Bigelow und Rosenblueth stellte nun Fragen nach Grundzügen des Verhaltens, nach dessen Ziel- und Zwecksetzungen und jeweiliger Zielgerichtetheit.

Das untersuchte Verhalten wurde allerdings, und das war neu, quer über die Grenzen der Gattungen und Disziplinen hinweg analysiert und zugleich unter Einschluss technischer Apparaturen gedacht. Hierdurch wurden produktive Überkreuzungen des Verständnisses von Tieren und Maschinen geschaffen. Der Text verstand sich als behavioristisch und reihte sich damit im Selbstverständnis in einen biologie-affinen Rahmen von Verhaltensforschung ein, in dem versucht wurde, Verhalten allein an physiologisch untersuchten Reiz-Reaktionsmustern zu analysieren. Es sollte einzig und allein darum gehen, welchen Output ein bestimmter Input und welche Veränderungen zum Beispiel ein strikt kontrolliertes Umweltereignis auslösten.

Der Text überführte zugleich zentrale behavioristische Kategorien in ingenieurswissenschaftliche Zusammenhänge. Wo nun Tiere gedacht wurden als auf energetische Inputs mit ebensolchen Outputs Reagierende, konnten sich umgekehrt Maschinen von einer bisher selbstverständlichen Zweckorientierung als reine Instrumente emanzipieren.

Kategorial versuchte der Text neben Tieren nun auch Maschinen auf einem gemeinsamen Niveau „verhaltenstypisch" zu fassen. Das ermöglichte, beide in einer gemeinsamen Kategorie wahrzunehmen: Biologie und Ingenieurswissenschaft schienen dafür kompatibel.

Und es ermöglichte, bewegliche Ziele und deren Verhalten – denn darum ging es ja eigentlich – zu analysieren. Ein solches Verhalten sprang nicht dorthin, wo das Ziel war, sondern dorthin, wo es in Zukunft sein würde. Dafür musste es sein Verhalten vorhersagen und hochrechnen können, also räumlich und zeitlich überschlagen.

Solch zielgerichtetes und vorhersagendes Verhalten schien dann fähig, seine Extrapolationen auch rücklaufend zu gestalten und zu potenzieren, um zu scheinbar endlosen Verbesserungen seiner Vorhersagen zu gelangen. Diese Beschreibung

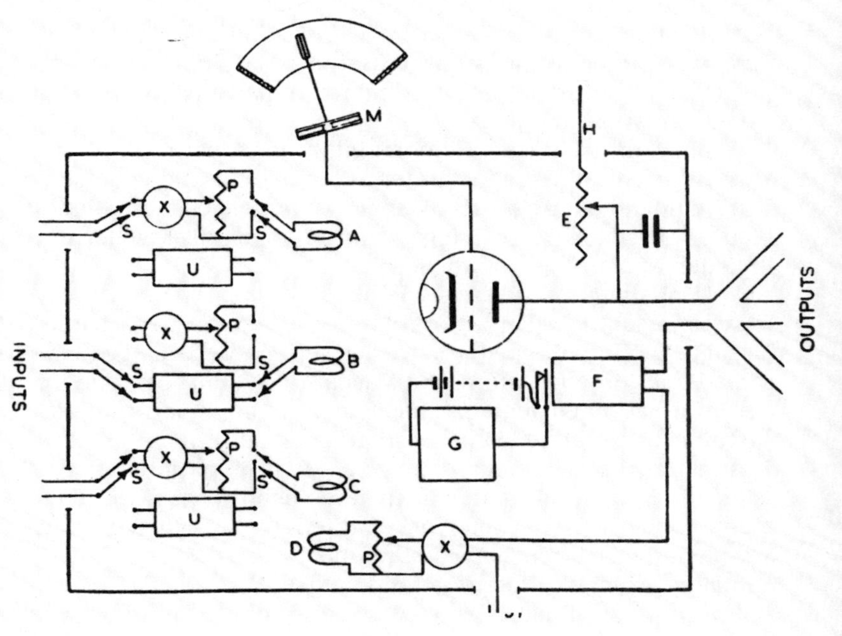
M
H
E
X
P
S
A
U
B
C
D
F
G
INPUTS
OUTPUTS

„teleologischen Verhaltens“ machte eines kenntlich: Künstliches ließ sich produktiv naturalisieren. Und ein artifizielles Schema konnte zu einer Mensch, Tier und Maschine verbindenden (neuen) Natur werden, zu einem korrelierten Satz von Eingangs- und Ausgangssignalen.

Ein Jahr nach dem „Cerebral Inhibition Meeting“ in New York gab sich die Gruppe, zu der unter der Leitung von John von Neumann auch Norbert Wiener und andere bekannte Ingenieure, Physiologen, Soziologen und Mathematiker gehörten, 1943 den Namen Teleological Society.

Der Kybernetische Kreis, wie sich die Gruppe später nannte, leistete wesentliche Beiträge zur Wissenschaft von Mensch und Maschine. Seine Mitglieder hatten unter anderem die gemeinsame Funktion von Gehirn und Maschine erkannt, den Begriff der Information eingegrenzt, das Rauschen analysiert und die servomechanischen Aspekte willentlicher zielgerichteter Aktivität entdeckt. Ihre neuen Ansätze zur Informationstheorie oder zur Kybernetik waren kein rein technisches Spielzeug mehr, sondern hatten jetzt die Verbindung zu den Bio- und Sozialwissenschaften hergestellt. Und Norbert Wiener hatte den lang gesuchten Begriff gefunden, den er auf einer Tagung in Princeton zur Diskussion stellte und später in seinem 1948 erschienenen Buch *Cybernetics or Control and Communication in the Animal and the Machine* ausführlich entwickelte: Cybernetics. Was nun noch fehlte, war eine breitere Anwendung dieser Theorie, auch über die Entwicklung neuer Waffen hinaus.

16 Immer wieder begibt es sich nämlich, daß ein vollkommen fremder Mensch, bartlos, von gelber Gesichtsfarbe und mongolischem Typus, aus der Richtung der Altschulgasse her, in altmodische, verschossene Kleider gehüllt, gleichmäßigen und eigentümlich stolpernden Ganges, so, als wolle er jeden Augenblick vornüber fallen, durch die Judenstadt schreitet und plötzlich – unsichtbar wird.

Golem (I)

In den Prozess der Anwendung neuester technisch-wissenschaftlicher Entwicklungen waren aber nicht nur ingenieurtechnische, mathematisch-rechnerische, sozialwissenschaft-

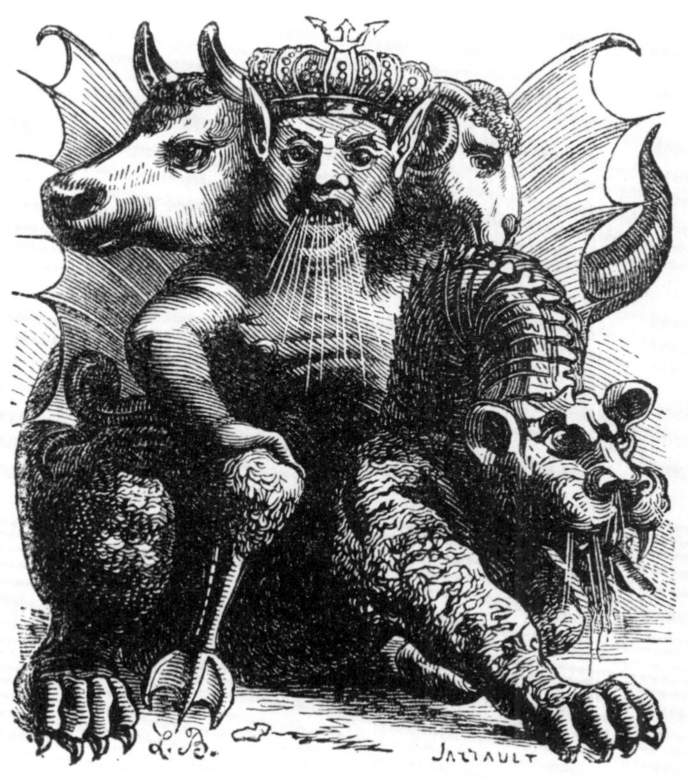

liche und anthropologische Elemente eingegangen, sondern auch metaphysische.

Wiener war bewusst, dass vieles an der Theorie der Servomechanismen vor dem Zweiten Weltkrieg in nicht-militärischen Kontexten entwickelt worden war und dass seine Kybernetik und das Systemdenken ohne den laufenden Zweiten Weltkrieg nicht zu den zentralen (und beständigen) Metaphern hätte werden können. Dieser Krieg verlieh den kybernetischen Technologien eine Rolle im aktuellen manichäischen Drama.

Denn Wiener betrachtete Moralität als einen Konflikt, der in der Vergangenheit nicht gelöst worden war und fortbestand, und er fragte sich, ob die Welt entweder ein manichäischer Opponent oder ein augustinischer Teufel war.

Diente Wieners AA-Predictor zunächst faktisch allein einem Ziel, nämlich der Berechnung von Geschossbahnen, lag der spätere Erfolg der Kybernetik bei der Verwischung des Menschlichen und des Nichtmenschlichen in einer Welt der Auseinandersetzung auf dem agonistischen Feld (wenn nicht auf dem Schlachtfeld selbst), und die Wahl zwischen dem Kampf gegen die augustinischen und manichäischen Dämonen war für Wiener lediglich eine Frage der Taktik. Wiener wusste sehr wohl um die Geschichte der Beschäftigung mit Fragen der Selbstregulierung und Kommunikation bei Leibniz und vielen anderen und von den gut entwickelten Theorien für Dampfmaschinen oder Spannungsregler im 19. Jahrhundert.

Aber für ihn war die wesentliche und ungelöste Realität der Welt, dass das Individuum in Isolation lebte und auf der Suche nach einer Taktik war, aus dem Chaos Ordnung zu schaffen. Die Wissenschaft selbst befand sich in einem solchen Kampf, da sie der Natur gegenüberstand und nach einer Taktik suchte, um diesem „Feind“ zu begegnen. Für Wiener hieß das, das Wesen der Ordnung und der Organisation des Universums zu entdecken, um so ein Spiel gegen diesen Erzfeind spielen zu können – und gegen dessen Waffe, die Desorganisation. Das waren für ihn die blinden Naturkräfte der Irrationalität, des Zufalls und der Entropie, des technischen Rauschens und der Unkontrollierbarkeit, mithin der augustinische Teufel. Das Verstehen von dessen Absichten, Flucht- und Täuschungsmanövern und die Übergabe von Macht und Kontrolle an die Wissenschaft als Steuermann führte für Wiener zur Inkarnation des Bundes von Gott und Mensch – der Beziehung zwischen dem Menschen und seinem Schöpfer.

1964 veröffentlichte er ein kleines Buch mit dem Titel *God & Golem, Inc.*, in dem die Beziehung zwischen der kybernetischen Maschine und dem Menschen der Beziehung zwischen dem Menschen und Gott ähnelte.

Der Golem erschien als Vorläufer kybernetischer Maschinen, und am Ende standen als Herausforderung und Ausweg aus einer fest umrissenen, menschlichen, ethnischen oder geschlechtlichen Prägung Cyborgs, die eine neue Natur symbolisierten.

Das hieß für Wiener auch: Wir, die wir Cyborgs machen, sind am Ende wie Götter. Würde Astaroth, Teufel und Schatzmeister der Hölle, das Wort preisgeben, das diese Golems und Cyborgs beleben konnte?

17 *Gewöhnlich biegt dieses Wesen in eine Gasse und ist dann verschwunden. Ein andermal heißt es, es habe auf seinem Wege einen Kreis beschrieben und sei zu dem Punkte zurückgekehrt, von dem es ausgegangen: einem uralten Hause in der Nähe der Synagoge.*

Kunst und Technik (III)

Und die Kunst? Und die Künstler? Wo war deren Anteil an dieser Umwandlung von einer gegebenen in eine neue künstliche Natur – und an einer permanenten Revolution? Wo fand die Fortsetzung der Experimente aus den 1920er Jahren statt? Wo eine Fortsetzung der Verbindung von Kunst und Technik, die in der Antike begonnen und sich im Mittelalter und später in der Renaissance fortgesetzt hatte?

Zwar gab es in der zeitgenössischen Science-Fiction-Literatur der 1940er Jahre, etwa in Texten von Robert A. Heinlein oder Isaac Asimov, zahlreiche Versuche, sich die Zukunft von Wissenschaft und Technik vorzustellen und auch Bezüge zum klassischen Topos des Golems und seiner Artgenossen, aber das waren nur literarische Fantasien. Auch bastelten einige Künstler und Techniker an mechanischen Tieren und „walking machines“, aber mit dem, was seit 1944 im „Manhattan Project“ oder in der Teleological Society erdacht und realisiert wurde, hatte das nichts zu tun.

Ebenso wenig mit den Kunstwerken, die in diesen Jahren in den Museen und Galerien der USA ausgestellt wurden.

Das Museum of Modern Art in New York zum Beispiel zeigte Alexander Calder und seinen *Calder Circus*, *12 American Paintings*, *Marines Under Fire*, und das Guggenheim Museum stellte kubistische, abstrakte und kinetische Kunst aus sowie eine umfangreiche Sammlung surrealistischer Gemälde und Skulpturen mit Werken von Jackson Pollock, Mark Rothko, Robert Motherwell, Clyfford Still und anderen.

Für eine öffentlich sicht- und vorzeigbare Synergie zwischen Wissenschaft und Kunst schien es 1944, in der entscheidenden Phase des Zweiten Weltkriegs, noch zu früh. Aber als Soldaten, als Bediener der Technik für elektronische Geräte in Radar- und Funksystemen oder in Flugzeugen kamen einige Künstler mit den Apparaten und technischen Systemen in Berührung, und einige sprachen nach Kriegsende fasziniert vom Flackern der Monitore und Oszillatoren, dem Blinken der Lämpchen, dem Zischen der Servomotoren und den in Rauschen eingehüllten Funksignalen.

Als Entwerfer und Erbauer schienen Künstler für die Entwicklung dieser interdisziplinären, arbeitsteiligen und zunächst dem Militär vorbehaltenen neuen Apparate, Waffensysteme und der dafür benötigten gewaltigen Rechenmaschinen zunächst jedoch nur eine Nebenrolle zu spielen.

Bereits Ende des 19. und Anfang des 20. Jahrhunderts hatte es jedoch erste Annäherungen der Wissenschaft an die neuen Medien wie Fotografie und Film zum Zweck der Datenerfassung gegeben. Die Gestaltpsychologen der Berliner Schule um Wolfgang Köhler, Max Wertheimer und Kurt Lewin waren sehr an den Künsten interessiert, und der Kunstpsychologe Rudolf Arnheim, der bei diesen Wissenschaftlern promovierte, war der Verfasser einer neuartigen Filmtheorie mit dem Titel *Film als Kunst* (mit einem Photogramm des ungarischen Fotografen György Kepes auf dem Umschlag), die auf den Grundsätzen der Gestalttheorie basierte.

Auch in den USA hatte es zeitgleich mit der Entwicklung in Europa solche Versuche zur Grenzüberschreitung gegeben. Der Mentor von Margaret Mead, der Anthropologe Franz Boas, hatte bei seinen Feldforschungen begonnen, Kameras für Stand- und Bewegtbilder einzusetzen, und Mead und Bateson hatten von ihren Feldforschungen in Bali und Neuguinea über 11.000 Meter Film und über 8000 Fotos mitgebracht und später in Büchern und Filmen verarbeitet.

Ähnlich wie der Kunst- und Kulturwissenschaftler Aby Warburg in seinem Bilderatlas *Mnemosyne* in den 1920er Jahren wendeten Mead und Bateson eine neue Methode an, mit der sie unterschiedliche und sich gegenseitig ergänzende Fotografien nebeneinanderstellten, um ansonsten nicht greifbare Beziehungen zwischen verschiedenen Arten von kulturell standardisiertem Verhalten darzustellen.

Sie wollten eine Art des Beobachtens realisieren, die nichts vorschrieb und alles zeigte, was nicht sag- oder vorhersagbar war. Das war auch für Künstler interessant. Mead und Bateson überließen ihr Filmmaterial aus Bali zunächst der Filmemacherin Maya Deren, die in New York zum Kreis um John Cage, André Breton und Marcel Duchamp gehörte. Bateson hatte Deren 1946 bei einer Tanzperformance kennengelernt, und beide hatten im gleichen Jahr ein Guggenheim-Stipendium erhalten, das Deren für ihre geplante Studie über Rituale nutzen wollte. Oft brach in ihren Filmen mittels Montage die Imagination in die Realität ein, wenn mehrere Ichs in traumähnlichen Situationen agierten und das Filmische sich als choreografische Geste offenbarte. Beide, Bateson wie Deren, hatten das Feedback, die Rückkopplung zum Prinzip ihrer künstlerischen wie wissenschaftlichen Arbeit gemacht und interessierten sich für die Art und Weise, wie lebende Personen jene Abstraktion verkörperten, die Kultur genannt wurde.

Diese Choreografie des Gestischen ähnelte sehr den filmischen Versuchen, die der Gestaltpsychologe Kurt Lewin im Berlin der 1920er Jahre begonnen und die den Regisseur Sergej Eisenstein so begeistert hatten.

Der Unterschied zwischen Lewins Methode und der Arbeit von Mead und Bateson war, dass er nicht mit der Handkamera im freien Feld arbeitete, sondern in einem streng orchestrierten Laborexperiment mit einer versteckten Kamera. Das Theatralische, Inszenierte und vor allem das Mittel der versteckten Kamera war es auch, das andere Wissenschaftler bald in ihre Arbeit einbezogen.

1948 hatte der Filmproduzent Allen Funt seine TV-Show *Candid Camera* (Versteckte Kamera) gestartet, die schnell zu einer der meistgesehenen Fernsehsendungen in den USA wurde. Funt war in seinem letzten Studienjahr an der Cornell University in Ithaka im Bundestaat New York wissenschaftlicher Mitarbeiter von Kurt Lewin gewesen, und seine Erfahrungen bei der Beobachtung von Versuchspersonen in den von Lewin

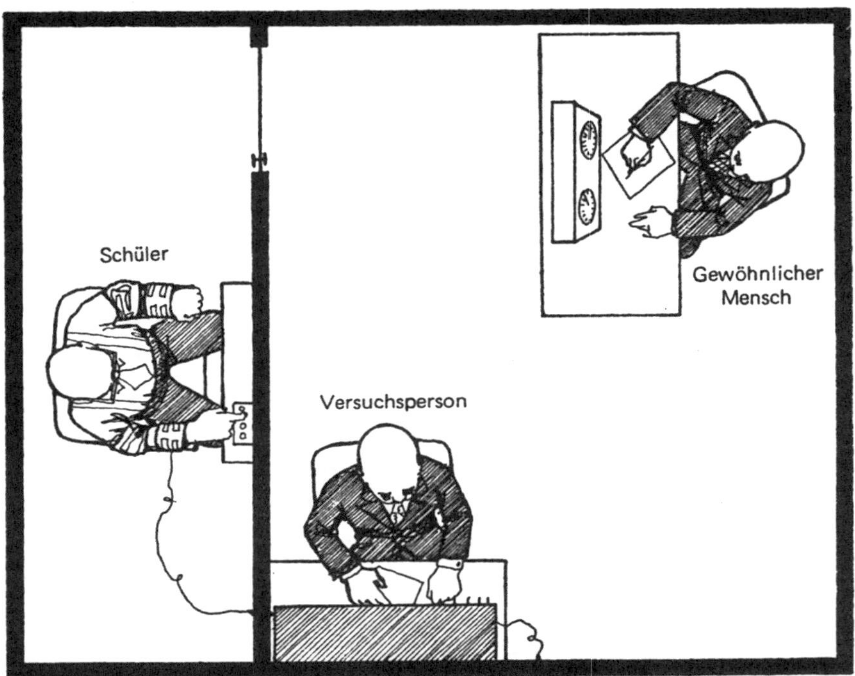
Schüler
Gewöhnlicher Mensch
Versuchsperson

entworfenen Räumen mit Einwegspiegeln ließ er nun in sein Konzept für eine eigene Fernsehshow einfließen, die von den Experimenten inspiriert war, die Lewin 1923 gemacht hatte. Funt sah sich als Sozialpsychologe *und* Künstler und war fasziniert von der Gruppendynamik in einem sozialen Umfeld, dessen soziale Situationen er gestalten und manipulieren konnte.

Die TV-Show *Candid Camera* war damals sehr populär und erregte auch das Interesse des Psychologen Stanley Milgram. Milgram hatte bei dem Gestalt- und Sozialpsychologen Solomon Asch an der Harvard University studiert, der später auch sein Doktorvater wurde. Asch hatte mit seinen Konformitätsexperimenten in einer Studienreihe aufgezeigt, wie Gruppenzwang eine Person so zu beeinflussen vermochte, dass sie eine offensichtlich falsche Aussage als richtig bewertete. Konformität entsprach in diesen Jahren der sozialen Norm in den USA. Milgram hatte, wie auch Funt, ein Stipendium der Ford Foundation erhalten und entwickelte 1961, angeregt von Aschs Experimenten und von Funts *Candid Camera*, aber nicht zuletzt auch von Lewins Sinn für Theatralik, Simulation und Dissimulation sein berühmtes „Milgram-Experiment".

Dieses Lernexperiment bestand darin, dass ein „Lehrer" nach Anweisungen eines „Versuchsleiters" einem „Schüler" bei Fehlern Stromstöße verabreichte. Nur der „Lehrer" war eine tatsächliche Versuchsperson, und das Experiment wurde, ohne dass das vom „Lehrer" bemerkt werden konnte, durch einen Einwegspiegel gefilmt. Für Milgram waren diese Täuschungsspiele ein notwendiges Instrument – da es nicht möglich war, den Holocaust im Labor nachzustellen –, um die Dynamik menschlichen Verhaltens in Extremsituationen zu erforschen. Die Verwendung von Schauspielern, Requisiten, einem Drehbuch und einem speziellen Setdesign war für ihn eine Mischung aus Kunst und Wissenschaft, mit der sich das Theatralische und das Pädagogische zu einem Zeichensystem vereinen ließen.

Diese Versuche der Wissenschaftler, ob es nun Anthropologen, Kybernetiker oder Sozial- und Gestaltpsychologen waren, sich neben wissenschaftlichen auch künstlerischer Mittel zu bedienen, waren sporadische Konvergenzen und Grenzüberschreitungen. Aber es hatten sich die schon einen Spalt offenstehenden Türen weiter geöffnet, und Genregrenzen waren durchlässig geworden. Während des Zweiten Weltkrieg hatte sich die Finanzierung der Wissenschaft durch das Militär und

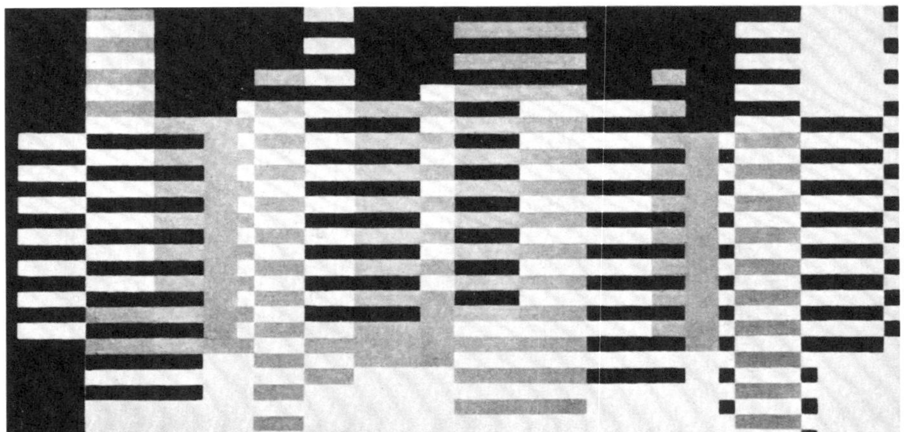

die Regierung verstärkt, und nach Kriegsende wurden auch die Abgrenzungen der Wissenschaft zu Entertainment, Show, Spektakel und Werbung immer durchlässiger.

Doch zurück zur Frage, wann und warum der einst so enge Kontakt zwischen Kunst, Wissenschaft und Technik scheinbar abgerissen und aus dem Universalgenie, bei dem sich Wissenschaft und Kunst in einem „Werk" vereinigte, der interdisziplinär und arbeitsteilig arbeitende Spezialist geworden war. Das unterschlug etwas, das sich seit den 1930er Jahren noch im Verborgenen und weitgehend miteinander unverbunden abspielte und einem systemischen und komplexen Ansatz folgte.

Die Blaupause dafür lieferte auch hier ein Weltbild, das auf Rechnen, Zählen, Messen, Kontrollieren und Verbessern des Leibes wie der Natur aufgebaut war.

1933 hatte in den USA fernab jeder lärmenden Öffentlichkeit in den Wäldern von North Carolina das Black Mountain College seine Türen geöffnet. Das war eine Kunsthochschule, die ganz ähnliche Ideen verfolgte wie das Bauhaus in Deutschland.

Die von John A. Rice gegründete Hochschule für freie Künste basierte auf den progressiven Bildungsprinzipien von John Dewey und legte großen Wert auf die Kunst als integralen und unverzichtbaren Bestandteil des Lehrplans. In den 1930er und 1940er Jahren fanden hier einflussreiche europäische Künstler und Gestalter, die vor der Verfolgung durch die Nazis geflohen waren, eine Heimat.

Der emigrierte deutsche Maler, Kunstpädagoge und Kunstkritiker Josef Albers, der sein Wissen und seine Grundsätze vom Bauhaus mitbrachte, wurde der erste Direktor dieser neuen Kunsthochschule. Das Multitalent Albers hatte selbst am Bauhaus studiert und dort den legendären Vorkurs unterrichtet. 1933 war er mit seiner Frau Anni, einer Textildesignerin, in die USA emigriert. Das Prinzip der Verbindung von Kunst und Technik nahmen die beiden und die übrigen in den 1930er Jahren in die USA emigrierten ehemaligen Bauhäusler mit. Es sollte dort fortgesetzt und weiterentwickelt werden.

Mit Walter Gropius, Mies van der Rohe und László Moholy-Nagy hatten Anni und Josef Albers zunächst das New Bauhaus in Chicago gegründet. Von Chicago war das Ehepaar Albers dann zum Black Mountain College gewechselt. Hier unterrichteten bald auch der Bauhaus-Gründer Walter Gropius, der Maler und Bauhaus-Meister der ersten Stunde Lyonel Feininger, der

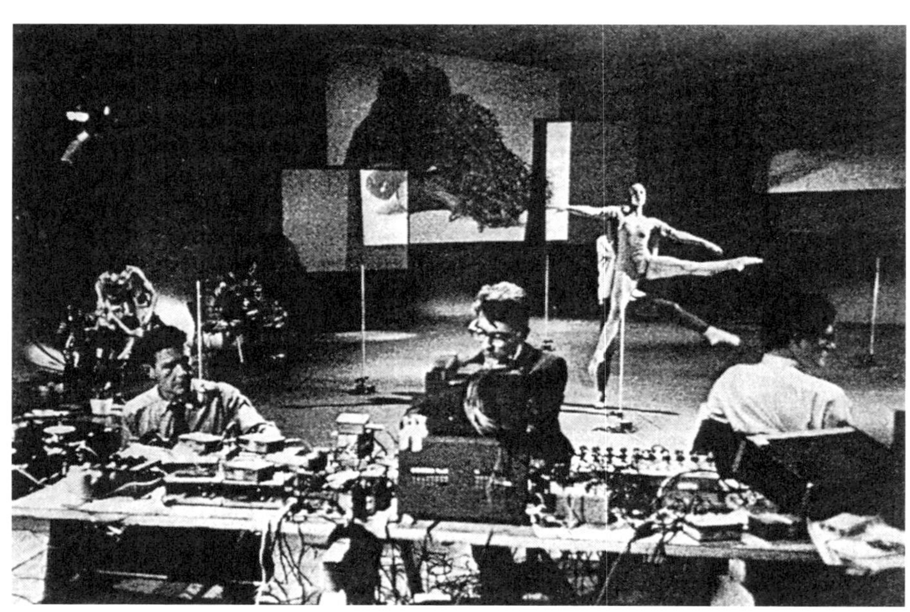

Maler Willem de Kooning sowie der Architekt, Philosoph und Schriftsteller Richard Buckminster Fuller. Marcel Breuer, der Erfinder des Freischwingers am Bauhaus, entwarf mit Gropius sogar einen neuen Campus.

Diese Kunsthochschule in den Wäldern North Carolinas prägte zahlreiche Persönlichkeiten, die später nicht nur die amerikanische, sondern auch die internationale Kunstszene veränderten. Das Black Mountain College war bald das geheime Zentrum für die kommende Avantgarde in der zeitgenössischen Kunst.

Der Tänzer und Choreograf Merce Cunningham und der Komponist und Musiker John Cage hatten bereits zusammengearbeitet, bevor sie 1948 zum ersten Mal ans Black Mountain College kamen und Erik Saties *Le piège de Méduse* (1913) mit Mitarbeitern wie Buckminster Fuller und Elaine und Willem de Kooning rekonstruierten.

Cages experimentelle Musik benutzte oft alltägliche Geräusche und „gefundene Klänge“ und präsentierte sie auf neue Art und Weise, indem er die Musik im „Lärm“ oder im „Rauschen“ hervorhob, die üblicherweise ignoriert wurde. Information, Rauschen und Klang waren die Mittel, die einzeln untersucht und im Verhältnis zueinander neu ausgelotet wurden.

Zunächst beeinflusst von Arnold Schönberg und dessen Interesse an den Beziehungen der Töne, die er methodisch ähnlich untersuchte wie Physiker die Beziehungen zwischen Elementarteilchen, entschied bald aber nicht mehr die Logik der Mathematik über die Werke von Cage, sondern der Zufall. Nach dem Prinzip der Aleatorik komponierte Cage anhand von Losentscheiden durch chinesische Orakelbücher (später auch durch Computer), Münzwürfe, das Fallen der Würfel oder andere Zufallsoperationen. Exemplarisch zeigte sich das in der 1965 uraufgeführten Choreografie *How to Pass, Kick, Fall and Run* von Merce Cunningham, für die Cage die Musik schrieb und dabei Zufallsoperationen auf den künstlerischen Schaffensprozess anwendete.

Für Cage zählte der Schaffensprozess mehr als das fertige Werk. Gemeinsam mit dem Pianisten David Tudor und dem Künstler Robert Rauschenberg war schon 1952 unter seiner Leitung etwas entstanden, das man als erstes Happening bezeichnen könnte: eine Veranstaltung ohne Titel (heute manchmal als „Theatre Piece No. 1“ bezeichnet) in der Mensa des College. Hier zeigte sich in ersten Ansätzen die Zukunft der kollaborativmultimedialen Improvisations- und Performance-Kunst. Das

Publikum saß in einem Raum, der in vier Dreiecke unterteilt war. Von der Decke hingen die weißen Gemälde von Rauschenberg. Cage hockte auf einer Trittleiter und las verschiedene esoterische Texte – unter anderem Auszüge aus Werken Meister Eckharts – und machte dann eine Performance mit einem Radioapparat, während Rauschenberg Schallplatten auf einem Grammofon abspielte und David Tudor Klavier spielte. Charles Olson und M.C. Richards lasen Gedichte. Merce Cunningham und andere tanzten von einem Hund verfolgt inmitten der Zuschauer. An die Decke wurde ein Film projiziert.

Eine Reihe von weiteren Aufführungen fand innerhalb eines choreografierten Zeitrahmens statt, jedoch ohne erzählerische oder kausale Beziehung zueinander. Obwohl nur wenige Zuschauer die Vorführungen sahen, wirkten die Ereignisse in den folgenden Jahrzehnten nicht nur in der Performance-Avantgarde nach. Die Szene um Cage war von Marshall McLuhans Medientheorie fasziniert, der 1953 formuliert hatte: „The medium is the message." Information wurde hier auf einen technisch-medialen Vorgang reduziert, bei dem es nicht mehr (nur) um Inhalte ging.

Bei Cage führte das zu Partituren, die zur Vorlage für absichtslose Klangorganisationen und abstrakte grafische Kompositionen wurden. Die Interpretation wurde zur „Realisierung". Mit der Hoffnung, so die Trennung zwischen Kunst und Leben überwinden zu können. Es entstand ein offener Kunstbegriff, dessen Zufallsoperationen bewusst oder wahrscheinlich unbewusst infiziert waren von dem, was zur selben Zeit Wissenschaftler und Ingenieure vorantrieben. Obgleich viele von deren Projekten immer noch militärisch geheim waren und die künstlerischen Annäherungen mehr von Ahnungen und Vermutungen gespeist waren und vieles davon zunächst elitär war oder gar unbemerkt blieb, gingen doch Spuren davon in den Geist der Zeit ein und durchdrangen so die ganze Gesellschaft – nach und nach, langsam und beharrlich.

18 *Einige Aufgeregte wiederum behaupten, sie hätten ihn um eine Ecke auf sich zukommen sehen. Wiewohl er ihnen aber ganz deutlich entgegengeschritten, sei er dennoch, genau wie jemand, dessen Gestalt sich in weiter Ferne verliert, immer kleiner und kleiner geworden und – schließlich ganz verschwunden.*

Vor sechsundsechzig Jahren nun muß der Eindruck, den er hervorgebracht, besonders tief gegangen sein, denn ich erinnere mich – ich war noch ein ganz kleiner Junge –, daß man das Gebäude in der Altschulgasse damals von oben bis unten durchsuchte. Es wurde auch festgestellt, daß wirklich in diesem Hause ein Zimmer mit Gitterfenster vorhanden ist, zu dem es keinen Zugang gibt.

Foundations

Warum förderte die Josiah Macy Jr. Foundation Konferenzen zu den Themen Kybernetik, Feedback, Information und Sprache? Warum war die Rockefeller Foundation an der Unterstützung von Norbert Wiener und dessen Teleological Society interessiert und förderte so unterschiedliche Dinge wie Projekte in der Gesundheits- und Sozialforschung, den Betrieb von Kunstmuseen wie dem Museum of Modern Art in New York und, später in den 1960er Jahren, Medienkünstler wie den Videopionier Nam June Paik? Warum unterstützte der Julius Rosenwald Fund den Bau von Schulen für afroamerikanische Kinder und Jugendliche? Die Ford Foundation die Gründung des Thinktanks Rand Corporation, vielerlei sozialpsychologische Experimente und den Betrieb historischer Museen? Die Carnegie Corporation Bildungsprogramme in den Vereinigten Staaten, später auf der ganzen Welt? Oder die Russell Sage Foundation die Erforschung von Methoden zum theoretischen Kern der Sozialwissenschaften? Wie ließen sich diese Förderprogramme mit Begriffen wie Kybernetik oder Permanente Revolution verbinden?

Die meist in diesem Zusammenhang fallenden Begriffe „Human Relations“, „Mental Health“, „Human and Social Engineering“ oder „Mental Hygiene“ gehörten in den Bereich der Sozialwissenschaften. Zwischen 1922 und 1929 gab ein Bereich der Rockefeller Foundation fast 50 Millionen Dollar aus, um mit dem gesellschaftlichen Zusammenleben der Menschen befasste Disziplinen wie Politologie, Soziologie, Wirtschaftswissenschaften, Ethnologie, Psychologie und Pädagogik zu fördern.

Ziel war es, der Realität des sozialen Lebens so nahe zu kommen, dass man es später besser und genauer umgestalten konnte. So konnte eine „Wissenschaft von der Gesellschaft“ ihre Arbeit beginnen, die nicht nur auf Modellen oder Metaphysik beruhte, sondern auf der konkreten Untersuchung der Bedingungen und Umstände des gewöhnlichen Lebens gewöhnlicher Leute. Und die Sozialwissenschaftler schienen die Werkzeuge und die Ausbildung zu haben, diese Untersuchungen durchzuführen und die gewünschten Veränderungen zu gestalten. Für die Gründer der Stiftungen und ihre Mitarbeiter schienen die USA nach dem Ende des Ersten Weltkriegs der verheißungsvolle Ort, an dem die Kultur und die Gesellschaft neu geschaffen werden konnten.

Überall in den Vereinigten Staaten tauchten philanthropische Gesellschaften wie jene der Rockefellers auf. Jede dieser Stiftungen organisierte sich rechtlich als Aktiengesellschaft und nutzte die Einkünfte aus der Kapitalausstattung für die Ziele der Stiftung, die vor allem zu einer besseren Organisation der gesamten Gesellschaft beitragen sollte.

Grundsatzunterlagen und Strategiepläne der Rockefeller-Stiftung zum Beispiel zeigten, wie das erreicht werden sollte. Als die Stiftung ihre Arbeit aufnahm, wollten die Stifter vor allem Ordnung in das Chaos des sozialen Lebens bringen. Die für die Stiftungen tätigen „Visionäre“, meist Sozialwissenschaftler, und die von ihnen geförderten Wissenschaftler, meist ebenfalls Sozialwissenschaftler, waren davon überzeugt, dass sich die soziale Realität und die darin lebenden Menschen umgestalten und verbessern ließen. Nur auf diese Weise und vor allem mithilfe der Wissenschaft konnte die Demokratie bewahrt und weiterentwickelt werden. Das war das Hauptziel.

Unter Tausenden Stiftungen machten sich sechs daran, dieses Credo als öffentliche Politik zu gestalten. Die größten waren die Carnegie Corporation und die Rockefeller Foundation, geführt von Rockefeller Sr. und Rockefeller Jr. Etwas kleiner, aber immer noch von einiger Bedeutung, waren der Commonwealth Fund des Teilhabers von Standard Oil, Edward Harkness, die Russell Sage Foundation, benannt nach dem verstorbenen Ehemann der Stifterin Olivia Sage, und der Julius Rosenwald Fund, gegründet aus den Reichtümern des Imperiums von Sears, Roebuck & Co. Die Ford Foundation wurde als letzte der großen Stiftungen 1936 gegründet.

Die Stiftungen von Carnegie und Rockefeller ließen die anderen, etwa die Josiah Macy Jr. Foundation, aufgrund ihres Kapitals wie Zwerge aussehen. Was die großen Foundations von den anderen unterschied, war, dass sie nicht wie viele andere

Stiftungen Menschen in individuellen Notfällen, mit persönlichen Tragödien oder Schicksalsschlägen helfen wollten, sondern antraten, „die Menschheit zu verbessern".

Die Direktoren, Abteilungsleiter und Mitarbeiter waren zumeist WASPs (White Anglo-Saxon Protestants) von der Ostküste, die Ivy-League-Bildung besaßen, meist von den Elite-Unis des Nordostens wie Yale, Harvard, Princeton, Columbia, Dartmouth, Cornell, University of Pennsylvania und Brown kamen und in New York City lebten und sich mehr oder weniger dem allgemeinen Ziel sozialer Reformen widmeten. Es gab auch mehr Frauen in den höheren Etagen der Stiftungen als in anderen gesellschaftlichen Bereichen.

Diese Frauen und Männer machten sich daran, die Politik und die öffentlichen Programme zu beeinflussen. Und da sie gewöhnlich viel mehr Geld zur Verfügung hatten als die Regierungsbüros, die mit ihnen zusammenarbeiteten, hatten sie auch mehr Gewicht und konnten sich so mit Phrasen wie „soziale Technologie" und „soziale Kontrolle" in Diskussionen meist durchsetzen. Ihr Programm „Embracing Reality" (Die Wirklichkeit annehmen) wurde zu einem System der sozialen Kontrolle, das bis in die letzten Winkel des menschlichen Organismus hineingetragen werden sollte.

Das Laura Spelman Rockefeller Memorial, eine Wohltätigkeitsorganisationen, die mit dem Geld von Rockefeller Sr. entstand, war mit einem Stiftungsvolumen von 74 Millionen Dollar in der Lage, Wesentliches auf dem Gebiet der Sozialwissenschaften zu tun. Gruppenprojekte von riesigem Ausmaß und später großem Einfluss wurden aufgelegt, um die Ziele der Sozialfürsorge und der Verbesserung der Menschheit mithilfe der Sozialwissenschaften zu erfüllen.

Die ausführenden Human and Social Engineers sahen sich zwar vor monumentale Aufgaben gestellt, aber letztlich waren sie nur Diener jener, die ihnen die Ziele vorgaben: der Stifter und der von den Stiftern abhängigen Vertreter der Politik. Ohne die Experten der Stiftungen konnten die regierenden Politiker nur bedingt erfolgreich sein.

Das Zusammenschweißen von Wissenschaft und Gesellschaft, sozialer Kontrolle und angewandter Sozialwissenschaft sollte nach Auffassung der Stiftungen – und die Politik folgte dem gern – wie in einem Soziallabor erfolgen, in dem das Rohmaterial der Realität analysiert wurde, um dann daraus Modelle

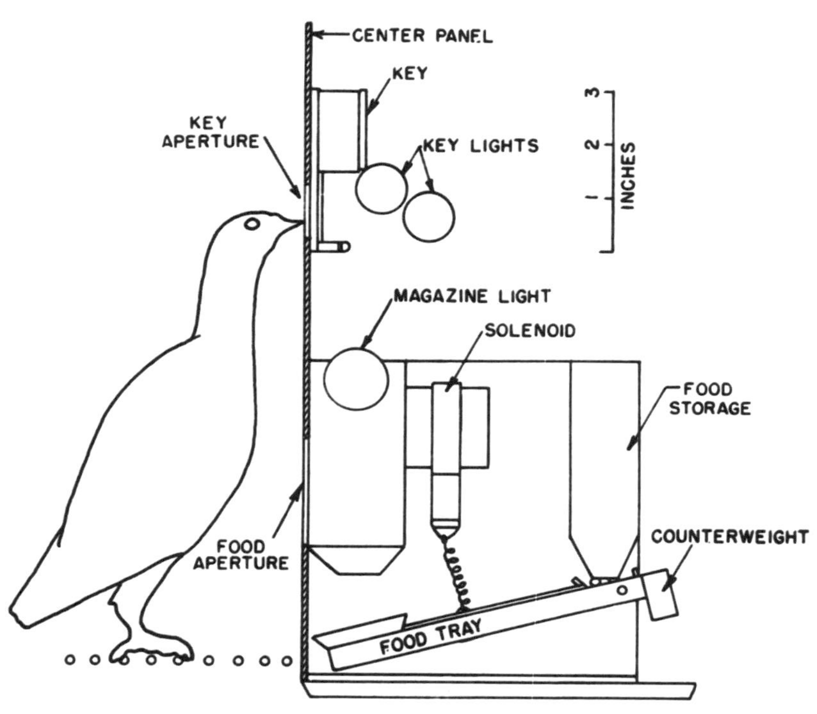
CENTER PANEL
KEY
KEY APERTURE
KEY LIGHTS
3
2
1
INCHES
MAGAZINE LIGHT
SOLENOID
FOOD STORAGE
FOOD APERTURE
COUNTERWEIGHT
FOOD TRAY

sowohl zur Kontrolle wie zur Verbesserung des sozialen Lebens zu schaffen.

Die ersten Modelle hatten Tierversuche geliefert. Die weiße Ratte war die erste Gattung, die für die Wissenschaft domestiziert wurde. Die ersten Ratten, die als wissenschaftliche Studienobjekte in die USA kamen, wurden 1892 durch den emigrierten Schweizer Psychologen Adolf Meyer für sein Labor an der University of Chicago eingeführt. Ratten und Mäuse wurden dort in Miniaturlabyrinthe gesteckt, deren Architektur von den Wissenschaftlern ständig verfeinert und effektiver gestaltet wurde.

Die University of Chicago war der größte Empfänger von Stiftungsgeldern des Laura Spelman Rockefeller Memorial, bis das Yale Institute of Human Relations 1929 zu Chicago aufschloss. Jacques Loeb arbeitete hier an seinen Tropismen, monströsen Hydras und sich künstlich fortpflanzenden Seeigeln, und die Reaktionen von Tieren, die in architektonisch kompliziert gebauten Versuchsanordnungen agierten, erlaubten wissenschaftliche Einsichten in die Feinheiten tierischen und, davon dann abgeleitet, auch menschlichen Verhaltens in die bisher am tiefsten verborgenen Teile der menschlichen Psyche. Nicht nur für Behavioristen wie Loeb und seinen Kollegen Burrhus Frederic Skinner war klar: Eine Trennlinie zwischen Tier und Mensch gab es nicht.

1923 begann eine andere große Stiftung, die Rockefeller Foundation, verstärkt Untersuchungen über die Entwicklung von Kindern zu unterstützen. Was eine weitere Ikone des Behaviorismus, der Psychologe John B. Watson, zuvor mit seinen „Little Albert"-Experimenten begonnen hatte, wurde nun mit gezielten Forschungen an Babys fortgeführt. Watson, der später als Vizepräsident der Werbeagentur J. Walter Thompson seine behavioristischen Erfahrungen mit dem menschlichen Verhalten, speziell dem Kaufverhalten, in der Werbung monetarisierte, hatte 1920 den achtjährigen Albert publikumswirksam in verschiedenen Experimenten durch angstgesteuertes Verhalten konditioniert. Babys schienen ein guter Forschungsgegenstand für Behavioristen und Sozialwissenschaftler zu sein, weil das Verhalten in einer Frühphase des Menschseins am besten form- und veränderbar schien.

Wichtigster Partner bei diesen Versuchen war Lawrence K. Frank, ein Ökonom von der Columbia University. Frank war von 1923 bis 1929 Direktor des Laura Spelman Rockefeller

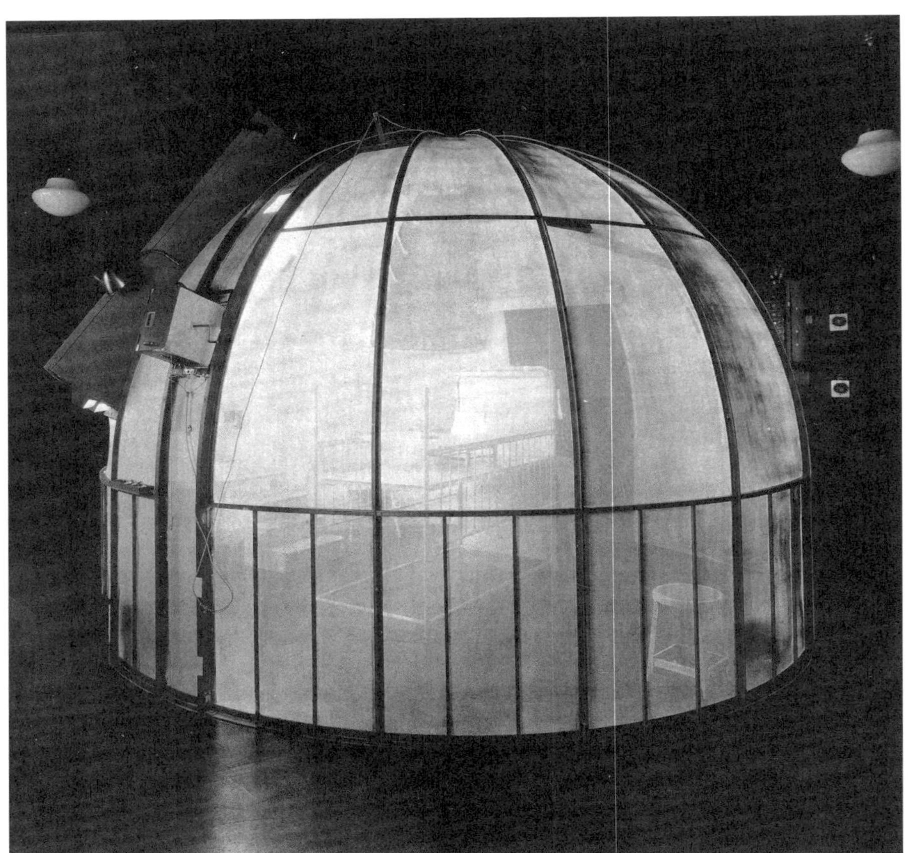

Memorial und leitete danach das Kinderentwicklungsprogramm der Rockefeller Foundation. Von 1936 bis 1942 war er Vizepräsident der 1930 gegründeten Josiah Macy Jr. Foundation und war einer der Teilnehmer des ersten von dieser Foundation unterstützten Treffens von Mead, Bateson und anderen Wissenschaftlern im Jahr 1942.

Frank setzte sich für ein neues ganzheitliches und interdisziplinäres Paradigma der menschlichen Entwicklung ein, das individuelle Unterschiede zwischen einzelnen Kindern erkannte und das Wissen nicht nur aus den evolutionären Naturwissenschaften einbezog, sondern auch aus den Sozialwissenschaften und vor allem aus der sich formierenden Kybernetik.

Stiftungen wie die der Rockefellers oder der Macys unterstützten nun die Ausbildung von Eltern, um Methoden des positiven Konditionierens und der Ausbildung positiven Verhaltens einzuführen – und brachten damit den Behaviorismus und später die Kybernetik in das familiäre Heim. Die Bibeln der Bewegung waren zunächst Watsons *Psychological Care of Infant and Child* von 1928 und *Everyday Problems of the Everyday Child* des Bostoner Psychiaters Douglas A. Thom von 1927.

Angewendet wurden die Forschungsergebnisse in Kinderkrippen mit einem angeschlossenen Labor, aber auch in Laboren, die über eine angeschlossene Kinderkrippe verfügten. Berühmte Einrichtungen dieser Art entstanden zum Beispiel schon 1924 am Institute of Child Welfare Research des Teachers College in New York, an der Psycho-Clinic in Yale unter Arnold Gesell, der Iowa Child Welfare Station und weiteren Instituten in Berkeley, Toronto und Minnesota.

Aber nicht nur Kinder und Babys standen im Blickpunkt spezieller Forschungen, sondern auch die Arbeiter. Einer der Hauptbegünstigten des Geldes von Rockefeller Jr. war zum Beispiel Elton Mayo, der Vater des „Industriellen Managements" und der „Human Relations", also der Arbeits- und Industriesoziologie im weitesten Sinne. 1926 ging Mayo nach Harvard und begann kurz darauf mit den Hawthorne-Experimenten, bei denen er eine Fabrik als Labor benutzte, um dort mit sozialwissenschaftlichen Erkenntnissen zu experimentieren.

Die Hawthorne-Experimente galten bald als Meilenstein der Sozialwissenschaft und versinnbildlichten die scheinbar gemeinsamen Interessen von Wissenschaftlern und Firmenbesitzern, um Industriearbeiter nicht nur zu organisieren, sondern auch zu beaufsichtigen, insbesondere solche, die an Fließbändern arbeiteten. Die Messung und Standardisierung von Zeit wurde wichtig und revolutionierte, was sich schon bisher mit den Symbolen Wecker und Stechuhr verband, die für eine Disziplinierung der Arbeiter standen.

Aus diesen Experimenten entwickelten sich die Industriesoziologie und die Praktiken des Personalmanagements. Die „Hawthorne Experiments" hatten dabei den Status eines Schöpfungsmythos, als die Wissenschaftler entdeckten, dass die Produktivität der Arbeiter stieg, wenn sie diese beobachteten und ihnen so Aufmerksamkeit schenkten.

Die Experimentatoren beeinflussten also, zunächst unbeabsichtigt, das Experiment. Eine logische Folgerung lag nun nahe: Wenn das Management das gleiche täte und der Arbeitssituation und dem psychischen Zustand der Arbeiter mehr Aufmerksamkeit schenken würde oder diese sogar therapeutisch beraten ließe, gäbe es nicht nur weniger Unruhe und Rebellion, sondern bessere Arbeitsergebnisse.

Der Mensch rückte nun ins Zentrum der Aufmerksamkeit. Die Arbeiter wurden auf subtile Art und Weise dazu gebracht, sich an ihre Arbeitssituation anzupassen, ohne dass sie das bemerkten. Mit den Hawthorne-Experimenten begann, was sehr schnell zu einem allgemeinen Ziel der Sozialwissenschaft wurde: möglichst geschickt bei der Gestaltung der Situation des jeweiligen Probanden zu sein, damit dieser kaum bemerkte, dass etwas mit ihm geschah.

Das mit dem Geld der Rockefellers, Macys und Carnegies geförderte Versprechen, die Wirklichkeit anzunehmen, endete damit, Menschen und Tiere einer universalen Theorie der Regulation, Steuerung und Kontrolle zu unterwerfen, die zugleich für Lebewesen wie für Maschinen, für ökonomische und psychische Prozesse sowie auch für ästhetische Phänomene gelten sollte.

Begleitend ging es bald auch um Education, also um Erziehung. Gefragt waren Fähigkeiten, um als Marktteilnehmer in einer „offenen Gesellschaft", wie sie der Philosoph Karl Popper in seinem 1945 erschienen Buch *Die offene Gesellschaft und ihre Feinde* beschrieben hatte, funktionieren zu können. Das dafür entwickelte Wertetraining sollte nicht nur die Feinde dieser „open society" – jede Spielart von Totalitarismus – bekämpfen, sondern mit einer Mischung aus Konditionierung, Vermittlung von Marktkompetenz, Elementen der Unterhaltung wie dem künstlerischen Experiment und durch Bildung von „human capital“ dazu beitragen, das Leistungs- und Arbeitsvermögens jedes Einzelnen zu maximieren. Dazu gehörte die ständig verfeinerte Einübung von vorgegebenen Verhaltens- und Lernmustern, wobei sich bald Erziehung, Unterhaltung, Kybernetik, Kunst und Propaganda bis zur Unkenntlichkeit mischten.

19 *Ich selber begegnete dem ›Golem‹ das erste Mal in meinem Leben vor ungefähr dreiunddreißig Jahren. Er kam in einem sogenannten Durchhause auf mich zu, und wir rannten fast aneinander. Man trägt doch um Gottes willen nicht immerwährend, tagaus tagein die Erwartung mit sich herum, man werde dem Golem begegnen.*

Macy-Konferenzen

Unterstützt durch die Medical Science Division der Rockefeller Foundation warb der Kybernetische Kreis Gelder der Josiah Macy Jr. Foundation ein, und finanzierte damit zwischen 1946 und 1953 zunächst fünf Tagungen, die als „Macy Conferences“ in die Geschichte eingingen.

Der Hauptsponsor der Konferenzen, die 1930 gegründete Josiah Macy Jr. Foundation, hatte ihr Vermögen mit Ölgeschäften gemacht und arbeitete mit einem Schwerpunkt auf biochemischer und physiologischer Forschung. Anhand von Konzepten biologischer und homöostatischer Auspegelungsprozesse sollte mittels negativem Feedback ein „organismic approach“, ein organischer Ansatz entwickelt werden, der „operational concepts“ (Betriebskonzepte) zur Verfügung stellte. Ohne diese Anschlüsse an die damals vorderste Front der biologischen und anthropologischen Forschung hätte die Kybernetik später kaum ihre Rolle als Vermittlungsfigur für das spätere Entstehen der Informatik – der Wissenschaft von der systematischen Verarbeitung von Informationen mithilfe von Rechenanlagen – einnehmen können.

Die organologische und neurophysiologische Analogie, die das Nervensystem des Menschen als eine zur Selbstregulierung fähige Maschine identifizierte, zog sich nun wie ein roter Faden durch die später auf zehn erweiterten Macy-Konferenzen. Hier wurde ein Theoriedesign entwickelt, das vormals unterscheidbare Kategorien von Mensch, Tier und Maschine mittels Theorien von Information, Feedback und zirkulärer Kausalität miteinander kreuzte und mischte.

Das selbstreferenzielle logische Kalkül der Nervenfunktionen bildete das Leitmotiv all dieser Treffen, an denen Wissenschaftler, staatliche Wissenschaftslenker, Hochschulprofessoren, Beamte verschiedener amerikanischer Behörden und gelegentlich auch die CIA teilnahmen und die Grundrisse für eine Welt als „offenes System" entwickelten.

Dafür trafen sich nun Anthropologen und Biologen wie Margaret Mead und Gregory Bateson, Ingenieure und Elektrotechniker wie Julian Bigelow und Jerome Wiesner, Mathematiker wie Norbert Wiener, Claude Shannon, John von Neumann oder Walter Pitts, Soziologen wie Paul F. Lazarsfeld und Talcott Parsons, Gestaltpsychologen wie Kurt Lewin, Psychoanalytiker wie Lawrence S. Kubie und Erik H. Erikson, Neurophysiologen wie Warren McCulloch, Psychologen wie J. C. R. Licklider, Physiker wie Heinz von Foerster oder Systemwissenschaftler wie W. Ross Ashby und viele andere. Die Eröffnungskonferenz trug 1946 den Titel „Feedback Mechanisms and Circular Causal Systems in Biological and Social Systems".

Im Rückblick erscheinen die Macy-Konferenzen als der Ort, an dem ein Theorie-Werden im Vollzug beobachtet werden konnte. Die drei entscheidenden Bausteine dafür stammten allesamt aus den 1940er Jahren: „A Logical Calculus of the Ideas Immanent in Nervous Activity" von Warren McCulloch und Walter Pitts, „Behavior, Purpose, and Teleology" von Arturo Rosenblueth, Norbert Wiener und Julian Bigelow und Claude Shannons „Mathematical Theory of Communication". Diese Texte lieferten die theoretischen Anstöße, aus denen die Teilnehmer der Macy-Konferenzen eine universale Theorie der Regulation, Steuerung und Kontrolle zu entwickeln versuchten.

Diese Theorie erhob den Anspruch, für Lebewesen ebenso wie für Maschinen, für ökonomische wie für psychische Prozesse und für soziologische ebenso wie für ästhetische Phänomene zu gelten. Der Mensch erschien nun als ein besonderer Fall der Informationsmaschine und die Informationsmaschine als eine Weiterentwicklung des Menschen.

Zahlreiche Teilnehmer der Konferenzen besetzten schon wenig später Schlüsselpositionen bei der Entwicklung von neuen Waffensystemen und den dafür benötigten Rechenmaschi-

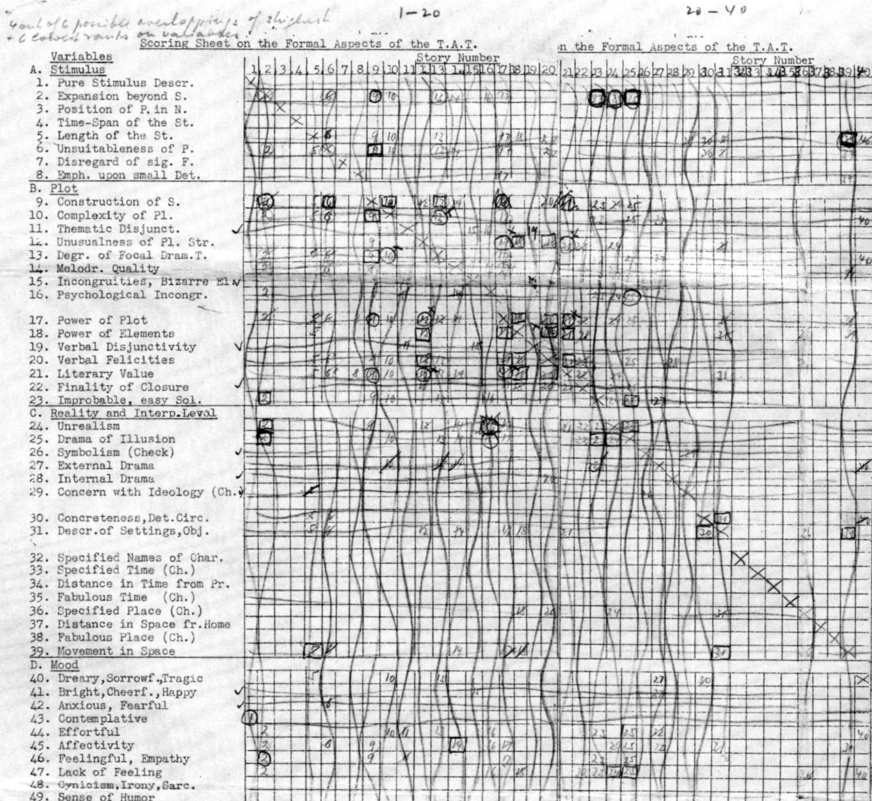

1–20 20–40

Scoring Sheet on the Formal Aspects of the T.A.T.

Story Number

Variables

A. Stimulus
1. Pure Stimulus Descr.
2. Expansion beyond S.
3. Position of P. in N.
4. Time-Span of the St.
5. Length of the St.
6. Unsuitableness of P.
7. Disregard of sig. F.
8. Emph. upon small Det.

B. Plot
9. Construction of S.
10. Complexity of Pl.
11. Thematic Disjunct.
12. Unusualness of Pl. Str.
13. Degr. of Focal Dram.T.
14. Melodr. Quality
15. Incongruities, Bizarre El.
16. Psychological Incongr.
17. Power of Plot
18. Power of Elements
19. Verbal Disjunctivity
20. Verbal Felicities
21. Literary Value
22. Finality of Closure
23. Improbable, easy Sol.

C. Reality and Interp. Level
24. Unrealism
25. Drama of Illusion
26. Symbolism (Check)
27. External Drama
28. Internal Drama
29. Concern with Ideology (Ch.)
30. Concreteness, Det. Circ.
31. Descr. of Settings, Obj.
32. Specified Names of Char.
33. Specified Time (Ch.)
34. Distance in Time from Pr.
35. Fabulous Time (Ch.)
36. Specified Place (Ch.)
37. Distance in Space fr. Home
38. Fabulous Place (Ch.)
39. Movement in Space

D. Mood
40. Dreary, Sorrowf., Tragic
41. Bright, Cheerf., Happy
42. Anxious, Fearful
43. Contemplative
44. Effortful
45. Affectivity
46. Feelingful, Empathy
47. Lack of Feeling
48. Cynicism, Irony, Sarc.
49. Sense of Humor

nen und in der Verhaltensforschung oder in der Soziologie: Jerome Wiesner als Direktor des MIT und Mitbegründer des dortigen Center for Advanced Visual Studies, J. C. R. Licklider in der Advanced Research Projects Agency (Arpa) und am MIT, John von Neumann beim Manhattan-Projekt und später bei der Entwicklung einer „Super-Bombe", Kurt Lewin bei der Entwicklung neuer Modelle von „Führung als Gestaltung komplexer Systeme" und Paul F. Lazarsfeld in der angewandten Sozialforschung.

In Folge der Konferenzen gründete sich ein Forschungsinstitut, das Biological Computer Laboratory (BCL) an der University of Illinois, das der Sekretär der Macy-Konferenzen, der Physiker Heinz von Foerster leitete.

Dort begann man mit der Idee des Parallelrechnens zu experimentieren. Der im BCL gebaute erste Parallelrechner der Welt, die „Numarete", basierte auf der Simulation eines Netzwerks von Pitts-McCulloch-Zellen, die durch eine spezielle Anordnung und Verschaltung von Photozellen mit ipops, das waren elektronische Elemente, die zwei Zustände (ein oder aus oder 0 und 1) annehmen konnten. Die Numarete war ein Rechner, der nicht der (reduktionistischen) Von-Neumann-Architektur entsprach, sondern gewissermaßen quer zu dieser lag: Er beruhte auf den parallelen Operationen seiner Bausteine.

Norbert Wiener hatte die Natur als einen unfassbaren, aber passiven Feind erklärt – als den augustinischen Teufel. Damit hatte er die passiv-blinden Naturkräfte der Irrationalität und des Zufalls bezeichnet, besonders aber die der Entropie. Dieser Hauptfeind hatte sich nun verändert. Der damit verbundene letzte Totalisierungsschritt trat unmittelbar nach dem Ende des Zweiten Weltkrieges ein und war nur aus den Zeitumständen erklärbar. Wie so viele – und oft gerade die emigrierten – Wissenschaftler waren die führenden Kybernetiker zutiefst erschrocken über die (selbst-)zerstörerischen Waffen, an deren Entwicklung sie selbst aktiv gearbeitet hatten; Fokus und Sinnbild dafür war der Einsatz der Atombomben gegen Japan.

Ihre Konsequenz aus diesem Erschrecken bestand aber nun nicht in moralisierendem Protest oder dem Ausstieg aus dem militärisch-wissenschaftlichen Komplex, sie versuchten vielmehr, Antworten durch eine Erweiterung jener Grundkonzepte zu formulieren, mit denen sie bereits ihren Kriegsbetrag, also den Kampf gegen die bisherigen Hauptfeinde Deutschland und Japan bestritten hatten.

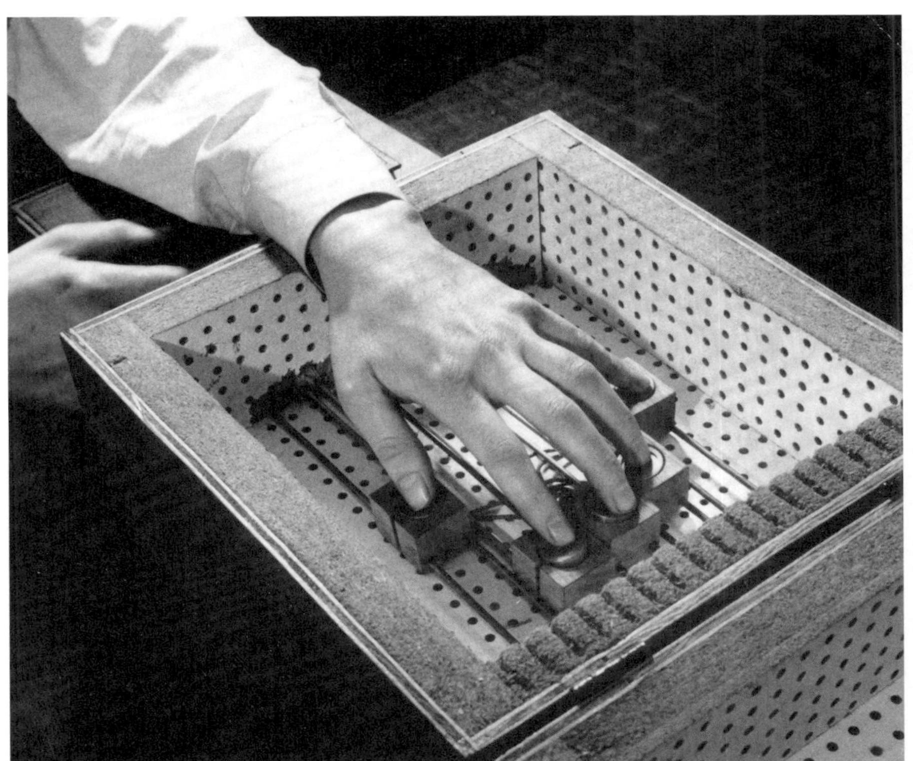

Die Gefahren des von Wiener gefürchteten augustinischen Teufels, der gegebenen Natur, gingen also ebenso von der neuen technisch gebauten Natur aus. Das Arsenal kybernetischer Grundkonzepte sollte deshalb verwendet werden, um die im Krieg offen zutage getretenen Gefahren des hochtechnologischen Zeitalters ebenso einer wissenschaftlich fundierten Lösung zuzuführen wie gleichzeitig die Technik und die Wissenschaft weiter auf die Aufklärung der letzten Geheimnisse der Natur zu orientieren. Diese wissenschaftliche Lösung sollten störungsfreie Kommunikation und Rückkopplung als Grundlagen der Globalplanung und einer rationalen Anleitung von nationaler Politik und Ökonomie bilden, was die ausdrückliche Einbeziehung der Humanwissenschaften erforderlich machte.

Dabei wurden Kommunikationstheorie und Rückkopplungsmodelle als Grundlagen der Entwicklung neuartiger Informationstechnologien sowie der Entschlüsselung der Geheimnisse des Gehirns mithilfe neuronaler Netze verstanden. Deshalb wurde die traditionelle Trennung von natur-, technik- und humanwissenschaftlichen Forschungen als ein zu überwindender akademischer Irrweg gebrandmarkt. Die Macy-Konferenzen offerierten dafür die entscheidende Lösung: die Zusammenführung und Verschaltung von ganz unterschiedlichen Disziplinen und Forschungsrichtungen.

Margaret Mead und Gregory Bateson waren als Anthropologen zu den Konferenzen eingeladen worden und brachten die Erfahrungen ihrer Forschungen in Guinea und Bali ein, wo sie nach den Mustern gesucht hatten, die sich hinter allem sichtbaren Verhalten abzeichneten.

Vor dem Hintergrund, kulturelles Verhalten in kybernetischen Begriffen, in Regelkreisen aus Rückkopplungen (Feedbacks) und Vorwärtsschüben (Feedforwards) zu verstehen und zu modellieren, konnten Mead und Bateson eine Anthropologie sich ausdifferenzierenden sozialen Verhaltens entwickeln und nun anbieten, bei der aus einer systematischen Erfassung des Fremden Systemtheoretisches entwickelt wurde.

Diese neuen Sozialtechniken – eine „Sozialkybernetik" – ließen auch eine mentale Gesundheit plan- und realisierbar erscheinen. Die „Psychohygiene" oder „mental hygiene" wurde als Begriff erstmals 1843 in der Medizin erwähnt und war mit dem Erscheinen des Buches *A Mind That Found Itself* von

Clifford W. Beers 1941 zu größerer Bekanntheit gekommen – und traf den Nerv der Zeit.

Die von diesen Konzepten zur mentalen Gesundheit und Hygiene angeregte Idee einer Weltgesundheitsorganisation wurde 1945 in San Francisco im Rahmen der Gründungskonferenz der Vereinten Nationen formuliert und 1947 entstand im Umfeld der Macy-Konferenzen die World Federation of Mental Health, die die 1948 gegründete Weltgesundheitsorganisation (WHO) dabei unterstützen sollte, den neuen Humanwissenschaften mehr Geltung zu verschaffen.

Von Margaret Mead und Larry Frank, zwei Säulen der Macy-Konferenzen, ist im Zusammenhang mit einer 1947 in London abgehaltenen Tagung zum Thema „Weltgesundheit" folgendes Zitat überliefert: „Das Ziel geistiger und seelischer Gesundheit erweitert sich von der Vorsorge für die Entwicklung von gesunden Persönlichkeiten hin zu den größeren Zielen einer gesunden Gesellschaft. Das Konzept geistiger Gesundheit steht im engen Zusammenhang mit einer neuen Weltordnung und einer neuen Weltgesellschaft."

Auf den Macy-Konferenzen herrschte eine euphorische Stimmung, die den Teilnehmern das Gefühl gab, als interdisziplinäre Elite an etwas gänzlich Neuem zu arbeiten. Dabei ging es nicht nur um Kybernetik – auf den Begriff hatte sich Norbert Wiener mit anderen Wissenschaftlern 1947 geeinigt – oder um neue Rechenmaschinen, sondern um „das große Ganze", um eine neue Welt als „offenes System". Denn waren diese neuen Steuerungskonzepte nicht bei der Automatisierung der Prozesse von Bewusstseinsveränderungen und so bei der Umformung ganzer Gesellschaften anwendbar? Konnte nicht mit „Social Engineering", also einer angewandten Sozialwissenschaft, das Verhalten des so viele Sorgen bereitenden „Massenmenschen" und der von David Riesman, José Ortega y Gasset oder Elias Canetti beschriebenen „lonely crowd" künftig gelenkt, abweichendes Verhalten korrigiert und Abweichler integriert werden?

Ging es 1944 noch um Devianz, um das Korrigieren abweichenden Verhaltens in Deutschland und Japan, so schien nun der Zugriff auf die größtmögliche Masse von Menschen nicht nur in den USA, sondern überall auf der ganzen Welt möglich. Denn nun lag nicht nur einer auf der Couch, wie bei Freud, sondern man hatte sie alle.

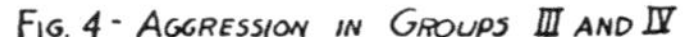
Fig. 4 - Aggression in Groups III and IV
Group III; "Horace Mann G-Men"
Group IV; "Law and Order Patrol"
Laissez-Faire
Democracy
Autocracy
Aggressive Actions in 50-Minute Meeting. Five Bo s in Club
60
50
40
30
20
10
0
Laissez-Faire
Adler
Laissez-Faire
White
Group
III
Autocracy
McCandless
Democracy
Lippitt
Democracy
White
Autocracy
Lippitt
Group
IV
Meetings:
2-6
7
7-13
14
14-19

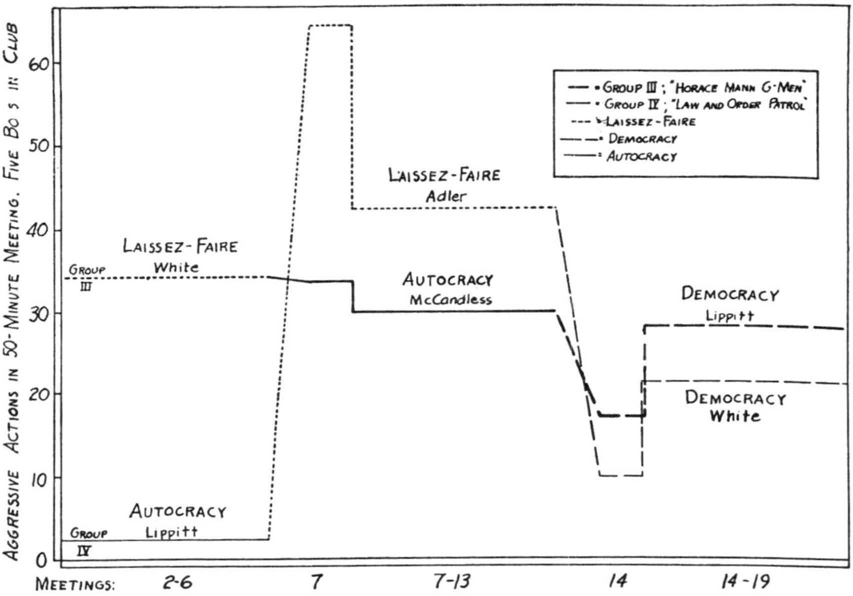

Geboren waren diese Utopien von einer Weltheilung durch neue Technologien und Wissenschaft auch aus einer tiefsitzenden und existenziellen Angst einiger Teilnehmer der Konferenzen, die die Euphorie begleitete.

Denn die Wissenschaftler hatten auch autoritäre Keime und Gefahrenherde in den eigenen demokratischen Gesellschaften entdeckt, die es einzuhegen und zu bekämpfen galt. Diese Keime lauerten wie ein unsichtbares Virus überall und nisteten vor allem in der metaphysischen Vorstellung von einer übernatürlich geschaffenen Natur. Begriffe wie Familie, Nationalismus, Religion und Mythos schienen unauflöslich damit verbunden, ebenso Schönheit und Harmonie. All das schien sich zum Beispiel bei den Hauptfeinden dieses Kriegs, den Deutschen, in einer „Reichsidee" zu bündeln, die weder symbolisch noch historisch, weder religiös noch politisch begründbar war – dieses „Reich" und alles, wofür es stand, schien eine beunruhigende geistige Gestalt zu sein, die es für immer und überall auszumerzen galt. Eine titanische Aufgabe.

Stattdessen sollte es nun eine neue Natur geben, die von Menschen programmiert und kontrolliert werden konnte. Dafür war es nötig, die Natur des Menschen und seine kulturellen Muster so zu verändern, dass die Welt in eine postnationale und multiethnische Weltgesellschaft ohne festgeschriebene Grenzen verwandelt werden konnte. Diese permanente Revolution verlangte das Aufbrechen (und Dekonstruieren) von allem Homogenen, das Verflüssigen aller festen Werte und Konsistenzen und die Auflösung nur einer Perspektive auf die Wirklichkeit in eine Vielzahl unterschiedlicher Perspektiven.

Die erforderlichen Werkzeuge und Baupläne für diese neue Welt glaubten die Teilnehmer der Konferenzen anbieten zu können: neue und schnellere Rechenmaschinen, Systemtheorie, Sozialwissenschaft und kybernetische Modellwelten, mit denen alle Bereiche von Wissenschaft, Kultur und Politik kontrollier- und steuerbar erschienen. Das versprach nicht nur den Bau und die Programmierung von neuen Maschinen, sondern auch von antiautoritären Menschen nach Maß. Die Wiedergeburt der Welt, im physischen wie im moralischen Sinne, hatte begonnen, so hofften die Teilnehmer und Organisatoren der Konferenzen. Und diese Welt würde von der „Pax Americana" bestimmt sein.

20 *In jenem Augenblick aber, bestimmt – ganz bestimmt, noch ehe ich seiner ansichtig werden konnte, schrie etwas in mir gellend auf: der Golem! Und im selben Moment stolperte jemand aus dem Dunkel des Torflures hervor, und jener Unbekannte ging an mir vorüber. Eine Sekunde später drang eine Flut bleicher, aufgeregter Gesichter mir entgegen, die mich mit Fragen bestürmten, ob ich ihn gesehen hätte.*

Canfield Solitaire

Wie stand es eigentlich um den Auftrag an John von Neumann, Berechnungen für das „Super Problem" – die Entwicklung einer Wasserstoffbombe – zu liefern?

1945 war der Zweite Weltkrieg mit dem erwarteten Sieg der Alliierten zu Ende gegangen. Die Angst vor Atombomben in den Händen der Deutschen und der Japaner war die treibende Kraft hinter dem „Manhattan Project" gewesen. Nun war es den Deutschen wie ihrem Bündnispartner Japan bis 1945 nicht gelungen, einsatzfähige Kernwaffen zu entwickeln.

Nach der Zerstörung der für den Bau der japanischen Atombombe benötigten Zyklotrone durch die US-Luftwaffe waren die Japaner den Amerikanern letztlich mit Waffen aus Papier gegenübergetreten. Die jungen Piloten der letzten Kamikaze-Flieger saßen in ehemaligen Lehrflugzeugen, deren Tragflächen mit Reispapier bespannt waren, und die über 9000 Ballonbomben, die der Wind über den Pazifik in die USA tragen sollte, bestanden aus Hunderten von kleinen Papierstücken, die japanische Schulkinder angefertigt hatten.

Papier gegen Geschosse aus Stahl, die von geheimnisvollen Zahlenkombinationen gelenkt und gesteuert wurden; ein shintoistisches „Nichts" gegen die kraftvolle Demonstration von Wissenschaft und Technik der Sieger, die den Verlierer nach Kriegsende zum „Atom Boy" und ersten Abnehmer ihrer Technik für die zivile Nutzung der Atomenergie degradierten.

Den wirkungsvollen Schlusspunkt zur Festschreibung der Macht des Siegers sollte die Entwicklung der neuen „Super-Bombe" setzen – der Wasserstoffbombe oder auch „H-Bombe".

1945 war das nur eine Idee, wie die Zerstörungskraft der über Hiroshima abgeworfenen Uran-Bombe „Little Boy" oder

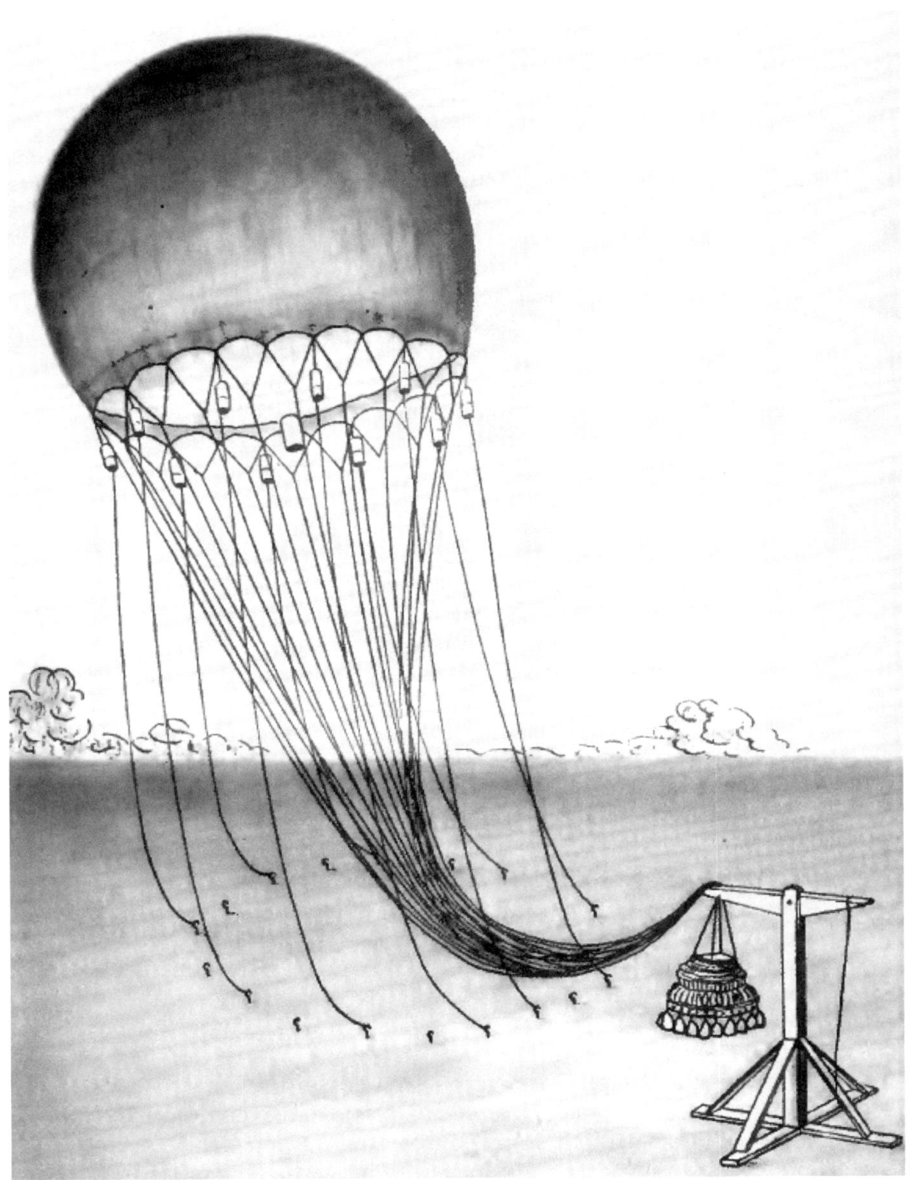

der über Nagasaki abgeworfenen Implosionsbombe „Fat Boy" noch übertroffen werden konnte.

Doch nach und nach schien sich die Notwendigkeit für die Entwicklung und den Bau einer solchen Bombe im Gewirr der taktischen, militärischen und ökonomischen Überlegungen der Nachkriegszeit aufzulösen. Wie vermochten es John von Neumann und seine Kollegen in Los Alamos dennoch, an der Idee einer Super-Bombe weiterzuarbeiten – und vor allem, diese Idee zu finanzieren?

Das gelang mithilfe eines Täuschungsmanövers. Von Neumanns Interesse für biologische Automaten war in den 1940er Jahren vor allem durch die Freundschaft mit Norbert Wiener und dessen Ideen von theoretischen Maschinen erwacht. Indem von Neumann nun den für die Berechnungen der Super-Bombe notwendigen Rechner in ein Gebilde aus Körper- und Organfunktionen, also in eine kybernetische Maschine, verwandelte, ließen sich die militärischen Aspekte camouflieren, die auf den Macy-Konferenzen, wenn überhaupt, nur am Rande Thema waren. Die Anbindung des rein militärisch konnotierten Projekts an den im Entstehen begriffenen und weitgehend „friedlichen" wissenschaftlichen Diskurs der Kybernetik war für John von Neumann ein taktisches und kluges Mittel, um die Möglichkeiten für den Bau einer solchen Super-Bombe offen zu halten.

Tarnung, Geheimhaltung und Camouflage waren für die an Projekten der Atom- und Raketenforschung beteiligten Wissenschaftler im beginnenden Kalten Krieg eine tägliche Verpflichtung und Selbstverständlichkeit. Auch die militärische Forschung des MIT wurde bald in das Lincoln Lab ausgelagert, um die Geheimhaltung der Forschungen zu gewährleisten und – auch das wurde langsam wichtig – zugleich einer kommenden zivilen Nutzung den Weg zu ebnen. Aber der Schwerpunkt der Forschung lag nach wie vor eindeutig im militärischen Bereich. Deshalb blieb in Los Alamos das Thema Super-Bombe immer relevant. Doch wer war eigentlich der Erfinder dieses technischen Wunderwerks?

In den USA galt später gemeinhin Edward Teller als „Vater der Wasserstoffbombe". Aber diese Bombe hatte mehrere Väter. Neben Teller natürlich John von Neumann, den Erfinder der Spieltheorie mit seinen guten Verbindungen zum Militär und den Geheimdiensten.

Doch die erste Idee für eine fusionsbasierte Super-Bombe wurde bereits 1941 bei einem Treffen des italienischen Physikers Enrico Fermi mit Edward Teller in New York diskutiert. Zunächst musste die technische Machbarkeit der neuen Bombe bewiesen werden.

Den Schlüssel zum Erfolg brachte eine Entdeckung des jungen Physikers Stanisław Ulam. Ulam wurde 1909 in Lemberg in einer jüdischen Familie aus dem Königreich Galizien und Lodomerien, das damals zu Österreich-Ungarn gehörte, geboren. Der Mathematiker promovierte 1933 und 1935 lud ihn John von Neumann, der Ulam in Warschau kennengelernt hatte, an das Institute for Advanced Study an der Princeton University ein. 1943 bot von Neumann ihm an, sich den Physikern im Los Alamos anzuschließen. Ulam konnte bald zeigen, dass Tellers erstes Modell einer Wasserstoffbombe zu ungenau war, und schlug eine bessere Methode vor. Er hatte erkannt, dass alle Komponenten einer H-Bombe zusammengesetzt werden konnten, indem man eine Atombombe an einem Ende und das thermonukleare Material am anderen Ende anbrachte, und dass die von der gezündeten A-Bombe erzeugten Schockwellen den Kernbrennstoff komprimieren und zur Explosion bringen würden. Das später sogenannte Teller-Ulam-Design schien zunächst die Schwierigkeiten der Super-Bombe gelöst zu haben. Ein Problem aber blieb: die Berechnungen für die Zündung.

Ende 1945 fiel Ulam infolge einer viralen Enzephalitis ins Koma. Seine Familie war in Sorge, dass sein Gehirn infolge einer invasiven Operation einen Schaden erleiden könnte. Tatsächlich wurde Ulam vorübergehend stumm. Als er begann, sich von seiner Krankheit zu erholen, spielte er oft Canfield-Solitaire, ein Spiel mit 52 Karten, das allein gespielt werden konnte. Ulam stellte sich die Frage: Wie hoch ist die Wahrscheinlichkeit, dass ein Spiel wie Canfield, das sehr schwer zu gewinnen ist, erfolgreich ausgeht?

Als er versuchte, die Chancen zu berechnen, dachte er sofort an Probleme der Neutronendiffusion und andere Fragen der mathematischen Physik. Wie konnte man Prozesse, die durch bestimmte Differentialgleichungen beschrieben werden, in eine äquivalente Form bringen, die als eine Folge von Zufallsoperationen interpretierbar war?

Seine Idee – im Wesentlichen die Nutzung des Zufalls zur Lösung von Problemen, die im Prinzip deterministisch (also nicht zufällig) sein konnten – wurde später als Monte-Carlo-Methode bekannt. Gleich, ob Ulam die Lösung während eines Epiphanie-Moments nach seiner Operation einfiel, ob sie das Ergebnis von kabbalistischen Zahlenspielen war oder nur ein zufälliger Einfall: Ihm gelang spielerisch einer der bedeutendsten Durchbrüche für die Entwicklung der Super-Bombe. Er wandte sich mit seiner Idee an John von Neumann. Die in der Folge von den beiden gemeinsam entwickelte Methode erhielt aus Gründen der Geheimhaltung einen Codenamen: „Monte Carlo", nach dem Spielcasino in Monaco, in dem Ulams Onkel sein Geld verspielt hatte.

Von Neumann war sofort fasziniert davon, Ulams Ideen stichprobenartig mit den neu entwickelten elektronischen Rechentechniken zu überprüfen, und beide begannen, konkrete Berechnungen zu planen. Ulams Ansatz schien besonders geeignet, das Verhalten von Neutronenkettenreaktionen in Spaltgeräten zu untersuchen, insbesondere konnten die Neutronenvervielfältigungsraten geschätzt und zur Vorhersage des Explosionsverhaltens der verschiedenen Spaltungswaffen verwendet werden, die damals entwickelt wurden. Die von Ulam und von Neumann angefertigte Skizze war die erste Formulierung einer Monte-Carlo-Berechnung für eine elektronische Rechenmaschine.

Glücksspiele waren die klassischen Beispiele für Zufallsprozesse, und man verwendete zunächst traditionelle Glücksspielgeräte als Zufallszahlengeneratoren. Leider waren diese Geräte recht langsam, bis in den frühen 1950er Jahren die Rand Corporation eine millionenstellige Tabelle mit Zufallszahlen unter Verwendung eines elektrischen Rouletterades konstruierte.

John von Neumann war nicht von ungefähr fasziniert von Ulams Idee. Er selbst war ein begeisterter, wenn auch mittelmäßiger, Pokerspieler und hatte schon früh erkannt, dass Pokern nicht allein von der Wahrscheinlichkeitstheorie geleitet wurde. Ihm gelang es, die Strategie des „Bluffens" zu formalisieren, die darauf abzielte, die anderen Spieler zu täuschen und Informationen vor ihnen zu verbergen. Damit gehörte er zu einer neuen Schule von „Verteidigungswissenschaftlern", die in den USA immer mehr an Einfluss gewann.

Mit Oskar Morgenstern, einem österreichischen Wirtschaftswissenschaftler in Princeton, hatte von Neumann 1944

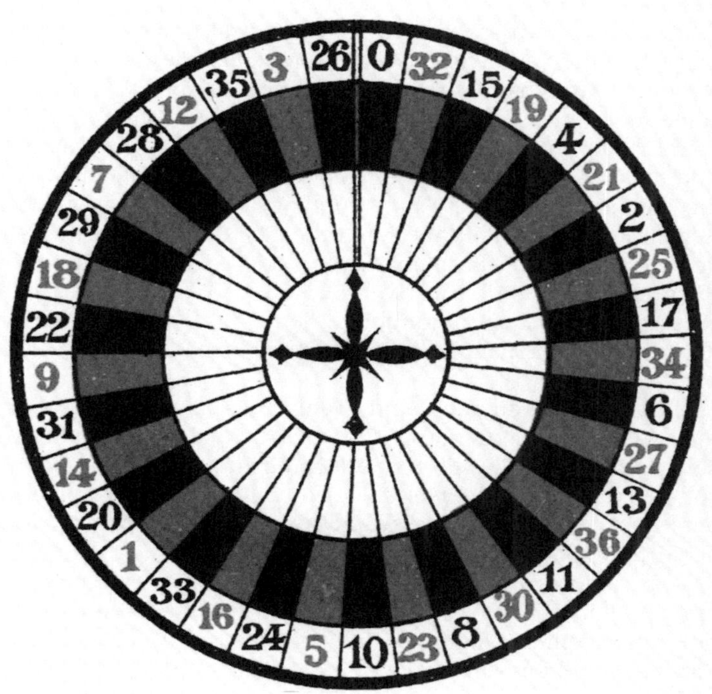
0
32
15
19
4
21
2
25
17
34
6
27
13
36
11
30
8
23
10
5
24
16
33
1
20
14
31
9
22
18
29
7
28
12
35
3
26

das Buch *Theory of Games and Economic Behavior* (Spieltheorie und wirtschaftliches Verhalten) verfasst und damit das Gebiet der Wirtschaftswissenschaften revolutioniert. Obwohl das Werk für Wirtschaftswissenschaftler geschrieben war, wurden seine Ideen und Methoden bald in der Psychologie und Soziologie, in der Politik und der Kriegsführung, in Freizeitspielen und vielen anderen Bereichen angewendet. Schließlich wurde die „Spieltheorie" auch zur Grundlage für die strategischen Berechnungen der Militärs. Am Ende des Kriegs im Pazifik wurden von Neumanns mathematische Modelle für die Planung von Flugrouten der Bomber verwendet, um die Wahrscheinlichkeit eines Abschusses zu minimieren. Seine Modelle halfen so bei der Auswahl der zu bombardierenden Ziele in Kyoto, Yokohama und Kokura.

John von Neumann und Stanisław Ulam waren die Ersten, die es verstanden, das Potenzial von Computern in der Mathematik und Physik heuristisch einzusetzen. Ulam schlug vor, den Computer einerseits wie einen Roboter oder Golem zu benutzen, der als Arbeitsknecht numerische Antworten produzierte, andererseits aber als ein experimentelles Werkzeug, das es erlaubte, die Lösungen der betrachteten Gleichungen zu untersuchen. Dieses Werkzeug würde in ständiger Kommunikation mit einem intelligenten Bediener stehen, der die logische Natur des Problems im Verlauf einer Berechnung nach Belieben änderte, sobald er die Ergebnisse, die der Golem lieferte, ausgewertet hatte.

Für von Neumann war die Mathematik eine empirische Wissenschaft. Doch Ulams unkonventionelle Ideen schienen das Heilmittel zu sein, um mit einer Reinjektion von mehr oder weniger direkt empirischen, besser: spielerischen Ideen zu einer Lösung der die Wissenschaftler in Los Alamos plagenden Probleme, etwa der bisher ungelösten Zündungsproblematik, zu kommen. Beide empfahlen, umgehend ein stärkeres Augenmerk auf die Computerentwicklung zu legen. Schnellere Rechner, gepaart mit der von beiden entwickelten Monte-Carlo-Methode, sollten es ermöglichen, künftig komplizierte Rechenoperationen in bisher ungeahnter Schnelligkeit und Präzision durchzuführen. Zwei besessenen Spielern war es so gelungen, das Tor zur technischen Realisierung der Super-Bombe aufzustoßen.

Am 29. August 1949 zündete die Sowjetunion ihre erste Atombombe. Viele glaubten, dass die Entwicklung einer sowjetischen thermonuklearen Waffe unmittelbar bevorstand und die Vereinigten Staaten mit einer eigenen Waffe darauf vorbereitet sein sollten.

Im März 1950 ordnete Präsident Truman offiziell die Entwicklung der amerikanischen Super-Bombe an. Mittlerweile war aus dem ehemaligen Bündnispartner UdSSR ein gefährlicher Feind der USA geworden. Auch bekannte Wissenschaftler traten nun für die Idee eines atomaren Präventivkrieges gegen die Sowjetunion ein, darunter John von Neumann. Seine Spieltheorie, die ursprünglich aus einer Untersuchung des Pokerns und Bluffens an den Tischen der Spielcasinos hervorgegangen war, wurde nun auf das Verhalten zweier mit den gleichen Mitteln ausgerüsteter Gegner bezogen – der USA und der UdSSR. Zum einen, weil es neben diesen beiden Weltmächten keine anderen großen Mächte mehr gab, zum anderen, weil die übrige Welt von den Entscheidungen dieser beiden Kontrahenten abhing, ohne diese Entscheidungen mitbestimmen zu können. Das Patt der beiden Weltmächte schien nun weitgehend auf mathematischen Formeln zu beruhen.

Anfang der 1950er Jahre beschloss die amerikanische Führung, die Entwicklung strategischer Langstreckenraketen zu forcieren. Für diesen Zweck sollten beratende Komitees gegründet werden. Von Neumann spielte dabei als Falke und unbedingter Unterstützer einer „Pax Americana“ eine Schlüsselrolle. Er hatte früh erkannt, dass sich die wesentlichen militärischen Probleme von Bomben und deren Größe und Form auf die Art und Weise ihres Einsatzes verlagern würden – auf die Raketentechnik. Diese Technik hatten die USA 1945 nach der Niederlage Deutschlands durch die Übernahme von deutschem Wissen und Personal in der Operation „Overcast“ deutlich verbessern können.

Vom 18. bis 20. April 1946 kamen die wichtigsten Wissenschaftler und Berater von Los Alamos zu einer geheimen Konferenz zusammen, der sogenannten Super Conference, um den Stand der Entwicklung auszuwerten und Pläne für das weitere Vorgehen zu beschließen. All das fand parallel zu den 1946 beginnenden Macy-Konferenzen statt, an denen von John von Neumann zwar teilnahm und auf denen auch die Anwendbarkeit der Spieltheorie auf psychische Motivation diskutiert wurde, aber natürlich weder die Monte-Carlo-Methode noch die strikt geheime Super-Bombe ein Thema waren.

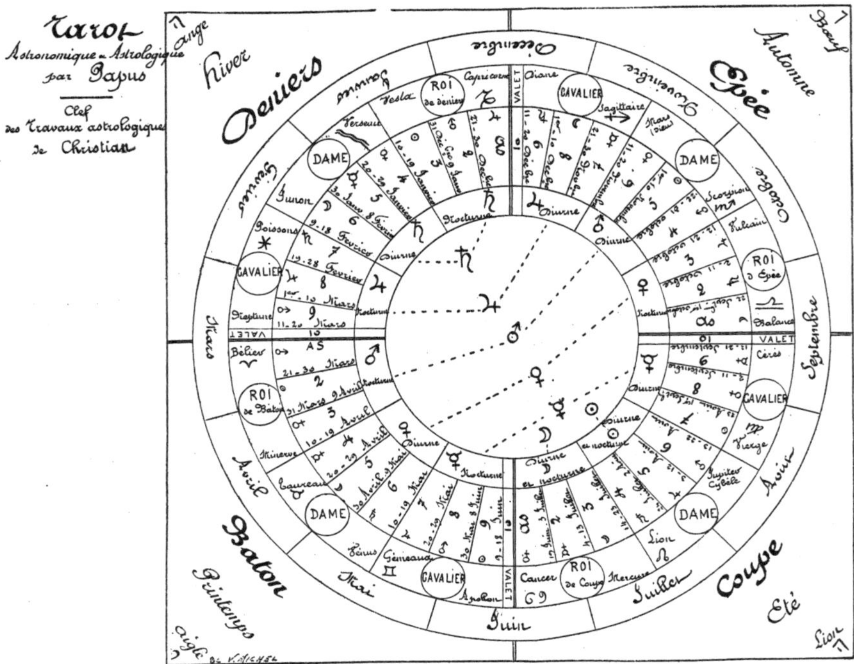
Tarot
Astronomique et Astrologique
par Papus
Clef
des Travaux astrologiques
de Christian
Deniers
Epée
Baton
Coupe
Hiver
Automne
Printemps
Eté
Ange
Bœuf
Aigle
Lion
DAME
ROI
CAVALIER
VALET
Balance
Vierge
Lion
Cancer
Gémeaux
Taureau
Bélier
Poissons
Verseau
Capricorne
Sagittaire
Scorpion
Juin
Juillet
Mai
Avril
Mars
Septembre
Octobre
Novembre
Décembre
Diurne
Nocturne
V. MICHEL

Bereits seit Dezember 1945 wurde der Computer ENIAC für die Lösung komplexer mathematischer Probleme genutzt. Die ersten Kalkulationen, die der in der Presse als „Giant Brain“ bezeichnete ENIAC-Rechner im Dezember 1945 ausführte, waren Berechnungen für die geplante Super-Bombe. Das sollte der Beginn eines echten Zusammenwachsens der nuklearen Waffenforschung mit der Entwicklung der Computertechnik sein. Bereits ab Dezember 1945 wurden vom ENIAC-Rechner etwa eine halbe Million Lochkarten mit Kalkulationsdaten erstellt. Das erlaubte eine viel detailliertere Analyse und Modellierung von physikalischen Problemen, und die Lösung der benötigten Differenzialgleichungen wurde erheblich beschleunigt. Doch die Berechnungen zur Machbarkeit der thermonuklearen Bombe waren für den ENIAC mit seinem Speicher von 1000 Bit und seinen über 17.000 Röhren zu kompliziert. Auch eine stark vereinfachte Kalkulation brachte immer noch keinen eindeutigen Nachweis, dass der Bau der Bombe technisch möglich war.

1946 gab es neben dem ENIAC und seinem Nachfolger EDVAC allerdings keinen anderen Rechner, auf den die Wissenschaftler in Los Alamos zurückgreifen konnten. Das Fehlen eines adäquaten Computers verzögerte die Weiterentwicklung zunächst erheblich.

Von Neumann hatte schon zuvor begonnen, am Institute for Advanced Study (IAS) der US Air Force in Princeton einen eigenen Rechner zu bauen. Eine exakte Kopie dieses Computers sollte nun für Los Alamos hergestellt werden. Da jedoch die Konstruktion beider Maschinen weit hinter dem Zeitplan herlief, wurde zunächst eine Berechnung per Hand versucht. Von Neumann schätzte den Aufwand für diese Kalkulation auf 100 Handrechner in einem Zeitraum von vier Jahren. (Eine definitive Antwort auf die Frage, ob sich die Wasserstoffbombe tatsächlich entzünden würde, brachte dann 1950 eine Berechnung durch den „Von-Neumann-Computer“ am IAS in Princeton.)

Ab 1951 nahm John von Neumann gemeinsam mit Stanisław Ulam, Edward Teller und George Gamow an den Treffen zum „Intercontinental Ballistic Missile“-Programm (ICBM) teil. Das Ziel eines neu zu gründenden Komitees war die Evaluation des ICBM-Programms der Air Force sowie die Analyse des technologischen Fortschritts von potenziellen Feinden, insbesondere der UdSSR. Von Neumann wurde Vorsitzender dieses Air Force Strategic Missiles Evaluation Committee, das gemeinhin als

„Von Neumann Committee" oder „Teapot Committee" bekannt wurde.

Von Neumann schlug vor, Raketen für die Beförderung nuklearer Waffen zu nutzen. Ein B-52-Bomber könnte eine Bombe mit einer Sprengkraft von 20 Megatonnen TNT befördern, jedoch sei die Nutzung von Raketen vorzuziehen, die schneller und unbemannt fliegen.

Nachdem die Frage einer prinzipiellen Machbarkeit rechnerisch beantwortet war, musste der erste Test der neuen Super-Bombe durch umfangreiche Berechnungen vorbereitet werden. Nun war endlich dafür auch ein geeigneter Rechner vorhanden, der bei der Lösung der mathematischen Probleme helfen konnte. Im Frühjahr 1952 wurde in Los Alamos ein Universalrechner mit dem Namen MANIAC, Mathematical and Numeric Integrator and Calculator (von Kollegen auch scherzhaft „Metropolis And Neumann Invent Awful Contraption" genannt) fertiggestellt. MANIAC, das bedeutete „der Wahnsinnige". Schon im Herbst desselben Jahres bewies der „Ivy Mike"-Test auf dem Atoll Eniwetok im Pazifik die Richtigkeit der Kalkulationen dieses „Wahnsinnigen" – und der Theorien von Teller, Ulam und von Neumann.

Die Explosionskraft der Wasserstoffbombe war viel größer als die der Atombombe und der Begriff der Massenvernichtungswaffe konnte damit neu definiert werden. Die Wissenschaftler hatten einen gangbaren Weg in die Hölle gefunden. Würden sie da jemals wieder herausfinden?

Das thermonukleare Monopol der Amerikaner hielt jedoch nur bis zum 8. August 1953, als in der Sowjetunion eine eigene Super-Bombe gezündet wurde. Vier Monate später hielt Präsident Eisenhower vor der Vollversammlung der Vereinten Nationen eine vielzitierte Rede und betonte die für die Zukunft geplante zivile Nutzung der Atomkraft. Damit war die Super-Bombe keine Option mehr, dennoch galt es, das Gleichgewicht des Schreckens immer neu auszubalancieren. Und damit einher ging der unaufhörliche Druck, die dafür notwendigen Computer weiterzuentwickeln.

Ab 1953 stand John von Neumann dem Air Force Strategic Missiles Evaluation Committee vor und half bei der Entwicklung von SAGE, dem Semi-Automatic Ground Environment, einem Computersystem mit dem Ziel, einen sowjetischen nuklearen Angriff zu erkennen.

SAGE, entwickelt am Lincoln Lab des MIT, war die Antwort der USA auf die nukleare Bedrohung durch sowjetische Langstreckenbomber und das erste computergestützte Luftverteidigungssystem des Luftverteidigungskommandos NORAD, des North American Aerospace Defense Command. Denn John von Neumann, Edward Teller und ihren Auftraggebern war klar: Die amerikanische Atombombe und die deutsche V1 und V2, die bisher furchterregendsten Technologien, waren wie geschaffen, um kombiniert zu werden. Bald würden Reichweite, Geschwindigkeit und Zerstörungskraft der neuen Waffen alles bisher Bekannte übertreffen. Eine automatisierte Kriegsführung schien deshalb die einzig plausible Reaktion, und SAGE war die technische Ausführung dieser Idee: feindliche Bomber im Anflug aufzuspüren, zu verfolgen, ihre Zielkoordinaten zu errechnen und sie im richtigen Moment mit Abwehrraketen zu treffen. Die Probleme von Steuerung und Kommunikation, an denen Norbert Wieners AA-Predictor noch gescheitert war, waren nun in den interkontinentalen Maßstab vergrößert und schienen technisch lösbar.

21 *Über all das habe ich oft und lange nachgedacht, und mich dünkt, ich komme der Wahrheit am nächsten, wenn ich sage: Immer einmal in der Zeit eines Menschenalters geht blitzschnell eine geistige Epidemie durch die Judenstadt, befällt die Seelen der Lebenden zu irgendeinem Zweck, der uns verhüllt bleibt, und läßt wie eine Luftspiegelung die Umrisse eines charakteristischen Wesens erstehen, das vielleicht vorjahrhunderten hier gelebt hat und nach Form und Gestaltung dürstet.*

Hoaxes

Was verstanden Mead, Bateson, Brickner und die übrigen, meist psychoanalytisch geprägten Teilnehmer der Brickner-Konferenz und der späteren Macy-Konferenzen eigentlich unter „Paranoia“?

Die wichtigsten englischsprachigen Standardwerke für Psychiater wie Psychoanalytiker jener Jahre bezogen sich vor allem auf die Paranoia-Definition von Sigmund Freud. Mit Freuds USA-Reise 1909 in Begleitung von Sándor Ferenczi und Carl Gustav Jung hatte die amerikanische psychoanalytische

Bewegung einen ersten Aufschwung genommen, und Freud hatte auf Einladung des Gründungspräsidenten Stanley Hall an der Clark University of Worcester fünf Vorlesungen „Über Psychoanalyse“ gehalten.

Freuds Definition von Paranoia war in den 1930er Jahren mit den aus Deutschland und Österreich emigrierten Psychoanalytikern in die USA gekommen. Seine Definition von Paranoia war lange Zeit, zumindest als Brickner und Mead ihre Konferenz zur Heilung der deutschen Paranoia durch Reeducation abhielten, die wichtigste Referenz in den bedeutenden medizinischen Lexika im englischsprachigen Raum. Für Margaret Mead waren auch noch Jahre später die Erkenntnisse der Psychoanalyse genauso wichtig wie die Entdeckung der Kernspaltung. Denn wie die Demokratie basierten sie auf der Idee, dass der erwachsene, reife Mensch sich selber verstehen, die Richtung seiner Entwicklung ändern und sein Schicksal formen konnte.

Aber die Definition von Freud war ein Hoax und schlicht falsch. Freud hatte versucht, aus psychoanalytischer Sicht eine Definition der Paranoia vorzulegen, und 1896 geschrieben: „Seit längerer Zeit schon hege ich die Vermutung, dass auch die Paranoia oder alle Gruppen von Fällen, die zur Paranoia gehören, Abwehrpsychosen sind, das heißt, dass sie wie Hysterie und Zwangsvorstellungen hervorgehen aus der Verdrängung peinlicher Erinnerungen und dass ihre Symptome durch den Inhalt des Verdrängten in ihrer Form determiniert werden.“

Freud, dessen Ideen zum Unbewussten und zur Traumdeutung später auch von den Surrealisten bewundert wurden, hatte mehrere Fälle beobachtet, die für seine Deutung zunächst günstig schienen, fand aber letztlich keinen Fall, der zu seiner Theorie passte. Endlich meinte er, ein Beispiel im „Fall Schreber“ entdeckt zu haben, von dem ihm ein Freund erzählt hatte. 1911 veröffentlichte er einen ausführlichen Aufsatz mit dem Titel „Psychoanalytische Bemerkungen über einen autobiographisch beschriebenen Fall von Paranoia (Dementia paranoidis)“, in dem er Daniel Paul Schreber das Brandzeichen des „Irreseins“ aufdrückte.

Freud, der keinerlei Erfahrung als praktischer Arzt hatte und anscheinend auch nicht Emil Kraepelins Trennung der Begrifflichkeiten (Dementia praecox wird von Paranoia getrennt) kannte, bezeichnete etwas als Paranoia, das eigentlich Schizophrenie war. Schreber allerdings war weder schizophren noch

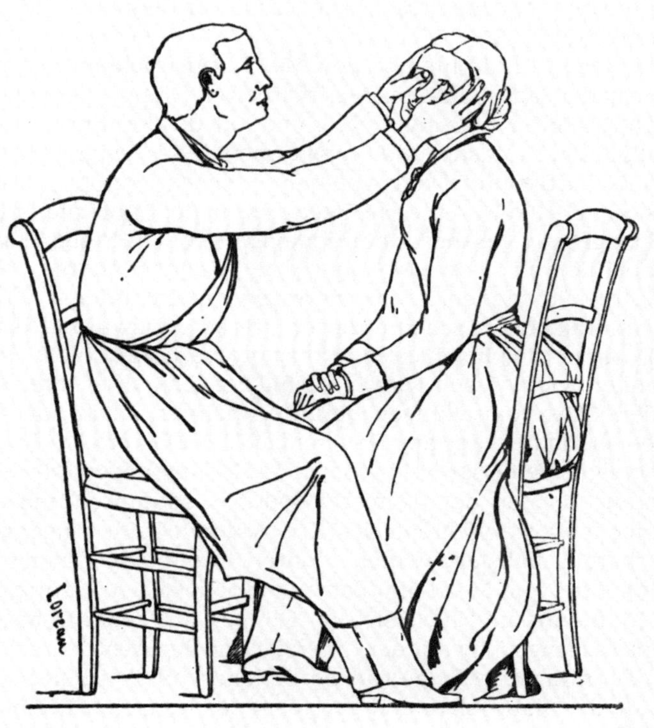

paranoid. Und Freud ging es eigentlich auch um etwas anderes, nämlich um die angeblich verdrängte Homosexualität Schrebers, die für Freud die Ursache für dessen „Irresein“, also dessen Paranoia war.

Obwohl die Konferenz von Mead und Brickner also mit einem in der Sache falschen Begriff arbeitete, den sie den Reeducation-Rezepten zugrunde legte, und auf der Konferenz auch sonst allerlei Fantasien und Projektionen der Psychiater, Sozialwissenschaftler und Pädagogen bunt gemischt wurden, hatten die Konzepte der USA für eine Reeducation der Deutschen nach 1945 langfristig gesehen einen scheinbar großen Erfolg, zumindest bei den als „verrückt“ oder „irre“ diagnostizierten westdeutschen Probanden, auf die sie angewendet wurden.

Im Rückblick scheint dieser Erfolg merkwürdig, denn die Designer der Reeducation-Konzepte verfügten nicht über besonders viel Wissen vom tatsächlichen Charakter ihrer Probanden. Ihre Vorstellungen beruhten hauptsächlich auf den Erlebnisberichten der aus Deutschland und Österreich in die USA emigrierten Wissenschaftler, deren Erinnerungen teilweise noch aus der Zeit der Weimarer Republik stammten und verständlicherweise während des Kriegs durch keine Augenzeugenschaft aktualisiert werden konnten. Damit behalf man sich im Sinne der von Mead und Bateson entwickelten Theorie der Fernerkundung und hielt sich im Übrigen an Freud. Dennoch klappte es langfristig mit der Umerziehung der Westdeutschen. Die beunruhigende Frage für die Erzieher, ob sich hinter der Fassade des Materiellen und vor allem des Konsums, der nach 1945 die Schuld der Besiegten barmherzig aufzulösen schien, nicht doch noch etwas anderes, davon nicht Angreifbares oder gar Spirituelles verbarg, blieb aber wie eine gegen die Realität laufende Erinnerung evident. Mehr ein beunruhigendes Gefühl als ein Bild.

Fehler oder Unklarheiten in der Theorie konnten praktische Erfolge, zum Beispiel bei der Umsetzung von Reeducation-Konzepten, offensichtlich nicht entscheidend beeinflussen. Das galt aber nicht nur in „Orchideenfächern“ wie der Psychoanalyse oder den Sozialwissenschaften, sondern erstaunlicherweise auch in der Mathematik.

Denn Kurt Gödels Satz von der Unentscheidbarkeit in der Mathematik schien das Funktionieren von moderner Technik nicht zu beeinflussen, die ohne Mathematik und Physik undenkbar war. 1931 hatte er den Aufsatz „Über formal unentscheidbare Sätze der Principia Mathematica und verwandter Systeme I" in den *Monatsheften für Mathematik und Physik* veröffentlicht, der wie eine Bombe einschlug und das von David Hilbert (wie Gödel ein Mitglied im „Wiener Kreis des Logischen Empirismus") initiierte Programm, das darauf abzielte, die Machbarkeit eines innerlich vollkommen widerspruchslosen mathematischen Formalismus zu beweisen – was in letzter Konsequenz die gesamte Mathematik zu einem Gebilde ohne Bezug zur realen Welt degradiert hätte – infrage stellte.

Denn hier ging es nicht um die Gefahren eines manichäischen Teufels in einer hochtechnisierten Gesellschaft, die Norbert Wiener und seine Kollegen so beunruhigt hatten, sondern um einen scheinbar unauflösbaren Grundwiderspruch, den diese Technik enthielt und der nun zur Sprache kam. Denn wenn Logik und mathematische Beweisbarkeit die Grundlagen der servomechanischen Systeme und Rechner sein sollten, musste deren unbegrenzte und unendliche Ausdehnung durch ein formales System und durch Logik und Mathematik bewiesen und theoretisch abgesichert werden. Das konnte aber nicht gelingen, weil Gödel anscheinend bewiesen hatte, dass es einen „nicht-formalisierbaren Rest" gab, eine Unabschließbarkeit. Nach Gödel gab es in jedem formal-logischen System Probleme, die nicht lösbar und entscheidbar waren. Das hieß auch, dass eine Maschine kein adäquates Modell des menschlichen Geistes sein konnte.

Doch auch wenn Gödels Theorem von der Unentscheidbarkeit diese und andere Fragen unbeantwortbar erscheinen ließ, starteten und flogen zur gleichen Zeit die Raketen und Bombenflugzeuge und arbeiteten die Feedback- und Servosysteme. Lag eine Antwort auf Gödel darin, die Endlichkeit und Unvollkommenheit des menschlichen Verstandes anzuerkennen? War Gödels Theorem vielleicht nur Literatur oder gar eine Erfindung? Das nicht so ernst zu nehmende Kunststück eines Mathematikers?

Die Teilnehmer der Konferenzen gingen zur Tagesordnung über und wandten sich wieder ihren aktuellen Forschungen zu Kybernetik, Systemtheorie und der Vernetzung von Rechnern zu.

1965 bekam Heinz von Foerster, der erste Sekretär der Macy-Konferenzen, Kybernetiker, Philosoph und Direktor des Biological Computer Laboratorys (BCL) in Illinois, die Gelegenheit, im US-Fernsehen einen „biologischen Computer“ zu präsentieren, die Numarete. Diese Maschine sollte in rasendem Tempo alle ihr vorgesetzten Gegenstände zählen können. Dem lag die Prämisse zugrunde, dass sich biologische Prozesse so simulieren ließen, dass von einem sich „selbst organisierenden“ Automaten künstliche Sinnesorgane und neuronale Netze erzeugt werden konnten. Doch kurz vor Beginn der CBS-Show schien diese Wundermaschine plötzlich defekt zu sein. Sollte ihr Schöpfer unverrichteter Dinge wieder die Heimreise antreten? Heinz von Foerster, der schon als Kind von der Zauberei begeistert war, griff zu einem Trick: Vor der Kamera tat er so, als würde die Maschine zählen. In Wahrheit steuerte er die numerische Anzeige im Studio mithilfe einer Fernbedienung, die er unter dem Tisch versteckt hatte.

22 *Vielleicht ist es nur so etwas wie ein seelisches Kunstwerk, ohne innewohnendes Bewußtsein, – ein Kunstwerk, das entsteht, wie ein Kristall nach stets sich gleichbleibendem Gesetz aus dem Gestaltlosen herauswächst. Wer weiß das? Wie in schwülen Tagen die elektrische Spannung sich bis zur Unerträglichkeit steigert und endlich den Blitz gebiert, könnte es da nicht sein, daß auch auf die stetige Anhäufung jener niemals wechselnden Gedanken, eine plötzliche, ruckweise Entladung folgen muß? – eine seelische Explosion, die unser Traumbewußtsein ans Tageslicht peitscht, um – dort den Blitz der Natur – hier ein Gespenst zu schaffen, das in Mienen, Gang und Gehaben, in allem und jedem das Symbol der Massenseele unfehlbar offenbaren müßte, wenn man die geheime Sprache der Formen nur richtig zu deuten verstünde?*

Man Computer Symbiosis

Die von Norbert Wiener erdachten Gerätschaften wie der „AA-Predictor“ hatten im Krieg zwar nicht funktioniert wie erhofft, aber seine Ideen hatten einen Möglichkeitsraum eröffnet, in dem die Wissenschaft begann, sich von den militärischen Zielen der Forschung, die deswegen natürlich nicht aufgegeben wurden, zu emanzipieren. Zwischen 1945 und 1948 entstand so eine Norm für das, was später als „Computer“ bezeichnet wurde.

Diese Rechenanlagen sollten nicht nur zur Verbesserung der Vorhersage, der Erhöhung der Trefferwahrscheinlichkeit und der Zerstörung des Feindes dienen, sondern auch für eine zivile Anwendung geeignet sein.

Diese zivile Nutzung ging über eine nichtmilitärische Resteverwertung hinaus. Im Zusammenhang mit den neuen Leitbildern sollten vielfältige Bereiche der Gesellschaft und der Umwelt hinsichtlich regulativer und selbstregulativer Prozesse der Auspegelung und des Gleichgewichts erforscht und dann, mithilfe des Computers, verbessert gestaltet werden.

Wie aber konnte der Möglichkeitsraum, in dem die Ideen von Kybernetik und Computern in andere Felder der Wissenschaft und Gesellschaft hineinwanderten, erweitert werden? Schon 1943 und 1944 hatte Norbert Wiener an der Princeton University dafür eine Gruppe von Neurophysiologen, Kommunikationsspezialisten und Computerfachleuten zu informellen Sitzungen eingeladen, um einige seiner Überlegungen zu erläutern. Seine neuen Thesen hatte er in dem Buch *Cybernetics or Control and Communication in the Animal and the Machine* verarbeitet und später in dem Band *The Human Use of Human Beings* popularisiert. Der Erfolg des Treffens in Princeton ermunterte Wiener zu weiteren Veranstaltungen.

Im Winter 1947 beschloss er, am MIT ein weiteres interdisziplinäres Seminar abzuhalten, um Wissenschaftler und Praktiker aus dem Bereich zusammenzubringen, den er *Kommunikation* nannte. Damit wollte er seine Version von Kybernetik voranbringen und über den wissenschaftlichen Diskurs hinaus verankern. Dabei schenkte er Signalen in jedem Medium Beachtung, gleich ob lebendig oder künstlich, die unabhängig von ihrer Struktur einer Reihe von universellen Gesetzen gehorchten, so wie sie Shannon mit seinem Sender-Empfänger-Modell beschrieben hatte.

Im Frühjahr 1948 berief Wiener am MIT das erste wöchentliche Treffen ein. Zunächst herrschte eine babylonische Sprachverwirrung, bis man sich terminologisch zusammengerauft hatte. Interessierte Ingenieure, Psychologen, Philosophen, Akustiker, Ärzte, Mathematiker und Neurophysiologen versuchten, in den teilweise tumultuösen Debatten zu Wort zu kommen und einen Weg zu Wieners Thesen zu finden.

Einer der Teilnehmer war J. C. R. Licklider, von 1943 bis 1950 Leiter des Psycho-Acoustic Laboratory in Harvard. Seine

Aufgabe dort bestand darin, zu untersuchen, wie sprachliche Kommunikation, statisches Rauschen und andere Störquellen für Funkempfänger von der Tonhöhe beeinflusst wurden. Seine Theorien bildeten später die Grundlage für moderne Modelle der Tonhöhenwahrnehmung. 1950 verließ Licklider Harvard, um sich Wieners Forschungsgemeinschaft anzuschließen und gleichzeitig Direktor des MIT Acoustics Laboratory zu werden.

Am MIT gehörte er dem Ausschuss an, der das berühmte Lincoln Lab gründete, und arbeitete intensiv mit an der Entwicklung von SAGE, einem System, das die Entwicklung des automatischen Schlachtfelds einleitete. Licklider war der Leiter des SAGE-Teams für „human factors", also für menschliche Faktoren – ein Sammelbegriff für psychische, kognitive und soziale Einflüsse in sozio-technischen und Mensch-Maschine-Systemen, also für die Frage: Was konnte der Mensch noch bestimmen, worauf hatte er Einfluss?

Er selbst sah sich als experimenteller Psychologe, der sich vor allem damit beschäftigte, wie das Gehirn in Verbindung mit dem Gehör arbeitete, aber ebenso interessierte er sich für Sprache, Kommunikation und ein „Human Engineering" genanntes neues Fach, ein Teilgebiet der Wirtschafts- und Industriepsychologie, das sich mit der Anpassung der Arbeitsplatzbedingungen an die Eigenarten des menschlichen Organismus befasste und so weiterentwickelte, was Elton Mayo mit seinen Hawthorne-Experimenten begonnen hatte.

Später nahm Licklider auch an den Macy-Konferenzen teil. In seinem 1960 veröffentlichten Text „Man-Computer Symbiosis" prophezeite er, dass in nicht allzu vielen Jahren menschliche Gehirne und Rechenmaschinen eng miteinander gekoppelt sein würden und durch diese Partnerschaft ein Denken ermöglicht würde, wie bis dahin noch kein menschliches Gehirn gedacht hatte. Daten würden dann auf eine Art und Weise verarbeitet werden, wie sie die informationsverarbeitenden Maschinen zuvor noch nicht kannten.

Lickliders Vision war ein Computer als Diener des Menschen mit dem Fernziel einer Künstlichen Intelligenz. Schon Wiener hatte die Partnerschaft von Mensch und Maschine vorausgesehen, aber Licklider ergänzte diese Vorhersage, indem er vorschlug, dass Computer in die Formulierung von Fragen und in den Prozess des Durcharbeitens bis zu ihrer Lösung einbezogen würden.

Der Computer, so Licklider, würde bald menschliche Hypothesen in testbare Modelle umwandeln, dafür Informationen abrufen und Simulationen erstellen. Lickliders damals utopischer Text legte die Forschungsaufgaben fest, die erfüllt werden mussten, um seine Vision zu realisieren. Dazu gehörte die Notwendigkeit, bessere Speicherkapazitäten für die Computer und deren Vernetzung zu schaffen, außerdem die Entwicklung von Grafik- und Audioschnittstellen sowie gemeinsam verständliche Sprachen, die das Lernen von Menschen und Computern erleichterten. Diese Aufgaben stellten einen Großteil der Forschungsagenda der neu entstehenden Disziplin Informatik dar. Licklider trieb diese Agenda dann später als Direktor des Information Processing Techniques Office der 1958 gegründeten Arpa, der Advanced Research Projects Agency, voran und konnte so auch für ausreichende öffentliche Unterstützung und Finanzierung sorgen. Mit dem Arpanet begann dann etwas, das heute als globales ziviles Kommunikationsnetz bekannt ist – das Internet.

23 *Und wie mancherlei Erscheinungen das Einschlagen des Blitzes ankünden, so verraten auch hier gewisse grauenhafte Vorzeichen das drohende Hereinbrechen jenes Phantoms ins Reich der Tat. Der abblätternde Bewurf einer alten Mauer nimmt eine Gestalt an, die einem schreitenden Menschen gleicht; und in Eisblumen am Fenster bilden sich Züge starrer Gesichter. Der Sand vom Dache scheint anders zu fallen als sonst und drängt dem argwöhnischen Beobachter den Verdacht auf, eine unsichtbare Intelligenz, die sich lichtscheu verborgen hält, werfe ihn herab und übe sich in heimlichen Versuchen, allerlei seltsame Umrisse hervorzubringen.*

Jewish Museum (IV)

Nach dem Ende des Zweiten Weltkriegs und dem Holocaust war die Frage, mit welchem Programm das Jewish Museum auf das neue jüdische Selbstverständnis und auf die veränderte historische Situation reagieren sollte, zunächst noch offen.

Mehrere Mitglieder des Museumsdirektoriums schlugen vor, das Museum zu einem Denkmal für die ermordeten europäischen Juden und deren Kultur zu machen. Die fast vollständige

Zerstörung des jüdischen Lebens in Mittel- und Osteuropa einschließlich seiner Denkmäler, Museen, Bibliotheken und Forschungszentren war der schlimmste kulturelle Verlust, den das Judentum in den letzten 500 Jahren erlitten hatte. Die verbliebenen Überreste jüdischer Kunst und Geschichte mussten jetzt gesammelt werden, und das konnte nur in den USA oder in Israel geschehen.

Zudem musste das Museum einen eigenen Platz in der New Yorker Museumslandschaft finden und zugleich der wachsenden Bedeutung und dem Einfluss der eher konservativen jüdischen Gemeinde Rechnung tragen.

Dazu gehörte auch die Bewahrung des erbenlosen jüdischen Kulturguts, das im Sommer 1949 zahlreich in New York eintraf. Die Mitarbeiter des JTS arbeiteten dabei eng mit der Monuments Commission der US-Regierung zusammen, um herauszufinden, ob und wie herrenlose jüdische Kunst- und Kulturobjekte aus Mitteleuropa gerettet werden konnten.

Die Nationalsozialisten hatten Judaica, also Matrikel, Schabbatleuchter und Thorarollen, Handschriften, Kunstgegenstände und das private Tafelsilber unzähliger Familien aus ganz Europa geraubt und in Sammelstellen deponiert, um vor der geplanten Auslöschung der jüdischen „Rasse" und Kultur diese Gegenstände im Zuge der Gegner- und Rassenforschung zu erfassen. In einer sogenannten Judenbibliothek und dem geplanten „Institut zur Erforschung der Judenfrage" sollte dann die jüdische Kultur anhand dieser Judaica erforscht und kartografiert werden. Bei Kriegsende befanden sich Tausende von Objekten an verschiedenen Lagerplätzen, und nur wenige der ursprünglichen Besitzer lebten noch und konnten ihren Besitz zurückfordern.

Das JTS wurde so bald zu einem der weltweit wichtigsten Aufbewahrungsorte für Judaica und jüdische Kultgegenstände. Deshalb schien eine Bestimmung des geplanten Museums zu sein, ein Ort zur Darstellung der Geschichte des Judentums und des gegenwärtigen jüdischen Lebens zu werden.

Allerdings stand inzwischen die Attraktivität jüdischer Zeremonialobjekte für das zeitgenössische Publikum infrage. Und ein Museum nur als Museum für jüdische Kunst zu gestalten stand auch vor der Schwierigkeit der noch zu begrenzten Menge der bisher in New York vorhandenen Kunstwerke. Jüdisches Leben und Denken hatten sich nie so stark auf dem Gebiet der Kunst ausgedrückt, wie das zum Beispiel im Leben und Denken der italienischen Renaissance oder im 17. Jahrhundert in Holland geschah.

Die Qualität der jüdischen bildenden Kunst war historisch besehen selten so herausragend, dass sie ein Objekt von rein ästhetischem Interesse gewesen wäre. Die jüdische Kunst der Vergangenheit war weitgehend Volkskunst und ihre Stellung im Leben der jüdischen Gemeinde ähnelte sehr der Stellung der Kunst im Leben des kolonialen Amerika. Sie war vor allem Teil des religiösen und alltäglichen Lebens der Gemeinde. Jüdische bildende Kunst hatte also bisher, im Vergleich zu den großen europäischen Kunstschulen, noch wenig Bedeutung.

Und was die jüdischen Ritualgegenstände und Judaica betraf: Obwohl sich die Gelehrten des JTS wie des Museums des historischen und künstlerischen Wertes der jüdischen Ritualgegenstände bewusst waren, gab es zu wenig öffentliches Interesse an solchen Artefakten. Diese Objekte symbolisierten ein vergangenes Leben und die Folklore eines Volkes, die im Zuge des Säkularisierungs- und Assimilierungsprozesses in der jüdischen Gemeinschaft immer weniger verbreitet waren.

Um Besucher anzuziehen, mussten die Kuratoren also die bisherige Rolle des Museums als Aufbewahrungsort für in Europa bedrohte Ritualgegenstände und historische Objekte und eine neue, noch zu findende Rolle in Konkurrenz zu den anderen New Yorker Museen miteinander in Einklang bringen.

An seinem neuen Standort war das Jüdische Museum von drei großen Museen für zeitgenössische Kunst umgeben: dem Museum of Modern Art, dem Whitney Museum of American Art und dem Guggenheim. Dieser neue Schwerpunkt zeitgenössischer Kunst in New York zog viele neugierige Besucher an und führte schließlich dazu, dass der Vorstand des Jewish Museum überlegte, ob das Museum nicht stärker die moderne und aktuelle jüdische Kunst einbeziehen und auf Kosten der Zeremonialobjekte in den Vordergrund stellen sollte.

Das hätte allerdings eine Verschiebung der Ausrichtung des Museums von Objekten der jüdischen Tradition zur zeitgenössischen jüdischen Kunst erfordert. Rabbi Louis Finkelstein, der Vorsitzende des JTS, kontaktierte Personen wie den bekannten Kunsthistoriker Meyer Schapiro als möglichen Direktor für das geplante Museum. Schapiro war dafür bekannt, dass er sich stark für die zeitgenössische Kunst einsetzte. Der Professor für

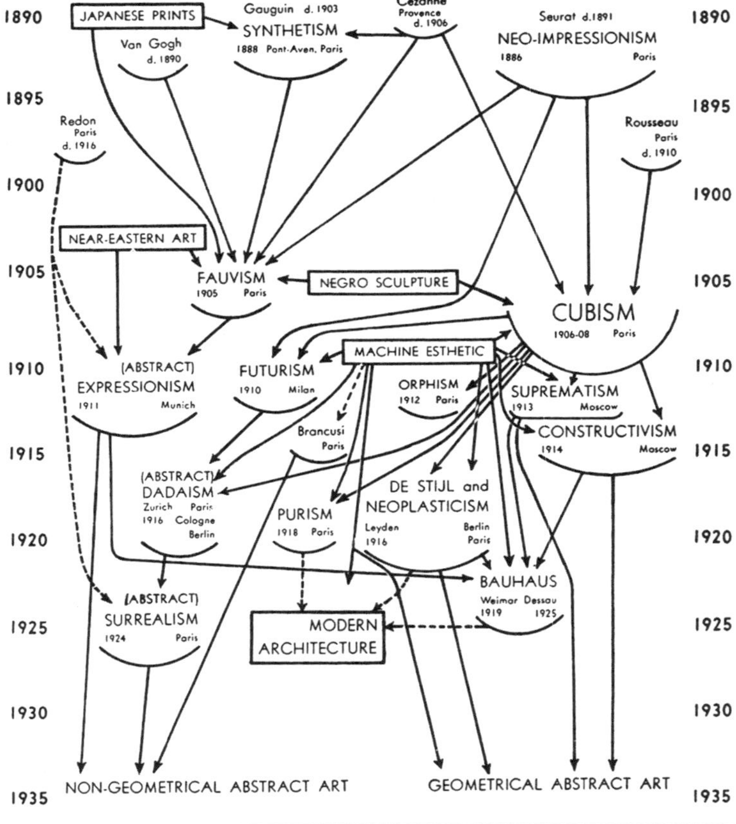
1890
JAPANESE PRINTS
Gauguin d. 1903
SYNTHETISM
1888 Pont-Aven, Paris
Van Gogh
d. 1890
Cézanne
Provence
d. 1906
Seurat d.1891
NEO-IMPRESSIONISM
1886 Paris
1890
1895
Redon
Paris
d. 1916
Rousseau
Paris
d. 1910
1895
1900
1900
NEAR-EASTERN ART
1905
FAUVISM
1905 Paris
NEGRO SCULPTURE
CUBISM
1906-08 Paris
1905
MACHINE ESTHETIC
1910
(ABSTRACT)
EXPRESSIONISM
1911 Munich
FUTURISM
1910 Milan
ORPHISM
1912 Paris
SUPREMATISM
1913 Moscow
1910
Brancusi
Paris
CONSTRUCTIVISM
1914 Moscow
1915
1915
(ABSTRACT)
DADAISM
Zurich Paris
1916 Cologne
Berlin
PURISM
1918 Paris
DE STIJL and
NEOPLASTICISM
Leyden Berlin
1916 Paris
1920
1920
BAUHAUS
Weimar Dessau
1919 1925
(ABSTRACT)
SURREALISM
1924 Paris
MODERN
ARCHITECTURE
1925
1925
1930
1930
NON-GEOMETRICAL ABSTRACT ART
GEOMETRICAL ABSTRACT ART
1935
1935

Kunstgeschichte an der Columbia University sollte das künftige Jewish Museum nun beraten, wie es zu einem modernen Museum werden könnte. Schapiro verstand die Notwendigkeit, Judaica zu zeigen, aber er wollte auch, dass das Museum relevant blieb, wenn in der Nachkriegszeit das Interesse an traditioneller jüdischer Kultur und Judaica eventuell noch weiter abnehmen sollte.

Er schlug vor, dass das Museum neben seiner wichtigen Sammlung, die jüdische Geschichte und Kultur dokumentierte, auch moderne und zeitgenössische Werke jüdischer Künstler vorstellen sollte.

Das war die Mission, mit der das Jewish Museum am 7. Mai 1947 in seinem neuen Haus zur Ausstellung *The Giving of the Law and the Ten Commandments* einlud. Das erste jüdische Museum in den Vereinigten Staaten und wahrscheinlich das größte jüdische Museum der Welt wurde nun unter der Schirmherrschaft des Jüdischen Theologischen Seminars von Amerika von Louis Finkelstein, dem Präsidenten des Seminars, und Stephen S. Kayser, dem Direktor und Kurator des Museums, eröffnet. Die erste Ausstellung zeigte Werke zeitgenössischer jüdischer Künstler wie Marc Chagall, Jacques Lipchitz und Reuven Rubin.

Die Hinwendung zur modernen Kunst beschleunigte allerdings den institutionellen Ablösungsprozess vom JTS und brachte Spannungen zwischen der neuen jüdischen Kunst und der bisher gewohnten Aufklärung jüdischer Besucher über die traditionellen jüdischen Werte und Ritualgegenstände.

Bald musste Kayser einen Rückgang der Besucherzahlen um 50 Prozent registrieren. Das Komitee, das die Arbeit des Museums beaufsichtigte, machte dafür die mangelnde Attraktivität der Judaica-Sammlung verantwortlich. Auf der Suche nach Möglichkeiten, seine Ausstrahlung auf Besucher wieder zu erhöhen, wandte sich das Museum erneut an Meyer Schapiro. Er ermutigte das Jewish Museum, auch nicht-jüdische zeitgenössische Kunst zu zeigen, die auf der Höhe der Zeit war und damit die Beziehung zwischen alt und neu aufzuzeigen, um in der alten zeremoniellen Kunst die dynamische Kraft des spirituellen Expressionismus zu erkennen.

1957 hatte sich in New York das Fieber der modernen Kunst ausgebreitet, das Guggenheim Museum und das Whitney Museum zeigten avancierte Ausstellungen zeitgenössischer moderner Kunst, das MoMA plante eine gigantische Picasso-Ausstellung.

Der zunehmende Erfolg neu gegründeter Museen für zeitgenössische Kunst in nächster Nähe zwang die Direktoren des Jewish Museum, mit diesen zu konkurrieren. Schapiro schlug dem Jewish Museum vor, mit der Ausstellung *Artists of the New York School: Second Generation* dagegenzuhalten. Gemeinsam mit Museumsdirektor Kayser wählte er Werke aus, die für die zeitgenössische New Yorker Kunstszene relevant waren, unter anderem von Jasper Johns, Helen Frankenthaler, Grace Hartigan, George Segal, Allan Kaprow und Robert Rauschenberg. Ob die Künstler jüdischer Herkunft waren, war dabei zweitrangig. Und so spielte das Jewish Museum bald eine führende Rolle in der ersten Reihe der modernen Ausstellungshäuser in New York.

24 *Ruht das Auge auf eintönigem Geflecht oder den Unebenheiten der Haut, bemächtigt sich unser die unerfreuliche Gabe, überall mahnende, bedeutsame Formen zu sehen, die in unsern Träumen ins Riesengroße auswachsen. Und immer zieht sich durch solche schemenhaften Versuche der angesammelten Gedankenherden, die Wälle der Alltäglichkeit zu durchnagen, für uns wie ein roter Faden die qualvolle Gewißheit, daß unser eigenstes Inneres mit Vorbedacht und gegen unsern Willen ausgesogen wird, nur damit die Gestalt des Phantoms plastisch werden könne.*

Sputnik

Am 4. Oktober 1957 schickten sowjetische Raketentechniker den ersten künstlichen Erdsatelliten auf seine Umlaufbahn. Der „Sputnik 1" genannte Flugkörper löste in der westlichen Welt den sogenannten Sputnik-Schock aus. Mit der Trägerrakete R-7, die den Sputnik ins All beförderte, war die UdSSR offensichtlich auch in der Lage, das Territorium der USA mit nuklear bestückten Interkontinentalraketen zu erreichen.

Einen Monat später startete „Sputnik 2". An Bord befand sich Laika, eine Moskauer Straßenhündin, die kurz nach dem Start den Hitzetod starb. Das tote Tier umkreiste die Erde bis zum 14. April 1958, und das Verglühen des Satelliten beim Eintreten in tiefere Schichten der Erdatmosphäre beendete auch den Versuch einer modernen Gottwerdung Laikas.

Als Reaktion auf den Sputnik beschleunigten die USA ihr Raketen- und Raumfahrtprogramm und gründeten 1958 Arpa, die Advanced Research Projects Agency. Das erste Programm der Arpa beschäftigte sich mit der Raumfahrt. Im Oktober 1958 wurden diese Programme in die neugegründete NASA überführt, und Arpa widmete sich verstärkt der Computerforschung.

Ein Ergebnis war das „Arpanet", ein Vorläufer des heutigen Internet, das zunächst eingerichtet wurde, um Wissenschaftler und ihre Computer an verschiedenen Standorten zu vernetzen, wie auch, um in einem Krisenfall die Funktion der Netzknoten eines Command-and-Control-Systems aufrechtzuerhalten.

Das Information Processing Techniques Office (IPTO) in der Arpa war auch zuständig für die Koordination wichtiger militärischer Entwicklungen im Lincoln Lab am MIT, im nach Ende des Zweiten Weltkriegs gegründeten Thinktank Rand Corporation und im SAGE-Projekt. IPTO finanzierte in den der Arpa angeschlossenen Forschungszentren eine Vielzahl unterschiedlicher Rechnerplattformen, unter anderem von IBM, DEC, SDS und Univac. Durch diese Vernetzung sollten vor allem teure Einzelstücke wie der Superrechner ILLIAC in Illinois allen beteiligten Forschungseinrichtungen gemeinsam zur Verfügung stehen, damit Arpa nicht mehr jedem einzelnen Zentrum eine eigene Plattform und mehrere eigene Rechner finanzieren musste.

Das experimentelle Computernetzwerk der Arpa integrierte auch das „Video Graphic System", das die Computer der Rand Corporation mit dem Netzwerk verband.

Das Arpanet selbst basierte auf den Grundsätzen der verteilten Kommunikation ohne einen zentralen Kontrollpunkt, bestehend aus 18 Knoten, die sich an zehn Universitätsstandorten, vier Forschungsinstituten (RAND, SDC, SRI, Mitre), bei zwei Herstellern (Bolt Beranek and Newman und Burroughs) sowie dem Rome Air Development Center befanden.

Computer verschiedener Hersteller, Modelle, Größen und Laufgeschwindigkeiten sowie unterschiedliche Hardware und Software waren an jedem Standort durch spezielle „Interface Message Processor"-Computer miteinander verbunden.

Das Stanford Research Institut (SRI) kümmerte sich um die gesamte Netzdokumentation, und die University of California, Los Angeles (UCLA) analysierte die Leistungsstatistiken. Bolt Beranek and Newman koordinierte die Wartung und die Tests und die Rand Corporation experimentierte mit Informationsverarbeitungstechniken. An jedem Standort wurden die dafür benötigten Netzsteuerungsprogramme geschrieben.

Die Arpa stellte dann J. C. R. Licklider, der damals bei der Firma Bolt Beranek and Newman, einer 1948 am MIT gegründeten Firma zur Akustik-Beratung, arbeitete, als ersten Direktor der IPTO ein.

Licklider begann seine Arbeit im Oktober 1962 und initiierte bis zum Ende seiner Amtszeit im Jahr 1964 drei der wichtigsten Entwicklungen in der Informationstechnologie: die Schaffung von Informatikabteilungen an mehreren großen Universitäten, Timesharing und die Weiterentwicklung von Netzwerken.

Als Licklider 1964 die Arpa verließ, löste ihn Ivan Sutherland, ein Pionier der Computergrafik, der unter anderem das Sketchpad entwickelt hatte, als IPTO-Direktor ab. Sutherland war damals 26 Jahre alt.

Der Raketenspezialist und Verehrer von Licklider, Bob Taylor, wurde 1965 als Assistent von Sutherland eingestellt und 1966 zum Direktor der IPTO ernannt. Während Taylors Amtszeit bestand die IPTO-Einrichtung aus einem geräumigen Büro für den Direktor im Ring D des Pentagon und einem kleinen Terminal, das mit Terminals der Großrechner am MIT und der University of California in Berkeley und dem AN/FSQ-32, dem SAGE-Solid-State-Computer in Santa Monica verbunden war.

Das Budget für Arpa im Pentagon betrug nun 19 Millionen Dollar, mit denen Computerforschungsprojekte am MIT und anderen Einrichtungen in Massachusetts und Kalifornien finanziert wurden.

1966 wandte sich Taylor an die Arpa mit der Bitte um Finanzierung eines Computernetzwerks, das die paketvermittelte Datenkommunikation nutzen sollte, die am Lincoln Lab des MIT entwickelt worden war. In seinem Büro standen damals drei verschiedene Terminals, über die er mit den in Kalifornien und Utah sitzenden vier Forschergruppen kommunizierte. Um das zu vereinfachen, wollte Taylor nun „Nodes“ entwickeln lassen, die in der Lage waren, mit allen in den jeweiligen Forschungsgruppen vorhandenen Hostrechnern zu kommunizieren. Er erhielt eine Million Dollar und beauftragte den Ingenieur und Informatiker Lawrence Roberts mit der Leitung des Projekts. Roberts und den Entwicklern des Arpanet gelang es, aus der Rechenmaschine Computer ein Kommunikationsmedium zu entwickeln.

Das sich aus dem Arpanet Ende der 1960er entwickelnde Netzwerk von Netzwerken, heute als „Internet" bekannt, war in seiner Entwicklung ein Produkt des militärisch-industriellen Komplexes der USA, und die amerikanischen Militärs und ihre Nachrichtendienste betrachteten dieses Netz von Anfang an, und das bis heute, als „ihr" Territorium, das von den jeweiligen Regierungen der USA behütet wurde.

Die Patente der beim Arpanet erstmals eingesetzten Modems, Speicher und interaktiven Displays führten zwar in die Zukunft der Computertechnologie, aber auch immer wieder zurück zu SAGE, dem Produkt der Ängste vor den Russen im Kalten Krieg, das zugleich als Beschleuniger der zukünftigen Computerentwicklung fungierte. 23 betonverkleidete Bunker von SAGE in den USA und Kanada waren damals durch ein Computersystem verbunden, das in Echtzeit operierte und sowjetische Bomber mit Kernwaffen aufspüren und amerikanische Abfangjäger zu deren Zerstörung leiten sollte. Das erste der 23 Direction Center war 1959 in Betrieb genommen worden und bestand aus zwei Whirlwind-Computern.

SAGE nutzte digitalisierte Radardaten, Langstrecken-Datenkommunikation über Festnetze und Boden-Luft-Verbindungen und verfügte über zahlreiche interaktive Anzeigeterminals. Die Techniker benutzten Lichtpistolen, „light guns", um die Informationen auf den Monitoren zu verfolgen und den Einsatz zu aktivieren.

Als SAGE 1959 in Dienst genommen wurde, gab es zu wenig Programmierer, die Programme für die Rechner in den Bunkern von SAGE schreiben konnten. Die Verantwortlichen rekrutierten daher Lehrer, Taxifahrer und jeden, der einen Eignungstest machen wollte, und bildeten so unkompliziert und rasch viele der dringend benötigten Kandidaten zu Programmierern aus.

SAGE war in den 1950er Jahren für die Ausbildung von Zehntausenden Programmierern verantwortlich, von denen viele später für das Arpanet und die aus der Arpa entstandene Darpa (Defense Advanced Research Projects Agency) arbeiteten. Viele dieser gut ausgebildeten Computeringenieure gründeten mit dem Wissen, das sie bei dieser Arbeit erwarben, schließlich ihre eigenen Firmen im zivilen Bereich.

Mitte 1961 waren in den USA lediglich 5371 Computer aller Art installiert. Militär und staatliche Verwaltung nutzten davon etwa 40 Prozent, wobei die meisten Geräte für SAGE und das

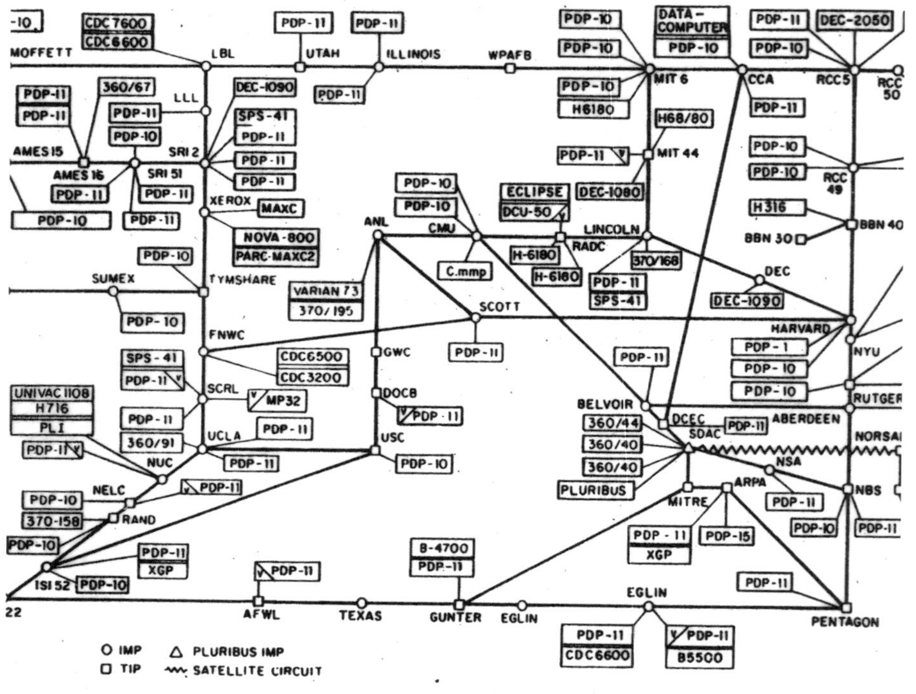
ARPANET LOGICAL MAP, MARCH 1977
MOFFETT
LBL
UTAH
ILLINOIS
WPAFB
MIT 6
CCA
RCC5
LLL
SRI 2
AMES 15
AMES 16
SRI 51
XEROX
MIT 44
ANL
CMU
LINCOLN
RADC
RCC 49
BBN 40
BBN 30
DEC
SUMEX
TYMSHARE
SCOTT
FNWC
GWC
HARVARD
NYU
SCRL
DOCB
BELVOIR
RUTGERS
DCEC
SDAC
ABERDEEN
UCLA
USC
NUC
NSA
NELC
RAND
ARPA
NBS
MITRE
ISI 52
AFWL
TEXAS
GUNTER
EGLIN
PENTAGON
IMP
TIP
PLURIBUS IMP
SATELLITE CIRCUIT

spätere Ballistic Missile Early Warning System (BMEWS) im Einsatz waren, das damalige Raketen-Frühwarnsystem der USA. Im gleichen Jahr wurde Computerequipment im Wert von einer Milliarde Dollar für die militärische und kommerzielle Nutzung bereitgestellt. Diese für die damalige Zeit gewaltige Summe beflügelte Wissenschaftler wie Geschäftsleute gleichermaßen und führte ab Ende der 1960er Jahre zu einem Boom der Computerentwicklung.

Schon 1962 hatte J.C.R. Licklider in einer Reihe von Memos ein „intergalaktisches Computernetzwerk" skizziert, eine der frühesten Ideen einer globalen Vernetzung. Lickliders 1968 erschienenes Papier mit dem Titel „The Computer as a Communication Device" (Der Computer als Kommunikationsgerät) veranschaulichte nun seine Vision von Netzwerkanwendungen und sagte die kommende Verwendung von Computern in Netzwerken voraus, die der Kommunikation dienten.

Der Computer würde künftig nicht nur ein Gerät zur Beschleunigung von mathematischen Berechnungen sein, sondern ein Gerät zur Kommunikation. Sich selbst vervielfältigende Maschinen in einem intergalaktischen Netzwerk wurden deshalb zu einer der aufregendsten und verlockendsten Utopien wie Geschäftsideen der darauffolgenden Jahre.

25 *Es wurde damals Blei gegossen – zum Scherz – und ich stand mit offenem Munde dabei und begriff nicht, was das zu bedeuten habe, – in meiner wirren, kindlichen Vorstellung brachte ich es in Zusammenhang mit dem Golem, von dem ich meinen Großvater oft hatte erzählen hören, und bildete mir ein, jeden Augenblick müsse die Tür aufgehen und der Unbekannte eintreten. Später, als ich älter geworden, erzählte mir mein Vater, es wäre damals das geschmolzene Metall zu einem kleinen, ganz deutlichen Kopf erstarrt gewesen, – glatt und rund, wie nach einer Form gegossen, und von unheimlicher Ähnlichkeit mit den Zügen des »Golem«, daß sich alle entsetzt hätten.*

Heidegger (II)

1935 empfing der deutsche Philosoph Martin Heidegger den deutschen Physiker Werner Heisenberg und den Mediziner Viktor von Weizsäcker in seiner Hütte im Schwarzwald. In einem Gespräch über die Einführung des Subjekts in die Naturwissenschaft stellte Heidegger den beiden Wissenschaftlern Fragen, um dann die Antworten so lange neu zu formulieren, bis alle Seiten zustimmen konnten. Die Quantenphysik, die bei Heidegger immer etwas unscharf „Atomphysik" bleiben sollte, hatte verschiedene Fragen rund um Kausalität, Identität, Rationalität und Kalkül innerhalb herrschender Ontologien aufgeworfen.

Heidegger trug eine Zipfelmütze, erinnerte sich später von Weizsäcker. Für Heidegger wiederum war der Physiker Heisenberg ein „Atomforscher", ein weiteres Spaltprodukt des Gestells, eine Art Sprachrohr der Technik, die nun eben auch „neue Forscher" hervorbrachte.

Für Heidegger dagegen war die Mathematik weder Instrument noch Hilfswissenschaft der Naturwissenschaften, sie gehörte vielmehr zum Entwurf neuzeitlicher Wissenschaft. Entsprechend war Heisenbergs Unbestimmtheitsrelation für Heidegger keine Neukonzeption der Physik oder gar der Natur. Denn im Bereich der Atomphysik waren die Relationen zwischen Raum und Materie vielleicht komplizierter als zuvor, aber an der alten metaphysischen Ontologie der *res extensa* hatte sich nichts geändert. Was einen Ort besetzt hält, muss selbst ausgedehnt sein. Das Gegebene war für die experimentelle Atomphysik nur eine Mannigfaltigkeit von Lichtflecken und Strichen auf der fotografischen Platte. Dies zu interpretieren war für Heidegger allerdings nichts anderes als die Interpretation eines Gedichts. Der Experimentalphysiker wurde so bei Heidegger zum Poetologen, die Spektralanalyse zur Gedichtinterpretation, und die Grenze zwischen Natur- und Geisteswissenschaften wurde unscharf.

Der einzige Gegenstand, der in der Mikrophysik Faktizität garantierte, war die Messapparatur, das Medium, das die Elementarteilchen oder vielmehr ihre Eigenschaften zur Erscheinung brachte. Die Atom- und Kernphysik war und blieb für Heidegger deshalb letztlich Ausdruck des Gestells. Es herrsche, so Heidegger, eine „planetarische Totalität" der Technik und der Welt-Mächte in einer Epoche fast vollständiger „Seinsvergessenheit".

Für Heidegger begann die Epoche des Gestells schon bei Descartes' rationaler Methode, also mit der mathematischen Neubestimmung der Metaphysik. In letzter Konsequenz wurde dadurch auch das Verhältnis zu Natur und Geschichte zu einer

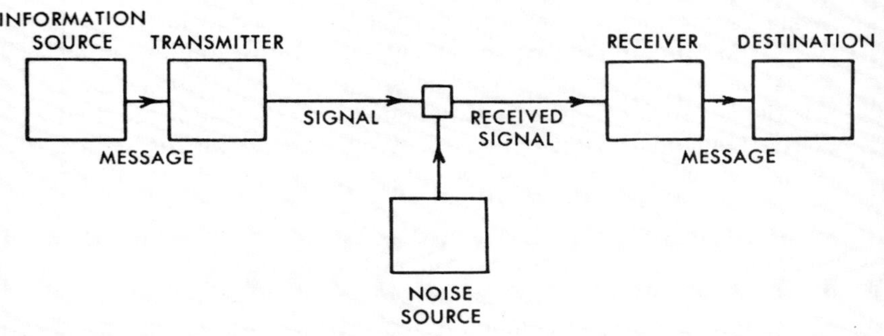
INFORMATION SOURCE
TRANSMITTER
MESSAGE
SIGNAL
RECEIVED SIGNAL
RECEIVER
DESTINATION
MESSAGE
NOISE SOURCE

technologischen Bestimmung. Von Descartes' Ballistik bis zu von Neumanns „Super-Bombe" oder dem Sputnik im Kalten Krieg war es für Heidegger (seinsgeschichtlich) deshalb nicht weit.

Die Sprache spielte für Heidegger eine besondere Rolle. Was lässt sich denken, was lässt sich sagen? 1934 hatte Heidegger an der Freiburger Universität eine Vorlesung mit dem Titel „Logik als die Frage nach dem Wesen der Sprache" gehalten. Demnach musste das Dasein zum Seienden hin geöffnet werden und als etwas verstanden werden, das sich zum Seienden als Ganzes verhielt. Das Ich als Subjekt war mit dem Liberalismus verbunden, und dieses Subjekt sollte gesprengt werden.

Seine Vorlesung ließ Heidegger mit der Frage nach dem Staat und der ursprünglichen Sprache enden, die für ihn Dichtung war.

Dichtungen wie die von Hölderlin, dem Dichter eines deutsch-griechischen Blicks zum Beispiel, behandelte Heidegger als Offenbarungsschriften, randvoll mit Wahrheit.

Auch er, Heidegger, empfand sich als Priester (der er ja anfangs werden wollte), als Geweihten mit einer Sendung. Sprache war also das Werkzeug des Dichters, im Gegensatz zu *Information*. Für Heidegger war dieser Begriff das Leitwort der Epoche und stand im direkten Zusammenhang mit Atomenergie und statistischer Physik. Die mathematische Informationstheorie, die Kybernetik und die Ankunft des Computers standen für ihn seinsgeschichtlich im Schatten der Wasserstoffbombe und im selben epistemologischen Feld. Ackerbau war jetzt motorisierte Ernährungsindustrie, im Wesen das Gleiche wie die Fabrikation von Leichen in Gaskammern und Vernichtungslagern, das Gleiche wie die Blockade und Aushungerung von Ländern oder wie die Fabrikation von Wasserstoffbomben, wie er 1949 in seinen „Bremer Vorträgen" formuliert hatte.

Aber Heidegger ging es um viel mehr als um Sputnik, Atom- und „Super-Bomben" oder Kybernetik als Teil eines geschichtsvergessenen amerikanischen Pragmatismus. Er dachte vielmehr über die sich ausbreitende Herrschaft des Kalküls vor allem im Bereich der Sprachphilosophie und -wissenschaft nach, und bei Gottfried Leibniz und dessen Universalsprache glaubte er den Beginn einer solchen Auffassung und Praxis entdeckt zu haben.

Die „Zustellung" der Sprache als Information begann für ihn bereits im 17. Jahrhundert. Leibniz und die Bombe gehörten so demselben „Seinsgeschick" (also dem Wesen der Technik) an, was aber erst später durch die Ausweitung kybernetischen und systemtheoretischen Denkens in fast allen Sprach- und Lebenswissenschaften der Nachkriegszeit offenkundig wurde, als die Überlegungen von Norbert Wiener und Claude Shannon, die auf den Ideen des Wiener Kreises und deren Einheitswissenschaft aufbauten, eine einheitliche Sprache von Systemdarstellungen ermöglichten, so etwas wie eine generelle Systemtheorie. Das erlaubte, eine Sprache für Maschinen zu denken, mit deren Hilfe Menschen mit Maschinen und Maschinen mit Maschinen sprechen konnten.

Mit dem Sputnik-Schock von 1957 fielen für Heidegger Metasprache und Raketentechnik nun in eins. Das Wort und mit ihm die Philosophie fanden in diesem Kurzschluss zwischen symbolischem Kalkül und reeller Maschinentechnik ihr seinsgeschichtliches Ende, denn diese Bestimmung der Sprache als Information machte erst die Konstruktion von Denkmaschinen und den Bau der Großrechenanlagen möglich. Die Information bestand nun aus Zeichen, die maschinell ver- und bearbeitet werden konnten. Raketen, Atombomben und Computer waren sichtbarer Ausdruck für die technische Instrumentalisierung (und Technisierung) der Sprache und für die Verzifferung der Realität.

So konnte eine Übersprache, eine Metalinguistik, gedacht und praktiziert werden, und eine durchgängige Technifizierung aller Sprachen wurde zum allein funktionierenden interplanetarischen Informationsinstrument.

Metasprache und Sputnik, Metalinguistik und Raketentechnik waren nun das Gleiche wie eine Technisierung der Sprache in einer sich in Informationsprozessen auflösenden Welt.

Der unmittelbare und nicht durch Technik verstellte Zugang zur Natur war, so Heidegger, unwiederbringlich verlorengegangen. Es blieb nur die wiederholte Besinnung auf den gemeinsamen Grund – und damit auf die „Gegenwendigkeit" von Technik und Kunst, von Atomphysik, Computernetzwerken und Dichtung.

26 *Oft sprach ich mit dem Archivar. Er hat sich mit Kabbala befaßt und meint, jener Erdklumpen mit den menschlichen Gliedmaßen sei vielleicht nichts anderes als ein ehemaliges Vorzeichen, ganz so wie in meinem Fall der bleierne Kopf. Und der Unbekannte, der da umgehe, müsse das Phantasie- oder Gedankenbild sein, das jener mittel-*

alterliche Rabbiner zuerst lebendig gedacht habe, ehe er es mit Materie bekleiden konnte, und das nun in regelmäßigen Zeitabschnitten, bei den gleichen astrologischen Sternstellungen, unter denen es erschaffen worden – wiederkehre, vom Triebe nach stofflichem Leben gequält.

Golem (II)

Laika und Sputnik waren nur Vorzeichen für etwas, das einige Jahre später den USA einen erneuten Schock versetzte. Am 12. April 1961 absolvierte der Pilot Juri Gagarin mit dem Raumschiff „Wostok 1" einen spektakulären Raumflug und umrundete dabei in 108 Minuten einmal die Erde. Die verwendete Wostok-K-Trägerrakete war noch stärker als die für den Flug des Sputnik verwendete R-7-Trägerrakte, was sowohl die Militärs als auch die Öffentlichkeit in den USA beunruhigte.

Von Gagarins Flug begeistert war dagegen der Philosoph Emmanuel Levinas, ein Schüler von Edmund Husserl und Martin Heidegger. Levinas hatte 1927 bis 1928 in Freiburg bei beiden studiert und nahm im Frühling 1929 als Student an den II. Internationalen Hochschulkursen in Davos teil, bei denen sich Ernst Cassirer und Martin Heidegger ein später berühmtes Wortgefecht lieferten.

Neben der Phänomenologie Edmund Husserls und dem Denken Martin Heideggers war Levinas beeinflusst von der jüdischen Überlieferung der Thora und des Talmud. Für ihn erfüllte Gagarins Flug die Hoffnung auf die Befreiung des Menschen. Die sesshafte Zivilisation wurde erschüttert, die lastende Schwere der Vergangenheit schien abzubröckeln, und mit dem Verblassen des Lokalkolorits schienen die sperrigen und beschränkten Dinge menschlicher Existenz Risse zu bekommen und die menschliche Substanz sich ihrer nächtlichen Schwere zu entledigen.

Für Levinas war Gagarins Flug vor allem ein Gegenbeweis zu Heideggers Denken, das für ihn die heidnischen Schlupfwinkel der abendländischen Seele überschwemmte. Heidegger zufolge, so Levinas, solle der Mensch die verlorene Welt und ihre Freiheit wiederfinden, denn er kenne nur noch die dieser Freiheit entgegenstehende Materie, das Gestell, in dem die Menschen nur noch Gegenstände kannten. Aber der Mythos,

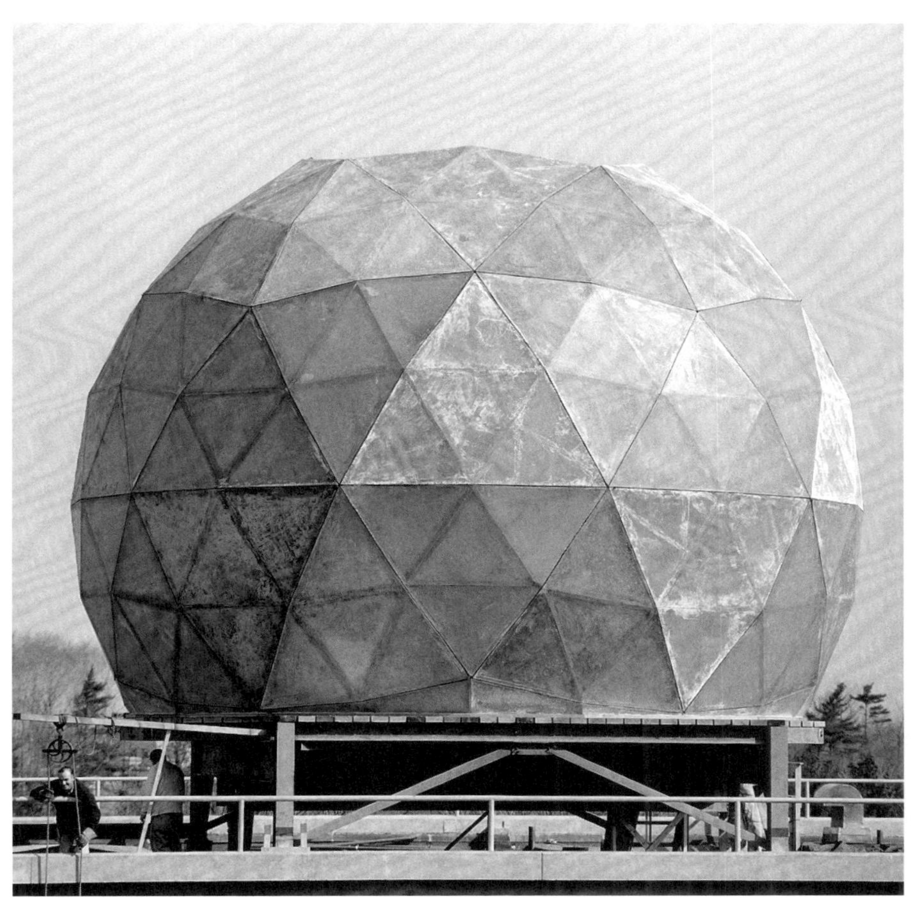

so zitiert Levinas weiter Heidegger, sei eine anfängliche Sprache und erzähle sich in der Natur selbst. Die Natur sei in diese anfängliche Sprache eingepflanzt, die, indem sie uns anruft, die menschliche Sprache erst begründet.

Aber diese Sprache zu verstehen heiße nicht, sich logischen, zum System von Erkenntnissen erhobenen Gedanken hinzugeben, sondern den *Ort* zu bewohnen, da zu sein, verwurzelt zu sein. So weit Levinas' Interpretation von Heidegger.

Für Levinas dagegen war das Judentum eine Negation dieser Gedanken. Denn das Eingepflanztsein in eine Landschaft, die Verbundenheit mit dem Ort, ohne den das Universum bedeutungslos würde und kaum existierte – eben das war für ihn die Spaltung der Menschheit in Einheimische und Fremde. Und in dieser Perspektive war die Technik weniger gefährlich als Heideggers Geister des Orts.

Gagarins Großtat bestand für Levinas darin, diesen Ort verlassen zu haben. Alles um ihn herum war nun Himmel und ein geometrischer Raum. Der Mensch wurde ortlos gedacht. Das Judentum, so Levinas, sei in Bezug auf den Ort stets frei gewesen und wie die Technik hatte es auch das Universum entmystifiziert und die Natur entzaubert. Denn der Mensch war der Herr einer Erde, die dazu da war, ihm zu dienen.

Norbert Wiener hatte in seinem Buch *God & Golem, Inc.* den Golem als Vorläufer kybernetischer Maschinen interpretiert. Mit deren Hilfe war nun Gagarin ins Weltall befördert worden, hineingeschleudert in einen geometrischen Raum – ort- und schwerelos im All.

27 *Auch die verstorbene Frau des Archivars hatte den »Golem« von Angesicht zu Angesicht erblickt und ebenso wie ich gefühlt, daß man sich im Starrkrampf befindet, solange das rätselhafte Wesen in der Nähe weilt. Es ist, wie wenn man mit offenem Lichte eine verstaubte Kammer betreten wollte, in der morsche Tücher Decke und Wände bespannen und der dürre Zunder der Vergangenheit fußhoch den Boden bedeckt; ein flüchtiges Berühren nur und schon schlägt das Feuer aus allen Ecken.*

Kunst und Technik (IV)

In den 1950er Jahren, also etwa zu der Zeit, als SAGE entwickelt wurde und ein paar Jahre bevor der erste Sputnik startete, begann sich in den USA das Utopia einer alternativen Gesellschaft, einer „Counterculture“, zu entwickeln, das von Grenzüberschreitungen aller Art bestimmt war.

Dieses Utopia wollte die Grenzen zwischen Kunst und Leben aufheben und strahlte auch nach Europa und bis nach Japan aus. In den USA entstand an verschiedenen Orten des Landes ein Netzwerk von Personen und Praktiken, das Ideen der 1920er Jahre aufnahm, weiterentwickelte und dessen künstlerischer Fixstern der Komponist John Cage war. Cage war eine zentrale Gestalt für die Ende der 1950er Jahre entstehende Happening- und Fluxus-Bewegung und nicht nur ein wichtiger Anreger für die neue Improvisationsmusik.

Cage war zudem Bindeglied zu den Ideen des deutschen Bauhaus und der europäischen Avantgarde. In New York City, wohin Cage und seine Frau 1942 zogen, wohnten beide zunächst beim Ehepaar Peggy und Ernst Guggenheim und wurden dort in einen Kreis von Musikern und bildenden Künstlern eingeführt, in dem sie Piet Mondrian, André Breton und Marcel Duchamp kennenlernten.

Cage widmete sich östlicher Musik und Philosophie, komponierte zu Texten von Ananda Kentish Coomaraswamy, einem Interpreten indischer Kultur im Westen, und hörte Vorlesungen von Daisetsu Teitaro Suzuki, einem japanischen Philosophen und Zen-Buddhisten an der Columbia University. 1947 komponierte er die Duchamp-Sequenz im Experimentalfilm *Dreams That Money Can Buy* des deutschen Regisseurs Hans Richter.

Ein Jahr später besuchte Cage zusammen mit dem Tänzer und Choreografen Merce Cunningham auf einer Zwei-Personen-Tournee erstmals das Black Mountain College in North Carolina.

Zu dieser Zeit gab es im College 86 Studenten. Merce Cunningham tanzte und unterrichtete, und John Cage gab die erste vollständige Aufführung seiner Sonaten und Zwischenspiele für präpariertes Klavier. Obwohl Cage zunächst nur wenige Schüler hatte, war sein Einfluss auf das Black Mountain College bedeutend. Seine Empfehlung war es, die der avantgardistischsten Musik am College eine Rolle sicherte. Während des Besuchs von Cage und Cunningham führte David Tudor

Musik von Arnold Schönberg, Morton Feldman, Stefan Wolpe, Anton Webern, Henry Cowell, Pierre Boulez, Christian Wolff, Lou Harrison und, natürlich, von Cage auf.

Von 1958 bis 1960 gab Cage dann Kurse über experimentelle Komposition an der New School for Social Research in New York. Zu seinen Studenten gehörten unter anderen George Brecht, Al Hansen, Dick Higgins, Allan Kaprow, ab 1960 auch La Monte Young, Richard Maxfield und George Maciunas, also die spätere Elite der Fluxus- und Performance-Kunst.

Der in Litauen geborene Maciunas war später der Kopf der internationalen Fluxus-Bewegung und verstand es, den sich unverbunden nebeneinander her entwickelnden Szenen von Neo-Dada, Happening und Medienkunst einen „Markennamen" zu geben.

Aus Angst vor der sowjetischen Armee war die Familie von Maciunas 1944 mit den abziehenden deutschen Soldaten von Kaunas nach Deutschland geflohen und hatte sich zunächst in Bad Nauheim niedergelassen. 1948 emigrierte die Familie dann in die USA und lebte mehrere Jahre in einer Einwanderersiedlung auf Long Island. 1961 nahm Maciunas in New York mit Allan Kaprow, Al Hansen und George Brecht an den ersten Happenings teil. Maciunas war auch der Erste, der den Begriff „Fluxus" für eine allerdings nicht realisierte Kunstzeitschrift verwendete. Nach seiner Auffassung waren die Happenings allerdings „Neo-Dada", der Begriff „Fluxus" diente ihm nur dazu, sich von der Marke „Happening" abzugrenzen, um eine eigene künstlerische Identität (und Marke) zu etablieren.

1961 ging Maciunas mit seiner Mutter zurück nach Westdeutschland, nach Wiesbaden und arbeitete als Werbegrafiker für die US Air Force. In Wiesbaden gründete er die „Fluxus-Gruppe" und machte Bekanntschaft mit den wichtigsten jungen Künstlern der Avantgarde in Westdeutschland und Frankreich. In der Folge initiierte und organisierte er eine Reihe großer Fluxus-Festivals in ganz Europa – so in Wiesbaden, Düsseldorf, Kopenhagen, Amsterdam und Paris – und verfasste eine Reihe von Manifesten.

So kam das, was in den 1920er Jahren in Deutschland und Europa erdacht und in Ansätzen auch realisiert wurde, wieder nach Europa zurück.

Allerdings fehlten die Traumata, die die Generation von Dada und Surrealismus im Ersten Weltkrieg erlebt hatte. Die Künstler waren aus diesem industriellen Gemetzel mit der

Überzeugung zurückgekehrt, dass die Gesellschaft grundlegend verändert werden musste, und zwar durch eine Revolution. Diese Revolution sollte auch eine Revolution der Sprache sein und die hohlen Phrasen und gesellschaftlichen Konventionen zerstören, in der Hoffnung, so zu einer größeren Wahrheit zu gelangen. Konzipiert als ein in die Tiefe reichendes Experiment, das sich später in linke und rechte Positionen aufspalten sollte, die sich auch überlagerten und miteinander mischten, dann aber versandete.

Nun, nach einem erneuten Weltkrieg, sollte dieser Versuch einer Umwertung aller Werte, der im Grunde 1789 begonnen hatte, unter anderem Etikett erneut gewagt werden. Ein Nachhall der Faszination totalitärer, weil totales Leben in einer allumfassenden Gemeinschaft versprechender Ideen und Ideologien, die nun zur ersehnten Freiheit und neuen Ordnung führen sollten.

Allerdings, wie ihre Vorbilder vor und nach dem Ersten Weltkrieg, waren die Künstler weitgehend politisch naiv und unbedarft, und statt Handwerk oder Tradition setzten Improvisation, Spontanität und das Denken und Handeln von später *Hobbyists* oder *Maverick Thinker* genannten Akteuren neue Normen und Maßstäbe.

1966, wieder zurück in den USA, entwarf Maciunas ein „Expanded Arts Diagram“, eine Genealogie von Fluxus und der medialen Künste, in dem unter der Rubrik „Medienkunst“ auch eine Gruppe junger Künstler erwähnt wurde, die sich den Namen USCO gegeben hatte.

USCO gehörte bald wie Maciunas zu einem landesweiten und internationalen Netzwerk, das über die USA hinaus wirkte. USCO war ein Akronym für „Us Company“, oder „The Company of Us“ – eine in den 1960er Jahren von Gerd Stern, Michael Callahan, Steve Durkee, Rudi Stern und Barbara Durkee in New York gegründeten Künstlergruppe.

Gerd Stern war ein deutsch-jüdischer Emigrant und Dichter, der seit 1948 in der San Francisco Bay Area lebte und beim Pacific-Radiosender KPFA in Berkeley arbeitete. Michael Callahan war technischer Leiter des San Francisco Tape Music Center und lernte Stern 1963 kennen. Callahan kaufte ausgemusterte IBM-Computer, um Teile davon für kinetische Kunst zu verwenden. Steve Durkee, aufgewachsen in New York, studierte Kunst an der Columbia University, war ein bekannter

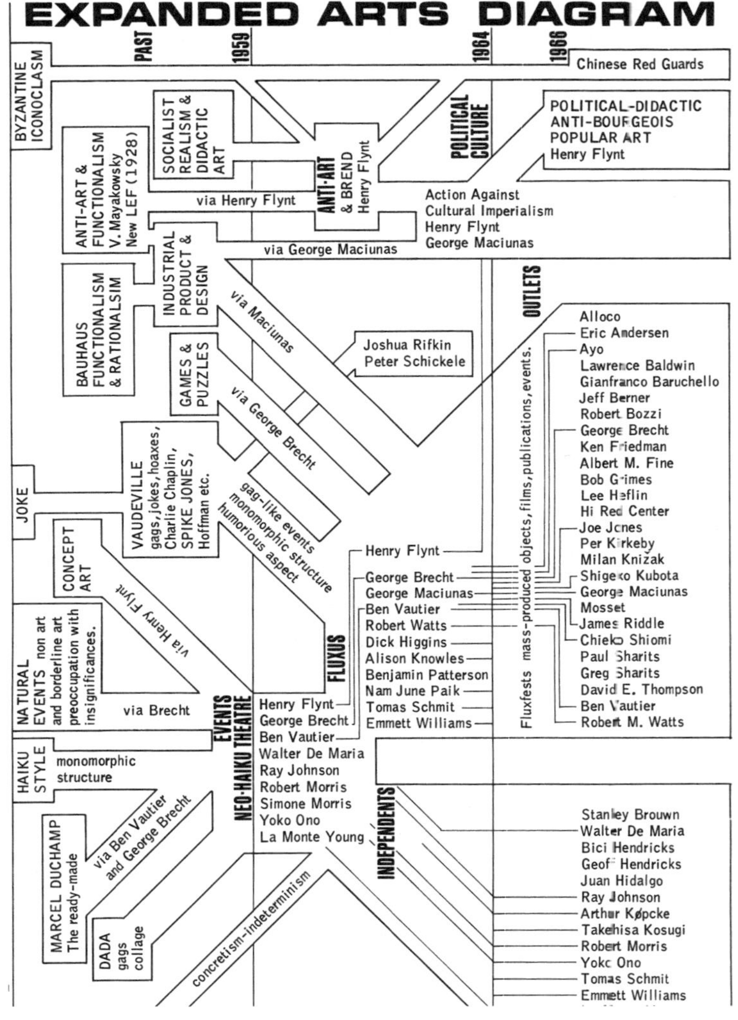
EXPANDED ARTS DIAGRAM
PAST
1959
1964
1966
Chinese Red Guards
BYZANTINE ICONOCLASM
SOCIALIST REALISM & DIDACTIC ART
ANTI-ART & FUNCTIONALISM V. Mayakowsky New LEF (1928)
ANTI-ART & BREND Henry Flynt
POLITICAL CULTURE
POLITICAL-DIDACTIC ANTI-BOURGEOIS POPULAR ART Henry Flynt
via Henry Flynt
Action Against Cultural Imperialism Henry Flynt George Maciunas
via George Maciunas
BAUHAUS FUNCTIONALISM & RATIONALSIM
INDUSTRIAL PRODUCT & DESIGN
via Maciunas
Joshua Rifkin Peter Schickele
OUTLETS
GAMES & PUZZLES
via George Brecht
JOKE
VAUDEVILLE gags, jokes, hoaxes, Charlie Chaplin, SPIKE JONES, Hoffman etc.
gag-like events monomorphic structure humorious aspect
CONCEPT ART
via Henry Flynt
NATURAL EVENTS non art and borderline art preoccupation with insignificances.
via Brecht
FLUXUS
Henry Flynt
George Brecht
George Maciunas
Ben Vautier
Robert Watts
Dick Higgins
Alison Knowles
Benjamin Patterson
Nam June Paik
Tomas Schmit
Emmett Williams
Fluxfests mass-produced objects, films, publications, events.
Alloco
Eric Andersen
Ayo
Lawrence Baldwin
Gianfranco Baruchello
Jeff Berner
Robert Bozzi
George Brecht
Ken Friedman
Albert M. Fine
Bob Grimes
Lee Heflin
Hi Red Center
Joe Jones
Per Kirkeby
Milan Knizak
Shigeko Kubota
George Maciunas
Mosset
James Riddle
Chieko Shiomi
Paul Sharits
Greg Sharits
David E. Thompson
Ben Vautier
Robert M. Watts
EVENTS
NEO-HAIKU THEATRE
Henry Flynt
George Brecht
Ben Vautier
Walter De Maria
Ray Johnson
Robert Morris
Simone Morris
Yoko Ono
La Monte Young
HAIKU STYLE
monomorphic structure
MARCEL DUCHAMP The ready-made
via Ben Vautier and George Brecht
DADA gags collage
concretism-indeterminism
INDEPENDENTS
Stanley Brouwn
Walter De Maria
Bici Hendricks
Geoff Hendricks
Juan Hidalgo
Ray Johnson
Arthur Køpcke
Takehisa Kosugi
Robert Morris
Yoko Ono
Tomas Schmit
Emmett Williams

Pop-Art-Künstler und mit dem Maler Robert Indiana befreundet. USCO galt bald als wichtiges Bindeglied zwischen der Entwicklung von Expanded Cinema und neuen Phänomenen wie Installationskunst, Multimedia und später dem Internet.

Die Stroboskop-Environments von USCO waren Vorboten einer neuen Medienkunst und kombinierten eine Vielzahl von Audio- und visuellen Elementen, darunter Film, Dias, Video, Beleuchtung, Musik und auch zufällige Klänge. In der Gruppe arbeiteten Künstler, Ingenieure, Dichter und Filmemacher zusammen, beeinflusst nicht nur von John Cage, sondern auch von dem Medientheoretiker Marshall McLuhan.

1963 lernte Durkee Stewart Brand kennen, einen ehemaligen Armeefotografen. Das Hauptquartier von USCO war eine alte Kirche in Garnerville in Rockland County im Hudson Valley, die Steve und Barbara Durkee gekauft hatten, um sie als Studio zu nutzen.

Stewart Brand wohnte als Gast eine Zeitlang im Turm der Kirche. Er war fasziniert von der Gemeinschaft aus Künstlern und Technikern und von deren Nachbarn aus Rockland County wie John Cage, die gemeinsam Marshall McLuhans Ideen über Kommunikation studierten und diskutierten. Tatsächlich ging USCO einmal mit McLuhan auf Tournee und bot einen „intermedialen" Kontrapunkt zu dessen Vorträgen.

In der Kirche in Garnerville errichtete USCO eine Installation mit dem Titel „Psychedelic Tabernacle", bei der Stewart Brand assistierte. Ein Tabernakel, das war Gottes Heimstätte auf Erden, ein Aufbewahrungsort der *Reliqua sacramenti*, der in der Eucharistiefeier konsekrierten Hostien, die nach katholischer Lehre der Leib Christi sind. In der hebräischen Sprache ist ein Tabernakel als Mischkan (משכן, „Wohnung", im Sinne von Gottes Heimstätte auf Erden) bekannt. Im Mischkan wurden seinerzeit als Allerheiligstes die Gebotstafeln von Moses aufbewahrt und auf den biblischen Wanderungen des Volkes Israel mitgeführt. Für das Judentum war nach dem Alten Testament dieser Ort die Stiftshütte. In ihr wurden die Tafeln mit den Zehn Geboten aufbewahrt, die Moses von Gott erhalten hatte. Die Bauanleitung für diesen Aufbewahrungsort kam von Gott selbst.

Das Tabernakel von Garnerville wurde allerdings nun in einer neuen medialen Unübersichtlichkeit inszeniert. Mit Überblendungen und Mehrfachbelichtungen wurde eine „neue" Welt aus mehreren Schichtungen und Perspektiven erbaut.

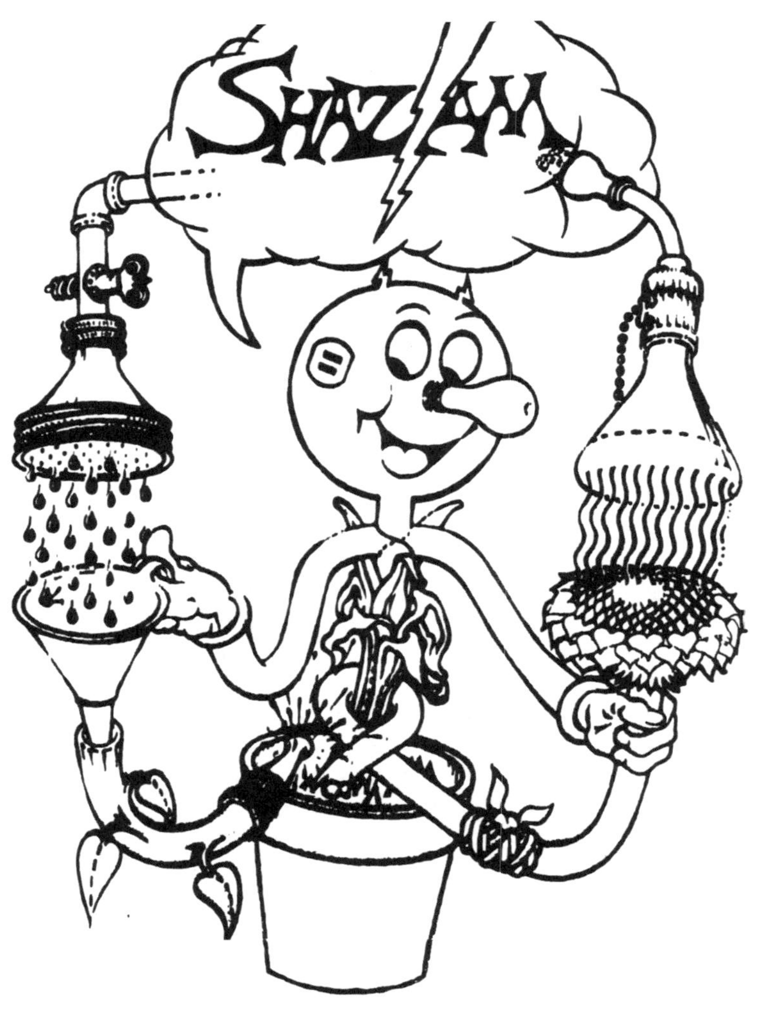
SHAZAM

Diese neue Welt umfasste kinetische Objekte, technische Bilder von Oszillatoren, Wörter aus zerrissenen Sätzen und Zitate jeder Art, die alle Bedeutungen auflösten. Die Räume entfesselten ein psychedelisches Fest, in dessen Mittelpunkt die Bewusstseinserweiterung stehen sollte. Die USCO-Mitglieder glaubten an die transformative Kraft der Technologie, die sie als Mittel nutzten, um geistige und körperliche Erfahrungen und das Bewusstsein zu verändern. Dafür mixten sie Bruchstücke visionärer Theoretiker und Spiritualisten wie Marshall McLuhan, Buckminster Fuller, Ananda Coomaraswamy und Meher Baba, reicherten das Ergebnis mit Texten von Plotin und der Kabbala und Bildern von Indian Angels an und inszenierten das Ganze mithilfe der Praktiken von DADA und Surrealismus und den Ideen des Bauhaus von einem Totaltheater.

Vor allem war USCO aber inspiriert von den scheinbar unbegrenzten Möglichkeiten der Elektronik und den neuen Maschinen, mit denen der Traum von einer vernetzten Welt realisierbar erschien.

Zu dieser neuen Welt gehörte nicht nur die damals neueste Technik, sondern auch Drogen. Ganz in der Nähe des Hauptquartiers von USCO, am Rande des verschlafenen Dörfchens Millbrook, lag eine Villa, die im Besitz der Erben des Mellon-Vermögens war, das aus dem Öl- und Bankgeschäft stammte.

Die Besitzer der Villa waren Unterstützer des durch seine Drogenexperimente mit Psilocybin und LSD bekannten und an der Harvard University lehrenden Professors Timothy Leary, dem sie 1963 das Anwesen zur Nutzung überließen. Leary vermietete es dann weiter an die von einem Mitglied der Mellon-Erben geleitete Niederlassung der International Federation for Internal Freedom (IFIF), die später in Castalia Foundation umbenannt wurde.

Auch die USCO-Gruppe wurde bald zu einem Besuch eingeladen und kam mit den Bewohnern der Villa – neben Leary waren das die Psychologen und Professoren Richard Alpert und Ralph Metzner – in Kontakt. Dazu gesellte sich bald eine wechselnde Schar von Berühmtheiten der damaligen Kunstszene, Musiker wie Charles Mingus und Maynard Ferguson, Schriftsteller wie Allen Ginsberg, bis hin zu John Perry Barlow, der später Texte für die Gruppe The Grateful Dead schrieb, noch später die Electronic Frontier Foundation mitbegründete und 1996 die „Unabhängigkeitserklärung des Cyberspace“ verfasste.

In diesem heute, fast 60 Jahre später, naiv erscheinenden Manifest trat eine Hybris zutage, die ihre geistigen Wurzeln auch in Millbrook hatte. Die Erklärung von 1996 war an die Regierungen der industriellen Welt gerichtet, an „die müden Riesen aus Fleisch und Stahl", und kam von den Vertretern einer imaginierten Zukunft, die glaubten, in einem Cyberspace zu leben, und alles ablehnten, was auf Materie basierte. Stattdessen werde sich diese Zukunft in einem Raum außerhalb der körperlichen und materiellen Welt abspielen, ohne die physischen Grenzen, die Staaten definierten und ihnen ihre Macht gaben. Dieser Traum war von den Ideen der Kybernetiker und Systemtheoretiker wie Norbert Wiener, Gregory Bateson, Buckminster Fuller und Künstlern wie John Cage inspiriert und übersah die damalige Realität – wie die der vorhergehenden Jahrzehnte.

Was dieses Manifest und seine Protagonisten 1996 aber neben der Ausblendung und sogar Verachtung der Wirklichkeit mit der Situation von 1963 in Millbrook verband, war die Ergänzung der Grenzüberschreitungen und Grenzerfahrungen mithilfe von Technologie um jene durch Drogen, vor allem LSD.

1965 begann USCO mit der Castalia Foundation von Leary und Alpert zusammenzuarbeiten, um die LSD-Erfahrung in einer „audio-olfaktorischen und -visuellen Bewusstseinsveränderung" während einer psychedelischen Veranstaltung in New York zu reproduzieren. Während Leary über Psychedelika referierte, spielten USCO Aufnahmen der Schreie von Antonin Artaud ab, um mehrere Bewusstseinsebenen durch ein audiovisuelles Bombardement zu stimulieren, und 1966 führten die USCO-Mitglieder Rudi Stern und Jackie Cassen in Millbrook ein psychedelisches Diashow-Seminar durch.

All das, wovon die Bauhäusler, Eisenstein und andere Künstler der Moderne in der Zeit vor dem Zweiten Weltkrieg geträumt hatten und was später in den Büchern Norbert Wieners, in den Gesprächen zwischen Cage, Rauschenberg und Marshall McLuhan oder mithilfe des Tibetischen Totenbuchs weitergedacht wurde, schien nun durch Drogen und neue Technologien unmittelbar, direkt und vor allem schnell realisierbar.

1964 hatte der Ingenieur und Instrumentenbauer Robert Moog den ersten Synthesizer vorgestellt, aus dessen synthetischen und künstlichen Klängen die Verheißung der technischen Innovation und die Überwindung von Materie und Natur herauszuhören war. Diese Musikmaschine produzierte erst einen

Klang, wenn eine Kombination von Modulen angeschlossen war: Oszillatoren, Verstärker, Hüllkurvenmodulatoren, Trigger und Mischpulte und vieles mehr. Eines der ersten Stücke, in denen ein Moog-Synthesizer zu hören war, wurde 1967 von der Band The Doors eingespielt.

Die modularen Synthesizersysteme von Moog übertrafen auch die Synthesizer der Firma Radio Corporation of America (RCA) wie den RCA-Mark-I, der mit Unterstützung der Rockefeller Foundation an der Columbia University entwickelt und dessen Elektronik mit einem USAF-Oszilloskop nach den Spezifikationen der US-Luftwaffe konstruiert wurde.

1965 führte USCO am Kresge Auditorium des MIT die multimediale Performance *hubub* auf. Im Publikum war auch Harold Edgerton, ein Elektroingenieur und Professor im Electrical Engineering Department des MIT und zugleich Chef einer Firma, die Aufträge der US-Air Force für die damals in den modernen Waffen verwendete Elektronik übernahm.

Edgerton war nicht nur der Erfinder der Blitzlichttechnik, die er im Zweiten Weltkrieg für die nächtliche Luftaufklärung entwickelt hatte, sondern auch jener Stroboskope, die USCO für ihre Aufführungen nutzte. Am Tag nach der Aufführung rief Edgerton bei USCO an und nach einem Gespräch gab er der Gruppe seine Schaltpläne für die Stroboskope und auch zwei Stroboskopröhren, die seine Firma hergestellt hatte.

Die Performances von USCO sollten, womit Edgerton allerdings nicht viel anfangen konnte, Analogien zur Wirkung von LSD visualisieren. Wichtig war die visuelle Sprache, in der das geschah. Diese neue Sprache sollte nicht rational sein, nicht linear, aber zugleich paradox – und sollte die Grenzen zwischen dem Politischen und dem Ästhetischen überschreiten und auflösen.

Obwohl die Mitglieder von USCO ab und an ihr Desinteresse am Politischen behaupteten, wurde erst Jahrzehnte später deutlich, wie die Performances der „Hobbyisten" von USCO und anderen Künstlern der „Counterculture" gleichsam auf naive Art und Weise das begleiteten (und letztlich unterstützten), was in den mit dem Geld der Wirtschaft und der Militärs ausgestatteten Laboren und Instituten professionell entwickelt wurde.

Das warf schon damals Fragen auf, nicht nur für Künstler, sondern auch für die Wissenschaftler und Ingenieure. Denn der hochtechnisierte Zweite Weltkrieg hatte in der westlichen

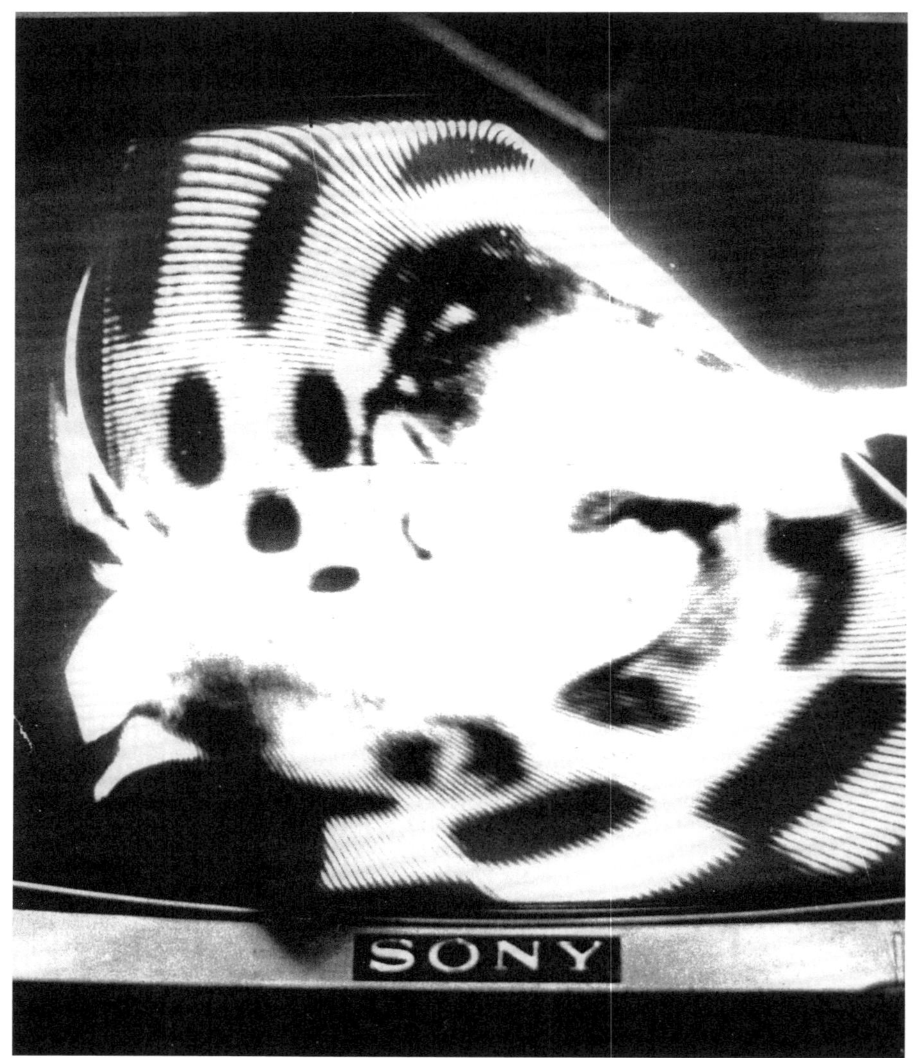
SONY

Welt das Bedürfnis einiger Ingenieure und Wissenschaftler geweckt, Rechenschaft über die eigene Praxis abzulegen. Man wähnte sich zwar 1960 in einem kosmischen Zeitalter, in dem es möglich schien, eine Maschine zu bauen, die ihre Berechnungen mit einer Geschwindigkeit von einer Million Operationen in der Sekunde durchführen und Kontinente durch ein einziges großes Verbundnetz vereinen würde. Andererseits gab es Kritik, die sich aus latenter Technikfeindlichkeit und Skepsis speiste. Wie konnten sich Ingenieure und Wissenschaftler gegen diese Skepsis rüsten und öffentlichkeitswirksam für weiteren technischen Fortschritt werben?

Technik schien per se weder gut noch schlecht, aber gab es eine progressive Perspektive für diese Technik? Ließ sich der unabdingbare Fortschritt dabei von einer ungebremsten kapitalorientierten Verwertung abschirmen? War es gut und richtig, dass Politik und Militär die technische Entwicklung kontrollierten? Oder war es besser, wie von Teilen der US-Linken gefordert, die Entscheidungsbefugnisse in die Hände der Belegschaften im Sinne einer Rätedemokratie zu legen, um so eine institutionell abgesicherte Transparenz und Kontrolle der technischen Vorgänge herzustellen? Konnte so gar eine progressive Handlungsperspektive der Technik entwickelt werden, die sich als Moment einer umfassenden Produktivkraftsteigerung verstehen ließ?

Oder sollte statt eines „technischen Staates“, wie ihn der konservative Soziologe Helmut Schelsky als Begriff und Theorie formuliert hatte, in dem nicht mehr Menschen über Menschen geboten, sondern die von einer ständig zu optimierenden Technik ausgehenden Sachzwänge, diese Technik als fortschrittsorientiertes und den Menschen von der Bürde der Arbeit befreiendes Mittelsystem begriffen werden? War es richtig, die Gesellschaft als eine reparaturfähige Maschinerie aufzufassen, die als variables Moment in der Bestimmung von Mittel-Ziel-Relationen diente?

In der Welt der Wissenschaft und Technik waren das nur vereinzelte Stimmen, die aber in der Welt der Gegenkultur und der Kunst auf offene Ohren trafen. Denn hier tauchten – obwohl sich viele der Fluxus- und Performance-Künstler oder der Lettristen als absolut unpolitisch verstanden und höchstens die Camouflage einer ultrarevolutionären Attitüde pflegten – ähnlich unbequeme Fragen auf.

Wie sollten sich Künstler zu den neuen technischen Hilfsmitteln verhalten? Waren die neuen Rechenmaschinen, Computer, Musikinstrumente und Verstärker gut oder böse? Machte es etwas, dass diese Geräte zunächst für militärische Zwecke entwickelt wurden? Sollte man dagegen Widerstand leisten? Oder sich lieber aktiv an den faszinierenden technischen Prozessen beteiligen? Um überhaupt zu verstehen, was da vor sich ging, und es dann „kritisch“ zu begleiten?

War es zum Beispiel listige Subversion oder nur simple Prostitution, dass ein Pionier der neuen Videokunst wie Nam June Paik sich als Artist-in-Residence vom mit Mitteln der Rockefeller Foundation 1971 gegründeten WNET, dem Television Laboratory in Boston, unterstützen ließ – und zugleich als Berater und Stipendiat der Rockefeller Foundation agierte? Eine Unterstützung, die es ihm ermöglichte, sich als einer der ersten Künstler das neue Portapak-Videosystem von Sony zu kaufen?

In der Förderung von Künstlern, die mit neuen Technologien arbeiteten, war die Rockefeller Foundation bald eine der Key Player. Ursprünglich gegründet als Rockefeller Institute of Medical Research, in dem Wissenschaftler Forschungen durchführten, die das Fachwissen für öffentliche Gesundheitsprogramme in der ganzen Welt liefern sollten (so die Selbstdarstellung der Stiftung), erfolgte 1963 die Einrichtung eines Kunstprogramms. Geleitet wurde es von Howard Klein, einem ehemaligen Musikkritiker der *New York Times*, der sich von Nam June Paik beraten ließ. Das Kunstprogramm war auch eine Reaktion auf die allgemeine Expansion der Künste in den frühen 1960er Jahren, die etwa durch den Bau des Lincoln Center in New York City symbolisiert wurde – ein Projekt, das ebenfalls mit Mitteln von John D. Rockefeller III realisiert wurde.

Mit dem Geld der Rockefellers wurde nun eine Vielzahl von Künstlern, Veranstaltungen und Vertriebswegen für die neue mediale Kunst gefördert, so Medien- und Atelierprogramme wie zum Beispiel das interdisziplinäre Medienzentrum The Kitchen, der New York State Council on the Arts, der experimentelle Fernsehkanal WGBH-TV, der seit 1964 experimentelle Sendungen in Boston ausstrahlte und Avantgardekünstler zu Workshops einlud, und das EAI, das Electronic Arts Intermix, ein 1971 gegründetes Archiv für Videokunst.

Wie also damit umgehen, dass sich die schrillen und dissonanten Störsignale von Fluxus, Happening und Multimedia schon bald scheinbar harmonisch in die Offensive des „freien Westens“ an der Kulturfront im Kalten Krieg integrieren würden? Ließ sich schon ahnen, dass aus der Gegenkultur bald die Kultur werden würde? (Und wenn jemand etwas geahnt hätte, was hätte er tun können?) Und was war dran an der Hoffnung, die sich allerdings schon bald als Selbsttäuschung erweisen würde, dass sich die Codes der neuen Maschinen von „kritischen“ Künstlern umschreiben und verändern ließen?

War das Künstlern ohne spezielle technische Ausbildung überhaupt möglich? Sollte man sich also nicht lieber blind und somnambul den Versprechungen hingeben, die sich aus den Büchern von Wiener, McLuhan und anderen herauslesen ließen?

Denn was dieser „Counterculture“-Bewegung aus Künstlern, linken Studenten und Protestierern fehlte, war eine Handlungsstrategie. 1968 hatte der Philosoph Herbert Marcuse, für den, anders als für seine Kollegen vom Frankfurter Institut für Sozialforschung Theodor W. Adorno und Max Horkheimer, die in ihren Schriften nie ein Handlungs- oder Aktionsmodell bereitstellen wollten, den Akzent auf die „Tat“ gelegt.

Mit seinem 1941 erschienenen Buch *Vernunft und Revolution* und anderen Standardwerken der „Kritischen Theorie“ war er ein wichtiger Ideengeber, der für die künftige Organisationsform der „Counterculture“, der „Neuen Linken“ und des studentischen Milieus Handlungsanweisungen bereitstellte: Kleine Räte von Hand- und Kopfarbeitern sollten mit organisierter Spontaneität und einer Führungsgruppe agieren, um das Wissen zu verwalten und in die Bewegung einzuspeisen, die sich eine neue Gesellschaft erträumte. Da die „Arbeiterklasse“ als integriert und „verbürgerlicht“ galt und damit als Träger dieser Revolution ausfiel, sollten sich, so Marcuse, linke Bewegungen den Randgruppen der Gesellschaft mit einer „Randgruppenstrategie“ zuwenden. Waren 1968 also auch die Künstler eine dieser „Randgruppen“?

Vor allem für die, die schon als erfolgreich galten, war nun die Frage, ob sie auch angesprochen waren, da mitzutun. Waren sie nicht eher dazu berufen, ästhetische Bilder und Stimmungen zu formulierten, die diese Revolution begleiteten und anfeuerten?

Doch trotz dieser und vieler anderer offener Fragen schien in der Szene der Optimismus ungebrochen – was zählte, war die „action", die vieles überspielte.

Im November und Dezember 1965 hatte der wie Maciunas aus Litauen stammende Filmemacher Jonas Mekas das *New Cinema Festival* (später auch „Expanded Film Festival" genannt) in der Film-Makers' Cinematheque in New York City kuratiert. Im Rahmen des Festivals wurde an zwei Abenden eine USCO-Kollaboration mit Carolee Schneemann sowie mit anderen aufstrebenden psychedelischen Lichtshow-Künstlern gezeigt.

Programm-Manager war der ehemalige Investmentbanker John Brockman, den Mekas angeworben hatte. Das Festival zeigte eine Reihe von Multimedia-Produktionen, bei denen Kinobilder und Projektionen mit Live-Aktionen und Musik kombiniert wurden. Zu den Teilnehmern gehörten neben USCO auch Andy Warhol mit einem Vorläufer seiner Serie „Exploding Plastic Inevitable", Angus MacLise mit Mitgliedern von Velvet Underground sowie La Monte Young und Marian Zazeelas „Theatre of Eternal Music" mit John Cale und Tony Conrad.

Der spätere Verleger und ehemalige Investmentbanker Brockman galt als einer der Erfinder des Begriffs „Intermedia" und prägte bald das Programm der von Jonas Mekas geleiteten Film-Makers' Cinematheque mit.

Brockmans Pendant an der Westküste war Stewart Brand, mit dem er eng befreundet war. Brand spielte eine wichtige Rolle bei der Verbindung von gegenkulturellen Netzwerken mit Gruppen der sich entwickelnden Cyberkultur, in denen sich die Ideen der Kybernetik ausbreiteten.

Brand und Brockman hatten sich erstmals 1965 im Hauptquartier von USCO getroffen. Brand trug da einen Button mit der Aufschrift: „America needs Indians" (Amerika braucht Indianer), und beide trugen noch Reste ihrer ehemaligen Armee-Uniformen aus dem Zweiten Weltkrieg.

Brand war inzwischen eine der wichtigsten Figuren der Gegenkultur in Kalifornien. Neben Norbert Wiener und John Cage war einer seiner Fixsterne Gregory Bateson. Durch Bateson wurde die Gegenkultur, die zunächst vor allem durch Drogen wie LSD und Rockmusik geprägt war, zusätzlich mit den auf den Macy-Konferenzen diskutierten Ideen von Kybernetik und Systemtheorie aufgeladen.

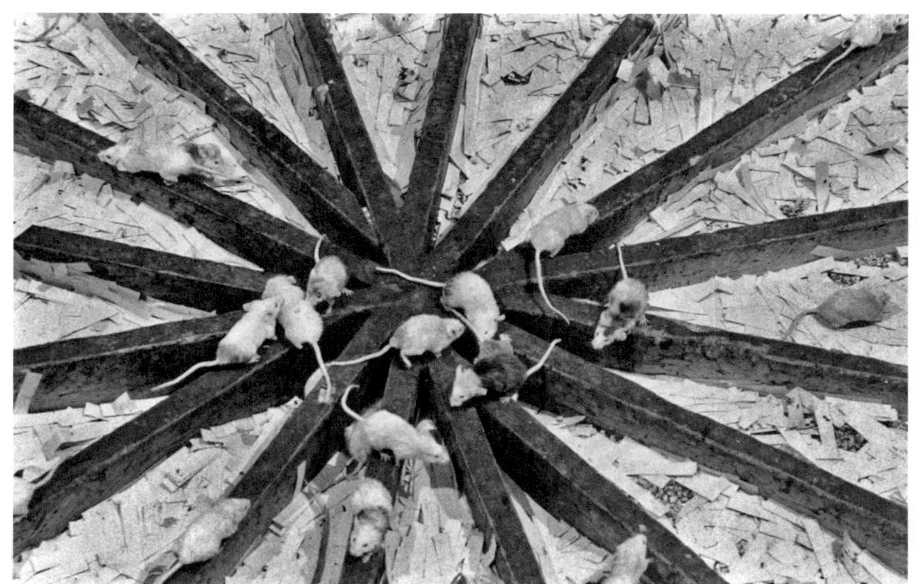

Gregory Bateson hatte zwischen 1952 und 1962 am Palo Alto Veterans Hospital gearbeitet und war an einem Forschungsprojekt der Rockefeller Foundation am Mental Research Institute (MRI) in Palo Alto beteiligt. Einer der ersten Standorte des Bateson-Projekts war deshalb das VA Hospital in Menlo Park, das Bateson bereits kannte.

Die Forschungen konzentrierten sich auf „strange communication and nonsensical language“ unter Patienten, die an Schizophrenie litten. Batesons Gruppe untersuchte diese Patienten im Kontext seiner Double-Bind-Theorie und entwickelte eine familiensystemische Theorie der Schizophrenie, die Bateson bereits in Texten wie „Towards a Theory of Schizophrenia“ von 1956 dargelegt hatte.

Für diese Theorie spielte auch LSD eine Rolle. Bateson und seine Projektmitarbeiter suchten andere Verwendungen für die Droge als die kalifornischen Hippies, in der Hoffnung, dass eine Neuordnung der Sinne durch Drogen dem ansonsten gesunden Einzelnen einen Einblick in den Geist des Schizophrenen geben könnte. Der Einsatz der Droge als klinische Anwendung erschien deshalb legitim.

Für Bateson war der auslösende Faktor für Schizophrenie ein verwirrter Geisteszustand, der durch widersprüchliche Botschaften im familiären Umfeld entstand, das „Double Bind“, also in erster Linie ein soziales Phänomen (eine Annahme, die die Argumente von Deleuze und Guattari in ihrem Buch *Tausend Plateaus: Kapitalismus und Schizophrenie* schon früh vorwegnahm).

Im Veterans Hospital in Menlo Park wurden im Auftrag der CIA auch Experimente mit „psychomimetischen“ Drogen gemacht, wozu auch LSD gehörte. Das waren Drogen, die vorübergehende Zustände hervorriefen, die Psychosen ähnelten. Freiwillige bekamen 75 Dollar pro Tag.

Einer dieser Freiwilligen war der Schriftsteller Ken Kesey. Er war nicht der Einzige, der so Erleuchtung suchte, Allen Ginsberg nahm die Droge auf Anraten von Bateson, und Robert Hunter, der später für The Grateful Dead Songtexte schrieb, konsumierte unter den wachsamen Augen der Wissenschaftler von Projekt MK-ULTRA an der Stanford University LSD und Meskalin. Auf der Suche nach einer medizinischen Waffe im paranoiden Klima des Kalten Kriegs hatte sich die CIA mittlerweile zum Drogendealer für die entstehende Gegenkultur und Neue Linke entwickelt.

Im Januar 1966 organisierte Stewart Brand gemeinsam mit Ken Kesey das *Trips Festival*. Die Idee stammte von Kesey, der zuvor in der Bay Area Acid Tests veranstaltet hatte – wilde Partys mit Musik, Tanz, Theater, Stroboskoplicht und freiem Zugang zu LSD, das zu dieser Zeit noch legal war. Kesey war mit Musikern, Technikern, Grafikern und einigen Frauen wie dem „Mountain Girl“, die sich als Gruppe Merry Pranksters nannten, in einem Bus *on the road*, um bei diesen Acid Tests für LSD und andere Drogen zu werben, die das Bewusstsein in ein „offenes System“ verwandeln sollten – eine alternative Form von Kybernetik. Dieser Bus war ein „rollendes Laboratorium“, in dem von Zeit zu Zeit auch Stewart Brand zu Gast war. Brand und Kesey beschlossen, die Sache zu vergrößern und ein dreitägiges Festival zu veranstalten.

Die innovative Mischung aus Musik, Theater und Licht, die von Tausenden bekiffter Hippies genossen wurde, war ein Vorgeschmack auf die *Trips Festivals*, die danach in anderen Städten veranstaltet wurden. Die vor dem Hintergrund der Stroboskop-Maschinen und zur Musik von Grateful Dead wirbelnden und tanzenden Körper konsumierten ahnungslos Kool-Aid, ein Erfrischungsgetränk aus einem Pulver mit zusätzlichen Aromen, das ohne Wissen der „Probanden“ mit hohen Dosen LSD versetzt war. Im Publikum waren auch die ersten Hacker und Computer-Hippies, die hofften, gegen die als Diktat empfundene und gehasste Vorherrschaft von großen Computerfirmen wie IBM, die inzwischen von einer staatlich finanzierten und militärisch genutzten Hochtechnologieforschung zur zivilen Massenproduktion übergegangen waren, in einem selbstgeschaffenen digitalen Raum eine Gegenkultur etablieren zu können, in der „ein anderes Leben“ möglich schien.

Zu diesem „anderen Leben“ außerhalb der amerikanischen Gesellschaft gehörten allerdings nicht nur technikaffine Nerds, sondern auch Aussteiger wie die Manson Family im Death Valley mit ihrer Vision des „Helter Skelter“ oder die Digger in San Francisco, eine radikale Gruppe von Anarchisten, die in Haight Ashbury versuchten, eine autonome Gesellschaft ohne das Diktat des Geldes und des Kapitalismus zu schaffen.

Ein Handbuch, das eine Gebrauchsanweisung für dieses „andere Leben“ sein sollte, war der *Whole Earth Catalog*, den Brand herausgab. Der Katalog war für die zahlreichen Graswurzelgemeinschaften gedacht, die „bottom-up“ praktizierten und in denen die Individuen im Kontakt miteinander und mit der Erde lebten, und war eindeutig in einer spirituellen Variante der Systemtheorie verwurzelt. Gregory Batesons kybernetisch-systemisches Denken wurde hier um ein quasi-religiöses Gesamtsystemdenken ergänzt und im Format eines Versandhauskatalogs popularisiert.

1968 besuchte John Brockman Stewart Brand in Menlo Park, wo dieser am ersten Exemplar des Katalogs arbeitete. Der Katalog sollte eine Quelle für „Werkzeuge und Ideen" sein und der losen Allianz von Hippies, Do-it-yourself-Bastlern und „Homebrew-Hackern" die Werkzeuge für ein „anderes Leben" zur Verfügung stellten.

Die Themen des Katalogs waren neben Computern und Elektronik vor allem Literatur, Musik, Landwirtschaft und Bauanleitungen jeder Art.

Während Brands damalige Frau Lois, eine Mathematikerin und Angehörige des Stamms der Odawa, mit einem Layouter an dem Katalog arbeitete, saßen Brand und Brockman zusammen und lasen in einem Exemplar von Wieners *Cybernetics*, das Brockman bei einem Abendessen in New York von John Cage erhalten hatte. Cage war der Gastgeber einer Runde von Künstlern, zu der auch Robert Rauschenberg gehörte und die sich ab und zu traf. Man diskutierte Ideen wie Kybernetik und Systemtheorie, und diese Theorien schienen nicht nur in der Gegenkultur, sondern auch bei denen, die bald die Kultur dominieren würden, angekommen zu sein. Kybernetik galt als „sexy".

Prominente Vertreter von Kultur wie Gegenkultur beschlossen, die neuen Ideen und Geräte in die Hand zu nehmen, um damit eine alternative *und* elektronische Gegenwelt zu errichten. Ihr „neues Amerika" war ein Gegenentwurf zum puritanischen und anglikanischen Amerika der weißen Pilgerväter und ihrer Nachfahren und sollte auch bisher unterdrückte und ausgegrenzte Minderheiten einschließen, wozu Farbige, Indigene oder Juden gehörten.

Begriffe wie Mythos, Grenzen und Wurzeln sollten nun keine Rolle mehr spielen. Auch die Frage der Identität geriet ins Visier kritischer Überprüfungen. Konnte es sein, dass Menschen nur eine Identität besaßen, wo doch zur gleichen Zeit unendlich sich kopierende Maschinen eine Vielfalt suggerierten, die auch eine biologische Entsprechung verlangte? Warum sollte ein Mensch das ihm von der Natur zugewiesene Geschlecht akzeptieren und nicht frei wählen und entscheiden können, wer und was er sein wollte? Konnte man also sein, was man nicht war, sondern sein wollte? Reichte es, um so einen „neuen Menschen“ zu erzeugen, lediglich das Bewusstsein mit Drogen wie LSD, multimedialen Spektakeln und Handbüchern und Bauanleitungen für ein neues Leben zu verändern? Bedurfte es nicht auch praktischerer und direkterer Verfahren?

Der klinische Psychologe und Sexualwissenschaftler John William Money an der Johns Hopkins University in Baltimore, mit seinen Studien zur sexuellen Orientierung und Intersexualität, ein Vorläufer der späteren Gender-Theorie, hatte die Begriffe „Geschlechtsidentität“ (*gender identity*) und „Geschlechterrolle“ (*gender role*) eingeführt, unter seiner Leitung war in Baltimore die Gender Identity Clinic zur operativen Geschlechtsumwandlung Erwachsener gegründet worden.

Money erregte 1967 Aufsehen mit einem Experiment, bei dem er einen zwei Jahre alten Jungen aus Kanada, David Reimer, einer feminisierenden Operation unterzog. David, geboren als eineiiger Zwilling und nach der Geburt Bruce genannt, hatte als Baby bei einem operativen Eingriff seinen Penis verloren. Wegen einer Vorhautverengung war ein kleiner Eingriff notwendig. Bei der Beschneidung kam jedoch ein defektes Elektrogerät zum Einsatz, und der Strom verbrannte den Penis des Babys. Das Glied wurde schwarz und fiel ab.

Die Eltern waren untröstlich, bis sie im Fernsehen einen Doktor aus den USA sahen, der ihnen wieder Hoffnung gab: John Money.

Money behauptete in der Sendung, man könne aus Männern ohne Weiteres Frauen machen. Er hatte eine Blondine mitgebracht, einen Transsexuellen, der vorgab, sich nach seiner operativen Geschlechtsumwandlung körperlich und geistig vollständig als Frau zu fühlen.

Die Eheleute Reimer glaubten, auf ihrem Fernsehgerät eine Lösung für ihre Probleme zu sehen. David würde kein Mann sein können. Was, wenn er ein Mädchen würde?

Sie sprachen bei dem Psychologen vor. Dem fehlte ein Fall, der seine Theorie eindeutig bestätigte. Bisher gab es kein Beispiel für ein normales Individuum, das eindeutig männlich geboren wurde und erfolgreich als weibliches Wesen aufwuchs. Dieses Beispiel sollte Reimer werden. Money war in einer ähnlichen Situation wie Jahrzehnte zuvor Freud, der sich auf der

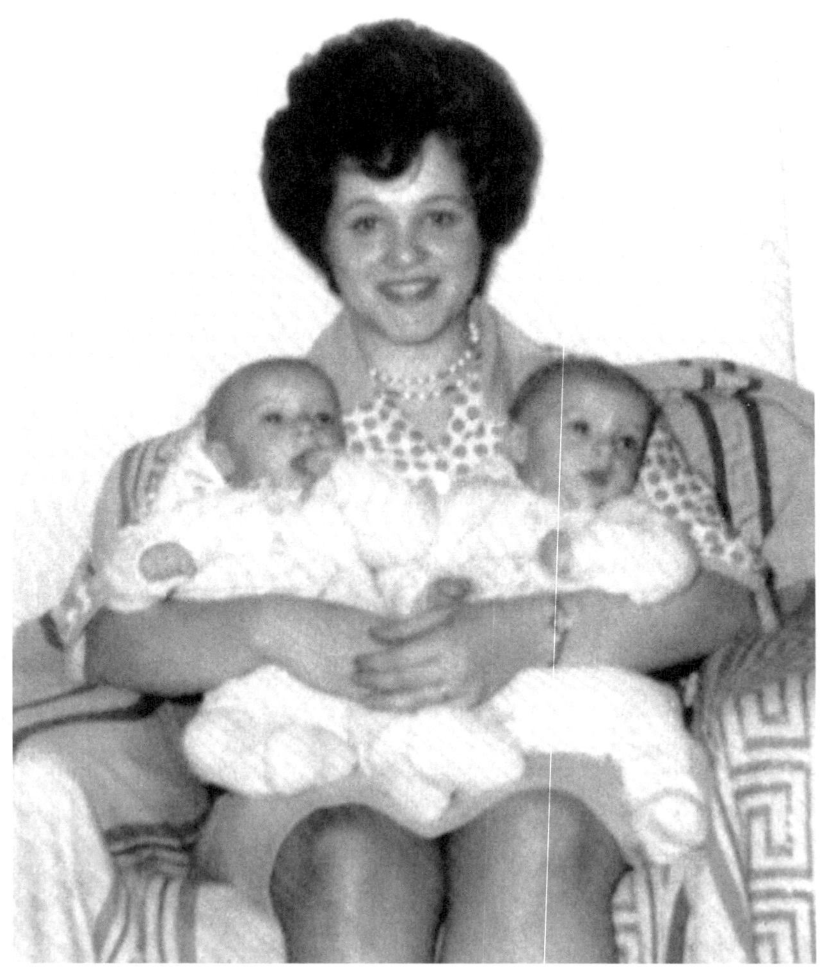

Suche nach einem Fall befand, der seine Definition von Paranoia eindeutig bestätigte, und dann auf Schreber verfiel.

Money operierte also David Reimer, der nun den Vornamen Brenda erhielt, und schärfte den Eltern ein, dass die Neuzuweisung des Geschlechts nur gelingen würde, wenn der Junge fortan konsequent als Mädchen erzogen würde. Dazu gehörte, dass gegenüber Brenda über die Operation der Mantel des Schweigens gedeckt wurde. An die Stelle des beschädigten Penis setzten Money und seine Mitarbeiter eine rudimentäre Vulva und einen Vaginalkanal. Die Ärzte öffneten auch ein kleines Loch in Reimers Unterleib für das Urinieren. Nach seiner geschlechtsangleichenden Operation zogen seine Eltern den Jungen als Mädchen auf.

Money und seine Mitarbeiter waren der Meinung, dass Weiblichkeit und Männlichkeit keine biologischen, sondern psychische Identitäten darstellten und geschlechtsspezifisches Verhalten keine Frage der Natur war, sondern eine der Erziehung. Das stand ganz in der Tradition von Franz Boas, Margaret Mead und der sich in diesen Jahren entwickelnden Frauenbewegung, für die Frauenrollen nicht biologisch bestimmt waren. Der „Fall Brenda" schien den Beleg für die soziale Wahlmöglichkeit von Geschlecht zu liefern, der den Theoretikern noch gefehlt hatte.

Brenda wurde als Kopie des zweigeschlechtlichen Ur-Adam vorgeführt, vergleichbar einem nichtmessbaren Qubit aus der sich entwickelnden Quantenmechanik. Aber das neu geschaffene Wesen überlebte das Experiment nicht. Der Proband nahm die zugewiesene neue Geschlechterrolle nicht an, nach Jahrzehnten psychischer Probleme beging er am Morgen des 5. Mai 2004 Selbstmord.

Doch obwohl der Versuch scheiterte, waren Spuren gelegt, denen später andere wie die Philosophin Judith Butler mit ihrer Queer-Theorie und dem Buch *Das Unbehagen der Geschlechter* folgten. Konnte man wirklich sein, was man sein wollte?

28 *Die Geschichte vom Golem zog mir durch den Sinn, und plötzlich erkannte ich einen riesengroßen, geheimnisvollen Zusammenhang zwischen dem sagenhaften Gemach ohne Zugang, in dem jener Unbekannte wohnen sollte, und meinem bedeutungsvollen Traum. Ich fühlte: es sind da Dinge – unfaßbare – zusammengeschmiedet und laufen wie blinde Pferde, die nicht wissen wohin der Weg führt,*

nebeneinander her. Auch im Getto: ein Zimmer, ein Raum, dessen Eingang niemand finden kann, – ein schattenhaftes Wesen, das darin wohnt und nur zuweilen durch die Gassen tappt, um Grauen und Entsetzen unter die Menschen zu tragen!

Jewish Museum (V)

In den 1960er Jahren war das Epizentrum des Schocks und des Neuen in der Kunst New Yorks ein bescheiden ausgestatteter Emporkömmling, den die Insider der Kunstwelt liebevoll „the Jewish" nannten. Denn nicht das Guggenheim, das Whitney oder das Museum of Modern Art zeigten die neueste zeitgenössische Kunst, sondern das Jewish Museum in der oberen Fifth Avenue, das dort in einem Renaissancehaus mit modernistischem Anbau untergebracht war..

Hier war der Ort, an dem der 37-jährige Robert Rauschenberg seine erste Retrospektive hatte und an dem 1966 die Ausstellung *Primary Structures* die aufkommende Welle der minimalistischen Skulptur popularisierte. Hier wurden dem New Yorker Museumspublikum so unterschiedliche Künstler wie Mark di Suvero, Richard Tuttle, Joan Mitchell, Tony Smith, Robert Irwin, Grace Hartigan, Larry Rivers, Donald Judd, Robert Morris, Carl Andre, Dan Flavin und George Segal vorgestellt. Und es war auch der Ort, an dem Helen Frankenthaler, Kenneth Noland und Ad Reinhardt ihre ersten musealen Einzelausstellungen erhielten.

Wie konnte ein vom traditionsreichen Jüdischen Theologischen Seminar kontrolliertes Museum zur Speerspitze der künstlerischen Avantgarde werden? Dazu muss man den sozialen Status der jüdischen Amerikaner in den Nachkriegsjahren, die damals untergeordnete Stellung der zeitgenössischen Kunst und die Rolle einiger inspirierter und ehrgeiziger Kuratoren kennen.

1947 hatte das Jewish Museum den Bibliotheksanbau des Seminars verlassen, der eine Sammlung historischer Judaica enthielt, und war in die Villa eingezogen, die ihm Frieda Schiff Warburg geschenkt hatte.

Zu jener Zeit stammten die wenigen Juden, die als Kuratoren in elitären Kultureinrichtungen wie dem Metropolitan

Museum of Art in New York oder dem Art Institute of Chicago willkommen geheißen wurden, aus wohlhabenden und etablierten deutsch-jüdischen (nicht aber osteuropäisch-jüdischen) Familien, und wie die Vorstandsmitglieder dieser Institutionen musste die Kunst, die diese Museen sammelten, den Test der Zeit bestanden haben. Selbst die erklärtermaßen „modernen" Museen in New York zögerten, junge amerikanische Künstler auszustellen.

Viele von deren Sammlern waren jedoch jüdisch – etwa Robert und Ethel Scull, die ein New Yorker Taxiunternehmen betrieben, oder Frederick und Marcia Weisman, die in Los Angeles lebten und ein Vermögen mit Immobilien gemacht hatten. Eine weitere Enthusiastin war Vera List, die Frau von Albert List, einem Selfmade-Millionär und Industriellen rumänisch-jüdischer Herkunft, der im Vorstand des Jüdischen Theologischen Seminars saß.

1962 übernahm Vera List den Vorsitz des neu gegründeten Verwaltungsrats des Jewish Museum, der sich bald für eine Unterstützung des Werks jüngerer oder noch nicht anerkannter Künstler aussprach. Denn das Jewish Museum hatte inzwischen die Herausforderungen angenommen, die der dynamisch-dialektische Ansatz von Meyer Schapiro für die Sammlungen und das Programm des Museums mit sich brachte, und damit das Museum als Ausstellungsort für moderne Kunst bekannt gemacht. Doch der Direktor und der Vorstand standen bald vor der Frage, wie es weitergehen sollte. Sollte das Museum irgendwann zu einem rein jüdischen Programm zurückkehren? Verbot nicht das zweite Gebot in der Bibel Götzenbilder? Sollte das Museum deshalb ausschließlich abstrakte Kunst zeigen?

Unter den konservativen Mitgliedern im Vorstand des Museums wurde die Frage, ob ein jüdisches Museum zum Beispiel eine figurative Skulptur zeigen konnte, wenn das doch gegen ein biblisches Gebot verstieß, kontrovers diskutiert.

Der neue Vorstand entschied, dass die wahre Mission darin bestehe, ein großes Museum in New York zu werden, das weiterhin als ein Aufbewahrungsort für jüdische Zeremonialobjekte, Judaica und biblische Archäologie dienen, aber auch ein Kunstprogramm beherbergen sollte, das eine Lücke in der New Yorker Kunstwelt füllte, indem es die Arbeiten von jüngeren und noch unbekannten Künstlern vorstellte. 1963 war das Jewish Museum um einen modernen Anbau erweitert worden, der für

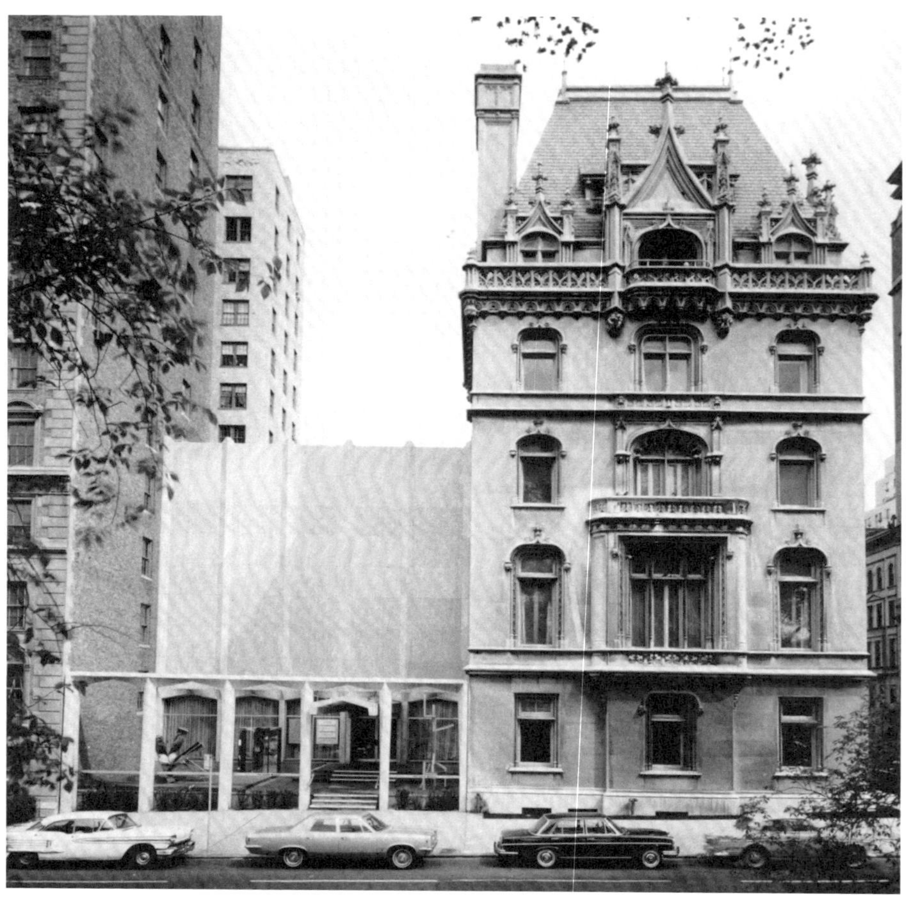

diese Zwecke einen zusätzlichen Ausstellungs- und Programmraum schuf.

Für die Befürworter dieser neuen Ausrichtung des Museums war klar: Juden waren führend im Theater, im Tanz, in der Musik, in der Literatur und beim Fördern und Sammeln der bildenden Künste. Mit einem Programm für zeitgenössische Kunst konnte sich das Museum an die Spitze einer Bewegung setzen, die Mitte der 1950er Jahre ihren Aufschwung genommen hatte.

Einige der leitenden Angestellten des Jewish Museum traten daraufhin zwar aus Protest zurück, aber der Wechsel war weniger abrupt, als es scheinen mag, denn Stephen Kayser, der scheidende Direktor, hatte sich in den Jahren zuvor auch schon für zeitgenössische Kunst eingesetzt, um mehr Besucher anzuziehen. Auf Anraten von Meyer Schapiro, der als Berater des Museums fungierte, hatte Kayser 1957 die Ausstellung *Artists of the New York School: Second Generation* gezeigt, und so den Kurswechsel des Museums vorbereitet und es auf einen Weg gebracht, auf dem „the Jewish" die Entwicklung der zeitgenössischen Kunst in den kommenden Jahren nicht nur mitbestimmen, sondern zeitweise auch prägen konnte.

Kaysers Nachfolger Alan R. Solomon war ein in Harvard ausgebildeter Akademiker und Kurator, der die Kunstgalerie der Cornell University gegründet hatte. Trotz der Kürze seiner Amtszeit brachte er das Museum weiter auf diesem Kurs Richtung moderne Kunst voran.

Als seine erste Ausstellung hatte er im März 1963 eine Rauschenberg-Retrospektive mit Gemälden, Transferzeichnungen und den dreidimensionalen „Combines" präsentiert, die Elemente der Malerei und der Skulptur miteinander verbanden. Es folgte die Ausstellung *Toward a New Abstraction*, die einen Überblick über die abstrakte Malerei der Hard-Edge-Ära bot und die geformten Leinwände von Frank Stella und die monochromen Bilder von Ellsworth Kelly umfasste. Solomon verfolgte eine doppelte Politik des Museums mit Ausstellungen, die einerseits aktuelle moderne Kunst zeigten, aber andererseits auch Grafiken von Chagall, die eindeutig jüdischen Inhalt hatten. Denn er respektierte, dass das Museum die Tochtergesellschaft eines Priesterseminars war.

Doch die Spannungen zwischen den Interessen einiger Mitglieder des konservativen Vorstands, die den Auftrag des Museums vorrangig in der Bewahrung und Sichtbarmachung

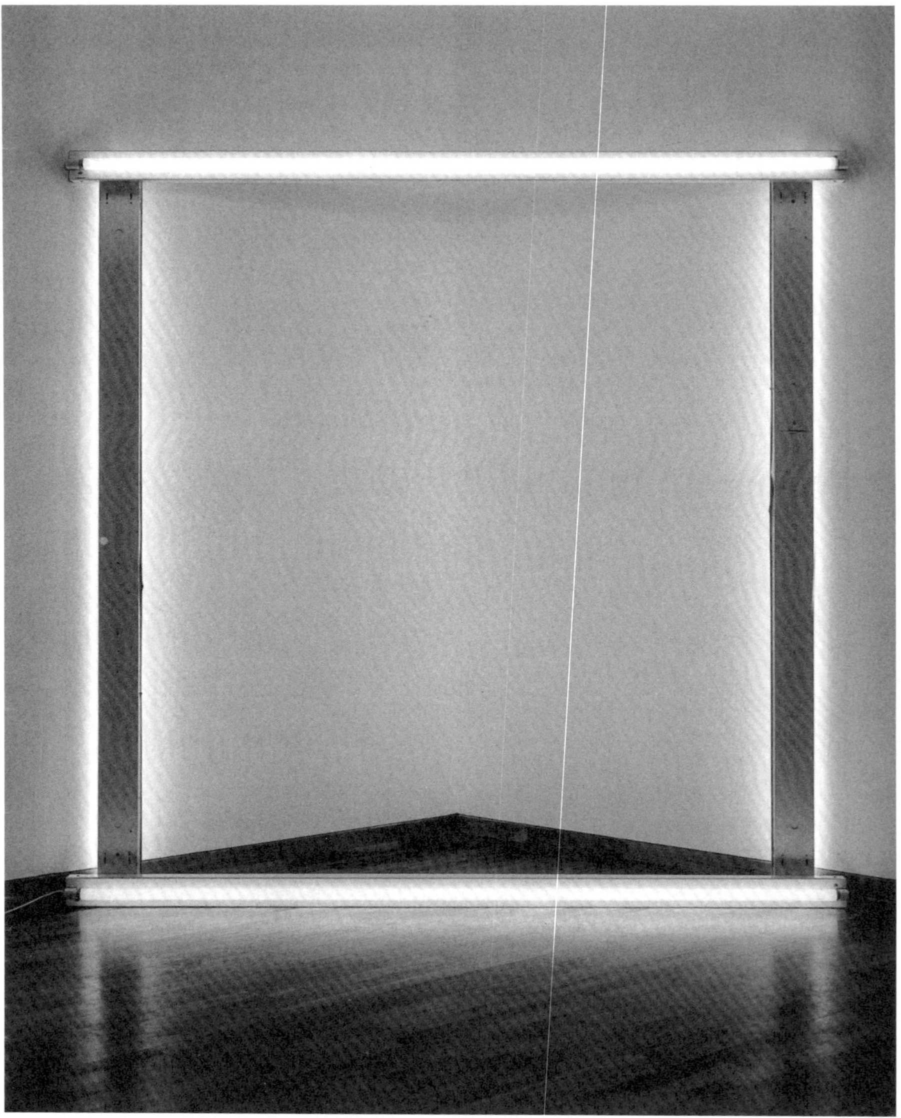

von jüdischer Kunst und Geschichte sahen, und den Ideen Schapiros und Solomons, der die aktuelle künstlerische Avantgarde gern umfassender vorgestellt hätte, blieben bestehen. Die Ernennung von Sam Hunter zu seinem Nachfolger im Jahr 1965 schien jedoch das Engagement des Museums für die Avantgarde zu bestätigen.

Während seiner Amtszeit organisierte Hunter Retrospektiven von Ad Reinhardt, Philip Guston und Max Ernst. Seine größte Leistung bestand jedoch darin, Kynaston McShine vom MoMA als leitenden Kurator für das Jewish Museum zu gewinnen, dessen Ausstellungen einige der wichtigsten Trends in der zeitgenössischen Kunst vorstellten. Die Schau, für die McShine am meisten in Erinnerung geblieben ist – und die inzwischen zu den berühmtesten Ausstellungen des späten 20. Jahrhunderts zählt – war *Primary Structures: Younger American and British Sculptors* im Jahr 1966. McShine versammelte Werke von Bildhauern der Ostküste, Kaliforniens und Großbritanniens, die am Anfang ihrer Karriere standen und das miteinander teilten, was wir heute eine minimalistische Ästhetik nennen. Zum ersten Mal waren hier Künstler wie Carl Andre, Donald Judd, Dan Flavin, Larry Bell, Anne Truitt, Ellsworth Kelly, Robert Morris und Ronald Bladen zusammen in einer Ausstellung versammelt, die verschiedene Materialien, etwa lackierten Stahl oder Aluminium, farbigen Kunststoff oder beschichtetes Glas verwendeten.

Diese Materialien wurden als strukturierte Wiederholung vorgefertigter Einzelteile gezeigt, die nicht nur ein gemeinsames Interesse an maschinell hergestellten Objekten und glatten Flächen in leuchtenden Farben zeigten, sondern auch die Skulpturen vom Sockel holten, auf dem sie bisher in der Regel fest platziert gewesen waren.

Doch *Primary Structures* trug wenig dazu bei, Sam Hunters Ansehen im Museum zu verbessern. Im Oktober 1967 wurde er zum Rücktritt gezwungen.

Sein Nachfolger sollte der Kunsthistoriker und Kurator Karl Katz werden. Bereits 1962 hatte der in Brooklyn geborene Kunsthistoriker eine erste Anfrage aus New York erhalten, ob er interessiert sei, Direktor des Jewish Museum zu werden. Schapiro war ein starker Befürworter der Anfrage an Katz.

Katz war zu der Zeit Direktor des Bezalel National Museum in Jerusalem, eines Vorläufers des Israel Museum, benannt nach dem biblischen Schöpfer der mosaischen Bundeslade und einem der Ersten, der in der Bibel als Künstler bezeichnet wurde. Das Bezalel Museum zeigte anfangs hauptsächlich aus dem Heiligen Land stammende Altertümer und auch ausgestopfte Tiere, nach 1945 kamen dann noch Teile der von den Deutschen geraubten Judaica hinzu. Im Sommer 1960 beschloss das israelische Parlament, die Knesset, den Bau eines israelischen Nationalmuseums. Die Sammlungen des Bezalel Museum und die staatliche Altertumsabteilung wurden in das neue Museum überführt, und am 11. Juni 1965 feierte das Israel Museum seine Eröffnung.

Doch den Posten des Direktors am Jewish Museum in New York bekam dann 1962 nicht Karl Katz, sondern zunächst die Kunsthistoriker Alan R. Solomon und Hans van Weeren-Griek, später dann Sam Hunter. 1967 fuhr David Finn, ein Künstler aus New York und Mitbegründer der Werbeagentur Ruder & Finn, im Auftrag des Jewish Museum nach Jerusalem und überbrachte Katz ein neues Angebot, nach New York zu kommen und die Leitung des Museums zu übernehmen. Katz nahm an und verließ Jerusalem.

29 *Ein häßliches Bild, das ich einmal mit angesehen – eine Katze mit verletzter Gehirnhälfte im Kreise herumtaumelnd – trat vor mein Auge. Einen Augenblick – kaum einen Herzschlag lang – hatte es mir geschienen, als klopfte da unten eine Hand gegen eine Eisenplatte – fast unhörbar. Wie ich eine Sekunde später darüber nachdachte, war alles vorbei; nur in meiner Brust hallte es wie ein Erinnerungsecho weiter und löste sich langsam in ein unbestimmtes Gefühl des Grauens auf.*

Semiotik (I)

Der künstlerische Fachberater des Jewish Museum, der Kunsthistoriker Meyer Schapiro, war litauisch-jüdischer Abstammung und galt als „lebenslanger Marxist“. Nach seinem Studium an der Columbia University, unter anderem bei Mark van Doren und Franz Boas, wurde er ebenda 1928 Assistenzprofessor und erhielt 1952 eine ordentliche Professur für Kunstgeschichte.

Schapiro wurde der Mentor einer Reihe von berühmten Künstlern, Historikern und Kunstkritikern. Die Generation der Abstrakten Expressionisten suchte das Gespräch mit ihm, viele besuchten seine Vorlesungen an der Columbia University, und mit den Malern Mark Rothko und Barnett Newman war er eng befreundet. Er war ein produktiver Autor, wie die enorme Breite seines wissenschaftlichen Œuvres zeigt, das neben umfangreichen Forschungsarbeiten zur spätantiken, frühchristlichen und romanischen Kunst auch zahlreiche Untersuchungen zur Malerei des späten 19. und des 20. Jahrhunderts umfasst. Sein grenzenloses Interesse galt gleichermaßen den ekstatischen Spannungen eines romanischen Portals, Courbets Empathie für den französischen Bauern, den psychologischen Implikationen von Van Goghs Stiefeln und Cézannes Äpfeln als sublimierten Wünschen. Ein früher Schwerpunkt Schapiros lag auf der Kunst der Moderne, und er veröffentlichte wegweisende Bücher über das Werk von Picasso und Cézanne.

Schapiro verkündete nie eine einzige Theorie oder Methodik. Sein Genie als Kritiker, so seine Laudatoren, bestand darin, die Beiträge von Marx, Freud und später dem Feminismus zwar zu berücksichtigen, sich aber nie mit ihren Formen zu belasten und gleichzeitig das aus der Betrachtung der zeitgenössischen Kunst gewonnene Verständnis in die Betrachtung der alten Kunst einzubringen.

Der Weg seines Denkens von zunächst strikter Ablehnung der abstrakten Kunst hin zu ihrer euphorischen Verteidigung spiegelte allerdings nicht nur die sich wandelnde Kunstpraxis in den USA wider, sondern auch Schapiros intellektuelle Wendigkeit im Lauf seiner Karriere.

1960 zum Beispiel würdigte er die Humanität der abstrakten Malerei, der er bis 1936 ausschließlich ein passives und müßiges Luxusdasein zugewiesen hatte. Denn für den Mitherausgeber der 1934 gegründeten linken Zeitschrift *Partisan Review* war zunächst der Realismus auf dem Feld der Kunst obligatorisch. Die staatlich geförderte Kunst in der Ära des „New Deal“ in den USA wies ähnliche Züge auf wie der „Sozialistische Realismus“ in der Sowjetunion, der in den 1930er Jahren noch die Sympathie vieler linker amerikanischer Intellektueller genoss. Schapiros Vortrag „The Social Bases of Art“ (Über die gesellschaftlichen Grundlagen der Kunst) im Rahmen eines 1936 von linken Künstlern veranstalteten antifaschistischen Kongresses in New York war ein Schlüsseltext der Social History als kunstwissenschaftlicher Methode und ließ ihn als Verfechter des Sozialistischen Realismus erscheinen.

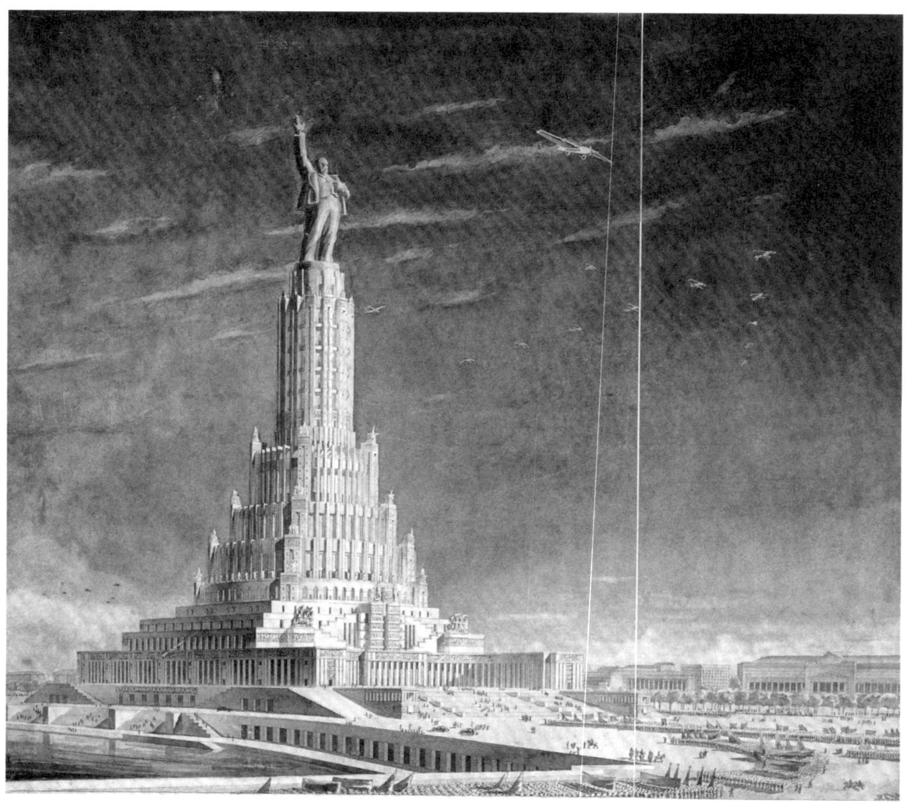

Die Künstler des ausgehenden 19. Jahrhunderts teilten seiner Ansicht nach das Interesse der herrschenden Klasse und dienten dem kapitalistischen Privatier, der sich nur noch dem müßigen Konsum hingab, indem sie seine Genusssucht mit ästhetisch verfeinerten Kompositionen stillten. An die Künstler müsse nun der Auftrag ergehen, so Schapiro, die Position des passiven Betrachters aufzugeben, sich in ein aktiv tätiges Verhältnis zur Gesellschaft zu begeben und auf der Basis des Klassenmodells Solidarität mit den Massen und unterdrückten Minderheiten zu suchen.

In Übereinstimmung mit der Kunstauffassung des exilierten Leo Trotzki, der 1938 zusammen mit André Breton ein neues Manifest revolutionärer Kunst erarbeitet hatte, hoffte er auf eine künstlerische Elite, die zum Träger einer permanenten Revolution werden würde.

1940 schließlich kam es zum Bruch von Schapiro und anderen Linken mit der kommunistischen Partei der USA und der Volksfrontpolitik. Was blieb, war Schapiros an Trotzki, noch mehr aber an John Deweys Pragmatismus geschulte Überzeugung, dass Kunst nicht einer vom Alltag abgegrenzten Sphäre angehöre, sondern ein Instrument von Erfahrung sei. Und er beharrte auf dem erzieherischen Potenzial der Kunst im Sinne eines „Social Engineering".

Doch 1937, ein Jahr nach seiner strengen Abrechnung mit der klassischen Avantgarde, begann sich Schapiro der abstrakten Kunst zu öffnen. Sein Versuch, das Wesen der modernen Kunst mit dem Wesen der Gesellschaft, in der sie entstand, zu verknüpfen, stellte sich ganz auf den Boden der neoromantischen Kunstideologie, der er die Schaffung einer neuen Kunst zutraute.

Die Ära des Abstrakten Expressionismus brachte Schapiro schließlich zu einer vorläufigen Aussöhnung mit der abstrakten Kunst, der nun erstmals seine deutliche Sympathie zukam. Die Werke Pollocks und Rothkos traten für ihn mit ihrer angeblich expressiven Physiognomie das Erbe Van Goghs an. Die offene, den Zufall einbeziehende Struktur der neueren abstrakten Malerei, vor allem die Werke der jüngeren amerikanischen Künstler, bezeugten für ihn das zutiefst Ersehnte – eine „Präsenz des Individuums" – und damit die Hoffnung auf eine neue Kunst. Das knüpfte an eine der großen Erzählungen des Westens an, nämlich dass Autorität durch individuelle Autorschaft entstehe und der Künstler ein Einzelwesen sei, hinter dem weder staatliche Autoritäten noch die Macht der Kirche stehe und das unbeirrt seine Sicht auf die Welt vortrage. Der Künstler agierte gleichsam als Weltgeist, und die Form-Inhalt-Relation verwandelte sich, so sah es Schapiro, in die soziale Antithetik von Institution und (individueller) Rebellion.

Der Gleichbehandlung von künstlerischer Form und dem Motiv als *Zeichen* blieb Schapiro auch treu, als er mithilfe semiotischer Ansätze zu einer noch weiter universalhistorisch ausgreifenden Perspektive ausholte.

Das begrenzte Bildfeld wurde nun in seiner semantischen Qualität untersucht, als eine Größe, die als Matrix für die „antiautoritäre" Rahmenlosigkeit und das bewusste Non-finito moderner Bilder fungierte. Die Grenzhüterfunktion des Rahmens war aufgehoben. Das Bild musste nun kein Geviert mehr sein, sondern konnte jede Form annehmen und blieb trotzdem in erster Linie ein Bild. Das gemalte Bild, das ja längst aus seiner sakralen Bindung entlassen war, konnte, so die damit verbundene Hoffnung, nun auch die Begrenzung des Bildfeldes durch einen festen Rahmen verlassen, sich in den Raum auflösen und endlich „frei" sein.

Einige der wichtigen zeitgenössischen amerikanischen Künstler – etwa John Cage, Merce Cunningham, Jasper Johns und Robert Rauschenberg – schienen dem zu folgen und begannen ebenfalls, unter Berufung auf Marcel Duchamp und Josef und Anni Albers, neu über die Zeichenhaftigkeit von Kunst nachzudenken und dabei nicht nur die Materialität des Werkes in den Vordergrund zu rücken, sondern auch dessen Aura zur Disposition zu stellen. Das Kunstwerk und seine Aura waren jahrhundertelang an den Tempel gebunden. Mobilität und Reproduzierbarkeit waren in seiner Ritualfunktion nicht vorgesehen, auch nicht das „Massenhafte" in Form von Kunstrezipienten. Das hatte sich nun geändert. An die Stelle des vormaligen „Werks" war etwas Technisches getreten, eine Kunst mit dem Zwang zur ständigen und unendlichen Innovation, der sich auch auf die verwendeten Materialien bezog.

Diese neue Kunst manifestierte sich durch „shaped painting", „action painting", „gesture painting" oder „all-over painting" in einer universell und weltweit verständlichen Sprache, unter Einsatz des ganzen Körpers, mithilfe von Improvisation und durch die Eliminierung des Raums im Bild. Das Bild wurde

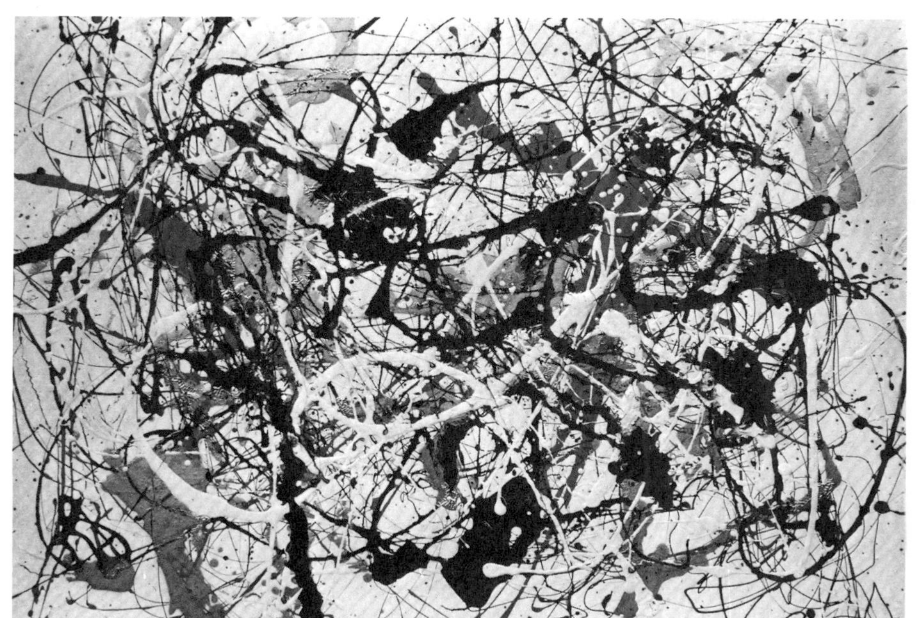

nicht nur von der Staffelei befreit und in Gesten, Punkte und Raster zerlegt, sondern auch von der Welt der Gegenstände losgelöst.

Welche Mittel blieben dem Künstler nun nach dem Verzicht auf das klassische Bild mit seinen jahrhundertealten Versuchen einer Rückanbindung an die Vorbilder der griechischen Antike, der mittelmeerischen Kunst oder das Erzählen einer Geschichte?

Die Antwort gab eine Malerei in riesigen Formaten, deren radikale Abstraktionen und aktionistische Gesten insgeheim inspiriert waren von den in Wissenschaft und Technologie ablaufenden Prozessen. Einen triumphalen Auftritt hatte diese Malerei Ende der 1950er Jahre auf der documenta II, wo die Bilder der Abstrakten Expressionisten in der Wahrnehmung des Publikums den nun geltenden Führungsanspruch der USA unterstrichen und die Künstler des europäischen und vor allem des deutschen Informel auf die Plätze verwiesen.

Dieser Auftritt – organisiert von Kuratoren des New Yorker Museum of Modern Art mit Unterstützung der CIA und privater Stiftungen – wurde, wie vorhergehende Ausstellungen amerikanischer Künstler in Europa, als Werbung für die liberale Demokratie des Westens im Rahmen der schon in den 1940er Jahren konzipierten „Reeducation" für Europa inszeniert, um so der Mobilmachung sowjetischer Kunst und Wissenschaft mit „Kyberkratie" oder „Kyberbürokratie" und einem sozialistischen Realismus etwas entgegenzusetzen.

In der Folge sollte daraus, begünstigt durch einen rasenden Amateurismus und einen weltweit vernetzten Kunstmarkt, ein freidrehender Leerlauf und ein permanentes Rauschen entstehen, das in fortwährender Wiederholung und Variation des Immergleichen die potenzielle Unendlichkeit darzustellen versuchte, deren Parameter durch Wissenschaft und Technologie vorgegeben waren.

Die damit verbundene Leere lieferte aber die gewünschte ästhetische Illustration einer technologischen Notwendigkeit, denn ununterbrochene Modernisierung war eine der Waffen in einem Kalten Krieg, der auch ein Wettlauf um die bessere Informationsinfrastruktur war. Und hierfür war, wie für das von Kunsthistorikern wie Schapiro favorisierte Modernismuskonzept, vor allem das Wissen um die Funktion und Bedeutung von Zeichen entscheidend.

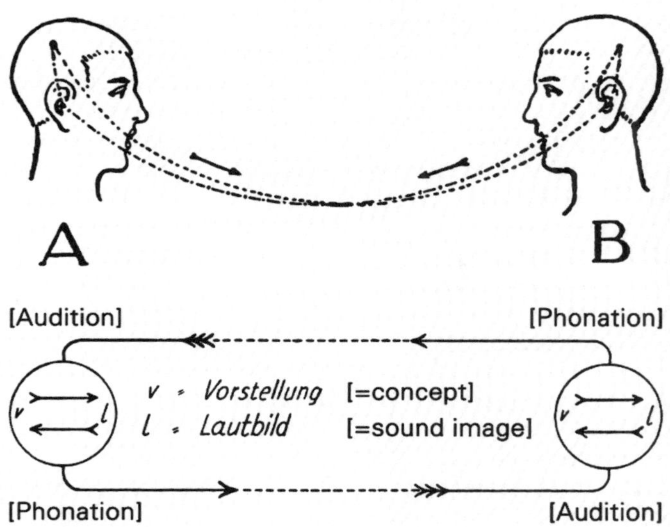
A
B
[Audition]
[Phonation]
v = Vorstellung [=concept]
l = Lautbild [=sound image]
[Phonation]
[Audition]

Schapiros selbstgestellte Aufgabe als Kunsthistoriker bestand darin, konventionelle Vorstellungen über die Grenzen bestimmter Kunstepochen durch eine kunstwissenschaftlich revolutionäre Analyse des Stilwandels in soziologischen Begriffen zu untergraben, sie porös und instabil werden zu lassen.

Deshalb begann er, sich für die Semiotik als Wissenschaft der Zeichen zu interessieren, die zu ergründen half, wie Bilder eine Botschaft oder eine Bedeutung vermittelten, zum Beispiel zunächst bei Braque, Mondrian oder Picasso. Das war ein philosophischer und zeichentheoretischer Ansatz für seinen Versuch, Bildbotschaften anhand von Zeichen und Mustern zu interpretieren.

Die zeitgenössische Semiotik bestand aus zwei Zweigen, die sich zeitgleich im späten 19. Jahrhundert in Frankreich und den USA entwickelt hatten. Der eine Zweig hatte seinen Ursprung in literarischen und sprachlichen Kontexten und ging auf die Arbeiten des Schweizer Linguisten Ferdinand de Saussure zurück. Der andere Zweig baute auf den Arbeiten des amerikanischen Philosophen Charles Sanders Peirce auf.

Schapiro trieb die Frage um, ob reine Konvention für die Verwendung bestimmter nicht-mimetischer Elemente verantwortlich sei oder ob sie „organisch“, also über kulturelle Regeln hinaus in der Bedeutung verwurzelt sein könnten.

Er gab Beispiele für die Formen, die sie in der Kunst zu verschiedenen Zeiten und an verschiedenen Orten angenommen hatten. Er katalogisierte dafür das Feld (oder die vorbereitete, das heißt grundierte Oberfläche), dessen Begrenzungen wie den Rahmen, das Format, die Bildzeichen einschließlich der Form des Feldes, seiner Proportionen, der dominanten Achsen und auch die zeichentragende Materie oder Bildsubstanz, also das physische Medium.

Schon 1936 hatte Schapiro in seinem Vortrag auf dem First American Artists’ Congress der Kunst eigene Bedingungen attestiert, die wissenschaftlichen Standards unterlagen und sie, damals, in ihrer Verknüpfung ästhetischer Interessen mit Klasseninteressen von anderen Tätigkeiten unterschieden. Die Semiotik schien es Schapiro nun zu ermöglichen, solche Bedingungen kleinteilig zu destillieren, um ein wachsendes Imperium von Zeichen lesen und interpretieren zu können.

Dabei musste er berücksichtigen, dass das Erkennen von Bedeutung von vielem abhing, das in der aktuellen Informationstheorie verhandelt wurde: Hintergrundrauschen, Redundanz, Rückkopplung, Teleologie und Kontrolle. Wie sollte also eine neue Theorie und Praxis für die Kunst der Moderne aussehen, die diese Erkenntnisse berücksichtigte? Was hieß das für sein Credo, dass die Aufgabe der Kunstgeschichtsschreibung die Einbindung des Neuen ins Alte war?

Schapiros kanonische Lesart der Semiotik, die er in seinem Text „On Some Problems in the Semiotics of Visual Art: Field and Vehicle in Image Signs" entwickelt hatte, erhielt jedoch eine neue Wertigkeit, wenn sie in Bezug zu den Methoden (und Interessen) des Kalten Kriegs gesetzt wurde. Denn zwischen den für politische Interessen arbeitenden Analytikern und Strategen oder Kunsthistorikern wie Schapiro gab es bald einen Bedeutungswettstreit, der die Verwirrung, die Überschneidungen und Gleichzeitigkeiten in der semiotischen Forschung dieser Jahre widerspiegelte.

In allen Fragen der Politik, hatte Schapiro geschrieben, ließen sich die verantwortlichen Köpfe von den Kenntnissen und Ansichten derjenigen leiten, deren besondere Aufgabe es war, das betreffende Gebiet zu verstehen. Und dieses Wissen unterliege heute, egal auf welchem Gebiet, zunehmend wissenschaftlichen Standards. Dies gelte für die Künste ebenso wie für die Technik und die sozialen Angelegenheiten.

Aus dem Wort und der Predigt waren in einem langen historischen Prozess Texte geworden, die später auf die Flugblätter und in die Bücher der Reformation gedruckt wurden. Nun, zu Beginn der 1970er Jahre, wurden die Texte maschinenlesbar. Was geschah dabei mit der Sprache, die nun formalisiert werden konnte? Mit den Bildern, die ebenso maschinenlesbar wurden? Konnten die Maschinen dabei Fehler machen, diese Fehler selbst erkennen, analysieren und einen Text oder ein Bild selbstständig verbessern? Und welche Rolle konnten Kunst und Kunstkritik in diesen Prozessen spielen?

30 *Ich trat ans Fenster: Wie ein gespenstischer, in der Luft schwebender Friedhof lagen die Reihen verschnörkelter Giebel dort oben – Leichensteine mit verwitterten Jahreszahlen, getürmt über die dunklen Modergrüfte, diese »Wohnstätten«, darein sich das Gewimmel der Lebenden Höhlen und Gänge genagt.*

Golem (III)

Die Erschaffung des historischen Golems wird dem Jehudah Löw von Prag, bekannt auch als Maharal und als einer der herausragenden jüdischen Geister des 16. Jahrhunderts, zugeschrieben. Dieser Golem war ein mittels Buchstabenmystik gebildetes menschenähnliches und stummes Wesen aus Ton, das durch den Gebrauch des unaussprechlichen Namens „Gott" zum Leben erweckt wurde. Der Golem besaß gewaltige Größe und Kraft und konnte Aufträge ausführen. Berichtet wird auch von einem Siegel der Wahrheit, das der Golem auf der Stirn getragen habe. Dieses Siegel zeigte das hebräische Wort für „Wahrheit" (EMETh). Entfernte man den ersten der drei Buchstaben dieses Wortes, das Aleph, den ersten Buchstaben im hebräischen Alphabet mit dem Zahlenwert 1, blieb das hebräische Wort für „Tod" übrig (METh). So konnte der Golem deaktiviert werden.

1963 wurde in Israel ein neuer Computer eingeweiht, dem seine Erbauer den Namen „Golem Aleph" gaben. Der erste Computer Israels war 1955 der WEIZAC gewesen, ein Akronym für „Weizmann Automatic Computer".

Dieser Computer stand in dem 1934 von dem Chemiker und späteren israelischen Präsidenten Chaim Weizmann unter dem Namen Daniel Sieff Research Institute gegründeten Weizmann-Institut in Rechovot. Der Grund für die Ansiedlung in Rechovot war, dass es in der Nähe schon ein landwirtschaftliches Forschungszentrum gab, mit dem Weizmann zusammenarbeiten wollte.

Im Jahr 1959 begann der WEIZAC zu versagen, und ein neuer Computer wurde entwickelt, um seinen Platz einzunehmen. Dieser war 1963 einsatzbereit.

Als Gershom Scholem, ein deutsch-jüdischer Religionshistoriker, von der Fertigstellung der nächsten israelischen Computergeneration hörte, wandte er sich an das Institut und schlug vor, die Maschine „Golem Aleph" zu nennen.

Scholem war eng mit Walter Benjamin befreundet und hatte schon früh begonnen, über logische und erkenntnistheoretische Fragen nachzudenken und über die großen metaphysischen Probleme zu spekulieren. Später wurde Scholem der eigentliche Wiederentdecker der Kabbala und begründete die akademische Erforschung der jüdischen Mystik, der er den größten Teil seiner Lebensarbeit widmete.

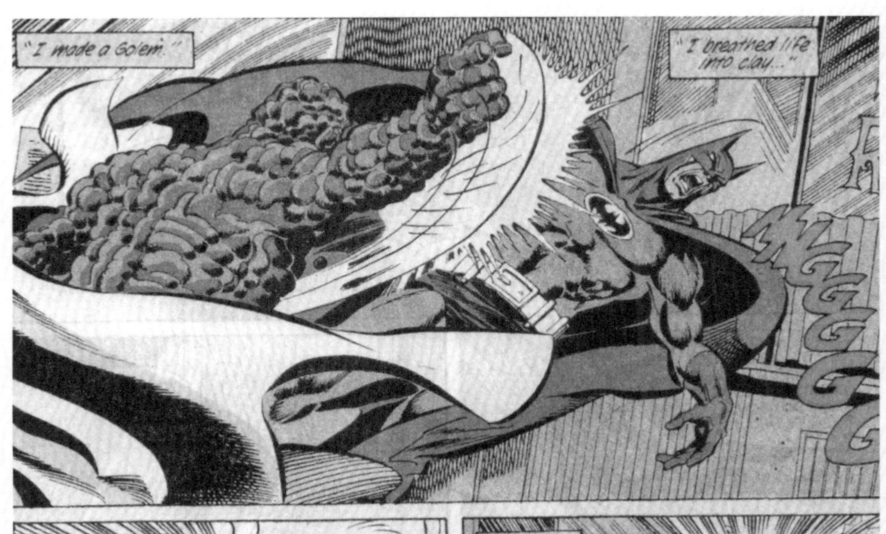
"I made a Golem."
"I breathed life into clay..."

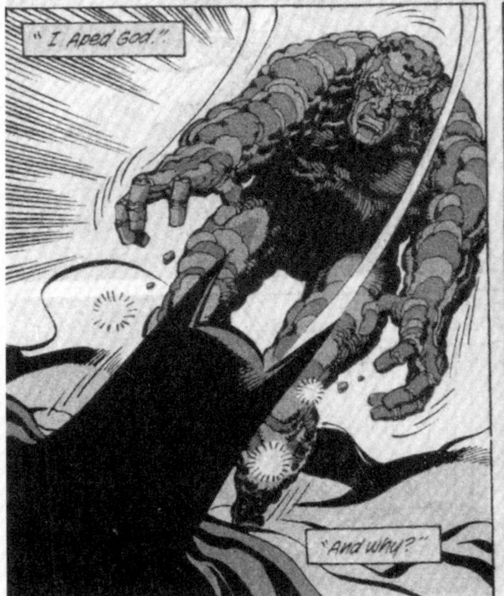
"I Aped God."
"And why?"

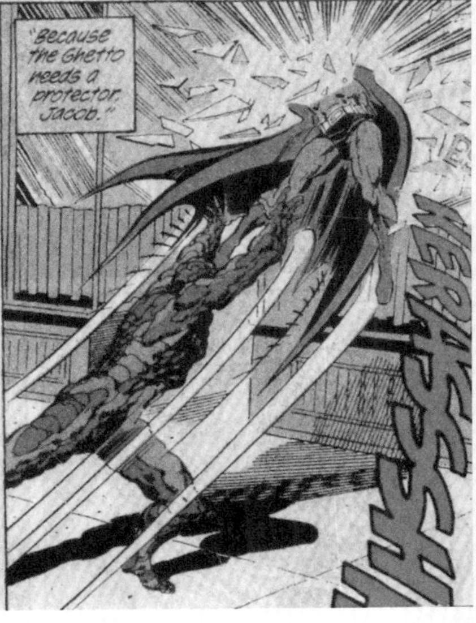
"Because the Ghetto needs a protector, Jacob."

Scholem wurde eingeladen, an der Einweihungsfeier im Weizmann-Institut am 17. Juni 1965 teilzunehmen und die Eröffnungsrede zu halten. Der Titel seiner Rede lautete: „Der Golem von Prag und der Golem von Rehovot".

In seinen Ausführungen zog Scholem einen Vergleich zwischen der klassischen Geschichte des Golems und dem brandneuen Computer. Der historische Golem trete für seinen Herrn auf und beschütze die Juden vor antisemitischen Angriffen. Der historische Golem, der Roboter von Rabbi Löw, und der neue Golem Aleph hatten bei ihrer Entstehung die gleiche grundlegende Funktion. Während der Golem von Löw durch die Kombination der 22 Buchstaben des hebräischen Alphabets zum Leben erweckt wurde, die dann als Name Gottes Gestalt annahmen, kennt der Golem-Computer nur zwei Symbole, die 0 und die 1, aus denen das binäre System besteht. Alles kann in diese beiden Begriffe übersetzt werden, damit der „Golem Aleph" es verarbeiten kann.

Die alten Kabbalisten so Scholem, wären froh gewesen, von dieser Vereinfachung ihres eigenen Systems zu erfahren. Denn das ist ein Fortschritt. Sowohl der historische Golem als auch der „Golem Aleph" funktionierten durch Energie. Der Golem durch den unaussprechlichen Namen Gottes, der neue Golem, der Computer, durch elektrische Energie. Die Schönheit der Schöpfung des neuen Golems liege aber im Inneren. Der neue Golem scheint in der Lage zu sein zu lernen und sich zu verbessern. Das mache die modernen Kabbalisten erfolgreicher als die alten. Moderne Kabbala, Buchstaben- und Zahlenmystik und ein binäres System, das schien die Erfolgsmischung für die Zukunft zu sein.

31 *Regungslos saß ich da und ließ meine Augen wandern: die Karte, die ich zuerst gesehen, – der Pagad, – lag noch immer inmitten des Zimmers in dem Lichtstreifen. Sie schien, soweit ich auf die Entfernung hin erkennen konnte, in Wasserfarben ungeschickt von Kinderhand gemalt, und stellte den hebräischen Buchstaben Aleph dar, in Form eines Mannes, altfränkisch gekleidet, den grauen Spitzbart kurz geschnitten und den linken Arm erhoben, während der andere abwärts deutete.*

Architekturmaschinen

1949 besuchte Winston Churchill die USA und in Cambrigde auch das MIT. Während seines Besuchs kam es zu heftigen Diskussionen über die Frage: Erziehen wir etwa unsere Ingenieure zu Kommunisten, als man feststellte, dass das Curriculum für Ingenieure in den USA und der UdSSR anscheinend gleich war. Das MIT sei aber keine wertfreie Technikmaschine, wurde argumentiert, denn westliche Werte machten die Differenz zum „unfreien Osten" aus. Diese Werte gelte es nun stärker und klarer zu formulieren, und dazu gehöre nicht nur eine freie Wissenschaft, sondern auch eine freie moderne Kunst.

Bald nach dem Besuch von Churchill kam es zur Gründung der School of Humanities and Social Studies am MIT, die später in School of Humanities, Social Studies and Arts umbenannt wurde. Die Ausbildung von Ingenieuren und Wissenschaftlern sollte durch Kunst und Kultur ergänzt werden. Dazu wurden in speziellen Programmen Ingenieure und Wissenschaftler mit Künstlern zusammengebracht, um diesen Zugang zu den bisher geheimen und lediglich den sicherheitsüberprüften Technikern und Wissenschaftlern zugänglichen Geräten zu ermöglichen.

Das MIT war seit dem Zweiten Weltkrieg eines der wichtigsten intellektuellen Zentren der US-Kriegswissenschaften und beheimatete eine große Anzahl von Forschungseinrichtungen, die nicht nur gemeinsam an der Weiterentwicklung von Waffensystemen arbeiteten, sondern auch an der Zukunft des Computers: das Mechanical Engineering Department mit Steven A. Coons, das Lincoln Laboratory mit Ivan Sutherland und Claude Shannon und das Research Laboratory of Electronics mit dem Neurophysiologen Warren McCulloch, der an der Entwicklung künstlicher neuronaler Netze arbeitete.

1967 wurde am MIT das Center for Advanced Visual Studies (CAVS) gegründet, das auch ein „graduate program for art" anbot. Hier sollte intensiviert werden, was schon mit der Gründung der School of Humanities and Social Studies begonnen wurde – eine stärkere interdisziplinäre Ausrichtung der wissenschaftlichen Forschungen unter Beteiligung von Künstlern verschiedener Disziplinen.

Die Gründung dieses Zentrums war der wichtigste und bisher bestfinanzierte Versuch in den USA, Kunst mit Technologie und den Naturwissenschaften zu verbinden.

Der Gründer des Zentrums war György Kepes, ein Schüler und Freund von László Moholy-Nagy, der 1937 in die USA emigrierte und zunächst die Abteilung Fotografie am New Bauhaus in Chicago leitete.

Der in Ungarn geborene Kepes hatte in den Kreisen der Budapester Avantgarde die Ideen und Theorien von Dada, des Bauhaus und der konstruktivistischen Bewegung kennengelernt. Zunächst war er Fotograf, wechselte aber während der späten 1920er und frühen 1930er Jahre von der Fotografie und Fotocollage zum Film.

In dieser Zeit lernte er das Werk von László Moholy-Nagy kennen, mit dem er in Berlin und London zusammenarbeitete.

1937 lud Moholy-Nagy Kepes nach Chicago ein. Dort sollte er die Leitung der Abteilung für Licht und Farbe am Institute of Design, auch unter dem Namen New Bauhaus bekannt, übernehmen und ein unabhängiges Ausbildungszentrum einrichten, das Kunst, Wissenschaft und Technologie in einem Programm für Gestaltung verband. Kepes richtete in Chicago Werkstätten für Licht und Farbe ein, in denen verschiedene Formen und Techniken auf ihre visuelle und psychologische Wirkung hin untersucht wurden.

1946 wurde Kepes ans MIT eingeladen, um das Designprogramm für die Architektur- und Designstudenten zu organisieren. In Kepes' Augen trugen insbesondere die Idiome der zeitgenössischen Medien wie Fotografie, Film und Fernsehen zu einer universellen und international verständlichen Sprache bei. Kepes hatte großes Interesse an der Integration der bildenden Kunst in die visuelle Sprache der Alltagswelt, die durch Design und Architektur vermittelt wurde. Damit würde sich, so seine Hoffnung, durch die Arbeit in fachübergreifenden Arbeitsgruppen die Idealvorstellung einer universellen Formsprache herausbilden. Denn darum ging es: eine universelle, standardisierte und demokratisierende Bild- und Formsprache und entsprechende Bilder, von denen schon der Wiener Soziologe und Nationalökonom Otto Neurath, Mitglied im Wiener Kreis, geträumt hatte. Eine standardisierte Sprache, die sprachliche und soziale Barrieren überwand und divers und demokratisch war.

Diese Entwicklung interdisziplinärer Forschung hatte sich mit dem Eintritt der Vereinigten Staaten in den Zweiten Weltkrieg, dem damit verbundenen Zufluss von Emigranten aus

Europa und der stärkeren Beteiligung des MIT an der militärischen Forschung rapide beschleunigt.

1942 entstand eine zunächst geheime Forschungsgruppe unter dem Titel „Radar Laboratory", deren Aufgabe in der Entwicklung eines neuartigen elektromagnetischen Ortungssystems zur Feindabwehr unter dem Namen Radio Detecting and Ranging (RADAR) bestand. In diesem Labor arbeitete der Mathematiker Norbert Wiener Seite an Seite mit dem jüngeren Elektroingenieur Jerome Wiesner, der 1952 mit dem Research Laboratory of Electronics eine weitere interdisziplinäre Abteilung am MIT gründen sollte.

Das Forschungslabor für Elektronik am MIT war der vielleicht aufregendste Ort für jemanden, der sich für Kommunikation interessierte. Hier wurde auf dem Gebiet der Neurophysiologie geforscht und die Probleme des elektrischen Rauschens studiert, hier wurde Verschlüsselung und Kryptografie betrieben und Shannons Arbeiten auf dem Gebiet der Informationstheorie verfolgt.

In dieses Umfeld geriet nun Kepes, der davon überzeugt war, dass sich dieser interdisziplinäre Ansatz auch auf die Beziehung zwischen Kunst und Wissenschaft übertragen ließ und dass beide Disziplinen geschlossene Einheiten bilden konnten, zwischen denen es – vermittelt durch eine gemeinsame Sprache – eine Beziehung gab, die sich durch Austausch verstärken ließ. Das sollte nun das Programm des CAVS ermöglichen.

Die offensichtlich erkennbare Welt, wie wir sie von der oberflächlichen Wahrnehmung des Gesichtsfelds, des Gehörs und des Gefühls kennen, stand für Kepes in Verbindung mit der unsichtbaren Welt, die nur mit wissenschaftlichen Instrumenten und Geräten aufgedeckt werden konnte. Die Luftkarten von Flussmündungen und Straßennetzen, die mikroskopischen Aufnahmen von Federn, Farnblättern, verzweigten Blutgefäßen, Nervenganglien, die Elektronenmikrographien von Kristallen und die baumartigen Muster elektrischer Entladungsfiguren waren für ihn miteinander verbunden, obwohl sie sich in Ort, Ursprung und Maßstab unterschieden. Die Ähnlichkeit ihrer Form war keineswegs zufällig. Als Muster der Sammlung und Verteilung von Energie stellten sie Graphen dar, die durch ähnliche Verfahren gebildet wurden.

Für György Kepes waren die vielfachen Übereinstimmungen zwischen den Mustern auf bestimmten Gemälden und

Fotografien und den technisch hergestellten Bildern also kein Zufall, der nur dank der neuen optischen Technologien wie Infrarot- und Ultraviolettstrahlen, mikroskopischer und teleskopischer Fotografie, Röntgen- und anderer Strahlentechniken zum Vorschein kam.

Künstler wie er suchten ebenso wie Wissenschaftler nach Gesetzen, nach Mustern, nach Strukturen und Harmonien und in all den Erscheinungen der Natur nach einer erkennbaren Ordnung. Die Formensprache der Natur schien eine gemeinsame Grundlage bereitzustellen, auf der sich Kunst und Wissenschaft treffen und verständigen konnten.

Die neuen bildgebenden Techniken erlaubten es, die ordnenden Elemente der Erfahrung ins Sichtbare zu übertragen.

Seine Stellung als Mitglied des Lehrkörpers einer der renommiertesten technischen Hochschulen der Vereinigten Staaten erlaubte es ihm nun, gleichsam an vorderster Front, die aktuellsten und zukunftsweisendsten wissenschaftlichen Entwicklungen aus der Nähe zu verfolgen, Tür an Tür mit Forschern, die Theorien verfolgten, die geeignet waren, die klassische Mechanik des Universums und die Kosmologie auf den Kopf zu stellen.

Kepes übernahm diese neuen Vorstellungen von Zeit und Raum und der Wahrnehmung der Dinge als ein dynamisches System der Wechselwirkungen ebenso wie die damit verbundene Auflösung der Subjekt-Objekt-Trennung. Wenn Künstler und Wissenschaftler eng miteinander zusammenarbeiteten, so hoffte er, sollte es möglich sein, dass Künstler neue Bilder hervorbrachten, die die Wissenschaftler bei ihrer Suche nach neuen anschaulichen Modellen anregen konnten.

Sein CAVS sah sich dabei in der Tradition des Bauhaus und des Black Mountain College und sollte die Erfüllung all dessen sein, was sein Mentor Moholy-Nagy während der Zeit am Dessauer Bauhaus in seinem Buch *Vision in Motion* beschrieben hatte.

1968 wurden der deutsche Künstler Otto Piene, der zur Gruppe ZERO gehörte, der griechische Bildhauer Takis und der Lichtkünstler, Kurator und Kunstkritiker Jack Burnham eingeladen, als Stipendiaten Teil des CAVS zu werden. Kepes träumte von einem akademischen Forschungszentrum für Kunst, Wissenschaft und Technik, wo in transdisziplinärer Zusammenarbeit Stipendiaten mit neuen Materialien und Technologien experimentierten, um zum Beispiel der Frage nachzugehen, wie Bilder, Grafiken und später auch Filme in ein ursprünglich als Rechenmaschine gedachtes Gerät, den Computer, gelangen konnten.

Etwa zur gleichen Zeit gründete das junge MIT-Fakultätsmitglied Nicholas Negroponte, einer der Schützlinge von Kepes, die Architecture Machine Group (Arch Mac), deren Konzept auf Negropontes frühen Schriften über „weiche Architektur“ und später über „idiosynkratische Systeme“ basierte. Das Ziel von Arch Mac war es, neue Ansätze für die Interaktion zwischen Mensch und Computer zu erforschen.

Angeregt wurde die Gründung dieser neuen Gruppe am MIT durch eine Konferenz, die 1964 in Boston unter dem Titel „First Conference on Architecture and the Computer“ stattgefunden hatte. Der älteste Gastredner war Walter Gropius, der gerade dabei war, das Märkische Viertel in West-Berlin zu planen. Wie er oder H. Morse Payne, Präsident des Bostoner Architekturzentrums und Mitarbeiter von Gropius, waren auch die übrigen Konferenzteilnehmer von der Dringlichkeit überzeugt, die hergebrachten Methoden des architektonischen Entwerfens hinter sich zu lassen und den Computer und seine Möglichkeiten für die Architektur und die Gestaltung des öffentlichen Raums zu erkunden. Die Konferenz war eine der wenigen Gelegenheiten, bei denen schon früh nur vom Militär genutztes und damit bisher verborgenes technisches Wissen in die Öffentlichkeit getragen wurde.

Einer der Teilnehmer der Konferenz war Steven A. Coons, ein Mathematiker, Elektrotechniker und Professor in der Abteilung Maschinenbau des MIT, zu dessen Studenten Ivan Sutherland (später Arpa und IPTO) und Lawrence Roberts (ebenfalls später Arpa) gehörten. Sutherland, der unter der Aufsicht von Coons das erste interaktive Computergrafik-Display, das Sketchpad, entwickelt hatte, war der Nachfolger von J. C. R. Licklider, der Arpa 1964 verlassen hatte.

Lickliders ehemalige Abteilung beschäftigte sich nicht mehr nur mit Command-and-Control-Systemen im Rahmen von Kriegsszenarien, sondern inzwischen auch mit Time-Sharing-Systemen, Computergrafik und der Verbesserung von Programmiersprachen. Das öffnete das Feld für eine Entwicklung, in der sich Forscher wie Coons bewähren konnten, die als treibende Kraft im noch jungen Forschungsfeld des Computer-Aided

Design galten und daran interessiert waren, die Möglichkeiten der Computer neben der steten militärischen Anwendung auch im zivilen Bereich zu testen.

1968 fand an der Fakultät für Architektur der Universität Yale im Rahmen der Konferenz „Computer Graphics in Architecture and Design" eine Podiumsdiskussion mit dem Titel „The Past and the Future of Design" statt. Teilnehmer waren neben Coons unter anderem der Architekt Louis Kahn, der Dekan der Fakultät für Architektur Charles Moore und Warren McCulloch, einer der Gründungsväter der Neuroinformatik und ehemaliger Dean der Macy-Konferenzen. Thema war der Einsatz von Computern im Entwurfsprozess der Architekten.

Für Coons waren Computer keine traditionellen Maschinen oder starren Mechanismen wie etwa Autos, sondern die magischsten mechanischen Geräte, die je von Menschen erdacht worden waren. Zukünftige Computer würden sehr bald leistungsfähiger, billiger und dem Menschen weitaus sympathischer sein, als es die 1968 zur Verfügung stehenden Geräte waren.

Nicholas Negroponte war einer der profiliertesten Schüler von Coons. Der spätere Informatiker wurde 1943 als Sohn des griechischen Schiffsreeders Dimitri John Negroponte und seiner Ehefrau Catherine Coumantaros in New York geboren. Nach Beendigung seines Studiums am MIT spezialisierte er sich bald auf das Gebiet Computer-Aided Design (CAD), also das rechnergestützte Konstruieren von Produkten in allen Zweigen der Technik, etwa in der Architektur, dem Maschinenbau oder der Elektrotechnik.

1967 hatte er die Architecture Machine Group (Arch Mac) als Denkfabrik mitbegründet, die innovative Überlegungen und neue Ansätze zum Schnittstellenproblem im Rahmen der Mensch-Computer-Interaktion (häufig als HCI abgekürzt, Human-computer interaction) erforschte und deren Mitglieder all das aufsogen, was auf den Konferenzen in Yale und in den Instituten weltweit an Neuem aufkam und diskutiert wurde. Arch Mac war Teil der MIT School of Architecture. Das war ein interdisziplinär angelegtes Labor, das Architektur, Ingenieurwesen und Informatik verknüpfte, um neue Formen der Architektur zu entwickeln. Die Hälfte der hier forschenden Studenten und Absolventen waren Elektrotechniker, der Großteil der Finanzierung des Arch Mac stammte aus Verträgen mit der Arpa, später der Darpa, und dem Office of Naval Research.

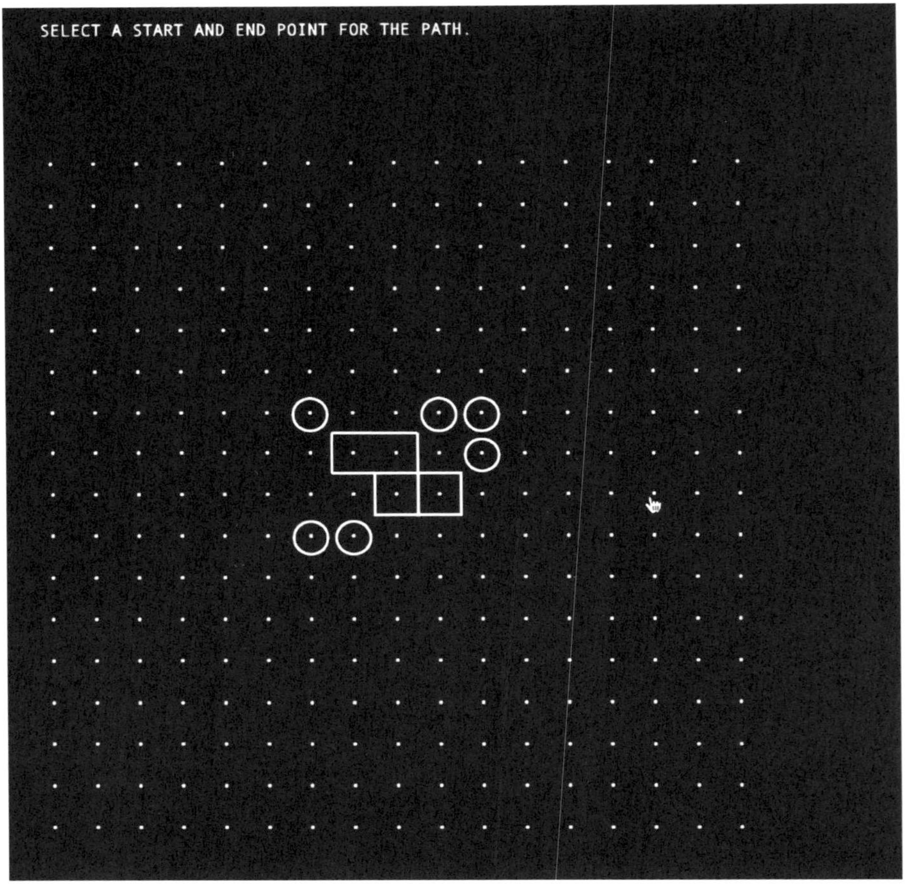

SELECT A START AND END POINT FOR THE PATH.

Das Labor wurde auch für Programmierarbeiten und Forschungsprojekte des Fachbereichs Architektur am MIT genutzt. Durch das Experimentieren mit verschiedenen Eingabe-Ausgabe-Geräten wie Tablets, Lichtstiften oder Plottern sollten die Studenten der Architektur und Elektrotechnik eine „neue Art zu denken" lernen.

Sie sollten Lösungen finden für die offenen Fragen rund um den Computer, die die gleichen Fragen waren, vor denen auch Kepes und seine Stipendiaten am CVAS standen: Wie kamen die Texte und Bilder in den Computer, wie konnte die Maschine diese Texte und Bilder lesen und analysieren, und wie konnte die Schnittstelle zwischen Mensch und Computer Teil eines komplexen Multimedia-Systems werden?

Computer waren zu dieser Zeit einzigartige und teure Geräte, zu denen nur eine militärische und – in geringerem Umfang – eine akademische Elite Zugang hatte. Oft ließ sich beides ohnehin nicht trennen.

Eines der ersten nach diesen Prinzipien von Negroponte und seiner Gruppe entwickelten Computerprogramme war „Urban 5", das mithilfe von lernenden Algorithmen einen sprachlich einfach aufgebauten Dialog zwischen Mensch und Maschine ermöglichen sollte, um Architekten bei ihren Entwurfsarbeiten zu unterstützen.

Die Benutzer des Programms sollten nicht nur visuell, sondern auch sprachlich mit dem Computer kommunizieren. „Urban 5" war ein computergestütztes Designsystem, das aus einem Kathodenstrahl-Röhrenmonitor und mehreren Bedienungselementen bestand, darunter auch einem „Panik"-Schalter.

Das System empfing Textbefehle vom Benutzer und interpretierte diese als geometrische oder räumliche Darstellungen. Das Programm sollte dann auf der Grundlage der Nutzereingaben eine Antwort berechnen. Das muss man sich als eine weiterentwickelte Version des Sprachverarbeitungsprogramms „Eliza" vorstellen, das der Informatiker Joseph Weizenbaum zwischen 1964 und 1966 am MIT entwickelt hatte – ein Urahn der heutigen Chatbots und Sprachassistenten. Die Antworten von „Urban 5" wurden auf dem Monitor als Kompositionen dreidimensionaler Würfel angezeigt. Bei mehrdeutigen oder widersprüchlichen Eingaben forderte das System den Benutzer zu Korrekturen auf.

Für Negroponte waren das erste, noch sehr unvollkommene Schritte hin zu einer „Architekturmaschine", die, nachdem sie das Verhalten und die Entwurfsmethodik des Benutzers beobachtet hatte, ein vorausschauendes Modell von dessen Gesprächsverhalten erstellen konnte. Die Maschine sollte mit fehlenden Informationen arbeiten, diese selbstständig ergänzen und dadurch diese Lücken schließen.

Dazu musste diese Maschine die Sprache und die vom jeweiligen Benutzer verwendeten Metaphern verstehen, musste darüber hinaus selbst Erfahrungen sammeln und zusätzlich mit einer Vielzahl von anderen Benutzern sprechen, damit sie sich mit der Zeit verbessern und intelligenter werden konnte. Die Maschine musste also Kontexte erkennen und verstehen, um zum Beispiel dem Architekten als gleichberechtigter Partner zur Seite stehen zu können.

Die aus den Interaktionen gewonnenen Informationen sollten gesammelt und der Gestalter durch Vorschläge der Maschine unterstützt und auf Widersprüche im Design aufmerksam gemacht werden. Obwohl „Urban 5" sich nicht wie erhofft aus sich selbst heraus weiterentwickeln konnte und die Antworten letztlich nur auf einem vordefinierten Antwortenkatalog gründeten, war die Richtung vorgegeben, in die weiter geforscht werden sollte.

Der Computer sollte eine lernende Maschine werden, die sich ihrer Umwelt selbstständig anpassen und dabei ihr eigenes Verhalten durch Rückkopplung variieren konnte. Das individuelle Verhalten des Benutzers sollte nicht nur beobachtet und analysiert, sondern, in einem nächsten Schritt, auch technisch modelliert werden. Negroponte entwarf hier die Konturen einer utopischen Maschinenwelt, in der der Computer von seinem passiven Status als reine Verwaltungsmaschine befreit war.

Inspiriert war diese Maschinenwelt von der kybernetischen Theorie einer lernenden Maschine des britischen Kybernetikers und Soziologen Gordon Pask. Die Theorie der Arch-Mac-Gruppe basierte auf dessen soziokybernetischer Maschinentheorie und zusätzlich auf den Überlegungen Warren McCullochs zum Sozialverhalten von sogenannten ethischen Robotern. Von McCulloch stammte auch der Begriff „Architekturmaschinen", auf den sich Negroponte bezog.

Das schöpferische Wesen des Entwerfens wurde mit solchen „Architekturmaschinen" zum Verdachtsfall. Das folgte der strategischen Linie von Norbert Wiener und anderen, die die

Dingwelt in eine Informations- und Kommunikationssphäre überführt hatten.

Die Mechanik wurde durch das mathematische Modelldenken aus Feedbackschleifen ersetzt. Die symbolische „Maschine des Verhaltens" war geboren.

Auf die Architektur übertragen bedeutete das, sich des Instrumentariums der Entmythologisierung in Form von Rechenmaschinen und Automatisierungsprozessen zu bedienen. Auch im Bauen konnte damit der Schritt zur „Industrialisierung" beziehungsweise „Technisierung" des Wissens gelingen. Das Besondere an Negropontes Zugriff auf die Materie war die spielerische Grundhaltung dem Computer gegenüber. Denn um Benutzer für die neuen und zunächst kompliziert erscheinenden Technologien zu begeistern, sollten die Möglichkeiten des Computers zunächst spielerisch erkundet werden – durch ein wechselseitiges Spiel von Entwicklung und Überprüfung in experimentellen Tests.

32 *Ist es Ihnen niemals aufgefallen, daß das Tarockspiel 22 Trümpfe hat, – genausoviel, wie das hebräische Alphabet Buchstaben? Zeigen unsere Karten nicht zum Überfluß noch Bilder dazu, die offenkundig Symbole sind: Der Narr, der Tod, der Teufel, das Letzte Gericht? Was Sie allerdings nicht zu wissen brauchen, ist, daß ›Tarok‹ oder ›Tarot‹ soviel bedeutet wie die jüdische ›Thora‹ = das Gesetz, oder das altägyptische ›Tarut‹ = ›die Befragte‹, und in der uralten Zendsprache das Wort: ›tarisk‹ = ›ich verlange die Antwort‹.*

Semiotik (II)

Der Erforschung sprachlicher Bedeutungsproduktion und des Zusammenhangs zwischen Signalen, Informationen und Rauschen widmeten sich nicht nur Kunsthistoriker wie Meyer Schapiro, Gruppen wie Arch Mac oder György Kepes mit seinem Institut CAVS am MIT, sondern nicht zuletzt das amerikanische Militär und seine Berater.

Zwei Monate nach dem Abwurf einer Atombombe auf Nagasaki wurde das Project Rand gegründet, als gemeinsame Anstrengung der US Air Force und der Firma Douglas Aircraft.

Am 14. Mai 1948 wurde aus dem Project Rand mit Unterstützung der Ford Foundation die Rand Corporation, eine Non-Profit-Gesellschaft, gegründet zunächst als ein Studien- und Forschungsprogramm für interkontinentale Kriegsführung, mit dem Ziel, der Luftwaffe geeignete Techniken und Instrumente zu empfehlen.

Rand war bald der einflussreichste Thinktank der Wirtschafts-, Finanz- und Militäreliten der USA – und bestimmte darüber hinaus auch strategische Entscheidungen in der gesamten westlichen Welt.

Der Auftrag der Rand Corporation war die Politikberatung auf einer wissenschaftlichen Basis, wofür Wissenschaftler von renommierten Eliteuniversitäten rekrutiert wurden. Die westliche Verteidigungsstrategie im Kalten Krieg wurde auch als ein semiotisches Unterfangen gesehen – als Versuch, einen schattenhaften Feind über seine Zeichen zu entschlüsseln, die militärisch und kulturell lesbar waren. Das umfasste auch die Entschlüsselung „indexikalischer" Spuren, die durch die neuen Technologien des Radars registriert und von den Wissenschaftlern mit den anthropologischen Analysen der jeweiligen sowjetischen, japanischen oder deutschen Einstellungen zur Autorität sowie der interaktiven Dynamik kombiniert wurden, die von der sich etablierenden Verhaltenswissenschaft erforscht wurden.

In der Ära des „Go-Codes", also der Emergency Action Messages, mittels deren die unterschiedlichen Angriffspläne für den Einsatz von Kernwaffen befohlen wurden, war das Lesen der Zeichen des Gegners eine Angelegenheit von ernster und tödlicher Bedeutung – und Erfolge bei der Deutung von größter Wichtigkeit.

Die Einflüsse der militärischen Strategieentwicklung in der Mitte des 20. Jahrhunderts auf das aufkommende Informationszeitalter verlangten jedoch nach einer Methodik, die Probleme über die Grenzen traditioneller Disziplinen hinaus angehen konnte. Das erforderte gemischte Teams und Gruppen, in denen Spezialisten eines Bereichs an der Lösung von Problemen arbeiteten, die in einem anderen Bereich entstanden waren.

Zum Beispiel wurden Margaret Mead und ihre Freundin und Kollegin Ruth Benedict 1947 eingeladen, Berater bei Rand zu werden, um eine anthropologische Studie über den sowjetischen Charakter anzufertigen. Ein Ergebnis dieser Studien war das Buch *Soviet Attitudes to Authority,* das Mead nach

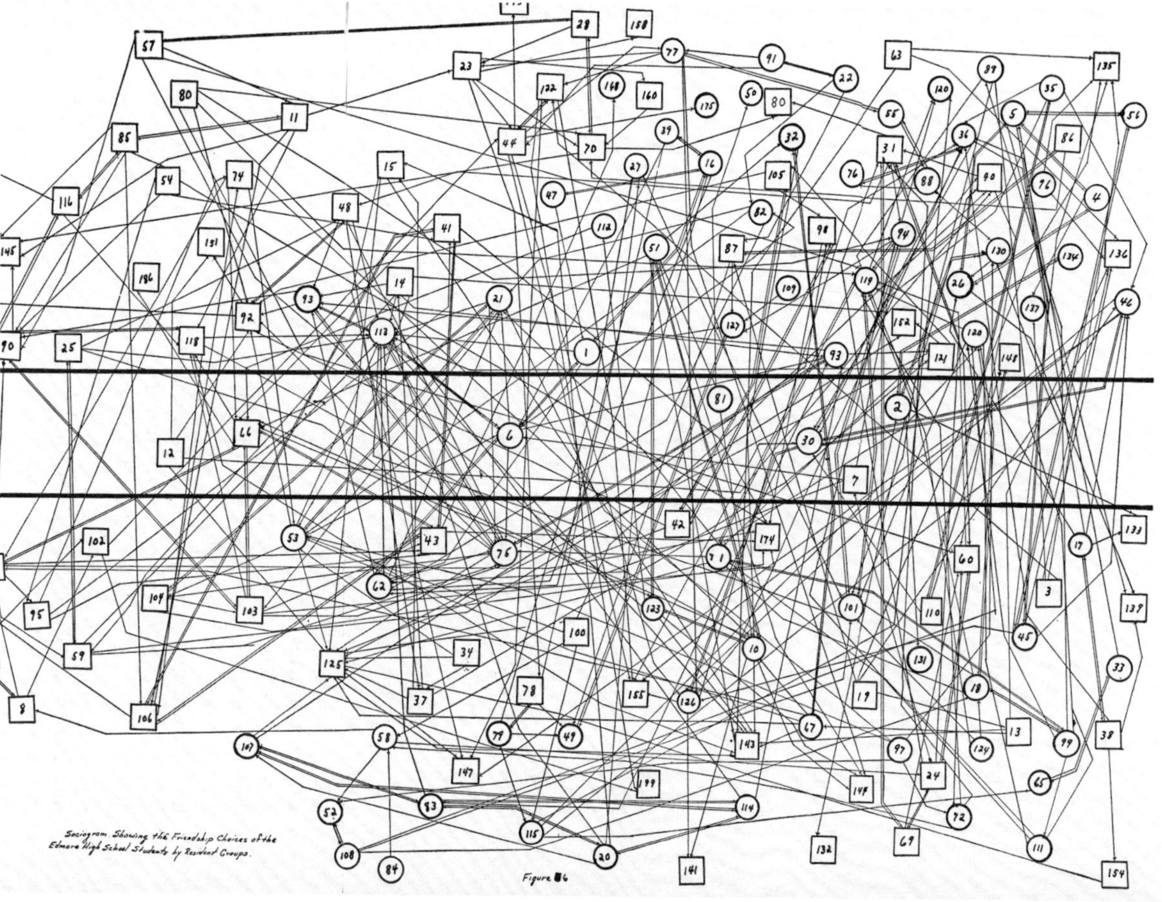

Sociogram Showing the Friendship Choices of the Edmore High School Students by Resident Groups.

Figure 6

Benedicts Tod mit Nathan Leites, einem Sozialwissenschaftler bei Rand, veröffentlichte.

So waren die für Rand, die Arpa, Darpa oder das MIT arbeitenden Wissenschaftler unaufhörlich auf der Suche nach einer neuen universellen Sprache, die auf der Assimilierung und Entdifferenzierung einst autonomer Wissensgebiete beruhte. Diese Suche nach der universellen „Zauberformel" erforderte die Zusammenarbeit mehrerer Disziplinen, insbesondere von naturwissenschaftlichen und sozialwissenschaftlichen Disziplinen, was damals an Universitäten noch ungewöhnlich war.

Der Ruf von Rand nach interdisziplinärer Arbeit und der Appell an den dafür notwendigen Universalismus stammte also aus dem Kalten Krieg – wie auch die Integration und Zusammenarbeit von historisch autonomen Disziplinen im Namen der strategischen Analyse.

Natürlich waren die Ziele des Analytikers strategisch und die der Wissenschaftler verschiedener Disziplinen, zum Beispiel eines Kunsthistorikers, kulturell. Aber die breite Umarmung der Informationstheorie beförderte den Aufstieg der Semiotik in der Nachkriegszeit in den verschiedensten Bereichen (am Ende auch in der Kunst) – und damit den Aufruf zur interdisziplinären Forschung. Die fortschreitende Hinwendung von Geisteswissenschaftlern, wie das Beispiel des Kunsthistoriker Meyer Schapiro zeigt, zu Disziplinen wie Mathematik, Logik und Semiotik verlieh einem Systemdiskurs noch mehr Dringlichkeit.

Mit Bertrand Russells und Alfred North Whiteheads Werk *Principia Mathematica* und Gottlob Freges *Begriffsschrift* hatten sich Logik und Mathematik schon an der Wende zum 20. Jahrhundert einander angenähert. Diese „Logistik" oder „symbolische Logik" genannte Annäherung kam von Leibniz her und setzte sich später in Rudolf Carnaps Schrift *Logische Syntax der Sprache* fort. Die begrifflichen Werkzeuge und Begründungen für alles, was mit Sprache als Information zu tun hatte, zum Beispiel in Computern und digitalen Systemen, waren hier schon zu finden und fanden auch Eingang in die Arbeit von Rand. Die strategischen Interessen eines Thinktanks wie Rand waren zwar um seine interdisziplinären Protokolle herum organisiert. Es war aber auffällig, dass solche strategisch-militärisch konnotierten Methoden als Modell bald auch für die experimentelle Kunstpraxis aufgegriffen wurden.

Der an Systemtheorie stark interessierte Fluxus-Künstler George Maciunas zum Beispiel wollte seine geplante Schule für Fluxus als eine „Denkfabrik für das Studium, die Forschung, das Experimentieren und die Entwicklung fortschrittlicher Ideen in Kunst, Geschichte, Design und Dokumentation" einrichten. Ähnliche Ideen fanden sich auch in den Forschungsprotokollen von Rand, wo „harte" und „weiche" Wissenschaften, Geistes-, Kunst- und Sozialwissenschaften miteinander verknüpft wurden und eine neue Herangehensweise an das Bild, an die Sprache und an die Konventionen, die zur Trennung von herkömmlicher bildender Kunst und einer heutigen „visuellen Kultur" geführt hatten, die Grenzen auflöste.

Einer der ästhetischen Strategen bei Rand, der solche Programme entscheidend vorantrieb, war Albert Wohlstetter.

Wohlstetter war ein sogenannter Verteidigungsintellektueller, der sich im Kalten Krieg mit den Feinheiten der nuklearen Abschreckung beschäftigte, dem empfindlichen Gleichgewicht des Schreckens, wie er es in einem seiner Aufsätze 1958 in der Zeitschrift *Foreign Affairs* ausgedrückt hatte.

1951 wurde Wohlstetter, der unter anderem an der Columbia University und der Harvard University Logik, Jura und Wissenschaftsphilosophie studiert hatte, einer der wichtigsten Berater der Rand Corporation, die Intellektuelle wie den Kybernetiker und Nuklearstrategen Herman Kahn oder den Entscheidungstheoretiker und Analytiker Daniel Ellsberg zu ihren prominenten Mitarbeitern zählte.

Doch wie erklärte sich die seltsame Verbindung des Analytikers Wohlstetter zum Kunsthistoriker Schapiro? Der Analytiker hatte den Kunsthistoriker höchstwahrscheinlich kennengelernt, als er um 1934 sein Jurastudium an der Columbia University begann, und diente diesem damals sogar für kurze Zeit als wissenschaftlicher Mitarbeiter.

Für Wohlstetter war Schapiro der brillanteste Dozent, den er je gehört hatte. 1938 schlug er dem Kunsthistoriker ein Projekt vor, das sich der Methoden der experimentellen Wissenschaft bedienen und die Beziehungen zwischen Bedeutung, Wahrheit, Bezeichnung, Überprüfbarkeit, Recherche, Kontrolle und ähnlichen Dingen erforschen sollte. Die Anwendung lag im Bereich der Wertaussagen, wie sie in der kunsthistorischen Forschung und in Bezug auf die Analyse bestimmter Werke üblich waren. Ziel sollte zum einen sein, das Kunstwerk so zu analysieren, als bestünde es nur aus lesbaren und quantifizierbaren Daten. Zum anderen sollten Methoden, die mit der mathematischen Logik und den semantischen Interessen des Wiener Kreises (insbesondere den Arbeiten von Alfred Tarski und Rudolf Carnap) verbunden waren, für die Durchführung ästhetischer Untersuchungen (Werturteile) genutzt werden. Wohlstetter schlug Schapiro also vor, die Kunst für die Anwendungen in den Bereichen zu nutzen, in denen er tätig war.

Wohlstetters Interesse an Semiotik offenbarte sich schon in einem der ersten von ihm veröffentlichten Aufsätze, der sich mit internationalen Beziehungen befasste und im Herbst 1939 in einem linken politisch-literarischen Magazin veröffentlicht wurde, das vierteljährlich erschien und zu dem auch Schapiro eine geschichtsträchtige Beziehung hatte. Der Text „Who Are the Friends of Semantics?" war gemeinsam mit dem Logiker Morton Gabriel White verfasst und erschien in der *Partisan Review*. Wohlstetter und White griffen die politische Motivation des Zeichens und die zunehmend umstrittenen Methoden seiner Analyse auf, indem sie die Agenden der aktuellen Geopolitik ansprachen.

Diese Konvergenz zwischen Semiotik und Politik war damals, 1939, neu, denn zu der Zeit ähnelte die Semiotik kaum dem, was sie heute in der Kunstgeschichte zu sein scheint, ein griffbereiter Satz von Werkzeugen, die die „Bedeutung" eines Kunstwerks geisteswissenschaftlich erschließen. Eine solche verallgemeinerte Methodik, selbst in ihren unausgereiftesten Stadien im Jahr 1939, fand später starken Widerhall in einer Denkfabrik des Kalten Krieges wie Rand, die eine Mutation der Interessen, die in den Begriffen der Information und der nationalen Sicherheit zum Ausdruck kamen, überwachte.

Die eigentümliche Ästhetik dieses Thinktanks, diese „Cold War Avant-Garde" ergab sich aus seinen innovativen Forschungstechniken. Unterstützt durch die Anforderungen der operationalen Analyse waren die von Wohlstetter und seinen Kollegen verfochtenen kollaborativen Methoden nun zur Lingua Franca der zeitgenössischen Universität geworden.

Wohlstetter war zu diesen Methoden durch sein frühes Interesse an experimenteller Semantik gekommen. Es ging darum, die Zeichen des Feindes zu lesen und Signale von Rauschen und Störgeräuschen zu unterscheiden. Seit Beginn seiner Karriere bei Rand war Wohlstetters Steckenpferd die relative

Mehrdeutigkeit von Zeichen – und die tödlichen Konsequenzen, die sich aus ihrer Fehlinterpretation ergeben konnten.

Er entwickelte ein Programm mit dem Namen „Fail-Safe", das zu einem Grundpfeiler der Verteidigung im Kalten Krieg wurde. Das Programm nutzte das Potenzial für Fehlinterpretationen und entwickelte eine Reihe von Kontrollen, um sicherzustellen, dass eine militärische Reaktion wirklich gerechtfertigt war.

Was passierte eigentlich, wenn etwas Unvorhergesehenes geschah? Wie konnten Sicherungen eingebaut werden, damit das System dann weiterlief? Wie konnten fehlgeleitete Codes und fehlerhafte Kommunikation eingedämmt werden? Das waren Fragen, die nicht nur für die Entwickler des Arpanet eine Rolle gespielt hatten, sondern auch für die Verteidigungspolitiker und Militärs der USA.

Die Eventualität der Verbreitung von Fehlinformationen wurde ein spezielles Genre der Verteidigungskunst. Parallel dazu adaptierten Wohlstetter und seine Frau Roberta ein Konzept aus der Informationstheorie, das sie in militärischen Begriffen weiterentwickelten: das Signal-Rausch-Verhältnis bei der Sammlung und Analyse von Geheimdienstdaten.

Denn scheinbar irrelevante Informationen waren nicht gleichbedeutend mit Fehlinformationen. Was auf den ersten Blick nur als Rauschen oder Lärm erscheinen mochte, musste deshalb immer noch als Nachricht behandelt werden. Kein Signal war jemals völlig eindeutig. Kein noch so geringfügiges Rauschen war eindeutiges Rauschen, denn es war immer möglich, dass irgendetwas davon ein Stück Information enthielt, das absichtlich oder zufällig verborgen war.

Claude Shannons Informationstheorie und in geringem Maße auch Norbert Wieners Kybernetik fanden hier eine weitere Anwendung. Die Frage, was „relevantes" und „irrelevantes" Material ausmachte, war in der Tat der Kern des interdisziplinären Unterfangens der Wohlstetters. Die ganzheitlich geschulte Methodik des Strategen ermöglichte eine größere Sensibilität für die Verhältnisse von Informationen bei der Produktion einer Botschaft.

Im visuellen Kontext könnte man solche Verhältnisse als „Figur-Grund-Relation" bezeichnen, wobei das Zusammenspiel von Vorder- und Hintergrund als ein sich gegenseitig konstituierender Prozess der Bedeutungsgebung analysiert wurde.

Ein eigentümlicher Nachhall solcher Dynamiken war in dem Text „On Some Problems in the Semiotics of Visual Art: Field and Vehicle in Image Signs" zu erkennen, den Meyer Schapiro 1969 veröffentlichte. Schapiro hatte seit den frühen 1960er Jahren Vorlesungen über Semiotik gehalten und sich schon lange vor dem Zweiten Weltkrieg intensiv mit Linguistik und Semantik und den angrenzenden Feldern beschäftigt. Sein Vorschlag, die Werkzeuge der Logik auf die kulturelle Produktion anzuwenden, kippte dort das Gleichgewicht und verschob es hin zu einer empirischen Suche nach Bedeutung und zu einer darauf aufbauenden Politik, die ihre Kontrolle als Information diktierte.

1962 bis 1963 war Schapiro Gast am Center for Advanced Study in Behavioral Sciences in Palo Alto, dem Sitz von Rand, wo er mit den wichtigsten amerikanischen Semiotikern jener Zeit zusammentraf.

Unterstützt von der Ford Foundation sollten hier modernste Ansätze für die Sozial- und Geisteswissenschaften entwickelt werden, wozu eine Reihe von Akademikern eingeladen wurde. Wohlstetters strategische Überlegungen waren Versuche, Zeichen relativ zu einer Welt von mehrdeutigen Signifikanten zu lesen und alle möglichen Kontingenzen in Bezug auf ihre Signifikation und Motivation zu berücksichtigen. Schapiros semiotische Untersuchungen dagegen griffen die Oszillation des Zeichens in der Welt der Kunst auf, um die Überdeterminationen der Ikonografie zu problematisieren.

Das beide Ansätze übergreifende und viele andere Disziplinen überwölbende Phänomen dieser Jahre aber war die Idee des Interdisziplinären. Rand selbst sah sich als Prototyp dieser Entwicklung. Dazu passte, dass der Thinktank auch der modernen Nachkriegskunst gegenüber eine ökumenische Haltung einnahm und experimentellen ästhetischen Praktiken seine institutionellen Weihen verlieh. Wie Brownlee Haydon, Assistent des Präsidenten von Rand in den späten 1960er Jahren, glaubten führende Vertreter von Rand, dass ihre Firma den kreativen modernen Künstlern etwas Besonderes zu bieten hatte: eine intellektuelle Atmosphäre und die Anregung, unter kreativen Menschen zu sein, die in vielen Disziplinen interdisziplinär und multimedial miteinander arbeiten konnten.

33 *Und so, wie der Pagad die erste Karte im Spiel ist, so ist der Mensch die erste Figur in seinem eignen Bilderbuch, sein*

eigner Doppelgänger: – der hebräische Buchstabe Aleph, der, nach der Form des Menschen gebaut, mit der einen Hand zum Himmel zeigt und mit der andern abwärts: das heißt also: ›So wie es oben ist, ist es auch unten; so wie es unten ist, ist es auch oben.‹

Kunst und Technik (V)

Während eine Reihe von Künstlern aus dem „Underground" oder der „Counterculture" Ende der 1960er Jahre begannen, mit den neuen technischen Geräten naiv und selbstbewusst drauflos zu experimentieren, schienen die schon anerkannten bildenden Künstler notorisch erfolglos bei ihren Versuchen, das zu nutzen, was als „elektronische Technologie der postindustriellen Kultur" bezeichnet wurde. Trotz der Millionen Dollar an Zuschüssen und privaten Spenden waren die sichtbaren Ergebnisse mittelmäßig oder katastrophal. Experimente mit Licht und Leuchtstoffröhren oder einfachen mechanischen Vorrichtungen, die auf ausbalancierten Kettengliedern basierten, wie von Alexander Calder, oder die maschinengetriebene Kunst der Roboter von Jean Tinguely, in deren Programm Fehler eingebaut waren, die am Ende die Figuren zerstörten, gehören zu den wenigen Kunstwerken, die heute überhaupt noch in Erinnerung sind.

In den 1960er Jahren befürchteten zudem einige Künstler und Kritiker, dass die Elektronik das Prestige der traditionellen Kunstmedien wie Malerei oder Bildhauerei zerstören würde. Das Gespenst einer von „Künstler-Ingenieuren" gesteuerten Kunstwelt erzeugte Unbehagen. Doch das waren nur einige verzagte Mahner angesichts einer machtvollen Revolution, die sich in allen Bereichen des öffentlichen Lebens ausbreitete und bald auch in die Ateliers der „professionellen" Künstler wie in die Museen und größeren Ausstellungshäuser drängte.

Denn die Ideen von Kybernetik und Systemtheorie zündeten nicht nur bei Firmen wie Bell Telephone Laboratories oder in den Forschungsinstituten des MIT, auch große Museen und Kunstvereine unterstützten Ausstellungen, Veranstaltungen und Programme, die Titel trugen wie „Nine Evenings", „The Machine as Seen at the End of the Mechanical Age", „Cybernetic Serendipity", „The Center for Advanced Visual Studies" oder

„Experiments in Art and Technology (E.A.T.)" und die es Künstlern ermöglichten, mit den neuen Techniken zu experimentieren.

Dazu gesellten sich Avantgardeprojekte wie die Bostoner Experimental-TV-Sender WNET und WGBH oder die Howard Wise Gallery in New York, aus der später das EAI, das Electronic Arts Intermix, hervorging und sich zu einem Spezialarchiv entwickelte, das frühe Videoarbeiten sowie Dokumentationen von Projekten sammelte, die sich mit „postindustrieller" Technologie beschäftigten.

Ende Juni 1964 eröffnete die 32. Internationale Biennale in Venedig, und die Kunstwerke von Robert Rauschenberg und Jasper Johns wurden mit Maschinen der US-Luftwaffe eingeflogen. Kurz darauf, im August 1964, traten die USA in den Vietnamkrieg ein, und die Maschinen der US-Luftwaffe wurden nun benötigt, um Bomben über Vietnam zu entladen. Dieser Krieg verblasste jedoch zunächst hinter dem medialen Blendwerk von Homestorys um die Kennedys, vor allem die bezaubernde Jacqueline „Jackie", oder Fotos von der kleinen Tochter, wie sie unter dem Schreibtisch ihres Vaters herumkrabbelte.

Die positivistische US-Soziologie hatte mit dem Schlagwort einer „Bereitschaft zu Modernität" und mit dem dazugehörigen wesentlichen Bezug auf Lifestyle-Aspekte etwas angeboten, dessen Potenzial sofort von der CIA begriffen, aufgegriffen und mithilfe der Medien zur Ablenkung vom hässlichen Krieg in Vietnam genutzt wurde.

Und die Kunst? Und die Künstler? Fragen zu ihrer Bereitschaft zur Modernität oder zum gerade begonnenen Krieg in Vietnam schien es vorerst noch nicht zu geben. Fragen und Kritik gab es eher zur Qualität der von den Sponsoren zur Verfügung gestellten Technik, die sehr unterschiedlich war und von den jeweiligen Firmen abhing.

9 Evenings und Experiments in Art and Technology zum Beispiel waren Projekte, die ein Ingenieur der Bell Telephone Laboratories angestoßen hatte, Billy Klüver.

Klüver war spezialisiert auf Laserforschung und hatte schon seit den späten 1950er Jahren als technischer Berater mit internationalen Künstlern zusammengearbeitet, so 1960 mit dem kinetischen Bildhauer Jean Tinguely an dessen *Homage to New York*, einer Maschine, die sich selbst zerstörte und im Garten des MoMA präsentiert wurde. Anschließend arbeitete Klüver mit an Robert Rauschenbergs Klangskulptur *Oracle* und

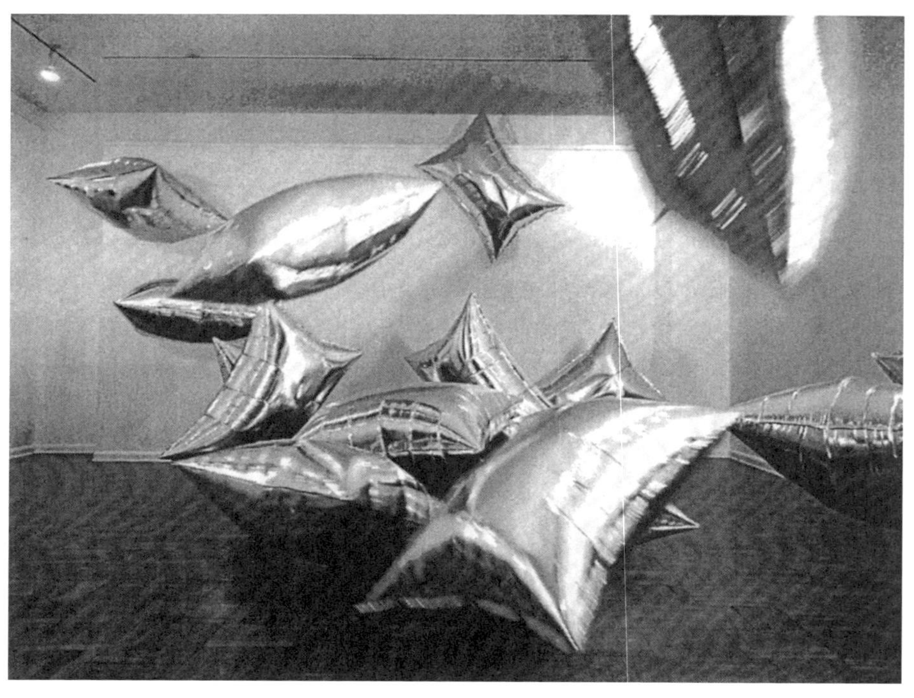

später mit Yvonne Rainer an ihrem Tanz in dem Stück *House of My Body*. Klüver war auch Mitarbeiter von John Cage und Merce Cunningham bei deren *Variations V*, 1964 bei Jasper Johns an dessen *Field Painting* und bei Andy Warhol an *Silver Clouds*.

1966 gründeten Billy Klüver, Robert Rauschenberg, Robert Whitman und Fred Waldhauer schließlich Experiments in Art and Technology Inc. (E.A.T.), eine gemeinnützige Dienstleistungsorganisation für Künstler und Ingenieure. Es ging um die technische Unterstützung einer Reihe von Mixed-Media-Performance-Events, bei denen zehn Künstler und 40 Ingenieure gemeinsam an Videoprojektionen arbeiteten.

Mit John Cage und Robert Rauschenberg organisierte Klüver im gleichen Jahr eine Reihe von Veranstaltungen, die als *9 Evenings: Theatre and Engineering* in der 69th Regiment Armory in New York stattfanden. Klüver hatte dafür mithilfe seiner prominenten Künstlerliste zahlreiche Mäzene und Sponsoren gewonnen, und jeder der neun Abende präsentierte ein oder zwei neu angefertigte Stücke. Das waren Multimediaproduktionen oder komplexe musikalische Kompositionen, die mit einer Reihe von externen Live-Quellen synchronisiert wurden. Die Künstler wurden durch die damals modernsten Geräte und Apparate wie Verstärker, Relaisdecoder, Tonsteuerungseinheiten und ein Steuerungsnetzwerk unterstützt, mit dem es möglich war, die Intensität von Lautstärke und Licht zu verändern, indem zum Beispiel eine Taschenlampe durch Fotozellen bewegt wurde.

Für einige Beobachter und Zuschauer waren die Vorführungen ein Experiment, das die frühen Ideen der Konstruktivisten und des Bauhaus fortschrieb, für andere waren es eher soziologische Experimente, da es „ein besonders perverses Publikum brauchte, um das Vorgeführte zu ertragen“, wie ein Kritiker schrieb.

Die Kooperation von Künstlern und Ingenieuren bei Experiments in Art and Technology war die Voraussetzung für die engen Verbindungen, die Klüvers Firma zu Unternehmen, Regierungsstellen und privaten Mäzenen aufbauen konnte. Die Technologie schien der Schlüssel zu sein, um alle möglichen Geldbörsen zu öffnen.

Einen Schritt weiter, allerdings nicht im technischen Sinn, sondern vor allem konzeptionell, ging eine Ausstellung, die im Sommer 1968 am Institute of Contemporary Arts in

London stattfand und erstmals sogenannte post-machine-Kunst vorstellte.

Der Titel der Ausstellung war *Cybernetic Serendipity*, kuratiert war sie von der polnischen Autorin und Kuratorin Jasia Reichardt. In den 1950er Jahren war sie stellvertretende Herausgeberin von *Art News and Review*, einer wöchentlichen Kunstzeitschrift, und von 1963 bis 1971 stellvertretende Direktorin des Institute of Contemporary Arts in London.

1968 kuratierte sie nicht nur die bahnbrechende Ausstellung *Cybernetic Serendipity*, sondern war auch Herausgeberin von *Cybernetic Serendipity: the Computer and the Arts*, einer Sonderausgabe des Magazins *Studio International*, die zur gleichen Zeit erschien. Die Ausstellung zeigte zahlreiche Experimente von Künstlern, die Rückkopplungen in Maschinen nutzten und Computerausdrucke von musikalischen Analysen, am Computer entworfene Choreografien und computergenerierte Texte und Gedichte vorstellten. Das Budget der Ausstellung war sehr gering, es gab keine Computer vor Ort, und ein Großteil der technischen Ausrüstung musste ausgeliehen werden.

Das Los Angeles County Museum of Art (LACMA) hatte ein Jahr zuvor, 1967, sein Art and Technology Program gestartet, das von den Kuratoren Maurice Tuchman und Jane Livingston initiiert wurde. Dieses Projekt, das nur am Rande mit den Aktivitäten des Museums zu tun hatte, sollte den Austausch zwischen Künstlern und der Unternehmenswelt fördern. Tuchman wählte kalifornische Unternehmen aus, die in der Lage waren, Kunstprojekte zu unterstützen, entweder durch finanzielle Zuwendungen an das Museum oder durch die Bereitstellung von technischem Fachwissen.

1967 wurde der Vorschlag des Museums für eine Unternehmenspartnerschaft offiziell an 250 Unternehmen geschickt. Die Partnerschaft war in fünf vom Museum angebotene Beitragskategorien gegliedert: Patron Sponsor, Sponsor Corporation, Contributing Sponsor, Service Corporation und Benefactor, die von einer Mindestspende von 7000 Dollar bis zu einem zwölfwöchigen Aufenthaltsprogramm im jeweiligen Unternehmen reichten.

Das Programm sollte für das wachsende Interesse der Künstler an Theorien, die vom Behaviorismus bis zur Systemtheorie und der Kybernetik reichten, interessante Angebote machen. Künstler sollten die Gelegenheit bekommen, mit Materialien zu experimentieren, die zwar in der Industrie verfügbar, aber für die Künstler noch unerreichbar waren – wie Laser, lumineszierende Flüssigkeiten, Holografie oder eben Computer.

Richard Serra realisierte zum Beispiel ein Projekt bei der Firma Kaiser Steel, Robert Irwin und James Turrell bei der Garrett Corporation und James Lee Byars beim Hudson Institute, einer Forschungsorganisation „zur Förderung der amerikanischen Führungsrolle für eine sichere, freie und wohlhabende Zukunft". Der Maler R.B. Kitaj erarbeitete eine Installation bei der Lockheed Corporation, einem Rüstungs- und Technologiekonzern, und ließ sich in die Technik des Zeichnens am Computer einführen. Und der deutsche Konzeptkünstler Hans Haacke schlug ein Programm mit dem Titel „Information Retrieval" vor, mit dem ein Computer durch Fragen und Auswertung der Antworten ein soziologisches Profil der Ausstellungsbesucher erstellen sollte (da alle für das Art and Technology Program zur Verfügung stehenden Computer schon im Einsatz waren, konnte Haackes Programm allerdings erst 1970 bei der *SOFTWARE*-Ausstellung im Jewish Museum realisiert werden).

Das Programm, das am Ende 40 High-Tech-Firmen in Los Angeles mit Künstlern von Andy Warhol über Jasper Johns bis Oyvind Fählstrom zusammenbrachte, zog auch die Rand Corporation zur Zusammenarbeit mit heran. Rand wurde angeboten, mit dem Künstler Larry Bell zusammenzuarbeiten.

Da die Partnerschaft mit Bell nicht funktionierte, sprang John Chamberlain ein. Chamberlains Interaktionen mit Mitarbeitern und Gästen der Rand-Studienprogramme beinhalteten die Vorführung von Filmen während des Mittagessens und die Befragung von Analysten auf der Terrasse der Stiftung, was später als Grundlage für ein konzeptuelles Werk – so etwas wie konkrete Poesie – namens *RAND PIECE* diente.

Dass solche Kollaborationen während des Vietnamkriegs, an dem Rand mit seinen taktischen Expertisen maßgeblich beteiligt war, stattfanden, blieb Künstlern und Kunstkritikern natürlich nicht verborgen. Deshalb war das Art and Technology Program auch Gegenstand heftiger Kritik, wobei die Zusammenarbeit zwischen Rand und vor allem dem LACMA als besonders sinnbildlich für diesen neuen militärisch-ästhetischen Komplex angesehen wurde. Die von einigen Kritikern als „Multi-Millionen-Dollar-Schwindel" verhöhnte Public-Relations-Kampagne sollte das zutiefst gestörte öffentliche Image der Institution Rand humanisieren.

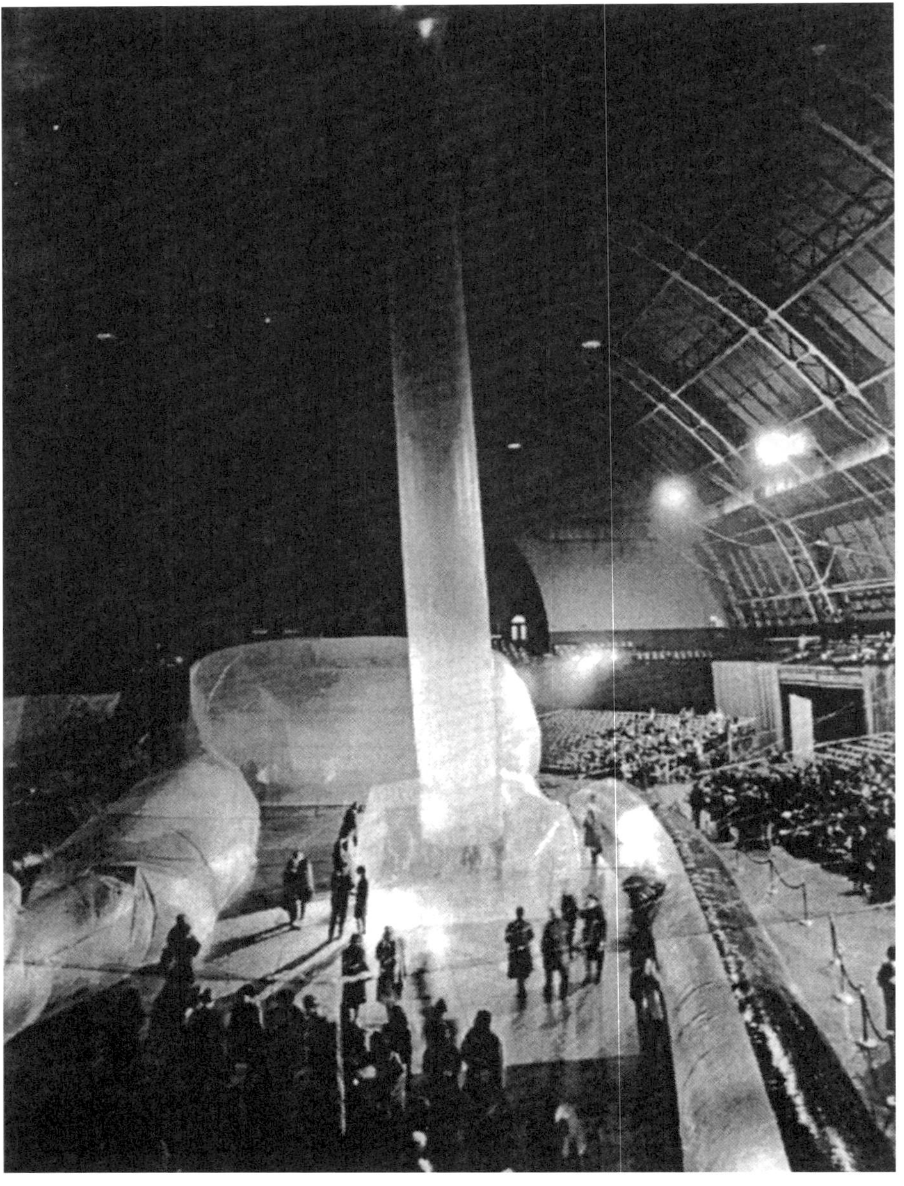

Aber etwas an dieser Beziehung zwischen Kunst, institutionellen Sponsoren und Empfängern von militärischen Aufträgen war auch strukturell kongruent mit den ureigenen methodischen Erkundungen des Thinktanks, deren zunehmend flexiblerer und interdisziplinärer Ansatz nun eben auch humanistische und künstlerische Bestrebungen einschließen konnte.

34 *Wissen Sie schon, der Golem geht wieder um? Neulich erst sprachen wir davon, wissen Sie noch? Die ganze Judenstadt ist auf. Einer hat ihn selbst gesehen, den Golem. Und wieder hat es, wie immer, mit einem Mord begonnen. – Ich horchte erstaunt auf: Ein Mord?*

Igloo White

Als sich der Krieg der USA in Vietnam immer weiter ausbreitete, war das Land bald das Experimentierfeld für ähnliche Geräte und technische Systeme, wie sie im Programm von Art and Technology als ästhetisch interessante, belustigende oder einfach wirr-unverständliche Exponate vorgeführt wurden. In Vietnam ging es jedoch um einen echten Krieg.

Etwa ein Drittel des nach Vietnam eingeführten Materials bestand aus elektronischer Kommunikationsausrüstung, und die gesamte südostasiatische Region wurde in diesen Jahren zum weltweit größten wissenschaftlich-technologischen Versuchslabor.

Im September 1964 hatten die nordvietnamesischen Befehlshaber damit begonnen, bewaffnete Kampftruppen über den Ho-Chi-Minh-Pfad nach Südvietnam zu schicken, da sie eine Besetzung Vietnams durch amerikanische Truppen erwarteten.

Die Operation „Igloo White“ war der amerikanische Versuch, diesen Pfad zu zerstören und den Transport von Nord- nach Südvietnam zu unterbrechen. Das Projekt war von zivilen Wissenschaftlern entwickelt worden, die im Auftrag des Militärs versuchten, eine hochtechnologische Verteidigungsstrategie als Ersatz für die in den USA immer unpopulärer werdende „Vergeltungs“-Bombenkampagne zu entwickeln.

Die Wissenschaftler gehörten zur JASON-Gruppe des Institute for Defense Analyses (IDA), einer Denkfabrik im Stil der Rand Corporation. Sie schlugen ein computergestütztes zentrales Befehlskontrollsystem als Grundlage für eine Barriere gegen die nordvietnamesischen Eindringlinge vor.

Mit chemischen Entlaubungsmitteln sollte eine zehn Meilen breite Schneise durch den Dschungel geschlagen werden, die sich quer durch Vietnam bis zur entmilitarisierten Zone ziehen sollte. Diese „elektronische Barriere“ sollte die Nordvietnamesen fernhalten.

Als Pflanzen getarnt, wurden Tausende Monitore in Laos abgesetzt, um die Geräusche von Lastwagen oder den Knall kleiner Kiesminen zu registrieren, die bei ihrer Auslösung ein unverwechselbares Geräusch erzeugten. Diese Sensoren waren wie Zweige, Dschungelpflanzen oder Tierkot geformt und sollten alle Arten menschlicher Aktivitäten aufspüren. Seismische Minen sollten auf Vibrationen im Boden reagieren, die durch Bewegungen entstanden. Infrarotsensoren maßen Wärmeschwankungen, „Urinschnüffler“ die Veränderungen in der Anzahl der vorhandenen Ammoniakmoleküle. Alle eingesetzten Geräte funkten diese Daten automatisch an Flugzeuge, die über dem Einsatzgebiet kreisten.

1968 war das größte Gebäude in Südostasien das Infiltration Surveillance Center (ISC) in Nakhon Phanom in Thailand, die Kommandozentrale der „Operation Igloo White“ der US Air Force. Im ISC blickten aufmerksame Techniker auf eine Reihe von Videobildschirmen, die von IBM-360/65-Computern gesteuert wurden und mit Tausenden von Sensoren verbunden waren, die über den Ho-Chi-Minh-Pfad im südlichen Laos verteilt waren. Wenn sie ein Signal auffingen, erschien es auf dem ICS-Display-Terminal in Hunderten von Kilometern Entfernung als ein sich bewegender weißer Wurm, der auf einem Kartengitter eingeblendet wurde.

Sobald die ISC-Computer die Richtung und die Geschwindigkeit der Bewegung des Wurms berechnen konnten, wurden die Koordinaten per Funk an die Phantom F-4-Jets übermittelt, die am Nachthimmel patrouillierten.

Das Navigationssystem und die Computer der Flugzeuge leiteten diese automatisch zu dem anzugreifenden Feld auf dem Planquadrat des Kartenrasters, und der Pilot konnte zusehen, wie der Dschungel unter ihm in Flammen aufging. Dann verschwand der Wurm wieder vom Bildschirm des ISC.

1967 wurde Robert Taylor, der Direktor der Arpa, nach Vietnam entsandt, um im Rang eines Brigadegenerals die Ursachen für die unübersichtliche und oft widersprüchliche Datenlage im Vietnamkrieg zu untersuchen, die in Washington Besorgnis ausgelöst hatte. Im Laufe mehrerer Reisen durch die Region baute er ein Computerzentrum in Saigon auf. Statt mehrerer Berichte erhielt das Weiße Haus in Washington nun nur noch einen Bericht täglich, der die aus ganz Vietnam, Thailand und Kambodscha zusammenlaufenden Nachrichten und Daten zusammenfasste.

Spieltheoretische Techniken im Stil der frühen Forschungen von John von Neumann und nun von Rand bildeten die konzeptionelle Grundlage für die Gesamtstrategie, in die solche Computerzentren eingebunden waren, und statistische Analysen lieferten das Messinstrument für die Effektivität des Einsatzes. Zudem hatten Praktiken des „System-Managements" durch die Weiterentwicklung von „Operations Research" und den Einsatz von Systemanalyse Eingang in den Werkzeugkasten der Strategen gefunden.

Die eingesetzten Computer hatten inzwischen eine solche technologische Reife erlangt, dass sie bei der Datenanalyse eine wichtige Rolle spielen konnten. Schließlich verband die formale Sprache der Statistik, des Systemdenkens und einer wissenschaftlichen Gesamtstrategie alle Elemente des Diskurses miteinander, um den Krieg unter Beachtung der Kategorien Kosten, Nutzen, Waffensysteme, Kredite und Schulden führen zu können.

Die numerische Analyse löste die militärische Erfahrung ab. Die neue Sprache interpretierte den Krieg anhand der Kategorien Spiel, Verhandlung, Ressourcen und Management. Was der Mathematiker John von Neumann 1944 in seinem Buch *Theory of Games and Economic Behavior* entwickelt hatte, wurde nun weitergedacht und perfektioniert. Krieg galt jetzt als ein rational zu lösendes Problem und nicht als ein Kampf, der seine Wurzeln in als hinfällig geltenden Gefühlen wie Patriotismus, dem Wunsch nach Gerechtigkeit oder gar Ressentiments gegen ausländische Interventionen hatte.

Die nun schon historischen SAGE-Zentren waren die Vorläufer des fensterlosen Infiltration Surveillance Center in Nakhon Phanom, das speziell für den Vietnamkrieg gebaut wurde. Das schwache blaue Licht der Konsolen beleuchtete damals die Innenräume, die sogenannten Blue Rooms, in denen die Soldaten Lichtpistolen verwendeten, um Blips auf den Videobildschirmen anzuklicken.

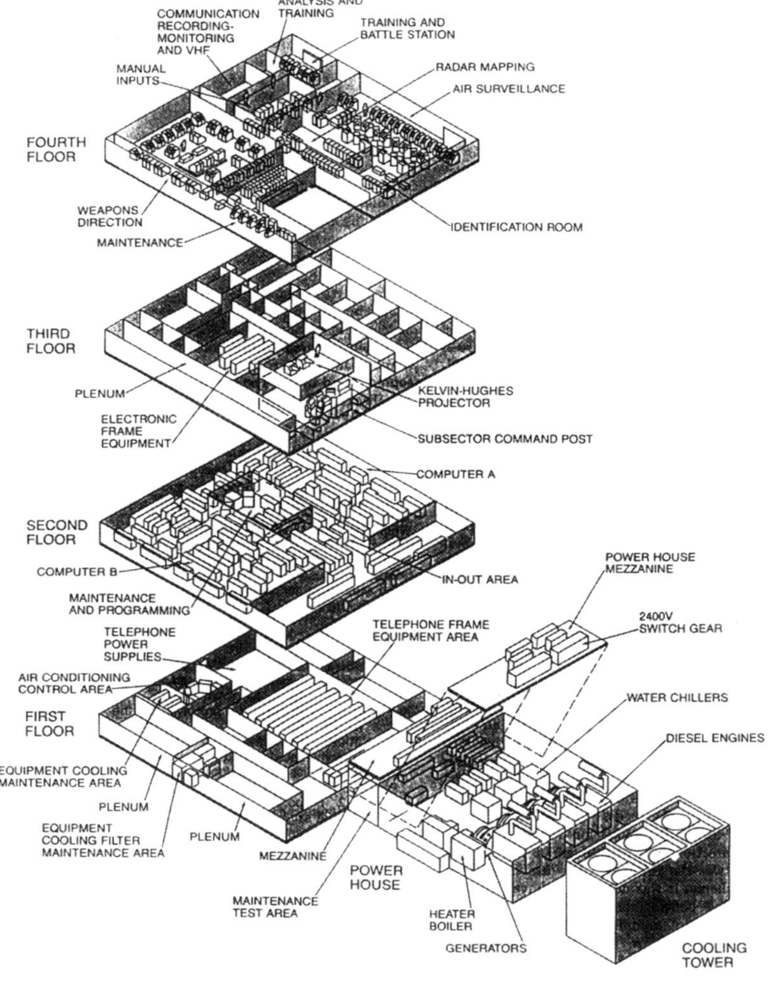
COMMUNICATION RECORDING-MONITORING AND VHF
ANALYSIS AND TRAINING
TRAINING AND BATTLE STATION
MANUAL INPUTS
RADAR MAPPING
AIR SURVEILLANCE
FOURTH FLOOR
WEAPONS DIRECTION
MAINTENANCE
IDENTIFICATION ROOM
THIRD FLOOR
PLENUM
ELECTRONIC FRAME EQUIPMENT
KELVIN-HUGHES PROJECTOR
SUBSECTOR COMMAND POST
COMPUTER A
SECOND FLOOR
COMPUTER B
MAINTENANCE AND PROGRAMMING
IN-OUT AREA
POWER HOUSE MEZZANINE
TELEPHONE POWER SUPPLIES
TELEPHONE FRAME EQUIPMENT AREA
2400V SWITCH GEAR
AIR CONDITIONING CONTROL AREA
FIRST FLOOR
WATER CHILLERS
DIESEL ENGINES
EQUIPMENT COOLING MAINTENANCE AREA
PLENUM
EQUIPMENT COOLING FILTER MAINTENANCE AREA
PLENUM
MEZZANINE
POWER HOUSE
MAINTENANCE TEST AREA
HEATER BOILER
GENERATORS
COOLING TOWER

Ein Bild des Magazins *Life* aus dem Jahr 1957 zeigte das seltsame blaue Leuchten der Szene im Inneren des Gebäudes sowie die unheimliche Ruhe der Schlacht als automatisierter Prozess für rationale und kühle Manager. Der riesige elektronische Computer, so *Life*, konnte Daten zusammenfassen und sie so klar darstellen, dass die Männer der Luftwaffe, die SAGE überwachten, ruhig in ihren seltsam beleuchteten Räumen sitzen und auf die Konsolen schauen konnten, während ihr Verstand frei blieb, um die notwendigen menschlichen Entscheidungen der Schlacht zu treffen und die Frage zu klären, wann und wo gekämpft werden sollte.

Die abstrakte elektronische Architektur der auf den Bildschirmen dargestellten Welt war der Vorbote des Infiltration Surveillance Center und der Virtuellen Realität des modernen elektronischen Schlachtfelds – und die Konsequenz der politischen Architektur einer in sich geschlossenen Welt, einer „closed world".

Und noch etwas war anders in diesem Vietnamkrieg. Die logistische Unterstützung war nun zentralisiert und wurde von den Vereinigten Staaten aus gesteuert. Das gigantische Ausmaß des Krieges und die logistischen Probleme, von Washington aus einen Krieg am anderen Ende der Welt zu führen, führten daher zu einem unstillbaren Bedarf an Informationen, die in Form von computerverarbeiteten Statistiken geliefert wurden. Die dafür benötigten Computer der Armee und der Luftwaffe waren in Anhängern untergebracht, die an Wohnmobile erinnerten und von Stützpunkt zu Stützpunkt transportiert werden konnten, um die von der Front eintreffenden Gefechtsberichte zu verarbeiten.

Doch Statistiken erwiesen sich am Ende nicht als geeigneter Ersatz für eine Strategie, und trotz des vermeintlichen Erfolgs in diesem Zahlenspiel gelang es der US-Luftwaffe nur, sich selbst vorzumachen, dass es funktionierte.

Im Grunde war es eine Camouflage, in der sich eine wohl durchdachte und wissenschaftlich zertifizierte Taktik zum bedeutungslosen Ritual entwickelte und den Sieg des Gegners nicht verhindern konnte.

Einerseits. Andererseits war dieser am Ende militärisch verlorene Krieg ein erfolgreicher Testlauf für die weitere wissenschaftlich-technischen Entwicklung, der so zu einem kräftigen weiteren Schub verholfen wurde.

35 *Langsam wurde mir endlich klar, daß ein seltsames Wesen vor mir stand – vielleicht schon, seit ich hier saß, dagestanden hatte – und mir die Hand hinstreckte: Ein graues, breitschultriges Geschöpf, in der Größe eines gedrungen gewachsenen Menschen, auf einen spiralförmig gedrehten Knotenstock aus weißem Holz gestützt. Wo der Kopf hätte sitzen müssen, konnte ich nur einen Nebelballen aus fahlem Dunst unterscheiden. Ein trüber Geruch nach Sandelholz und nassem Schiefer ging von der Erscheinung aus. Aber so sehr ich mich auch abmühte: der Dunst blieb unbeweglich. Wohl glückte es mir, Köpfe aller Art auf den Rumpf zu setzen, doch jedesmal wußte ich, daß sie nur meiner Einbildungskraft entstammten.*

Jewish Museum (VI)

Als Karl Katz 1969 in New York eintraf, um die Stelle als Direktor am Jewish Museum anzutreten, waren die Türen des Museums verschlossen und die Straßen voller Demonstranten gegen den Krieg in Vietnam. Tausende, darunter viele Künstler, protestierten gegen diesen Krieg, gegen Rassismus und Gewalt. Die Unruhe auf den Straßen und in den Medien erfasste auch die Museen.

Im Jewish Museum gab es aber noch andere Auseinandersetzungen. Der Streit um die Richtung, in die sich das Museum mit seinen Ausstellungen bewegen sollte, war durch die scheinbar salomonische Entscheidung, neben jüdischer Zeremonialkunst auch moderne Kunst zu zeigen, nicht erloschen. Denn es waren nicht nur Pädagogen, die im Jewish Museum mehr Menora und Thora-Exemplare sehen wollten. Neben dem vorwiegend jungen und an aktueller moderner, nicht nur jüdischer Kunst interessierten Publikum gab es eine andere Gruppe junger Leute, die sich lautstark für ein „jüdischeres“ Jewish Museum einsetzten.

Ein nachdrückliches Beispiel für diese Position landete im April 1970 auf dem Schreibtisch des neuen Direktors. Ein Comiczeichner namens Jerry Kirschen hatte eine Serie mit dem Titel *The Golem and the Dybbuk* gezeichnet.

Der Comic zeigte einen folkloristisch gestalteten Golem. Die schwerfällige mystische Kreatur machte sich daran, verschiedene Dinge für die Juden zu bauen. In einem Panel baute er eine jüdische philanthropische Organisation auf, die zu einer säkularen Organisation mutierte. Dann erbaute der Golem ein jüdisches Gemeindezentrum, das nicht die Thora, sondern das Korbflechten lehrte. Als Nächstes errichtete der Golem ein jüdisches Museum. Aber als die jüdischen Jugendlichen das Museum besuchten, waren sie verwirrt, weil der Golem die jüdische Kunst in den Keller und auf den Dachboden gestopft hatte und das Museum nutzte, um moderne Kunst und Filme mit Bezug auf die afroamerikanische Kultur und andere Gegenstände zu zeigen, die dem Zeitgeist entsprachen. Am Ende des Comics hatten die jungen Juden genug von den säkularen Konstruktionen des Golems. Sie ergriffen die Kreatur und radierten das erste Aleph von EMETh auf seiner Stirn aus. Was blieb, war METh (tot). Der Strip schloss: „And the golem withered and died!“ Und der Golem verkümmerte und starb.

Der Comic illustrierte eine Stimmung, die Katz ernstnehmen musste.

Doch ungeachtet des spürbaren Gegenwinds auch seitens einiger konservativer Kräfte im Vorstand des Museums verfolgte Katz weiter mit all seiner Energie eine Idee, die ihn seit seinen ersten Tagen als Direktor umtrieb: eine große Technologieausstellung.

Es gab zwar schon die Ausstellungen *The Machine as Seen at the End of the Mechanical Age* und *Information* im MoMA, die Aktivitäten von Art and Technology oder die von Jasia Reichardt kuratierte *Cybernetic-Serendipity*-Ausstellung am ICA in England, die Katz zunächst sogar ins Jewish Museum übernehmen wollte. Aber er hatte dann doch Vorbehalte gerade gegenüber dieser Ausstellung. Trotz der vielen Arbeiten, die mithilfe von Computern hergestellt wurden, wurde alles gezeigt, nur keine Computer selbst. In den späten 1960er Jahren hatte es noch nie eine große Ausstellung gegeben, in der Computer oder Systemtheorie in Verbindung mit Kunst in einer Galerie oder in einem Kunstmuseum gezeigt wurden. Der ehrgeizige Katz wollte aber eine bahnbrechende Arbeit leisten und erstmals Computer ins Museum bringen.

Doch wer war kompetent genug, sich sowohl in der aktuellen Kunst wie mit Computertechnologie und Systemtheorie auszukennen? Also lehnte Katz das Angebot für die Übernahme der ICA-Ausstellung ab und machte sich auf die Suche nach einem eigenen „Computergenie“.

Das fand er in dem Lichtkünstler, Kurator und Kunstkritiker Jack Burnham. Katz hatte im Guggenheim Museum einen Vortrag von Burnham über „Systemtheorie und zeitgenössische Kunst" gehört und ihm danach angeboten, im Jewish Museum eine Ausstellung zu machen. Burnham nahm an und bekam *carte blanche* – er hatte freie Hand beim Thema und der Auswahl der Künstler für die Ausstellung.

Burnham hatte einen Bachelor of Fine Arts (BFA) und einen Master of Fine Arts (MFA) der Yale School of Arts, deren Leiter der frühere Bauhaus-Meister und Leiter des Black Mountain College Josef Albers war.

Ab 1955 hatte Burnham als freier Bildhauer gearbeitet, später auch Experimente mit Licht gemacht. In den 1960er Jahren begann er an der Northwestern University in Illinois Kunstgeschichte zu unterrichten und war dort auch Dekan der Kunstabteilung. Hier arbeitete er mit Gustave Rath vom Fachbereich Ingenieurswesen zusammen und lernte dessen systemtheoretischen Ansatz kennen.

1952 war Nobert Wieners erstes Buch über Kybernetik erschienen. Im gleichen Jahr erschien *Design for a Brain* von W. Ross Ashby. Für Burnham, der sich immer schon für Mathematik interessiert hatte, waren das zwei der wichtigsten Bücher über die grundlegende Mathematik hinter der Kybernetik und der Feedback-Theorie. In seinem eigenen Buch *Beyond Modern Sculpture: The Effects of Science and Technology on the Sculpture of This Century* hatte Burnham den Vitalisten und der Biologie des 19. Jahrhunderts mehrere Kapitel gewidmet und beschrieben, wie diese die Bildhauerei des 20. Jahrhunderts beeinflusst hatten.

Nach dem Studium der Bücher von Wiener und Ashby war Burnham überzeugt, dass hier auf revolutionäre Art und Weise ein ganzer Bereich der Biologie erschlossen wurde, der sich auf besondere Art und Weise mit dem Nervensystem und nicht nur mit der Physiologie der Muscheln oder der Evolution von Weichtieren beschäftigte. Sondern mit Maschinen, die sich wie lebende Wesen verhielten, und mit Homöostaten, die fähig waren, sich ultrastabil auf neue Situationen einzustellen und wie ein Lebewesen selbstständig ihr Gleichgewicht zu finden.

Maschinen konnten also lernfähig gemacht werden, wie es Ashby in seinem Text „The Electronic Brain" vorauszuahnen schien. Und Burnham fand, dass Künstler sich dafür interes-

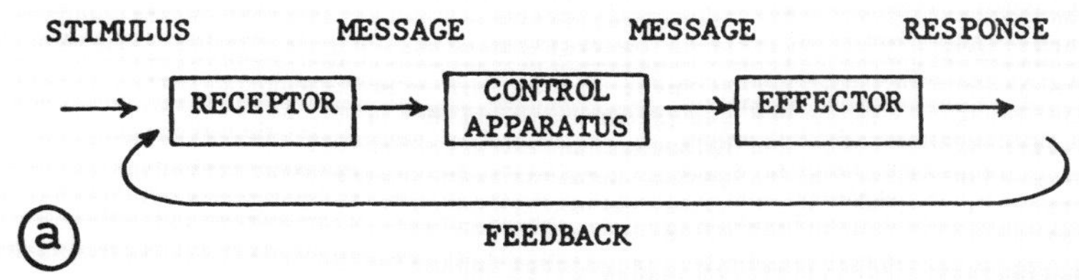

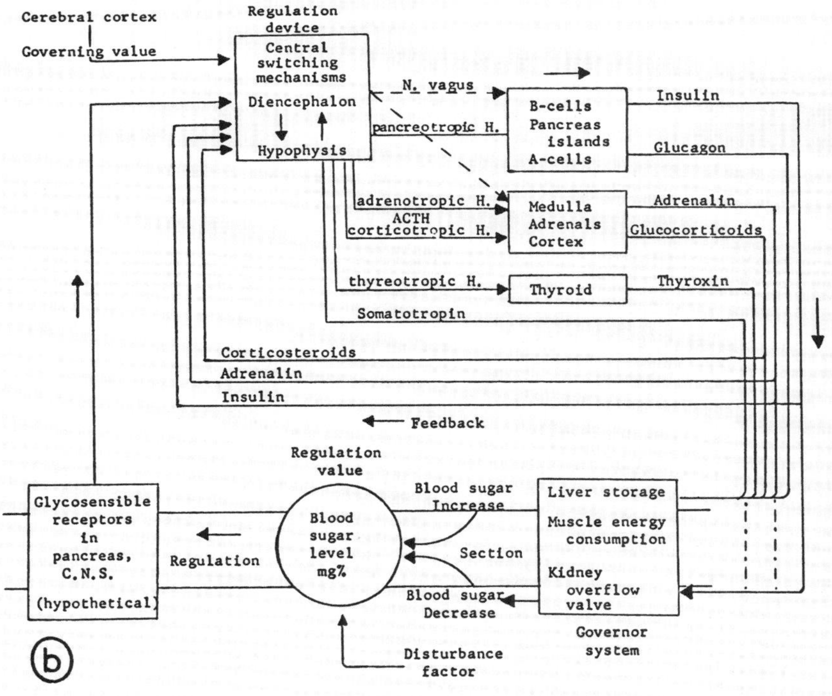

Cerebral cortex
Governing value
Regulation device
Central switching mechanisms
Diencephalon
Hypophysis
N. vagus
pancreotropic H.
B-cells
Pancreas islands
A-cells
Insulin
Glucagon
adrenotropic H.
ACTH
corticotropic H.
Medulla
Adrenals
Cortex
Adrenalin
Glucocorticoids
thyreotropic H.
Thyroid
Thyroxin
Somatotropin
Corticosteroids
Adrenalin
Insulin
Feedback
Regulation value
Glycosensible receptors in pancreas, C.N.S. (hypothetical)
Regulation
Blood sugar level mg%
Blood sugar Increase
Section
Blood sugar Decrease
Liver storage
Muscle energy consumption
Kidney overflow valve
Governor system
Disturbance factor
b

sieren müssten. Er fing an, Bücher über Gruppentheorie zu lesen, und war bald der Meinung, dass im Grunde genommen alles mit dieser Theorie und den damit einhergehenden Dingen wie Rekursionstheorie und der Suche nach Lösungsverfahren zusammenhing, die mit der Entwicklung der Computertechnologie in den 1960er Jahren bekannt und populär wurden.

Die Lösungsansätze von Wissenschaftlern und Künstlern schien sich zu ähneln, denn Künstler arbeiteten wie Schachspieler. Sie hatten eine Reihe von Regeln und recherchierten gründlich nach Wahrscheinlichkeiten, so wie Mathematiker die Methoden der Rekursionstheorie anwendeten und nach der besten Lösung suchten. Diese beiden Sphären wollte er nun zusammenbringen.

1968 war Burnham einer der ersten Fellows am von György Kepes geleiteten Center for Advanced Visual Studies am MIT. Er bot dort einen Kurs über „Systeme und Kunst" an, den er zusammen mit dem Systemingenieur Gustave Rath entwickelt hatte, und machte auch erste praktische Erfahrungen mit dem riesigen Time-Sharing-Computer von IBM, mit dessen Hilfe die Wissenschaftler versuchten, Sprachen für den Computer zu erfinden, um Programme zu entwickeln, mit denen sich der Aufbau von Bildern auf den Monitoren darstellen ließ.

Doch am Lincoln Lab des MIT war der Fellow Jack Burnham wie die anderen Stipendiaten zunächst ein „Objekt der Begierde" für die Wissenschaftler, die versuchten, von „ihren" Künstlern zu erfahren, wie ein Künstler und vor allem, wie dessen Gehirn arbeitete. Die Funktionsweise der Kreativität war eines der Schlüsselthemen am Lincoln Lab. Als Konnektionisten, also Vertreter eines Forschungsansatzes der kognitiven Psychologie, die sich mit der Verknüpfung neuronaler Elemente und mit der Art und Weise befasste, wie sich dadurch höhere Kognitionen, also eine bessere Aufnahme, Verarbeitung und Speicherung von Informationen darstellen und erklären ließen, versuchten sie herauszubekommen, wie Künstler an Probleme herangingen und diese zu lösen versuchten. Sie suchten nach den Synapsen, also den Orten, wo die Ideen verknüpft wurden.

Kunst schien wichtig für die Erkenntnisse, die der wissenschaftlichen Logik verschlossen blieben und für Vorstellungen von noch unerforschten Feldern der Sprache, die rein technisch orientierte Wissenschaftler oder Ingenieure nicht liefern konnten. Dabei nahmen sie in Kauf, dass die Künstler mit den Geräten und systemischen Ideen auch scheinbar nutzlose und sinnlose Späße trieben. Das war nicht nur unterhaltsam, sondern konnte ebenfalls beobachtet und analysiert werden und war möglicherweise sogar tauglich, um daraus Schlüsse zu ziehen. Wie entstand Fantasie? Wie konnte man Muster dieses Phänomens definieren, darstellen oder gar künstlich erzeugen?

Die naturwissenschaftlichen Disziplinen waren dabei auf die geisteswissenschaftlichen und künstlerischen Disziplinen angewiesen, denn Kreativität unterlag in den Naturwissenschaften strengen logischen Grenzen und ließ der Fantasie wenig Spielraum. Die Analyse eines Kunstwerkes als Schöpfungsakt konnte so vielleicht Wertvolles ans Licht bringen, hofften die Wissenschaftler. Sie interessierte die Beschreibung von Denk- und Gestaltungsprozessen eines Künstlers, der immer und immer wieder zu gleichen und unbewältigten Problemen zurückkehrte – und wie dessen Denkschleifen oft durch belanglose äußere Signale stets facettenreich evoziert wurden. Burnham und seine Künstlerkollegen aus dem Programm des MIT dienten am Lincoln Lab als kleine „stupid rats", die von Mathematikern wie Oliver Selfridge oder Jack Nolan, dem „Group Leader of the Computer Systems Division", betreut wurden.

Nolan war in den 1950er Jahren zum Labor gekommen, um an SAGE zu arbeiten, dem System von Radargeräten und Flugabwehrwaffen, das Nordamerika umspannte und das mit digitalen Computern betrieben wurde. In den 1960er Jahren arbeitete er an einem Kommunikationssystem, das alle Ebenen des Militärs in einem einzigen computergestützten Netzwerk verbinden sollte. Kepes hatte Nolan getroffen, um ihn für eine Zusammenarbeit mit dem Zentrum zu gewinnen. Nolan, selbst Hobbymaler, war an Kepes' interdisziplinärer Agenda interessiert und freute sich, an den Aktivitäten des Zentrums beteiligt zu werden, zum Beispiel in Seminaren, Studiengruppen – und nun eben auch mit der Betreuung von Burnham und anderen Stipendiaten.

Für Burnham war die Zeit am Lincoln Lab mit all den modernen Geräten und Systemen, die er da kennenlernte, eine Phase neuer Erfahrungen, die er nun nutzen wollte.

Deshalb stürzte er sich mit aller Energie in die neue Aufgabe, für das Jewish Museum das erste „computerized art environment" zu kuratieren. Er war sich sicher, dass die Zukunft computerisiert sein würde und die kommende Kunst in einer ästhetisch orientierten Technologie aufgehen müsse, die alle Aspekte des Lebens erfasste.

Burnhams Kurs „Systeme und Kunst“ am Lincoln Lab und seine Texte zur Ästhetik probten eine neue und revolutionäre Art, nicht nur Oberflächen und Räume zu denken und zu arrangieren, sondern sich auch grundsätzlich mit der Umsetzung von Kunstimpulsen in einer fortgeschrittenen technologischen Gesellschaft zu befassen.

Seinen Blick auf die Gesellschaft verfeinerte er in einem Artikel, der im September 1969 erschien: „Real Time Systems“. Hier beschrieb Burnham Künstler mit den Begriffen „Programme“ und „Unterprogramme“ (Unterprogramme waren ein Aspekt der Programmierung und der Softwarearchitektur), weil deren Arbeit ein archaisches Informationsverarbeitungssystem sei, das benötigt werde, um neue Codes vorzubereiten und Daten zu analysieren.

Kurz vor seinem Wechsel an das MIT zu György Kepes hatte Burnham in der Zeitschrift *Artforum* einen Artikel mit dem Titel „Systems Esthetics“ veröffentlicht, in dem er die Systemästhetik als *die* herausragende Form des zeitgenössischen Kunstschaffens hervorhob. In den folgenden Jahrzehnten sollte das, was Burnham 1968 „Systeme“ nannte, einige der bedeutendsten Entwicklungen in der aktuellen Kunst definieren. Der Code seiner Systemästhetik sollte sich wie ein Virus in die Kunstwelt einschleichen und das kulturelle Genom durchziehen. Seine Vorstellung von Kunst als einem disparaten, weitläufigen und doch regelgebundenen System, in dem sich Künstler, Händler, Käufer, Kuratoren, Institutionen, Kunstzeitschriften bewegten und zu einem sich immer weiter ausdehnenden Kunstwerk verwoben, das seine Grenzen ständig verschob, erweiterte und schließlich aufhob, galt 1968 als revolutionär.

Doch das Wort „System“ hatte 1968 vor dem Hintergrund des Vietnamkriegs auch eine negative Aura. Denn die offensichtliche Verstrickung der Systemtheorie in die Agenda des militärisch-industriellen Komplexes der USA hatte zu einer zweifelhaften Allianz von Kriegsspielen und Prozesskunst geführt. Die erste Fußnote in Burnhams Text „Systems Esthetics“ verwies interessanterweise auf die 1964 erschienene Publikation *Analysis for Military Decisions* der Rand Corporation.

Burnham wollte also einen neuen Ansatz für die Kunst begründen, dabei die „Objekthaftigkeit“ hinter sich lassen und

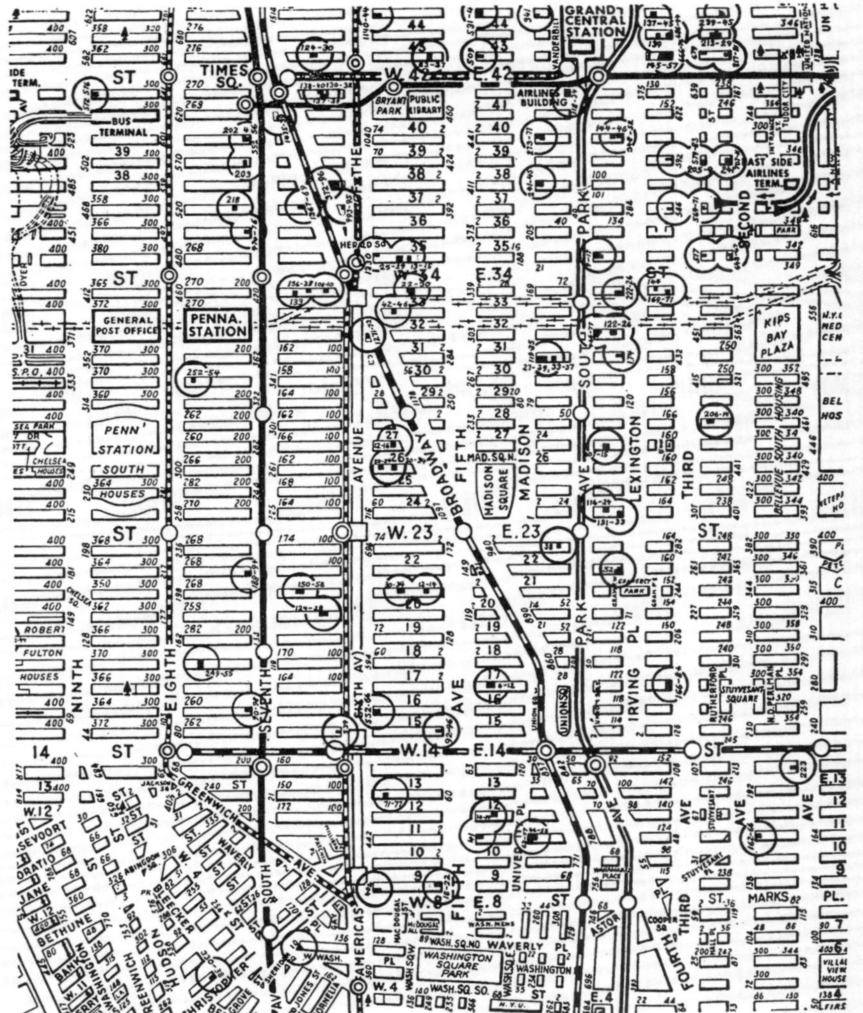
GRAND CENTRAL STATION
TIMES SQ.
W. 42
E. 42
BRYANT PARK
PUBLIC LIBRARY
AIRLINES BUILDING
VANDERBILT
BUS TERMINAL
EAST SIDE AIRLINES TERM.
TUDOR CITY
UNITED NATIONS
HERALD SQ.
W. 34
E. 34
GENERAL POST OFFICE
PENNA. STATION
PENN STATION SOUTH HOUSES
CHELSEA HOUSES
KIPS BAY PLAZA
BELLEVUE SOUTH HOUSING
MAD. SQ. N.
MADISON SQUARE
W. 23
E. 23
ST
GRAMERCY PARK
ROBERT FULTON HOUSES
UNION SQ.
STUYVESANT SQUARE
RUTHERFORD PL
W. 14
E. 14
GREENWICH AVE
WAVERLY
BLEECKER
HUDSON
CHRISTOPHER
BETHUNE
BANK
HORATIO
JANE
GANSEVOORT
PERRY
CHARLES
GROVE
BEDFORD
JONES ST
CORNELIA
UNIVERSITY PL
W. 8
E. 8
WASH. SQ. NO.
WASHINGTON SQUARE PARK
WASH. SQ. SO.
WASH. SQ. E.
WASHINGTON PL
W. 4
E. 4
N.Y.U.
ASTOR PL
COOPER SQ
ST. MARKS PL.
FOURTH AVE
THIRD AVE
SECOND AVE
NINTH
EIGHTH
SEVENTH
SEVENTH AVE SOUTH
SIXTH AVE
AVENUE OF THE AMERICAS
BROADWAY
FIFTH AVE
MADISON
PARK AVE SOUTH
PARK AVE
LEXINGTON
IRVING PL
VILLAGE VIEW HOUSES

sich auf die neueren Logiken einlassen, die er vor allem in Hans Haackes „offenen Systemen“ (die sich so sehr von der „kinetischen Kunst“ unterschieden) und anderen systembasierten interaktiven „Environments“ (die sich so sehr von den „Happenings“ unterschieden) beobachtete.

Kunst als theatralische und narrative Inszenierung, als Objekte der konventionellen und der Welt der Gegenstände verpflichtete Tafelbildmalerei oder als Bildhauerei mit einer Trennung von Skulptur und Sockel, wo sich die Objekte voneinander isolierten, lehnte Burnham rundheraus ab. Er favorisierte Systeme, die Phänomene provozierten und es dem Künstler zudem ermöglichten, die technische und psychische Distanz zwischen seinem künstlerischen Output und der Gesellschaft zu verringern. Dabei bestand ein Teil von Burnhams Agenda darin, den Künstlern Ziele zu setzen, die mit den in den Laboren der Firmen und Universitäten entwickelten Systemen (etwa bei IBM) konkurrieren konnten.

Doch in der Praxis war er sofort mit einer Reihe von Problemen konfrontiert. Mindestens zwei Drittel der bisher existierenden „Computerkunst“, die er sich anschaute, bestand aus Programmen, die existierende Kunststile simulierten. Der Computer wurde nur dazu benutzt, ästhetische Effekte zu kopieren, die mit „traditionellen“ Medien ebenso erzeugt werden konnten.

Burnham wollte auch keine Werke zeigen, die „künstlerische“ Formen bekannter Stile und Motive mithilfe von Computertechnologien lediglich reproduzierten – etwa an Mondrian orientierte Geometrien oder Holzformen, die mit einem vom Computer berechneten Programm auf einer Drehbank gedrechselt wurden. Der Computer in der Kunst hatte bisher weder etwas hervorgebracht, das die neuen ästhetischen wie wissenschaftlich-technischen Erfahrungen künstlerisch widerspiegelte, noch hatte er Neues, gar Eigenes hinzufügen können. Das wollte Burnham ändern.

Er wollte eine Museumsausstellung machen ohne Unterscheidung zwischen Kunst und Nicht-Kunst, in der die Besucher von Technologie inspirierte Arbeiten neben rein ästhetisch inspirierten Experimenten finden würden. Anstatt Klassifizierungen und Kategorisierungen vorzunehmen, würden alle ausgestellten Arbeiten auf den gleichen Fluchtpunkt verweisen: die technologische Zukunft. Burnham war sich sicher, dass die Technologie das menschliche Bewusstsein mehr verändern würde, als es die Kunst je vermocht hatte, und dass in nächster Zukunft mit dem Computer arbeitende Künstler gleichberechtigt neben Computerwissenschaftlern sitzen würden.

Burnham sah eine Bewegung in der Kunst, die sich von Objekten hin zu Systemen entwickelte, und diese Bewegung wollte er im Museum darstellen. Wenn seine Ausstellung die elektronisch unterstützte Software hervorhob, dann mussten die traditionellen „Hardware"-Requisiten der Kunst aus dem Blickfeld der Betrachter entfernt werden, vor allem die Überbleibsel von Malerei und der Bildhauerei. Seine Ausstellung sollte sowohl als „Echtzeitsystem" wie interaktiv funktionieren als auch sinnliche Unmittelbarkeit besitzen.

Jack Burnham entschloss sich, eine Ausstellung zu machen, die offen war für alle Formen der Informationsverarbeitung. Schon der Titel sollte sich von all den vorhergehenden Versuchen abgrenzen. Er nannte sein Vorhaben selbstbewusst: *SOFTWARE – Information technology: its new meaning for art.*

36 *Immer dieselbe Schädelbildung, wie auch der Typus zu wechseln schien, so stand es auf aus seinen Grüften, – mit glattem gescheiteltem Haar, gelocktem und kurz geschnittenem, mit Allongeperücken und in Ringe gezwängten Schöpfen – durch Jahrhunderte heran, bis die Züge mir bekannter und bekannter wurden und in ein letztes Gesicht zusammenflossen: – das Gesicht des Golem, mit dem die Kette meiner Ahnen abbrach.*

And Babies?

In den letzten Monaten des Jahres 1969 weitete Präsident Nixon die Bombardierungen in Vietnam und Kambodscha aus, worauf sich die Antikriegsproteste in den USA weiter verstärkten. Die Bilder der Gräueltaten amerikanischer Soldaten in Vietnam drangen jeden Abend in den Fernsehnachrichten und in den Berichten etablierter Zeitungen und Zeitschriften wie der *New York Times* oder *Life* in die Haushalte und Wohnzimmer der USA.

Für die „schweigende Mehrheit" – das waren mindestens 40 Millionen Amerikaner – waren die Network-News von *NBC* und *CBS* jeden Abend die einzige Quelle für nationale und internationale Nachrichten. Ein Höhepunkt in diesem TV-Spektakel waren die Berichte über das Massaker an den Bewohnern des Dorfes My Lai am 16. März 1968.

Leutnant William L. Calley hatte den Befehl, im Rahmen einer sogenannten Search and Destroy-Aktion mit seiner Truppe, dem 1. Platoon der C (Charlie) Kompanie, das Dorf zu durchsuchen, zu zerstören und alle Unterstützer des Vietcong zu töten. My Lai lag in einer Free-Fire-Zone und galt als eine Hochburg des Feindes.

Der amerikanische Studentenbund SDS (Students for a Democratic Society) veröffentlichte daraufhin ein umstrittenes Flugblatt mit dem Titel „You don't need a weatherman". Der Slogan stammte aus dem Song „Subterranean Homesick Blues" von Bob Dylan, in dem es heißt: „You don't need a weatherman to know which way the wind blows", womit Dylan dazu aufrief, den eigenen Gefühlen und dem eigenen Verstand zu vertrauen. Die Herausgeber erklärten sich in ihrem Flugblatt solidarisch mit den Kämpfern des Vietcong und der Black Panther Party for Self-Defense. Diese Vereinigung schwarzer Aktivisten war 1966 gegründet worden, um die Ideen von Malcolm X umzusetzen. Malcolm X war ein US-amerikanischer Bürgerrechtler und neben Martin Luther King einer der bekanntesten Anführer der Bürgerrechtsbewegung in den USA. Seine Ermordung 1965 hatte landesweit schwere Unruhen ausgelöst.

Der Streit im SDS um das Flugblatt endete mit der Abspaltung der Weathermen-Fraktion, die sich als „revolutionäre Organisation kommunistischer Männer und Frauen" verstand. Im Spätsommer 1969 starteten die Weathermen (später auch: Weather People, Weather Underground) sogenannte Highschool Jailbreaks. Die Aktionen sollten Highschool- und College-Studenten für die Bewegung gewinnen.

Inzwischen gingen das FBI und die Polizei brutal gegen die Panthers vor. Am 6. Dezember 1969 berichtete die *New York Times* über die Ermordung von Fred Hampton, dem Vorsitzenden der Black Panther Party aus Illinois, und Mark Clark, einem Anführer der Panther aus Peoria, durch die Polizei in Chicago. Das war der Auslöser für die Weathermen, 1970 dem Staatsapparat den Krieg zu erklären. Die Gruppe ging in den Untergrund und verübte in den folgenden Jahren eine Serie von Bombenanschlägen auf staatliche, vor allem militärische und polizeiliche Einrichtungen.

Zur systematischen Überwachung und Zerstörung von Organisationen, die das FBI als „subversiv" betrachtete, war

1956 das geheime COINTELPRO (Counter Intelligence Program) eingerichtet worden. Politisch als gefährlich eingestufte Gruppen und Einzelpersonen sollten überwacht, diskreditiert und zermürbt werden. Ins Visier gerieten nicht nur Mitglieder des US-Senats, die sich kritisch über den Einsatz der USA in Vietnam geäußert hatten, sondern vor allem auch die Bewegung gegen den Vietnamkrieg, linke Gruppen oder eben die Black Panther Party und die Weathermen. Die weitverbreitete antikommunistische Hysterie vermutete einen Zusammenhang zwischen radikalen linken Protestlern und ausländischen Geheimdiensten, insbesondere dem KGB.

Diese Wachsamkeit galt aber auch anderen, die als Gefährder der öffentlichen Ordnung eingeschätzt wurden, zum Beispiel den Gegnern einer technologischen Gesellschaft. Das waren Solitäre wie der Mathematikprofessor Ted Kaczynski (den das FBI 1994 als „Unabomber" verhaftete), der Ende der 1960er Jahre seine fundamentale Kritik an Technologie und Wissenschaft zu Papier brachte, die dann später unter dem Titel „Industrial Society and Its Future" (Die Industriegesellschaft und ihre Zukunft) in mehreren großen amerikanischen Zeitungen veröffentlicht wurde. 1969 war Ted Kaczynski allerdings noch ein außerhalb der Universität von Michigan unbekannter Juniorprofessor für Mathematik.

In seinem in diesen Jahren begonnenen Rachefeldzug gegen die Moderne hallte eine Fortschrittsskepsis und Modernismuskritik nach, die eine lang zurückreichende Geschichte hatte. Sie verband so unterschiedliche Akteure wie die englischen Ludditen oder die Katholische Kirche mit ihrem den Geistlichen abverlangten „Antimodernisteneid", die, so unterschiedlich ihre Motivation auch war, versuchten, sich gegen den Strom der Moderne zu stemmen.

Kaczynski hatte seine Moderne- und Technikkritik allerdings um die Beschreibung einer Schuld der liberalen Linken, der „leftists", an der Entwicklung der Moderne ergänzt, und sich dabei auch auf den französischen Soziologen und Theologen Jacques Ellul berufen. Ellul hatte in seinen Büchern *The Technological Society* (1954) und *Propaganda* (1962) in Teilen bereits beschrieben, was Kaczynski einige Jahre später als Thesen formulierte: Die Technik konstruiert eine Welt, die die Maschine braucht, und führt wieder eine Ordnung ein, wo die Maschine bei ihrem Tun Unordnung geschaffen hat. Die Technik, im Bund

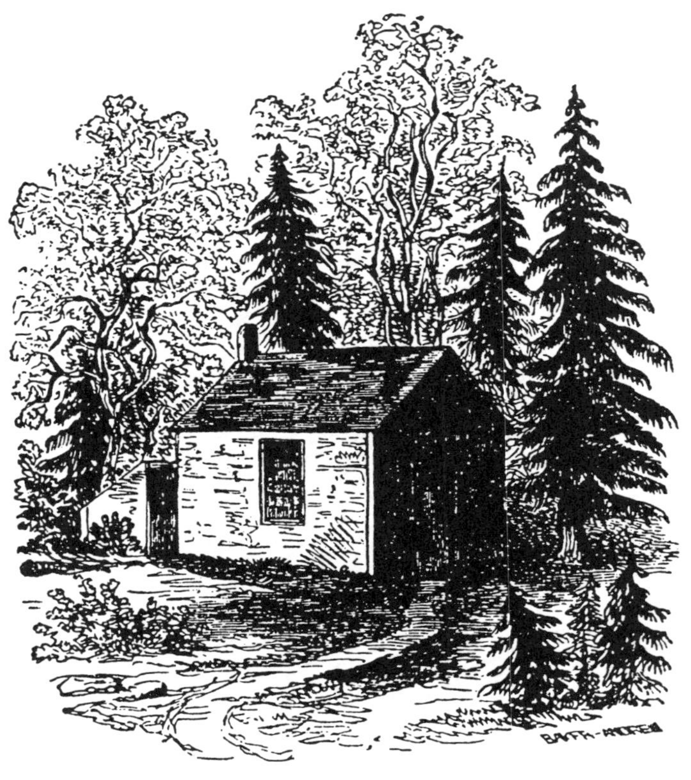

mit der Wissenschaft, klärt, ordnet und rationalisiert. Diese technische Rationalität war die Rationalität der Herrschaft, und deren Autonomie schien für Ellul wie Kaczynski eine Gefahr.

Denn auch in der Wildnis von Montana, wohin sich Kaczynski in eine selbstgebaute *cabin* zurückgezogen hatte, konnte er kein Leben ungestört von Technologie führen. Flugzeuge flogen in großer Nähe über ihn hinweg, im Winter fuhren Touristen mit Schneemobilen an seiner Hütte vorbei, der Lärm der Maschinen des Sägewerks auf dem Grundstück der Nachbarn störte ihn, und Hubschrauber von Bergbauunternehmen kreisten oft für Erkundungsflüge über den Wäldern, die er auf seinen Fußmärschen durchstreifte.

Für das FBI war Kaczynski lediglich ein „Krimineller", für andere dagegen ein Umweltschützer und Umweltaktivist. Diese Rolle erhielt er allerdings erst nach seiner Verhaftung durch seine Unterstützer. Das waren von der Situationistischen Internationale beeinflusste Künstlerinnen wie Lydia Eccles, Mitglied der „Church of Euthanasia" und Initiatorin der Wahlkampagne „Unabomber for President", ebenso wie der Neo-Primitivist John Zerzan, einer der Ideengeber für die „Battle of Seattle" beim WTO-Gipfel in Seattle, bei der sich 1999 die versammelten Punks, Anarchisten und militanten Ökosozialisten auf das Manifest des „Unabombers" beriefen.

All dem voraus gingen 1969 aber die Unruhen an den Universitäten der USA, wo das akademische Jahr in einem landesweiten Studentenstreik gegen die Invasion in Kambodscha gipfelte.

Am 12. Januar 1970 erschien in der Zeitschrift *The Nation* unter der Überschrift „Hippie als Nigger" ein Brief, der die Aufmerksamkeit auf zwei Mehrfachmorde lenkte.

Der eine Mord war das Massaker an den Vietnamesen in My Lai, der andere war der sogenannte Tate-Mord in Los Angeles am 9. August 1969. Die Schauspielerin Sharon Tate, zwei weitere Frauen und drei Männer waren in einem von Tates Ehemann, dem Filmregisseur Roman Polanski, gemieteten Haus brutal ermordet worden. Im Dezember kam es zu ersten Verhaftungen der sogenannten Manson Family, einer in der *New York Times* als nomadische Hippie-Bande beschriebenen Gruppe um Charles Manson.

Begriffe wie „Hippie", „Student", „Radikaler", „Wehrdienstverweigerer" oder „Gegenkultur" fanden nun in der Agenda der Regierung wie in den der Regierung nahestehenden Medien besondere Beachtung und schienen geeignet, von der Kritik am Krieg in Südostasien abzulenken. Die Gegner dieses Krieges wurden als eine Mischung aus unpatriotischem Pöbel, renitenten verwöhnten Bürgerkindern, militanten revolutionären Schwarzen und drogenabhängigen Anhängern östlicher Mystiker und Gurus dargestellt, die das Fundament der amerikanischen Gesellschaft gefährdeten.

Farbfotos des Massakers in My Lai waren erstmals in der Zeitschrift *Life* vom 5. Dezember 1969 landesweit zu sehen und wurden zu einem ikonischen Bild des Massakers und damit der Kriegsverbrechen der USA in Vietnam.

Ende 1969 verwendete die Art Workers' Coalition (AWC), eine Gruppe von Künstlern und Gegnern des Kriegs in Vietnam, eines dieser Fotos mit einem Textzitat aus einem Fernsehinterview, das Mike Wallace mit dem Soldaten Paul Meadlo am 24. November 1968 für CBS geführt hatte. Meadlo schilderte, wie seine Einheit mit automatischen Waffen wahllos die Dorfbewohner tötete, Frauen, Männer, Kinder, Babys. Entsetzt fragte der Reporter: Auch Babys? Auch Babys, antwortete Meadlo. Diesen Dialog – „Q.: And babies? A.: And babies." – setzten die Plakatgestalter auf ein Foto des Massakers, das die AWC zusammen mit Mitarbeitern des Museum of Modern Art, Arthur Drexler und Elizabeth Shaw, produzieren wollte.

Das MoMA hatte versprochen, das Plakat zu finanzieren und in Umlauf zu bringen. Die Botschaft war, dass Babys in Vietnam als feindliche Kombattanten behandelt wurden.

Am 18. Dezember 1969 war die Farbplatte für das Plakat fertig, und die Druckerei wartete auf die Genehmigung des MoMA für die endgültige Abnahme und Freigabe.

Das größte Gewicht im Kuratorium des MoMA hatte Nelson Rockefeller. Als er den Plakatentwurf sah, ging er an die Decke. Er und William S. Paley, Chef des Fernsehsenders CBS und ebenfalls ein wichtiger Sponsor des MoMA, waren entschiedene Befürworter der Kriegsanstrengungen der USA. Das MoMA zog nun seine Unterstützung für Druck und Veröffentlichung mit einer fadenscheinigen Begründung zurück.

Am 26. Dezember 1969 begann ein Basisnetzwerk von Künstlern, Studenten und Friedensaktivisten, das Plakat weltweit zu verbreiten. Es wurde bei Protestmärschen gegen den Vietnamkrieg in der ganzen Welt mitgeführt. Als weiteren Protest gegen die Entscheidung des MoMA, sich aus dem Projekt

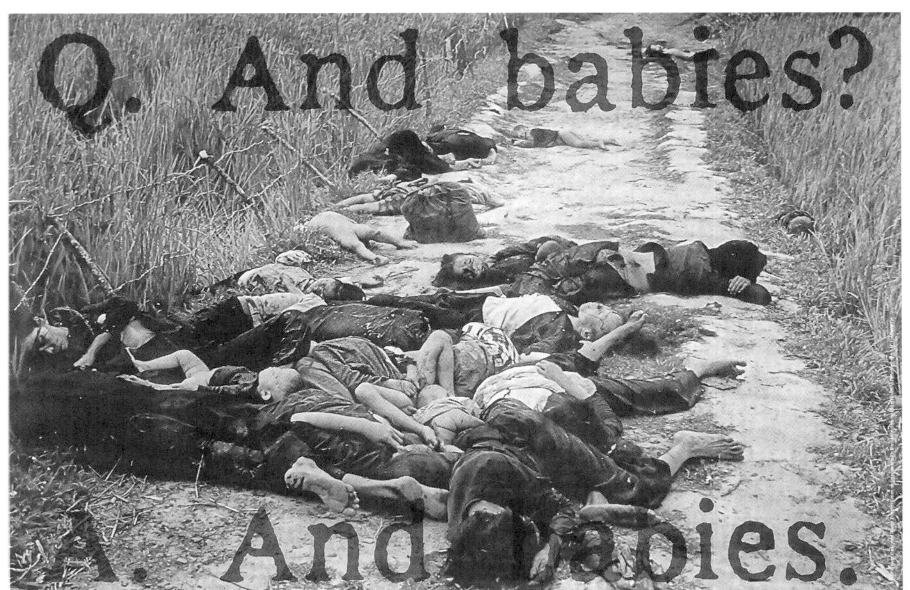
Q. And babies?
A. And babies.

zurückzuziehen, trugen Mitglieder der AWC Kopien des Plakats in das MoMA und entrollten sie vor Picassos 1937 geschaffenem Gemälde *Guernica*, das damals als Leihgabe der Rockefeller-Familie im MoMA hing. (Ein Mitglied der Gruppe kehrte 1974 noch einmal ins MoMa zurück und sprühte „KILL LIES ALL" in blutroter Farbe auf das Bild, um damit gegen die Begnadigung von William Calley zu protestieren. Nachdem dieser 1971 für seine Taten während des Massakers von My Lai zu einer lebenslangen Haftstrafe verurteilt worden war, hatte Präsident Nixon einen Tag später das Urteil in Hausarrest umgewandelt, 1974 wurde Calley schließlich vom United States Secretary of the Army begnadigt).

Um ihren Protest mehr Nachdruck zu verleihen, wollte die Art Workers Coalition zusätzlich einen offenen Brief mit der Bitte um Solidarisierung an Pablo Picasso schicken, in der Annahme, dass der Maler ihren Protest unterstützen würde. Denn Picasso galt als Kommunist und hatte sich schon im Dezember 1937 bei seinen Kollegen vom Zweiten Amerikanischen Künstlerkongress, einer Vereinigung kommunistischer Künstler, die sich auch für Solidarität mit der Spanischen Republik im Kampf gegen die Putschisten unter Franco einsetzten, telefonisch für deren Solidarität bedankt. Seit 1944 war er Mitglied der Kommunistischen Partei Frankreichs und hatte sich nicht nur für die sozialistische Bewegung, die Friedensbewegung und antikoloniale Befreiungskämpfe engagiert, sondern auch politische Bilder gemalt und Grafiken geschaffen, die in den Zeitungen der Kommunistischen Partei Frankreichs abgedruckt wurden.

Die AWC sah eine Parallele zwischen den Massakern und Vergeltungsaktionen der deutschen Wehrmacht und Waffen-SS im Zweiten Weltkrieg in Oradour und Lidice und den Taten der US-Soldaten in My Lai.

Im Februar 1970 verschickten die AWC und die Gruppe Artists and Writers Protest (AWP) Einladungen, in denen Mitglieder und Unterstützer aufgefordert wurden, den offenen Brief an Pablo Picasso zu unterschreiben: „Was die US-Regierung in Vietnam tut, geht weit über Oradour und Lidice hinaus. Die fortwährende Unterbringung von Guernica im MoMA in New York bedeutet, dass unser Establishment das moralische Recht hat, sich über die Verbrechen anderer zu empören, und unsere eigenen Verbrechen zu ignorieren. Amerikanische Künstler wollen

STALINE
le marxisme et la science
par F. JOLIOT-CURIE

LE marxisme, comme toute science, vit et se développe. Parler du marxisme comme science, parler du marxisme dans son développement, parler du marxisme vivant c'est, aujourd'hui comme il y a une semaine, lorsque l'homme extraordinaire que chacun de nous aimait et vénérait comme un maître, menait une activité inlassable, parler de marxisme vivant, c'est parler de Staline, c'est parler du stalinisme.

QUELLE SORTE DE SCIENCE EST LE MARXISME, DISENT D'AUCUNS, A QUEL DOMAINE S'APPLIQUE CETTE SCIENCE ?

« Le marxisme — répond Staline — c'est la science des lois du développement de la nature et de la société, la science de la révolution des masses opprimées et exploitées, la science de la victoire du socialisme dans tous les pays, la science de l'édification de la société communiste. »

LE marxisme est d'un grand intérêt pour le physicien, le chimiste ou le biologiste. Paul Langevin, en 1945, avait expliqué qu'il avait conscience de n'avoir bien compris l'histoire de la physique qu'à partir du moment où il avait eu connaissance des idées fondamentales du matérialisme dialectique.

Aucune science n'est achevée. Aucune ne peut se développer indépendamment des autres scien-

[...]gnasseurs, a souvent montré que le marxisme, comme toute science, ne peut rester à la même place, qu'il se développe et se perfectionne. « Le marxisme, écrit-il, ne peut manquer de s'enrichir d'expériences nouvelles et de connaissances nouvelles ; par conséquent, certaines de ses formules et de ses conclusions ne peuvent manquer de changer avec le temps, ne peuvent manquer d'être remplacées par des formules et des conclusions nouvelles qui correspondent aux nouvelles tâches théoriques. »

Et quelle est la méthode qui permet la mise au jour de ces nouvelles conclusions, le remplacement des formules périmées : c'est la lutte d'opinion, la liberté de critique sans lesquelles « il n'est point de science qui puisse se développer et prospérer ».

Staline a eu aussi l'immense mérite de critiquer impitoyablement tout abandon de la science et, en particulier, toute tentative de nier le caractère objectif des lois de la science. Son dernier ouvrage, « Les problèmes économiques du socialisme en Union Soviétique » contient des vues très fécondes auxquelles chacun de nous peut réfléchir et dont il tirera des règles d'action et de pensée pour sa propre discipline scientifique.

LA lecture des œuvres des maîtres du marxisme constitue un enseignement d'un

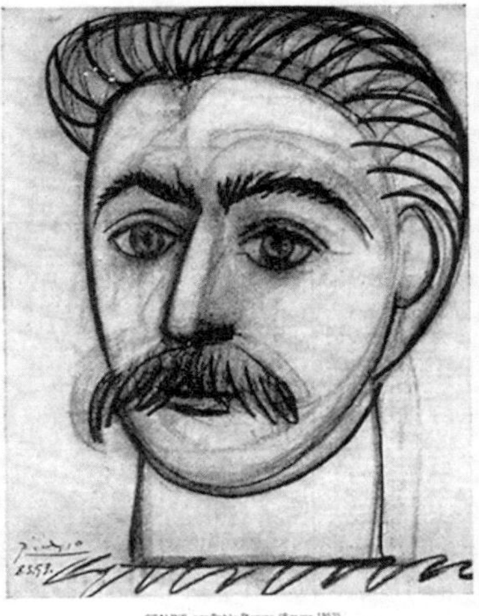

STALINE, par Pablo Picasso (8 mars 1953).

STALINE
et la FRANCE
par ARAGON

[illegible]

Je n'ai rien de plus profond à offrir...

[illegible]

ihre Stimme gegen die Hunderte von Oradours und Guernicas erheben, die sich in Vietnam abspielen. Angesichts von My Lai können wir nicht schweigen ... Sagen Sie den Direktoren und Treuhändern des MoMA in New York, dass Guernica dort nicht öffentlich zu sehen sein kann, solange amerikanische Truppen in Vietnam Völkermord begehen."

Doch hatte sich Picasso 1937 bei seinen amerikanischen Genossen am Telefon noch mit einem enthusiastischen „Salud – Picasso speaking" gemeldet, blieb 1970 unbekannt, ob der Brief Picasso erreicht hatte und ob der Maler jemals auf die Bitte reagierte.

Möglicherweise erinnerte er sich noch an die Unannehmlichkeiten und harschen Kritiken, die 1953 sein Porträt des jungen Stalin ausgelöst hatte. Als Stalin im März 1953 starb, schickte Louis Aragon, der die intellektuelle Wochenzeitung der KPF, *Les Lettres françaises*, leitete, ein Telegramm an Picasso mit dem Text: „Eine Zeichnung von dir wäre sehr willkommen." Der Maler ließ sich Fotos des verstorbenen Sowjetführers schicken und wählte eines aus dem Jahr 1903 aus, um ein stilisiertes Porträt des jungen Stalin mit dem Titel *Staline. À ta santé* (Auf deine Gesundheit, Stalin) anzufertigen. Die *Lettres françaises* erschienen am 12. März mit Picassos Porträt Stalins auf der Titelseite, eingerahmt von zwei unterwürfigen Huldigungsartikeln, einer von Frédéric Joliot-Curie mit dem Titel „Stalin, der Marxismus und die Wissenschaft", der andere von Louis Aragon unter der Überschrift „Stalin und Frankreich".

Die Zeichnung Picassos entfachte ein Drama um die politisch engagierten Avantgarde-Künstler, in dessen Verlauf sich Aragon dem stalinistischen Ritual von Kritik und Selbstkritik unterziehen musste. Damals war unklar, was Aragon und Picasso über die Verantwortung Stalins für die in der UdSSR verübten Verbrechen wussten. Klar war aber ihre Strategie, sich Türen und Wege offen zu lassen, statt sich eindeutig festzulegen.

Picasso sah sich zwar als „revolutionären" Künstler, ließ aber auch gelegentlich Vorsicht walten, was seine Positionierung im politischen Alltagsgeschäft betraf. War das der Grund, weshalb es 1970 von Picasso keine Reaktion auf den Brief der Art Workers' Coalition gab? War der Maler zu vorsichtig, es sich mit Großsammlern wie der Familie Rockefeller und Institutionen wie dem MoMA zu verderben?

Eindeutiger, nämlich klar ablehnend, war die Reaktion des Kunsthistorikers Meyer Schapiro, Autor wegweisender Bücher über das Werk von Picasso, der ebenfalls angefragt wurde, den Brief zu unterschreiben.

Schapiro antwortete am 27. Februar 1970 mit einer Absage. Eine Kopie schickte er an den Direktor des MoMA, Alfred Barr Jr. Schapiro beendete seinen Ablehnungsschreiben mit dem Vorwurf eines selbstgerechten Moralismus. Für Schapiro hatten Schulen, Universitäten und eben auch Museen eine zivilisatorische Autonomie, die gegen die Unlogik des Moralismus verteidigt werden musste, die er bei den Protestierenden sah.

Meyer Schapiro war nicht nur wegen seiner herausragenden Stellung in der amerikanischen Linken seit den 1930er Jahren, sondern unter anderem auch wegen seiner Unterstützung des Anti-Kriegs-Marsches auf Washington im Oktober 1967 angefragt worden. Seine Wurzeln und Aktivitäten etablierten ihn in der zahlenmäßig starken Gruppe New Yorker Intellektueller mit jüdischem Hintergrund, die, durchdrungen von den Traditionen revolutionärer Politik, oft als das Herz der traditionellen Linken in den USA bezeichnet wurden. Zu Schapiros Meriten gehörte auch, dass er als Akademiker an der New School for Social Research etabliert war, dabei war bei der Gründung des Ersten Amerikanischen Künstlerkongresses, der als Teil der Volksfront eingerichtet wurde, und in seinem Buch *The Social Bases of Art* eindringlich die Notwendigkeit beschrieben hatte, dass sich Künstler mit der revolutionären Arbeiterklasse verbündeten. Zu seinen Meriten gehörte auch, dass er auf Bitten Max Horkheimers 1943 nach Paris gereist war, um Walter Benjamin zur Emigration in die USA zu bewegen.

Schapiros Absage im Jahr 1970 ähnelte der Weigerung von Max Horkheimer und Theodor. W. Adorno im Jahr zuvor, sich den revoltierenden westdeutschen Studenten anzuschließen, um den revolutionären Gedanken endlich Taten folgen zu lassen. Wie die Väter der westdeutschen Studentenbewegung war Schapiro jedoch anscheinend in einer Abhängigkeit von den wirtschaftlichen und politischen Kräften eines Systems gefangen, dessen Schädlichkeit er zuvor, wie die beiden Frankfurter auch, in der nun vergangenen Sturm- und Drang-Phase so theoretisch wie brillant analysiert hatte.

Aus Schapiros „Ich will nicht“ sprach die Angst eines in der Bürgerlichkeit angekommenen Revolutionärs um die durch linke Aktionisten gefährdeten Errungenschaften und den institutionellen Status sowohl der Moderne im Allgemeinen wie des Museums und seiner Sponsoren im Besonderen.

Das Szenario ähnelte den Vorgängen in Frankfurt am Main, wo es wegen einer Besetzung des Instituts für Sozialforschung am 7. Januar 1969 zum Bruch der linken Studenten mit der Vaterfigur Adorno gekommen war. Adorno und seine Kollegen verfügten die Räumung durch die Polizei, nachdem sie zuvor eine Anzeige wegen Hausfriedensbruchs gestellt und, nach Meinung der Studenten, zur „Repression" gegriffen hatten. Adornos Schüler Hans-Jürgen Krahl als Anführer der Besetzung bekam einen Prozess. Vor Gericht hielt er Gericht über seinen Doktorvater Adorno und erklärte, dieser verfehle „die Bestimmtheit der bestimmten Negation". Für Hegel-Kenner war das ein Todesurteil.

Adorno, für den die Revolution mittlerweile eh in den Faschismus führte, hatte allerdings mehrfach seine Vorlesungen zu Diskussionsforen umfunktioniert und damit ein Modell geschaffen, auf das die Studenten meinten, bei passender Gelegenheit rekurrieren zu können. Denn die beiden remigrierten Frankfurter Adorno und Horkheimer hatten aus den USA nicht nur eine „Verwestlichung" nach Deutschland mitgebracht, sondern auch ihre Kritische Theorie, mit deren Hilfe sie einen Weg zur „Internalisierung" der deutschen Schuldfrage vorschlugen und die Beschäftigung mit dem Nationalsozialismus zu einer staatlichen, gesellschaftlichen und pädagogischen Daueraufgabe erklärten, an die jede Generation neu herangeführt werden müsse.

Spätestens seit 1959 war ihr Institut deshalb nicht nur die Führungsakademie einer jungen studentischen Intelligenz, die sich selbst als marxistisch-revolutionär empfand, sondern nach den Hakenkreuz-Schmierereien in westdeutschen Städten auch zum politisch gefragten Spezialisten für sozialpsychologische Fragen der „Vergangenheitsbewältigung" geworden. Adornos politisch-pädagogische Interventionen zur „Erziehung nach Auschwitz" wurden in den 1960er Jahren gar kanonisch. Darauf und auf den in den Anfängen der Kritischen Theorie entfachten Glauben, nur durch eine Revolution, und zwar eine marxistische Revolution, könne die Gesellschaft verändert werden, bezogen sich nun die rebellierenden Studenten.

Doch Adorno wie Horkheimer hatten sich längst in die Bürgerlichkeit verabschiedet und bangten nun um die institutionelle Unversehrtheit des Bestehenden. Das hieß: Kritische Theorie

– aber angepasste Praxis. Ihre Chuzpe, die Konsum- und Warengesellschaft mit Totalkritik zu überziehen und sich gleichzeitig komfortabel darin einzurichten, hatte Adorno und Horkheimer als Glasperlenspieler entlarvt. Beide glaubten durchschaut zu haben, dass Reformen (oder gar eine „Revolution", wie sie sich die Studenten nun wünschten) nur die Macht des Bestehenden verstärken und damit gefährlich, weil mythologisierend wirken würden – und dass man, zumindest sie selbst, doch eigentlich komfortabel in der besten aller möglichen Welten lebten.

War es in Westdeutschland die Universität, so war es in den USA das Museum, das in die Kritik geriet. Einige der protestierenden Aktivisten, Künstler, Studenten und Intellektuellen hielten es für notwendig, auf die konkreten politischen und finanziellen Interessen von Sponsoren am Vietnamkrieg und deren Verbindung zur Kunstwelt, verkörpert durch das MoMA, hinzuweisen. In einem Manifest wurde auf die konkreten Geschäftsinteressen der Rockefellers am Krieg in Vietnam aufmerksam gemacht, die durch ihre führende Rolle im Banken- und Ölgeschäft einen großen Prozentsatz der Unternehmen kontrollierten, die zu den größten Kriegsgewinnlern am Vietnamkrieg gehörten.

Die Weigerung des MoMA, die Herstellung und Verbreitung des My-Lai-Plakats zu unterstützen und sich damit gegen seine mächtigen Sponsoren und Geldgeber zu stellen, führte dazu, dass vor dem MoMA Streikposten aufzogen. Das Museum als Institution eines „verbrecherischen Staates" war in die Schusslinie geraten. Die Art und Methoden des Krieges waren öffentlich geworden, auch die technischen Geräte und Systeme, mit denen dieser Krieg geführt wurde. Das war die Situation kurz vor der Eröffnung der Ausstellung von Karl Katz und Jack Burnham im Jewish Museum. Wie würden die eingeladenen Künstler auf diese Situation reagieren?

37 *Ich kletterte auf einen Erdhügel; tief unter mir lief ein schwarzer, gemauerter Gang die ehemalige Gasse entlang. Ich schaute empor: wie riesige Bienenzellen hingen die bloßgelegten Wohnräume nebeneinander in der Luft, halb vom Fackelschein, halb von dem trüben Mondlicht beschienen. Über eine Stunde lang watete ich durch Schuttfelder, balancierte über schwankende Bretter und kroch unter Querbalken durch, die die Straßen versperrten. Das ganze*

Judenviertel war eine einzige Steinwüste, als hätte ein Erdbeben die Stadt zerstört.

Jewish Museum (VII)

Am 16. September 1970 eröffnete das Jewish Museum die Ausstellung *SOFTWARE – Information technology: its new meaning for art*. Nach Ende der Ausstellung sollte das Smithsonian Museum in Washington die Schau übernehmen.

Den Verkauf von Konzept und Zielen der Ausstellung übernahm die Public-Relations-Agentur Ruder Finn Arts & Communications Counselors (RF A&CC), eine der ältesten und größten PR- und Marketing-Agenturen der Welt, die sich seit ihrer Gründung 1948 auf Marketing und Sponsoring im Bereich der bildenden und darstellenden Künste spezialisiert hatte. David Finn, der damals nach Jerusalem gereist war, um Katz für die Direktion des Jewish Museum zu gewinnen, war selbst Bildhauer und suchte sich Mitarbeiter auch im Kunstbereich, etwa bei der American Federation of Arts.

Hauptsponsor der Ausstellung war, vermittelt durch die Agentur Ruder & Finn, die American Motors Corporation. Unterstützung kam noch von kleineren Computerfirmen, die sich auf Design für Software spezialisiert hatten, und von verschiedenen Universitäten, die mit Computern arbeiteten.

Technischer Berater der Ausstellung war Ted Nelson („our bodies are the hardware, our feelings are the software"), der erstmals ein Hypertext-System unter dem Titel „Labyrinth: An Interactive Catalogue" öffentlich vorstellte, das von Scott Bradners Art & Technology in Boston und der Digital Equipment Corporation mit einem PDP-8-Computer unterstützt wurde.

Nelson, ein Verehrer von Vannevar Bush, dem Regierungsberater für Technologie im Zweiten Weltkrieg und „Godfather of Information Science" am MIT, galt als Visionär einer Kultur des Hypertextes. Der von ihm geschaffene Begriff „Hyperlink" war inspiriert von Bushs Aufsatz „As We May Think", der beschrieb, wie man mit einer auf Mikrofilm basierenden Maschine, dem Memex, zwei beliebige Informationsseiten zu einem „Pfad" verwandter Informationen verknüpfen und dann zwischen den Seiten vor- und zurückblättern konnte, als befänden sie sich auf einer einzigen Mikrofilmrolle.

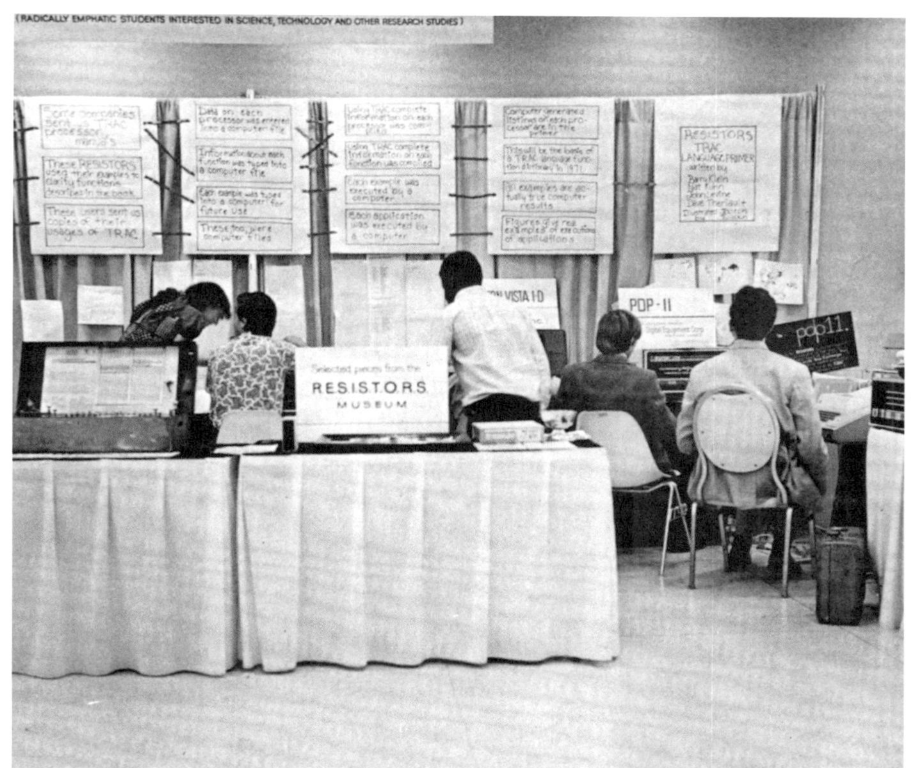

(RADICALLY EMPHATIC STUDENTS INTERESTED IN SCIENCE, TECHNOLOGY AND OTHER RESEARCH STUDIES)
These RESISTORS
These users sent us copies of their usages of TRAC
Information about each function was typed into a computer file
Each example was typed into a computer for future use
These too, were computer files
Each example was executed by a computer
Each application was executed by a computer
results
RESISTORS
TRAC
LANGUAGE PRIMER
written by
Selected pieces from the
R.E.S.I.S.T.O.R.S.
MUSEUM
VISTA I-D
PDP-11
pdp11

Der Text von Bush galt als die erste Beschreibung einer informationsverarbeitenden Maschine, die zu einem persönlichen Werkzeug wurde, und als Konzept einer Computer-Mensch-Interaktion. Nelson übertrug Bushs Konzept des automatischen Querverweises nun auf den Computer und prophezeite die künftige Vernetzung von lokalen Rechnern zu weltweit verfügbaren Computernetzwerken.

Weitere Arbeiten stammten von Vito Acconci, David Antin, John Baldessari, Robert Barry, Scott Bradner, Agnes Denes, Douglas Huebler, Joseph Kosuth, Lawrence Weiner, Ned Woodman, Hans Haacke und Nam June Paik. Allen Radszow und Paul Conly zeigten *Composer*, Allan Kaprow eine Dokumentation seiner Arbeit mit dem Titel *Work. A Happening*, Les Levine *Systems Burn-off X Residual Software*, und der Performancekünstler und Dichter John Giorno, ein Avantgardist der Found Poetry und der Konzeptkunst, zeigte seine bekannte Arbeit *Dial-A-Poem*, bei der man eine Telefonnummer wählen konnte, um sich ein Gedicht vorlesen zu lassen.

Aufsehen erregte die Einladung an die R.E.S.I.S.T.O.R.S., einen der ersten Computerclubs für Schüler und Studenten in den USA aus Hopewell, New Jersey. Der Club wurde 1967 gegründet und stand unter der Anleitung eines Ingenieurs des Western Electric Research Center in Princeton, New Jersey. Der vollständige Name der Gruppe lautete Radically Emphatic Students Interested in Science, Technology, and Other Research Studies (Radikal empathische Studenten, die sich für Wissenschaft, Technologie und andere Forschungsgebiete interessieren).

Die beiden Grundsätze der Gruppe waren „Hands on" – im Gegensatz zur „Hands off"-Politik der meisten Museen – und „Each one teach one", das heißt, wenn man etwas gelernt hatte, sollte man bereit sein, es seinerseits weiterzugeben. Die Gruppe hatte schon auf mehreren Computermessen ausgestellt, zum Beispiel auf der *1968 Spring Joint Computer Conference* in Atlantic City. Ted Nelson hatte die Gruppe entdeckt und Burnham vorgeschlagen, die noch unbekannten R.E.S.I.S.T.O.R.S. einzuladen.

Die Projekte der an der Ausstellung beteiligten Ingenieure und Informatiker konzentrierten sich auf die Funktionen technischer Komponenten, so etwa der *Boolean Image-Conceptual Typewriter* von Carl Fernbach-Flarsheim, ein Gerät, das digitale Bilder produzierte.

Andere Projekte luden den Betrachter ein, mit den Exponaten zu interagieren, um die „Neutralität“ des Museums zu kritisieren, etwa *The Conversationalist* von David Antin, bei dem der Betrachter eine Geschichte erzählte, die von einem Wort aus der Geschichte eines anderen Teilnehmers inspiriert war, so dass sich eine diskursive Kette bildete.

Hans Haacke zeigte *Visitors' Profile*, einen Datencompiler, der Statistiken auf der Grundlage von Antworten erstellte, die Museumsbesucher auf Fragen des Künstlers gegeben hatten. Der Monitor war verbunden mit einem Computer, mithilfe einer Tastatur konnten Besucher die Fragen beantworten. Diese waren in zwei Kategorien eingeteilt, etwa zu Alter, Bildung, Einkommen, Geschlecht, oder der Befragte konnte seine Ansichten zu bestimmten Problemen äußern. Der Computer mischte dann diese Daten mit denen anderer Besucher und machte daraus eine statistische Erhebung. Das Ergebnis wurde in Form von Tabellen ausgedruckt, die die Antworten und auch den demoskopischen Hintergrund der Besucher enthielten. Der Computer macht es möglich, diese Ausdrucke sofort zu erhalten. Alles war sofort auf einer großen Leinwand zu sehen, und so ergab sich, wieder mit Unterstützung der Firmen Art & Technology Boston und Digital Equipment Corporation, ein vermeintlich statistisches Profil der Ausstellungsbesucher in Echtzeit. Hans Haacke zeigte auch noch die Installation *News*, bei der lokale, nationale und internationale Nachrichten von Nachrichtenagenturen in die Ausstellung gesendet wurden und die Besucher zur gleichen Zeit erreichten wie die professionellen Nutzer der Nachrichtenagenturen.

Computer und Hypertextsysteme tauchten hier zum ersten Mal deutlich sichtbar jenseits der mit dem Schild „streng geheim“ versehenen Labortüren auf und verliehen den neuen Technologien die Aura der Kunst und vor allem des Nicht-Militärischen.

Die gesamte Ausstellungskonzeption war beeinflusst von Kybernetik und einem systemischen Denken, das die Welt als ein Über-System aus vielen kleinen miteinander interagierenden Sub-Systemen ansah. Auch Kunst erschien nun als ein Informationssystem und sollte aktiver Mitspieler bei der Entwicklung von Methoden der Modellbildung und von visuellen Konzepten für die statistische Beschreibung von kulturellem und sozialem Verhalten sein.

Begriffe wie Interaktivität, De-Materialisierung, Simulation und Digitalisierung versprachen eine neue Welt, in der

Sprache zirkulär sein würde und aus Wahrheit Wahrscheinlichkeit – und aus der Realität eine bloße Konstruktion werden würde.

Hans Haacke und Jack Burnham hatten gemeinsam Bücher und Theorien von Norbert Wiener und dem ungarischen Biologen Ludwig von Bertalanffy studiert. Für beide war Systemtheorie nicht nur ein Instrument der Militärs und des Verteidigungsministeriums unter Robert McNamara, sondern auch eine Möglichkeit, das System der Galerien, Kunsthändler und Museen zu analysieren, die Geschäfte mit Künstlern und deren Kunst machten. Künstler konnten ihrer Meinung nach die Systemtheorie nutzen, um die Geschäftspraktiken und die Philosophie der Galerien und der Verwaltung von Museen zu analysieren und daraus ein Kunstwerk über den Kunstbetrieb zu machen.

Kunst schien nicht mehr nur eine Ansammlung von einzelnen „Objekten“ zu sein, sondern war ein System, und Haacke und Burnham sahen sich eher als Künstler-Soziologen, die Kultur aus verschiedenen Blickwinkeln betrachteten und analysierten.

Zu dieser Zeit gab es eine Faszination für die systemische Anthropologie, mit der Ausgrabungen und Fundstücke betrachtet wurden. Man begann, diese Ensembles, freigelegten Anlagen und Fragmente auch im Zusammenhang mit der sie umgebenden Ökologie zu sehen, mit der Wasserversorgung, mit dem das Fragment umgebenden Wald oder mit den Tieren darin. Man begann, nach Orten zu suchen, an denen Gräber waren, an denen in früheren Zeiten die Dorfbewohner die Geister beschworen hatten, um zu verstehen, wie die Gesellschaft eines primitiven Dorfes organisiert war.

Hans Haacke hatte zuvor in den frühen 1960er Jahren mit Systemen in verschiedenen Wetterkästen gearbeitet, mit Schwerkraftröhren und Kondensationswürfeln, mit luftgetragenen Bändern und Segeln, Eiskonstruktionen, hydraulischen Systemen, Dampfgeneratoren, Pflanzenwuchs und tierischen Ökologien.

Er hatte auch einem Vogel Sprachunterricht erteilt. Der sollte sagen: „All systems go!“ Der Vogel hieß Norbert, eine Anspielung auf Norbert Wiener. Die Phrase „All systems go!“, während des Weltraumwettlaufs in den 1960er Jahren entstanden, wurde zunächst für die Systeme verwendet, die den Start von Raketen kontrollierten. „Alle Systeme sind startklar“ bedeutete, dass die Rakete startbereit war: Jetzt ging’s los.

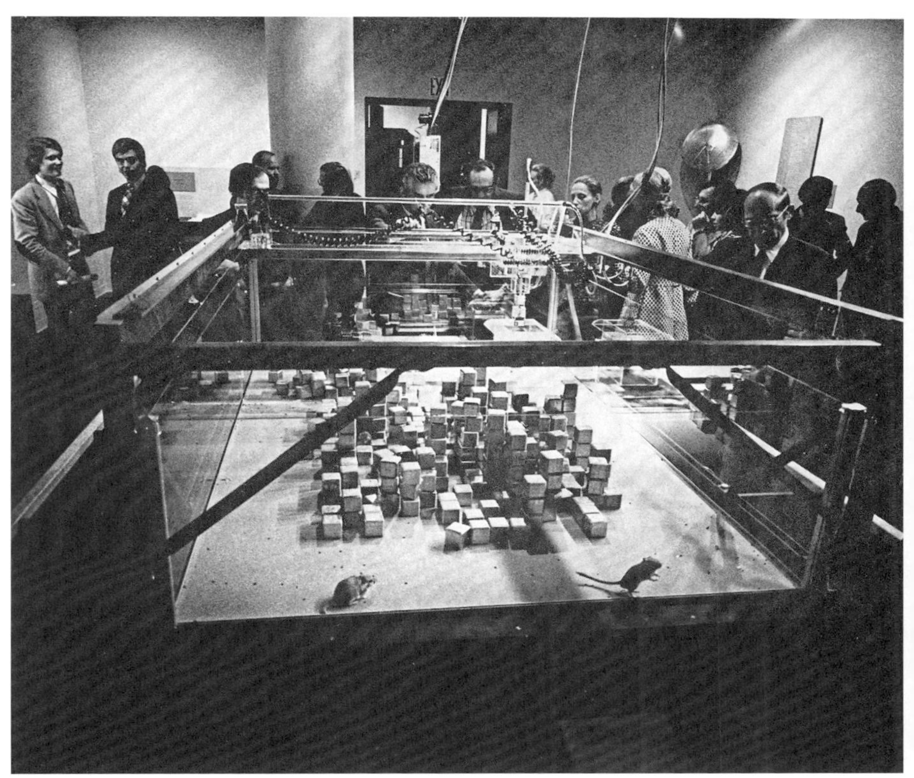

Hauptanziehungspunkt der Ausstellung aber war die computergesteuerte Versuchsanordnung *Seek*, die von Studenten des Arch Mac am MIT unter Leitung von Nicholas Negroponte entwickelt und gebaut worden war. Arch Mac gehörte zum Urban Systems Laboratory, das von der Ford Foundation unterstützt wurde. *Seek* war eine Maschine, die sowohl ein kybernetisches Weltmodell wie ein behavioristisches Experimentallabor sein konnte und von einem kleinen Allzweckrechner gesteuert wurde.

Seek bestand aus einer 1,5 mal 2,3 Meter großen Tragekonstruktion mit einem in drei Richtungen beweglichen Kran. Daran war ein Greifer mit einem Elektromagneten, diversen Mikroschaltern und Druckfühlern befestigt. Diese einfache Prothese wurde von dem Computer geführt, um die Last, bestehend aus einzelnen Würfeln mit fünf Zentimetern Kantenlänge, aufzunehmen oder abzusetzen. Der Kern des Systems war ein Computer vom Typ Interdata Model 3. Im Gegensatz zu einem einfachen Ein-Ausgabe-Peripheriegerät war *Seek* ein Mechanismus, der die physische Umgebung erfühlen, sie beeinflussen und versuchen sollte, auf unerwartete lokale Ereignisse innerhalb der Umgebung zu reagieren.

Der computergesteuerte Roboterarm war Herr über eine kleine Stadt aus Metallwürfeln, die in einem bestimmten, im Rechner gespeicherten Grundriss angeordnet waren. Die Würfel bildeten gleichzeitig das Aktionsfeld und den Lebensraum einer kleinen Gruppe von Mongolischen Wüstenrennmäusen.

Die Mäuse übernahmen die Funktion des Zufalls und des Chaos. Sie produzierten dieses Chaos, indem sie Würfel umstießen und von ihrer ursprünglichen Position wegschoben. Der Roboterarm sollte nun wieder die Ordnung herstellen und die Würfel an den richtigen Standort zurücksetzen, die Entfernungsdifferenz statistisch erfassen, um anschließend, zumindest war das die Vorstellung, ein Muster für das „Chaos" und den „Zufall" erstellen zu können.

Seek hatte auch psychoakustische Aspekte: Die Tiere verständigen sich gewöhnlich mit Klopfzeichen. Deshalb hatte Negroponte versucht, die Würfel nach einem vorprogrammierten Muster so anzuordnen, dass der Rechner intelligent auf den von den Mäusen produzierten Lärm, zum Beispiel das Trippeln ihrer Füßchen auf den Bausteinen oder die Klopfzeichen mit dem Schwanz, reagieren konnte.

Die Aufmerksamkeit von Negroponte und seinen Studenten von Arch Mac konzentrierte sich in der Ausstellung jedoch im Wesentlichen auf die tägliche Arbeit an der Weiterentwicklung des Computers und des Programms von *Seek*. Die Probanden, die Mongolischen Wüstenrennmäuse, waren eher Material für eine Vernutzung im Ablauf des Experiments und dienten nebenher zur zirzensischen Unterhaltung eines schaulustigen Publikums.

Negroponte schrieb mit *Seek* aber etwas fort, das er mit „Urban 5“ begonnen hatte. Sein Experiment ließ die Möglichkeiten erahnen, die sich ergäben, wenn ein Großrechner in einer Stadt mit vielen Sensoren oder Kameras an öffentlichen Orten nicht nur Muster des Verkehrs, sondern auch des Verhaltens der Bewohner oder ganz allgemeine demografische Muster erstellen konnte – von Tag zu Tag, von Monat zu Monat, von Jahr zu Jahr.

Für Negroponte waren Experimente wie „Urban 5“ oder *Seek* erste Schritte zu einer Maschinenwelt, die mit Informationen arbeiten, diese selbstständig ergänzen und dadurch bestehende Lücken schließen könnte. Der Computer musste dafür eine lernende Maschine werden, die sich ihrer Umwelt selbstständig anpassen und ihr eigenes Verhalten durch Rückkopplung variieren konnte. Das würde den Computer endlich von seinem passiven Status als reine Verwaltungsmaschine befreien und wirklich zu einer „Maschine des Verhaltens“ machen.

Seek war aber nicht nur ein Versprechen auf solch hochfliegende Utopien, sondern ließ auch von einer besseren Steuerung des Verkehrsflusses durch sensoren- und kameraüberwachte Kreuzungen, und von der Entwicklung intelligenter Technologien in künftigen Städten träumen.

In solchen „Smart Cities“ würde es darum gehen, die richtigen Ressourcen zur richtigen Zeit am richtigen Platz zu haben, seien es Nahrungsmittel, Konsumprodukte, Energie- und Wasserversorgung, Mobilität und Kommunikationstechniken, und deren einzelne Systeme immer engmaschiger und effizienter miteinander zu vernetzen. Städte mit solch intelligenten Infrastrukturen würden diese Systeme so „smart“ machen, dass diese in Echtzeit die Milliarden von Vorgängen in den benötigten Computern und deren Zusammenspiel verstehen und wissen würden, wo was getan werden musste, damit diese Netzwerke funktionierten.

38 *Ich hatte meine Edelsteine verkauft, die ich noch in der Tasche gehabt, und mir zwei kleine, möblierte, aneinanderstoßende Dachkammern in der Altschulgasse – die einzige Gasse, die von der Assanierung der Judenstadt verschont geblieben, – gemietet. Sonderbarer Zufall: es war dasselbe wohlbekannte Haus, von dem die Sage ging, der Golem sei einst darin verschwunden. Ich hatte mich bei den Bewohnern – zumeist kleine Kaufleute oder Handwerker – erkundigt, was denn Wahres an dem Gerücht von dem »Zimmer ohne Zugang« sei, und war ausgelacht worden. – Wie man einen derartigen Unsinn denn glauben könne!*

Hybride

Für den Kleriker ist klar: Der Mensch ist das Ebenbild Gottes. Die Tiere schuf Gott zum Nutzen des Menschen. Nur den Menschen schuf er um seiner selbst willen.

Doch folgte man René Descartes und seinen mechanistischen Ideen, nach denen das ganze Universum eine Maschine war, die den Gesetzen der Mathematik gehorchte, waren Tiere und Menschen lediglich Maschinen in dieser Menagerie und gehorchten den gleichen Gesetzen. Die Tiere wurden zu Objekten des menschlichen Drangs, alles auf seine Verwertbarkeit hin zu prüfen. Füchse wurden zur Erheiterung als Wurfgeschosse benutzt, Gänsen auf Volksfesten die Köpfe abgerissen, Hunden die Nasen stumpf gezüchtet und Schweine und Rinder in die Abläufe von Fabriken zur Fleischerzeugung eingepasst.

Jahrhundertelang war der Aufenthaltsort von lebenden wilden Tieren neben dem Zirkus und dem Zoo: das Labor. Tote Tiere wanderten präpariert ins Museum. In wissenschaftlichen Zuchtstationen wurden Tiere durch einen „Kopfhalter“ bewegungsunfähig gemacht, der chirurgisch in den Schädel eingeführt wurde, und im Schädelinneren wurden Elektroden angebracht, um die Hirnaktivität zu messen. Manchmal wurden Medikamente eingesetzt, um bestimmte Verhaltensweisen zu fördern oder zu hemmen. Ziel war die genaue Kenntnis des Gehirns und anderer Organe.

Welche Rolle spielten die Tiere in der Installation *Seek*, die einer wissenschaftlichen Versuchsanordnung glich? Hatten sie nur die Metallwürfel zu bewegen, um so für Wissenschaftler,

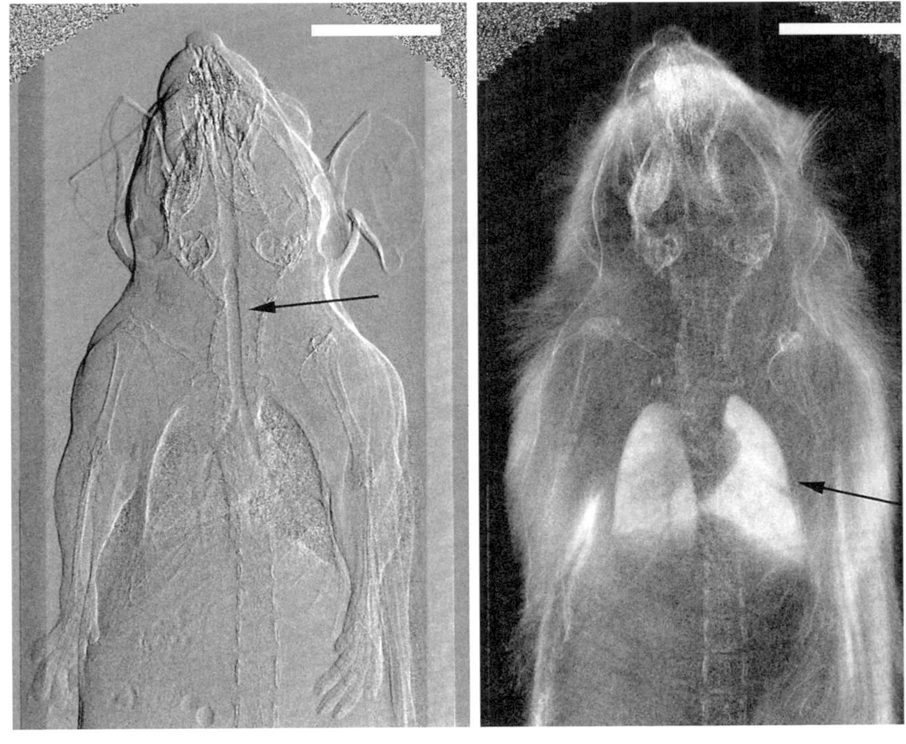

Techniker und das Publikum „Chaos“ darzustellen? Warum hatte Negroponte gerade diese Tierart für sein Experiment ausgewählt?

Die Mongolischen Wüstenrennmäuse leben in freier Wildbahn in einem komplizierten und sorgsam austarierten System. 1867 hatte der französische Pater Armand David drei Exemplare einer bis dahin unbekannten Art von „gelben Ratten mit langen behaarten Schwänzen“ entdeckt und eingefangen. Das Naturkundemuseum in Paris gab den Tieren den Namen *Meriones unguiculatus* (Krieger mit Krallen), später wurden sie auch als „Mongolian Gerbils“, oder „Mongolische Wüstenrennmäuse“ bezeichnet.

Die erste Zuchtkolonie mit Mongolischen Wüstenrennmäusen entstand im japanischen Kitasato-Institut aus Wildfängen. 20 Paare dieser Wildtiere wurden 1935 bei einer Expedition von Dr. C. Kasuga im Amur-Flusstal gefangen, das an der Grenze zwischen Mandschurei und Mongolei im Süden der UdSSR lag. 1954 wurde eine weitere Zuchtkolonie im Zentrallabor für Versuchstierkunde in Tokio angelegt. Das Labor wurde von Tatsuji Nomura gegründet, einem Pionier der Entwicklung von Versuchstieren. Sein Ziel war es, die Reproduzierbarkeit von Versuchsergebnissen in der medizinischen Forschung sicherzustellen. Man erkannte schnell, dass *Meriones unguiculatus* ein vielversprechendes Versuchstier für eine Vielzahl von Bakterien, Viren und Parasiten darstellte.

Aus dieser Kolonie gelangten elf Paare zur Tumblebrook Farm in Brant Lake in den USA, auf der seit 1940 der Amateurforscher und studierte Genetiker Viktor Schwentker Versuchstiere züchtete, besser: produzierte. In Brand Lake gelang die Zucht aus fünf Weibchen mit vier Männchen, und diese kleine Gruppe bildete den Grundstock der Kolonie. Von dort kamen die Tiere in viele Forschungsinstitute, Universitäten und in die Hände der pharmazeutischen Industrie in den USA, später auch in Europa. Die sogenannte Rattenfarm von Schwentker lieferte Mäuse, Ratten, Wühlmäuse, Maulwürfe, Hamster, Kaninchen und Meerschweinchen an Labore, zunächst meist im Nordosten der USA. Obwohl die Einheimischen ihn „Dr. Schwentker“ nannten, war der Besitzer der Farm kein Arzt. Und obwohl die Rennmaus aus den trockenen Steppen der Mongolei und Chinas stammte, war er auch nie in Asien gewesen.

Viktor Schwentker wurde 1899 in Schenectady, New York, geboren, wo sich damals die Konzernzentrale von General Electric befand. Er studierte zunächst Landwirtschaft, dann Genetik an der University of Iowa. 1929 erfuhr Schwentker, dass Biologielabore nach Unternehmen suchten, die zuverlässig Versuchstiere liefern konnten. Er kaufte sich ein paar Kaninchen und begann mit der Zucht. Durch sein Wissen über Genetik und landwirtschaftliche Technologie verstand Schwentker, dass Labore nicht irgendeine alte Ratte oder Maus brauchten. Sie wollten Tiere, die sauber und frei von Krankheiten waren. Die Labore verlangten Tiere, die speziell gezüchtet wurden, um einer bestimmten Krankheit ausgesetzt zu werden, und vor allem auf Bestellung hergestellt werden konnten. Und Schwentker lernte, wie man das macht.

Als im Zweiten Weltkrieg 1941 die Pazifikfront eröffnet wurde, trafen Zehntausende US-Soldaten auf den pazifischen Inseln Feinde, die noch schlimmer waren als die Japaner: Malaria und Gelbfieber. Die Militärs forderten die Mediziner auf, schnell Wege zu finden, diese tödlichen Krankheiten zu bekämpfen. Die Entwicklung von Impfstoffen erforderte Tierversuche; oft wurden viele Arten von Nagetieren benötigt, da verschiedene Tierarten unterschiedliche Empfindlichkeiten gegenüber Krankheiten hatten. Gesucht wurden also „Hybridtiere".

Schwentker war als Züchter so geschickt, dass er für jeden Bedarf neue Hybridtiere züchten konnte. Und Schwentkers Geschäft war einträglich. Eine weibliche Maus konnte pro Jahr acht Würfe gebären. Jeder Wurf enthielt bis zu acht Babys, die in weniger als zwei Monaten alt genug waren, sich fortzupflanzen. Bald erkannte auch das Militär den Wert von Tumblebrook. Die Farm galt mehrere Jahre lang als Einrichtung der US Navy und wurde ständig bewacht, um die Sicherheit der Tausenden von Mäusen und Ratten in den Laborgebäuden vor den Angriffen der Achsenmächte Deutschland und Japan zu garantieren.

Sendungen aus Brant Lake waren so wichtig, dass Generäle und Admirale manchmal Militärflugzeuge verlassen mussten, damit die Kisten mit den bestellten Versuchstieren im Flieger untergebracht werden konnten. Für die Tiere in den Laboren erfand und baute Schwentker Tausende von Käfigen. Das waren Metallschubladen, die wie kleine Aktenschränke gestapelt werden konnten.

Die Arbeit in Tumblebrook galt hauptsächlich der Entwicklung spezieller Stämme von Versuchstieren mit hoher Anfälligkeit für spezifische Infektionen. Das Labor verkaufte damals neun verschiedene Arten, darunter drei Rattenarten, drei Mäusearten, eine Wiesenwühlmaus und damals sogenannte Chinesische Hamster.

Schwentker prüfte auch die Aufnahme von Nagetieren wie der Reisratte, der Lemmingmaus, der Langschwanzspitzmaus, der Kängururatte und der Philippinischen Baumspitzmaus sowie des australischen Nasenbeutlers.

Der große Bedarf an geeigneten und schnell verfügbaren Tieren führte Schwentker schließlich zur Mongolischen Wüstenrennmaus. 1954, nach viel Mühe, die kleinen Geschöpfe durch den Zoll zu bringen, erhielt er sein erstes Paar aus dem Labor in Tokio.

Schwentker war begeistert. Rennmäuse bissen selten zu, da die grabenden Nagetiere nur wenige natürliche Feinde hatten. Mit ihrer angeborenen Neugier genossen die meisten Mongolischen Rennmäuse sogar den Umgang mit Menschen. Und ein entscheidender Faktor war: Die Mäuse benötigten wenig Wartung und Aufmerksamkeit. Für Schwentker und seine Kunden in Militär und Wissenschaft waren Rennmäuse von allen Versuchstieren am einfachsten zu handhaben. Die Mäuse waren so anspruchslos, dass das, was für andere Tiere Vernachlässigung bedeutet hätte, für Rennmäuse eine zufriedenstellende Pflege war. Die Tiere konnten zwei Wochen lang ohne Bedenken sich selbst überlassen bleiben.

Die Forscher verwendeten diese Rennmäuse vor allem, um Behandlungen für Krebs, Herzkrankheiten, Zahnprobleme, hohe Cholesterinwerte, Pest und Strahlenvergiftung zu testen, und setzten sie auch bei psychologischen Experimenten ein. Allerdings mussten die Lebensbedingungen der Tiere an die Zucht und Käfighaltung angepasst werden.

In der Wildnis, undomestiziert, leben sie mit mehreren Generationen in Familienverbänden und folgen ihrer Bestimmung, die eigenen Gene weiterzugeben. Eine Gruppe umfasste 15 bis 20 Mitglieder. In einem Territorium lebte jeweils nur eine Familieneinheit, die dieses Territorium gegen Eindringlinge verteidigte. Eine solche Gruppe lebte in einem zentralen Bau mit zehn bis 20 Ausgängen. Einige tiefere Höhlen mit nur ein bis drei Ausgängen wurden genutzt, um Raubtieren zu entkommen, oder für den Fall, dass sich die Tiere zu weit von der zentralen Höhle entfernt hatten. Die Höhlen einer Gruppe waren oft mit denen anderer Gruppen verbunden. Innerhalb der Gruppe selbst kam es selten zu Aggressionen. Wenn sie auftraten, dienten sie vorwiegend der Bildung eines Stammpaares der Gruppe sowie der Kontrolle der Populationsgröße.

Die in den Laboren gezüchteten Hybridtiere wurden auch für Forschungen im Bereich der Humanakustik (Psychoakustik) verwendet, da ihre Hörsensitivitätskurve der des Menschen sehr ähnlich war. Rennmäuse hatten einen breiten Hörbereich von der Erkennung von niederfrequentem Fußtrommeln bis hin zu höherfrequentem Zirpen und konnten daher ein geeigneteres Modell für den menschlichen Hörverlust darstellen als andere Mäuse und Ratten, die Hochfrequenzspezialisten sind.

Männliche Rennmäuse konnten Ultraschalltöne mit Frequenzen im Bereich von ungefähr 27 bis 35 kHz und Amplituden im Bereich von ungefähr 0 bis 70 dBA erzeugen. Dabei war ihr Kehlkopf an der Erzeugung dieser Ultraschalltöne beteiligt. Experimente ergaben interessante Ergebnisse, nämlich dass erwachsene Mäuse nur Ultraschalltöne aussendeten, wenn sie sozial stimuliert wurden, dass Männchen häufiger signalisierten als Weibchen und dass dominante Männchen aktiver in Lautäußerungen waren als untergeordnete. Darüber hinaus gab es einen Zusammenhang zwischen den Ultraschalltönen und ihrer Reproduktionsfähigkeit.

Da die Tiere sich als relativ resistent gegen Röntgenstrahlung erwiesen, wurden sie auch in der Krebsforschung eingesetzt. Etwa 20 Prozent der Tiere neigten zu epileptischen und kataleptischen Anfällen bei Stress, weshalb sie besonders gern in der neuronalen Forschung sowie in der Epilepsieforschung eingesetzt wurden, um als Modell für die idiopathische Epilepsie des Menschen zu dienen.

Die in der Installation *Seek* verwendeten Tiere waren, über lange und verschlungene Züchtungswege, Nachkommen der in der Mongolei gefangenen „Ur-Paare“ und wurden für die Ausstellung in der Tumblebrook Farm bestellt. Diese Tiere waren immer noch ein Teil der Natur, zugleich aber domestizierte und profitabel produzierte hybride Massenware.

Schwentker half auch, diese Massenware zum Haustier und Kuschelpartner für Kinder zu machen. Er war von Vertretern des Spielzeugladens FAO Schwarz, der seinen Weihnachtskatalog zusammenstellte, und den Herausgebern von *Childcraft* auf seine Rennmäuse angesprochen worden.

FAO Schwarz war der berühmteste Spielzeugladen in New York, und *Childcraft* war 1934 vom damaligen Verleger der *World Book Encyclopedia* in Chicago als Enzyklopädie für junge Leser gegründet worden, um mit einfachen Texten und Abbildungen den Kindern und Jugendlichen den Spaß am Lernen zu vermitteln. Beide Unternehmen verkauften Schwentkers Mongolische Rennmäuse etwa zwei Jahre lang – genug Zeit, um die Nagetiere erst im ganzen Land und dann über die USA hinaus als pflegeleichtes Haustier und lebendes Spielzeug bekannt zu machen.

39 *Mit geschlossenen Augen könnte ich mich hinauffinden in die kleine, kuriose Alchimistengasse, so vertraut ist mir plötzlich jeder Schritt. Aber, wo heute nacht das Holzgitter vor dem weißschimmemden Haus gestanden hat, schließt jetzt ein prachtvolles, gebauchtes, vergoldetes Gitter die Gasse ab. Zwei Eibenbäume ragen aus blühendem, niederem Gesträuch und flankieren das Eingangstor der Mauer, die hinter dem Gitter entlang läuft. Ich strecke mich, um über das Strauchwerk hinüberzusehen, und bin geblendet von neuer Pracht.*

Jewish Museum (VIII)

Und der Verlauf und das Ergebnis der Ausstellung *SOFTWARE*?

Die Ausstellung erwies sich als technisches Desaster – das begann schon am Eröffnungstag. Das Exponat, das die Besucher beim Betreten des Ausstellungsraums vorfanden, ein abgedunkeltes Fünfeck aus Filmschleifen, hatten zwei der Filmemacher noch kurz vor der Eröffnung selbst zerstört. Grund war ein Streit mit dem Produzenten der Filme um den Titel und die Finanzen. Die Filmemacher zerschnitten erbost die Filme, und es dauerte Wochen, neue Kopien herzustellen.

In der ersten Nacht nach der Ausstellungseröffnung wurde durch ein Versehen des Hausmeisters der Hauptcomputer, der PDP-8, außer Gefecht gesetzt und musste mehrmals umprogrammiert werden. Mehrere Ingenieure brauchten sechs Wochen, um den von Ted Nelson konzipierten digitalen und interaktiven Katalog der Ausstellung wie auch einige vom Computer abhängigen Exponaten wieder betriebsbereit zu machen.

Eine Reihe von Künstlern hatte sich bald wegen der kritischen, teilweise hämischen Berichterstattung über die Ausstellung zurückgezogen, und in den Ausstellungsräumen herrschte teilweise Chaos. Auch wurde es einigen Künstlern ungemütlich angesichts der Proteste gegen den Vietnamkrieg und der an der Ausstellung beteiligten Institutionen wie dem MIT, dem Lincoln Lab oder Universitäten, die für die Rüstungsindustrie arbeiteten.

Doch Negroponte und seine Studenten, die Abgesandten des MIT in der Ausstellung, arbeiteten ungestört jeden Tag an ihrer Maschine, testeten und veränderten die Programmierung des Roboterarms und versuchten, die Maschine zu verbessern.

Die größten Probleme bereitete Negroponte aber nicht die Programmierung des Computers, sondern die als Versuchstiere verwendeten Mongolischen Wüstenrennmäuse. Normalerweise leben die Tiere in Familienverbänden und nicht in dem Chaos, das sie in *Seek* verursachen sollten. Da die Tiere soziale Wesen waren, versuchten sie, das Gehege von *Seek* so zu strukturieren, wie sie es an jedem anderen Lebensort getan hätten, denn hier war jetzt ihr neues Heim. Nur gab es in diesem Heim für den Gestaltungswillen der Tiere kein brauchbares Material: keine Einstreu, kein Heu oder Gras, keine Zweige oder Mulch.

Normalerweise folgten die Tiere auch einem freilaufenden Rhythmus, dem „circadianen Rhythmus". In *Seek* war er allerdings wie der Ablauf einer Gameshow streng strukturiert. Die lärm- und lichtempfindlichen Tiere litten bald unter der Atmosphäre der Ausstellung und dem Lärm eines unterhaltungsbedürftigen Publikums. Die Tiere waren Tag und Nacht ununterbrochen in dem riesigen verglasten Kubus eingesperrt und bald vom Stress durch den Roboterarm und den neugierigen Besuchern vor dem Glaskasten erschöpft. Viele Tiere litten unter kataleptischen Anfällen und starben während dieses Marathons, und fast jede Woche wurden die Leichen der Tiere entsorgt und eine neue Gruppe Rennmäuse in den Glaskasten gesetzt.

Zudem waren die Rennmäuse bald auch nicht mehr an den Metallwürfeln interessiert, begannen sich zu kannibalisieren und trugen interne Machtkämpfe um den Platz des Leittieres und dessen Nachfolger aus. Diese biologisch und genetisch bedingte Direktheit erschreckte die Museumsbesucher

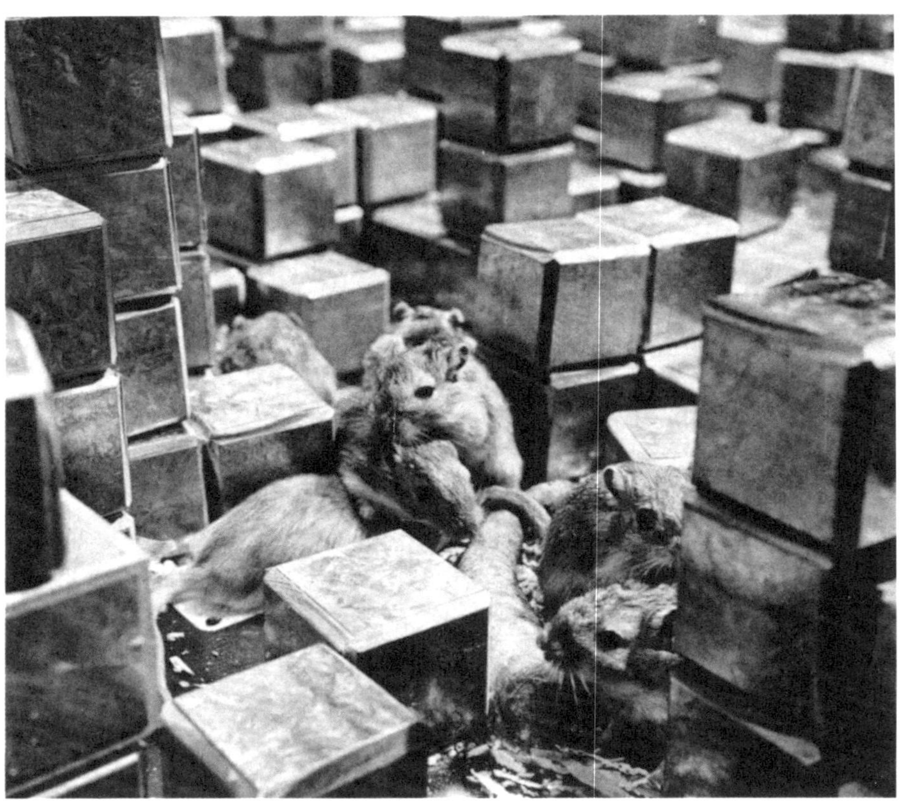

wie die Forschergruppe des MIT und das Museumspersonal gleichermaßen.

Die Gruppe der Mäuse wurde durch eine Gruppe gleichen Geschlechts ersetzt, in der Hoffnung, so die Aggression zwischen männlichen und weiblichen Nagern zu unterdrücken. Vergebens, niemand konnte die Rennmäuse vor sich selbst schützen. Sie verweigerten die Teilnahme am Experiment. Sie folgten einfach dem ihnen durch die Biologie Vorgegebenen. War das Experiment *Seek* also falsch konzipiert?

Die Störelemente, das Chaos, das Irrationale sollten doch eigentlich in das System eingebaut werden, um dieses zu perfektionieren, um es komplexer und intelligenter zu machen und weiterzuentwickeln? Bei *Seek* schien das System das Störelement, die Mongolischen Wüstenrennmäuse, zu vernichten.

Aber waren das überhaupt Tiere und nicht eher Hybride – das Resultat langer Züchtungsketten, das sich durch Inzuchtlinien weit von der genetischen Ur-Substanz entfernt hatte? Waren diese Hybride überhaupt das richtige Material für ein solches Experiment? Oder waren sie es gerade deshalb, weil sie Hybride waren? Hatte Negroponte das alles bedacht? Oder war alles viel einfacher und *Seek* lediglich ein Rückfall in cartesianisches Denken und die Rückkehr zum simplen Behaviorismus von Pawlow und Skinner, der unter der schillernden Oberfläche der vielen Versprechungen unbeirrt weiter wirkte?

In den Ankündigungstexten und den Versprechungen der Techniker, Wissenschaftler und Künstler war vor Ausstellungsbeginn viel von „interdisziplinärer Vernetzung“ die Rede, von einer „neuen Kultur“ und einer „neuen Welt“ mit zukünftigen Lebensformen.

Aber interessierten sich 1970 Künstler, Kuratoren und Museumsleute wirklich für andere Lebensformen? Für das System der Mongolischen Wüstenrennmäuse zum Beispiel? Für das System der Pflanzen, mit denen die Mäuse gefüttert wurden? Ahnten sie, dass in deren Lebenssystemen eventuell andere Lebensformen, politische, ästhetische oder soziale, angelegt oder verborgen waren, die es wert gewesen wären, studiert und auf ihre Tauglichkeit hin geprüft zu werden?

Was Negroponte mit *Seek* vorführte, war die drollig anmutende Fiktion einer kybernetischen Gesellschaft, die damals kurios, aber letztlich für das Publikum unverständlich war. Dass statt von Mongolischen Rennmäusen einmal von Menschen

Daten gesammelt, Verhaltensprofile erstellt und diese Daten kommerziell gehandelt werden würden, wäre 1970 eine Dystopie, ein „1984“ gewesen.

Heute leben wir mit der Tatsache, dass statistische Rohdaten in ein politisches Narrativ eingepasst werden können, wobei keine Grenze mehr zwischen Wahrheit und Lüge existiert und die Interpretation der Zahlen das Entscheidende ist. Die Kontrolle von Bewegungen im Raum, von Konsumverhalten, von Kontakten jeder Art oder der Befolgung gesundheitlicher Vorschriften ist jederzeit möglich und kann Algorithmen überlassen werden. Die Daten sind vorhanden, sie müssen nur noch zusammengeführt werden, um eine effiziente technologisch gesteuerte Vorsorge und Kontrolle durchzusetzen.

Seek konnte also verschieden gesehen werden. Etwa als Entwurf eines Raums, in dem künftig mit technischer Hilfe die lichte Zukunft einer offenen, diversen und selbstbestimmten Gesellschaft entstehen würde. Eine andere Lesart wäre: Mithilfe einer symbolisch funktionierenden Maschine wurde der heimliche Traum von Militärs und Autokraten visualisiert. Der Greifarm stand für das Schaffen von Ordnung und die Beseitigung von Unordnung, stand für Ordnungsmacht und Autorität. Das Verhalten von Chaoten (den Mäusen) wurde gemessen, aus den Messdaten wurden Bewegungsmuster generiert, die das Verhalten der Chaoten vorhersehbar machten und präventive Maßnahmen ermöglichten, die das Chaos ordneten.

War das der eigentliche Quellcode? Es war also keine Maschine entstanden, die das Versprechen einlösen konnte, später nicht missbraucht zu werden, keine Maschine, mit der alle Hierarchien abgeschafft werden konnten, sondern das Gegenteil davon.

Im Grunde genommen konnte die Installation *Seek* auch als ein Fake, ein Hoax gesehen werden; oder als ein Symbol für Größenwahn und Hybris, das an die Miniaturlabyrinthe für Mäuse und Ratten von John B. Watson in Chicago und an die computergespickten Kontrollzentren von SAGE oder Igloo White im Vietnamkrieg erinnerte. (Im Begriff „Aufklärung“ schwingt ja immer die militärische Bedeutung des Begriffs mit.)

Die Maschine war ein Arbeitsknecht, ein Golem, der lediglich die Befehle seiner Herren ausführte. Das schien eine „Master-Slave“-Beziehung zu sein, die später ihre Entsprechung in der Root Domain, dem hierarchischen Zentrum des Internets fand, mit dem das zunächst rein militärische Modell der Zentralisierung von Befehl und Kontrolle den Weg in jeden Haushalt fand.

Aber wo war da die Differenz zur Parole von einer „Rückkehr zur Ordnung“ der „klassizistischen Moderne“, die in den 1920er bis 1940er Jahren ihren Aufschwung erlebte, mit all ihren schrecklichen Auswirkungen? War das nicht eine Weiterentwicklung dieser Verbindung von Klassizismus und Ordnungsdenken im „Rappel à l'ordre“, in dessen Mittelpunkt statt der unversehrt intakten und „schönen“ Heroen von Breker und Konsorten nun künstliche und hybride Wesen standen? Ein Ordnungsmodell, in dem der Rückgriff auf Maß und Ordnung alles Ungeordnete beherrschbar machte? Ein Modell für die Lager der Zukunft, in denen bei der Sortierung und Beherrschung des lebendigen Materials auf primitive Anwendung von Gewalt und Zwang, auf Schreie, Blut, Schmutz und Qual verzichtet werden könnte? War *Seek* der Vorbote eines digitalen Faschismus, der perfekter sein würde als seine historischen Vorgänger?

Die Künstler schienen „nur“ Kanonenfutter für technische und politische Ideen zu sein, die sie zwar im guten Glauben testeten, aber anscheinend weder damals noch heute in ihren Dimensionen erfassen konnten.

Einige der ausstellenden Künstler galten als „kritisch“, als Künstler, die „Systeme“ hinterfragten, um sie zu verändern. Die davon überzeugt waren, dass eine „neue Kunst“ nötig und machbar sei und dass Technik und Wissenschaft die Werkzeuge dafür bereitstellten. Doch der Zusammenhang zwischen diesen neuen Werkzeugen und deren ursprünglicher Bestimmung zur Kontrolle und Steuerung war nicht zu übersehen.

Auch damals. Die Künstler blieben nicht nur abhängig von den Sponsoren, die die Geräte zur Verfügung stellten, sondern vor allem auch von dem, was als Quellcode in die Maschinen eingeschrieben war. Das war die bittere Wahrheit.

Natürlich wurde unter den Künstlern über das mit der Ausstellung verbundene Tauschgeschäft geredet, den militärisch konnotierten Geräten eine zivile Aura zu verschaffen. Einige meinten, sie bekämen eine Gänsehaut, andere hatten ein mulmiges Gefühl, Hans Haacke zum Beispiel. Aber am Ende ging es um viel Geld und auch um symbolisches Kapital, und die Künstler ließen sich auf etwas ein, worüber sie keine Kontrolle hatten. All systems go!

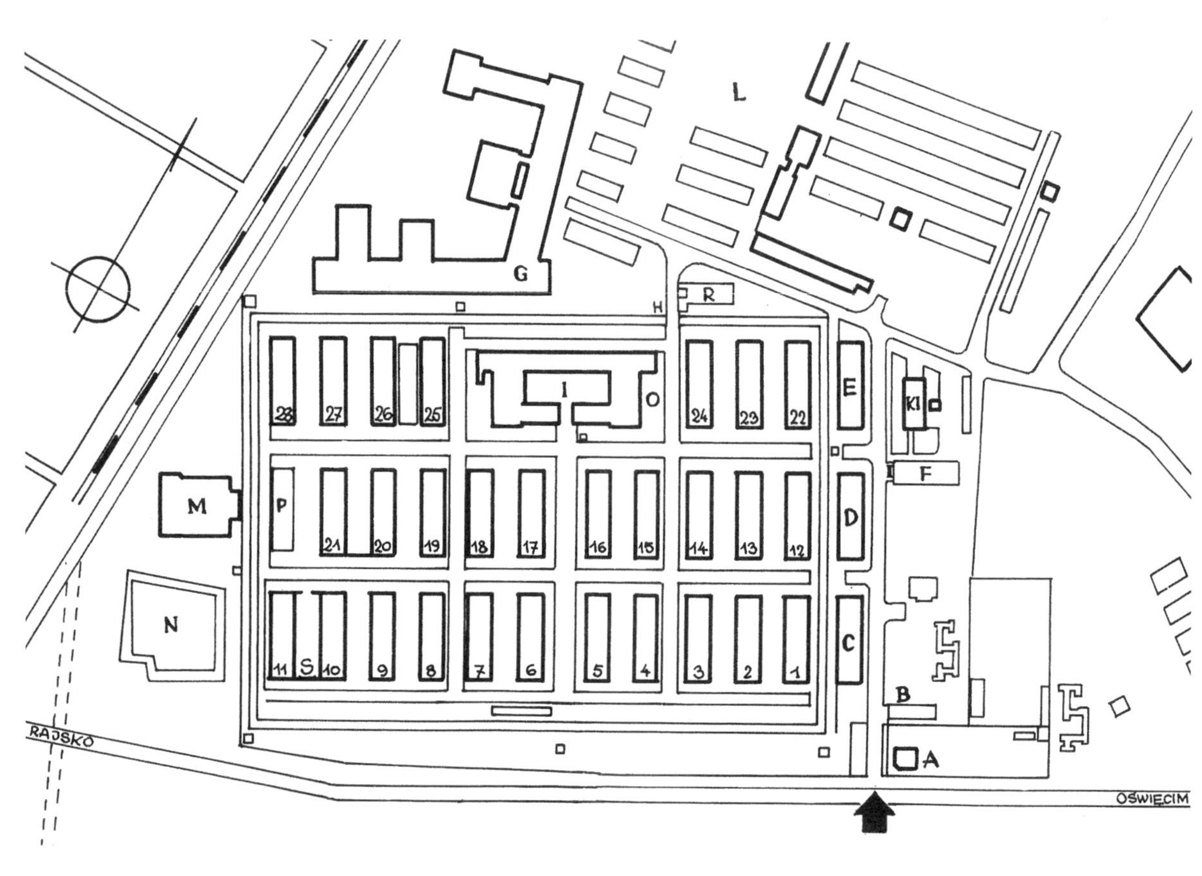

L
G
H
R
I
O
E
K1
F
M
P
D
N
C
B
A
28
27
26
25
24
23
22
21
20
19
18
17
16
15
14
13
12
11
S
10
9
8
7
6
5
4
3
2
1
RAJSKO
OŚWIĘCIM

Aber wurden Künstler und ihre Bemühungen, sich der von Wissenschaftlern und Ingenieuren entwickelten Ideen, Methoden und Maschinen zu bedienen, von diesen überhaupt akzeptiert und ernst genommen? Schon im Herbst 1968 hatte Jack Burnham ja euphorisch eine aufkommende „Systemästhetik" gesehen und diese in seinem *Artforum*-Artikel beschrieben. Wir befinden uns im Übergang, so Burnham damals, von einer objektorientierten zu einer systemorientierten Kultur, in der der Wandel nicht von den Dingen ausgeht, sondern von der Art und Weise, wie die Dinge getan werden. Das neue Paradigma in der Kunst wird weder ein Ismus noch eine Sammlung von Stilen oder eine neue Art der Anordnung von Oberflächen und Räumen sein, sondern die Umsetzung des Kunstimpulses in einer fortgeschrittenen technologischen Gesellschaft.

Doch hatten sich die „echten" Systemtheoretiker und Kybernetiker wie Gregory Bateson, Heinz von Foerster oder Norbert Wiener jemals für diese „Kunstimpulse" interessiert? Wurden diese Avancen der Künstler und Kunsthistoriker von ihnen erwidert? Hatte man sich, angefangen mit den Treffen der Teleological Society, dem Kybernetischen Kreis oder den Macy-Konferenzen jemals intensiv mit dem beschäftigt, was zeitgleich in der Kunst der Moderne geschah, und es auf seine „systemische" und „kybernetische" Qualität und Relevanz überprüft?

Im Juli 1968, zwei Monate bevor Burnhams Artikel in *Artforum* erschien, hatte Bateson eine Gruppe von Kollegen in ein Schloss außerhalb von Wien zu einer geschlossenen Konferenz mit dem Titel *Effects of Conscious Purpose on Human Adaptation* (Auswirkungen bewusster Absicht auf die menschliche Anpassung) eingeladen. Die konzeptionelle Nähe zwischen Burnhams Systemdenken und den auf der Konferenz besprochenen Schwerpunkten „Entscheidungsfindung und Emergenz" war offensichtlich. Doch obwohl Burnham im Kunstdiskurs der USA keine unbedeutende Stimme war und mit in diesem Diskurs schon recht bekannten Künstlern zusammenarbeitete, war keiner dieser Künstler oder Kunsttheoretiker zu Batesons Konferenz eingeladen (lediglich der Psychologe Gordon Pask nahm an den Sitzungen mit einem Beitrag zur Ausstellung *Cybernetic Serendipity* teil).

Es schien, dass die Künstler trotz aller Bemühungen, im Konzert der „echten" Systemiker mitzuspielen, zwar eine wichtige Rolle für das „Weichmachen" fester und historisch gewachsener Strukturen übernommen hatten, aber von den nun entstehenden neuen Strukturen ausgeschlossen waren. Letztlich blieb ihnen nur die Rolle der Entertainer, Clowns und Cheerleader für Entwicklungen, die sich irgendwann gegen die Kunst und sie selbst richten würden.

Am Ende führte schließlich ein Feuer im Smithsonian Museum in Washington, gepaart mit den technischen Fehlern im Jewish Museum, zur Absage der geplanten Übernahme der Ausstellung. Die Macher der *SOFTWARE*-Ausstellung hatten den Etat um 50.000 Dollar überzogen. Der Betreiber des Museums, das Theologische Seminar, erklärte, dass es ein Programm, das nicht grundsätzlich jüdisch sei, nicht länger subventionieren würde. Katz reichte am nächsten Tag seinen Rücktritt ein.

„Museum Turns to All-Jewish Shows", titelte die *New York Times* am 5. Januar 1971. Der Sponsor der Ausstellung, American Motors, erhielt von der New Yorker Handelskommission 1971 einen Sonderpreis für das Sponsoring „des ambitioniertesten und interessantesten kulturellen Fehlschlags des Jahres", den das Unternehmen dennoch dankend annahm.

Ruder & Finn erweiterten ihr Geschäftsfeld und boten nun auch Regierungen Strategien für den besseren Verkauf der Ware Politik an. Während des Balkan-Kriegs 1992 gelang es RF A&CC mit einer Kampagne für die Regierung Kroatiens, in der öffentlichen Meinung auf einen Schlag die Serben mit den Nazis gleichzusetzen, eine geschichtspolitische Deutung, die anlässlich des Kosovo-Krieges auch ihren Weg in den Deutschen Bundestag fand.

Jack Burnham zog sich aus dem „Art & Technology Business", wie er es nun nannte, zurück. Der Flirt der Kunst mit der Technologie hatte für ihn als Allheilmittel versagt, seine Ausstellung endete als triviales Fiasko.

Das Problem mit der Technologie war, so Burnhams spätere Erkenntnis, dass die meisten Künstler, die diese neue Technologie nutzten, eigentlich nicht wussten oder verstanden, was sie da taten.

Im Rückblick kam für ihn die Ausstellung zu früh, vieles von dem, was damals produziert wurde, erschien ihm wie Laub, das zu Boden fällt und verrottet. Vielleicht würde es später noch einmal bedeutsam werden, aber vorerst wurde damit nur die Idee des klassischen „Werks“ unmerklich zerstört. Das Werk war in tausend Fragmente zerfallen, von denen jedes Einzelne nun ein eigenes Werk sein konnte, ein fallendes Blatt, das starb und verwelkte. METh (tot). Und der Golem verkümmerte und starb.

Doch trotz aller Pannen, Peinlichkeiten, Fakes und Camouflagen, die bald vergessen waren, war die Ausstellung für einige letztlich ein Erfolg. Denn die Ideen von Systemtheorie und Kybernetik – oder „Cognitive Science“, wie es jetzt hieß – und die gezeigten technischen Geräte und Systeme waren durch die Kunst vom Makel ihrer militärischen Herkunft befreit und mit einer neuen Aura versehen.

Das Jewish Museum hatte mit seinen Ausstellungen, einschließlich der im Chaos und mit Misstönen endenden *SOFTWARE*-Ausstellung, großen Anteil daran, dass zeitgenössische moderne Kunst nicht mehr *a priori* mit Misstrauen oder gar leichtem Widerwillen betrachtet wurde, sondern zu einem Vermögenswert geworden war, dessen Erwerb sowohl vom eigenen Geschmack als auch vom eigenen Reichtum kündete. Auch die Retrospektive eines Künstlers in der Mitte seiner Karriere – eine Innovation des Jewish Museums – wurde von einem Wagnis zu einer Selbstverständlichkeit und schnell zu einem festen Bestandteil der Museumspraxis.

Hinzu kam die Tatsache, dass Juden nicht mehr ihre eigenen Museen gründen mussten. Nach Jahrzehnten des Ausschlusses begannen Juden, auch solche mit osteuropäischem Hintergrund, in die Vorstände der großen Kunstinstitutionen einzuziehen. Daniel Brodsky wurde der Vorsitzende des Metropolitan Museum, Leon Black der Vorsitzende des MoMA, und Leonard Lauder war als ehemaliger Vorsitzender die graue Eminenz im Vorstand des Whitney Museum.

Auch der ehemalige Berater des Jewish Museum, der Kunsthistoriker Meyer Schapiro, geriet nicht in Vergessenheit. An seinem 70. Geburtstag im Jahre 1974 spendeten berühmte amerikanische Künstler Grafiken zur Finanzierung einer Stiftungsprofessur, die dann als „Meyer Schapiro Professorship of Modern Art and Theory“ eingerichtet wurde. Die Künstler waren Jasper Johns, Ellsworth Kelly, Alexander Liberman, Stanley William Hayter, Roy Lichtenstein, André Masson, Robert Motherwell, Claes Oldenburg, Robert Rauschenberg, Frank Stella, Andy Warhol und Saul Steinberg.

Das Jewish Museum kam auch bald wieder zu einer Vorreiterrolle, indem es die Vorstellung von dem, was ein Museum sein könnte und tun sollte, in neue, bis dahin unbekannte Richtungen lenkte.

Im Jahr 1972 ernannte das Museum eine neue Direktorin. Unter der Leitung von Joy Ungerleider-Mayerson, einer Spezialistin für biblische Archäologie, setzte das Museum nun einen neuen Schwerpunkt und begann, sich auf die Identitätskultur zu konzentrieren, um so fortzusetzen, was Franz Boas, Margaret Mead, Gregory Bateson, Norbert Wiener, Nicholas Negroponte und viele andere begonnen hatten. .

Die Fragen und gesellschaftlichen Spannungen, mit denen sich die moderne Identitätskultur beschäftigte – Wer bin ich, und wie kann ich mich in die umgebende Gesellschaft einpassen? –, wurden bald über das Jewish Museum hinaus eines der zentralen Themen der zeitgenössischen Kunst.

40 *Die Gartenmauer ist ganz mit Mosaik bedeckt. Türkisblau mit goldenen, eigenartig gemuschelten Fresken, die den Kult des ägyptischen Gottes Osiris darstellen. Das Flügeltor ist der Gott selbst: ein Hermaphrodit aus zwei Hälften, die die Türe bilden, – die rechte weiblich, die linke männlich. – Er sitzt auf einem kostbaren, flachen Thron aus Perlmutter – im Halbrelief – und sein goldener Kopf ist der eines Hasen. Die Ohren sind in die Höhe gestellt und dicht aneinander, daß sie aussehen wie die beiden Seiten eines aufgeschlagenen Buches. Es riecht nach Tau, und Hyazinthenduft weht über die Mauer herüber. – Lange stehe ich wie versteinert da und staune. Mir wird, als träte eine fremde Welt vor mich ...*

Epilog

So war es, so könnte es gewesen sein, so soll es sein.
Am Anfang stand die Frage: Würde es gelingen, einen neuen Golem zu bauen?

Was dieser Text zu beschreiben versucht, ist der neugierige Blick eines „Kindes des Ostens“, inzwischen eingewiesen in die Technik einer teilnehmenden Beobachtung und andere moderne Sozial- und Medientechniken, auf den Westen und dessen Weg in die Nachkriegsmoderne.

Das meiste, das hier beschrieben wird, habe ich nicht selbst erlebt. Vieles von dem, was ich zusammengetragen habe, beruht auf den Fragen für meine Filme *Das Netz* und *Overgames* und den Antworten der Befragten. Vieles sind Zitate aus Texten verschiedener Autoren mit meinen Über- und Umschreibungen und mit Verschaltungen von Gelesenem mit Fundstücken aller Art. Vielleicht habe ich dabei Zusammenhänge gesehen, wo keine waren, und Wichtiges übersehen.

Sicher ist: Inzwischen funktionieren die Computer, die in der Ausstellung 1970 oft streikten, reibungslos, ist die elektronische Überwachung flächendeckend und werden persönliche Daten gesammelt und gehandelt. Vieles, das damals nur eine utopische Idee war, ist lange schon Wirklichkeit.

Nur das Gehirn hat bislang den Angriff auf seine Erkennbarkeit überstanden und ist eine Black Box geblieben. Aus den vielen Daten, Modellen und Statistiken, die gesammelt wurden, um diese letzte Bastion des Unerforschten einzunehmen, wurde eine Scheinwelt errichtet, die angenehm zu konsumieren ist und die Wirklichkeit durch Metaversen ersetzen soll. Bald werden alle Menschen auf diesem Globus geimpft, gechipt und digitalisiert sein und mit elektronischen Bezugsscheinen auf Nahrung, Energie, Wohnraum und Fahrzeuge versorgt werden können. Das Genom und Lebensprozesse werden im Labor rekombiniert, und die Fortpflanzung kann künstlich erfolgen. Leistung und Wahrnehmung können verbessert werden, Gliedmaßen und Gehirne können mit Maschinen hybridisiert werden. Der Tod kann besiegt werden. Das Surrogat ist zu seinem Siegeszug angetreten. Aus Hybriden wurden Chimären. Gegen die schreckliche Energie des Mechanischen, etwa in einem Krieg, war das Fleisch bisher machtlos gewesen. Nun drohte seine Ersetzung durch unheimliche Wesen und Ausgeburten der Künstlichen Intelligenz, deren Datensätze errechnet werden.

Die dafür benötigten Programme sind vorhanden: Gentechnik, Neurotechnologie, Nanotechnologie, eine synthetische Biologie, die bionische Prothesen liefert, und die Vernetzung all dieser Programme zu einem intelligenten Gesamtsystem. Der bisher bekannte Kapitalismus wurde überwunden und durch etwas Schlimmeres ersetzt, das immer mehr Kontrolle über das Arbeits- und Alltagsleben sowie den Fluss von Geld- und Datenströmen übernommen hat. Ingenieure, Wissenschaftler

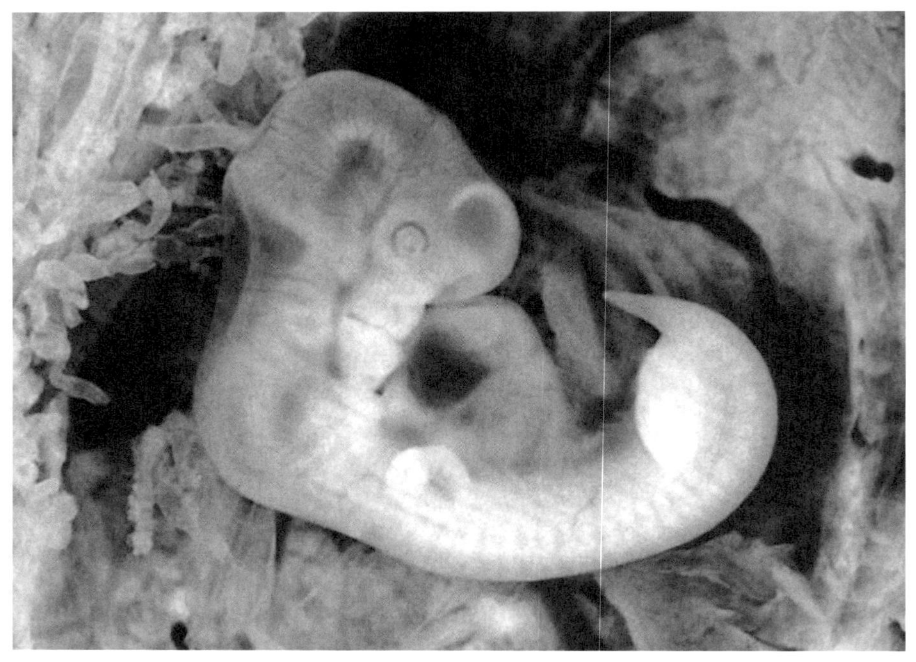

und Künstler stellten dafür, wissentlich oder unwissentlich, die Werkzeuge zur Verfügung.

Wissenschaft ist kein Referenzsystem für Wahrheit, Erkenntnis und kritische Rationalität mehr, sondern den Marktgesetzen unterworfen.

Seit 600 Jahren hat sich der Westen auf diese Erzählung berufen: Um als Physiker oder Mathematiker arbeiten zu können, spielt die kulturelle oder religiöse Herkunft keine Rolle. Physik betrieb man nicht als Chinese, Amerikaner, Christ oder Jude, sondern nur nach den Verfahren und Gesetzen der Forschung. Das galt auch für Künstler und die Kunst. Künstler sollten ihren sinnstiftenden Weltblick nur aus der Logik des individuellen Gestaltens heraus entwerfen, ohne Unterordnung unter religiöse Überzeugungen und die Sitten und Gebräuche der jeweiligen Gesellschaft, einer Ethnie oder Religionsgemeinschaft.

Freie Individuen sollten also jenseits aller kulturellen Dogmatik der Welt Gestalt geben. Denn nur die Künste und die Wissenschaft hatten bisher, so die Erzählung, Beispiele für Regeln entwickelt, die universell gelten konnten. Diese und andere Erzählungen waren aber nur einer der Subtexte einer größeren Erzählung, die von Amerika, genauer: den USA, als einem „Erlöser" der Welt erzählte. Von einem Erlöser, der dazu auserwählt war, zunächst Amerika und dann die übrige Welt aus einer Wildnis in einen Gottesgarten zu verwandeln. Amerika erschien so als die Hand eines Gottes, der zwei Hände hatte: Mit der einen formte er Amerika, mit der anderen bereitete er die anderen Nationen darauf vor, die amerikanische Prägung zu empfangen. Was fehlte, war eine Liturgie. Die sollten die Wissenschaft, die Kunst und der Markt liefern. In der Praxis erwiesen sich solche Erzählungen freilich nur als Religionsersatz, als Doktrin und als Ideologie. Unbestritten blieb nur das Universelle.

War es also doch, trotz Pleiten, Pech und Pannen, gelungen, einen neuen, einen zeitgemäßen Golem zu bauen? So wie es einst dem Rabbi Jehudah Löw aus Prag gelang, der einen stummen Diener aus einem Lehmhaufen formte? Und ihn mit einer Magie, die in Zahlen- und Buchstabenmystik wurzelte, zum Leben erweckte? Eine Magie, die es erlaubte, durch ein Spiel mit der Sprache das Leben zu manipulieren?

Entstanden ist seitdem eine die ganze Welt umfassende Maschine, eine *Welt-Maschine*, die nicht interessiert ist an Ideologien, an links oder rechts, sondern sich immer weiter ausdehnt und sich dabei aus sich selbst heraus zu entwickeln scheint. Die Konstrukteure wie die Bediener, die Sklaven, dieses Prozesses werden Generation für Generation in und von dieser *Welt-Maschine* geschult, erzogen und für ihr Funktionieren belohnt – gegebenenfalls auch bestraft.

Entstanden ist so ein zwitterhaftes, maschinelles Wesen ohne Seele, ohne Liebe, ohne Achtsamkeit für Menschen, Tiere und Pflanzen; etwas Abstraktes, Kaltes, Allgemeines und Totes – letztlich eine Verwirklichung von Männerfantasien. Damit einher geht der Verzicht auf Anschauung, den realen Körper, die Natur, die Sinne, die Metaphysik, die Seele – mithin das Unerklärliche – zugunsten einer permanenten Revolution gegen die durch die Schöpfung vorgegebene Vergänglichkeit, die wieder und wieder als Schmach empfunden wird. Die Frage nach der Technik, und die ist in allen Bereichen künftig weitgehend digital, ist dabei zu der alles entscheidenden Frage geworden, deren Beantwortung über Freiheit oder Ordnung entscheiden wird.

Nach Ernst Bloch ist das Wesen der Freiheit der Wille, sich als das Emotional-Intensive schrankenlos zu verwirklichen, um, etwa im Kriegskommunismus, brachial, grausam und radikal alle Wurzeln auszureißen. Das Wesen der Ordnung dagegen hat das vollendet Logische für sich, die Fassbarkeit eines Gutgeworden- oder Gelungenseins.

Die Schöpfer dieser *Welt-Maschine* verkünden nun, dass es ihnen gelungen sei, diese Gegensätze im Quellcode ihrer Maschine aufzuheben. Aber ist das nicht auch eine Camouflage oder gar ein Hoax?

Ist diese *Welt-Maschine* – und *Seek* war eine frühe symbolische Darstellung davon – nicht in Wahrheit eine reine Feier des Wesens der Ordnung? War die Maschine damit eine der vielen Vorbereitungen auf eine Welt, die nun durch fortgesetzte Revolutions- und Entgrenzungsfantasien im Kostüm von Aufklärung und Rationalität ihrem Ende entgegenzutrudeln scheint?

Wer war dafür verantwortlich? Die Aufklärung? Die Wissenschaft? Die Politik? Die Kunst? Wir alle?

Wie konnten sich Schritt für Schritt zunächst nur kleine Teilchen, die sich der Idee des Universalismus und dem Geist des Neubeginnens verpflichtet fühlten und die sich in unterschiedlichen Gebieten wie der Politik, der Philosophie, der Wissenschaft und der Kunst eingenistet hatten, zu einer Masse

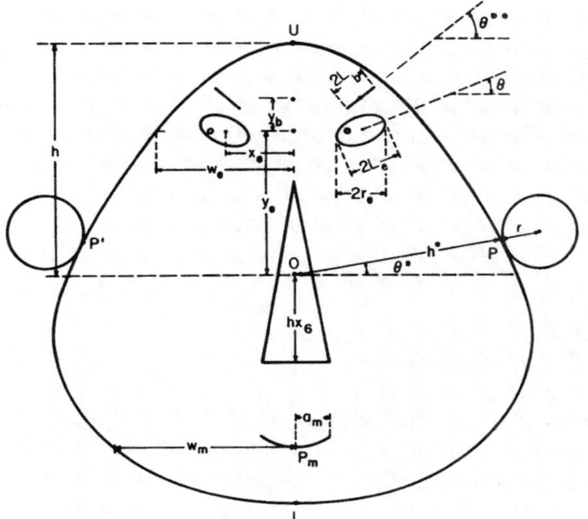
U
θ**
θ
2L
b
h
y
b
x
e
w
e
2L
e
2r
e
y
e
P'
r
h*
P
O
θ*
hx
6
a
m
w
m
P
m
L

vereinen, aus der sich nach und nach standardisierte Maschinen, menschliche Körper und Seelen formen ließen? Zu einer Masse vereinen, in der das Echte und das Falsche ununterscheidbar wurden und die echte Empfindung und der freie Rhythmus den natürlichen Elementen gegenüber verlorengingen? In der sich alle Begrenzungen auflösten, zwischen den Genres, schließlich zwischen dem Privaten und dem Öffentlichen?

Ließ sich 1970, als *Seek* das erste Mal öffentlich im Kontext einer Kunstausstellung vorgestellt wurde, schon ein Zusammenhang mit dieser Entwicklung erkennen? Oder brauchte es dafür den Abstand von Jahrzehnten? Und ähnelte nicht auch mein unterschwelliges Bedürfnis, in all dem Chaos und Wirrwarr der Ideen, Personen und Ereignisse eine Ordnung zu sehen und zu beschreiben, letztlich dem, was *Seek* symbolisierte?

Michel Foucault beschreibt in seiner berühmten Antrittsvorlesung mit dem Titel *L'ordre du discours* von 1970 am Collège de France, im gleichen Jahr in dem die Ausstellung im Jewish Museum stattfand, dass Diskurse nicht manipulierbar sind. Vielmehr entfalten sie ihre eigenen Dynamiken, der alle, die Beherrschten ebenso wie die, die sich für die Herrscher halten, unterworfen sind. Aber was heißt das heute? Was hieß das damals?

Konnten oder wollten die von der Industrie, dem Militär oder privaten Stiftungen geförderten Künstler nicht sehen oder zumindest ahnen, was sich aus der Förderung neuer Technologien, etwa durch die Rockefeller Foundation, entwickeln würde? Dass aus dem Gebräu von Forschung für das Militär, Drogenträumen von Hippies, Experimenten von Avantgarde-Künstlern, Erfindungen von bebrillten Nerds in Garagen an der amerikanischen Westküste, oder großen Konzernen wie IBM und den Forschungsprogrammen an den Universitäten am Ende Mediengiganten wie Microsoft oder Apple hervorgehen würden, die die Herrschaft der Pax Americana absicherten?

Dass die Künstler, als die Teststrecke mit ihren Experimenten zum „offenen Kunstwerk" wieder geschlossen und ihre „Revolution" beendet wurde, ihre Niederlage akzeptieren und ins Atelier zurückkehren mussten? Denn als die Utopien in den 1990er Jahren ihre technische Realisierung erfuhren, waren die Künstler nicht mehr erforderlich.

Die Konvergenz zwischen der Sozialpsychologie von Wilhelm Wundt, Philip Zimbardo oder Theodor W. Adorno, der Schismogenese von Gregory Bateson oder dem Kulturrelativismus von Margaret Mead, dem Konstruktivismus von Heinz von Foerster oder dem Behaviorismus von Solomon Asch und B. F. Skinner, den Forschungen zur Gruppendynamik von Kurt Lewin oder den Architekturmaschinen von Gordon Pask und Nicholas Negroponte am MIT wie den ersten Gehversuchen mit Videotechnik von Nam June Paik oder den Zufallskompositionen von John Cage ist verblüffend. Viele der Akteure kannten einander. So verschieden und gegensätzlich ihre Biografien und Positionen im Einzelnen auch waren, gab es doch eine Übereinstimmung in der Überzeugung, dass alles, auch die Gesellschaft, mach- und steuerbar war.

Aber sah niemand die Gefahren, die in dieser Entwicklung lagen? Vor allem nicht die „kritischen" Künstler der Moderne? Hätten sie diese Entwicklung nicht nur „kritisch begleiten", sondern mehr tun können, ja müssen, auch wenn keine Aussicht auf schnellen Erfolg bestand? Um diese Entwicklung zumindest zu verlangsamen, nicht noch zu beschleunigen? Was war es, das das blockierte? Und, bis auf Ausnahmen, stattdessen zu einem Spiel mit Apparaten, mechanistischen Idyllen oder diffusen Utopien von einem „besseren" Leben und letztlich zu einem Verhalten führte, das es erlaubte, im „Flow" mitzuschwimmen? In einer Realität, die wie ein bequemer Handschuh geschnitten war, der vergessen machte, dass man ihn trug? Oder gab es auch hier eine Kontinuität wider Willen, wider Bewusstsein? Wo waren die Künstler (und Wissenschaftler) auf ihrem Weg in die Zukunft falsch abgebogen?

Am Anfang dieses Textes war davon die Rede, wie an verschiedenen Orten und zu verschiedenen Zeiten kleine, zunächst unscheinbare Teilchen entstehen, die sich einnisten und die dann über Jahre, Jahrzehnte oder gar Jahrhunderte hinweg zu einer Masse zusammenfinden, aus der etwas Neues geformt werden kann. Kleine Teile, die sich erst unmerklich und dann wie von Wunderhand in einem später als „offen" propagierten, in Wirklichkeit aber konsequent kontrollierten Gedankensystem zu etwas entwickelten, das die Welt nicht nur veränderte, sondern schließlich beherrschte. Diese Formmasse fließt inzwischen als ein breiter und uferloser Strom, der alle Unebenheiten, Störungen und Widerstände aufnehmen und regulieren kann.

Mein Text *Seek* versucht, die Welt und Gefühlslage derer zu spiegeln, die versuchen, gegen diesen Strom zu schwimmen – gegen den Strom der Moderne.

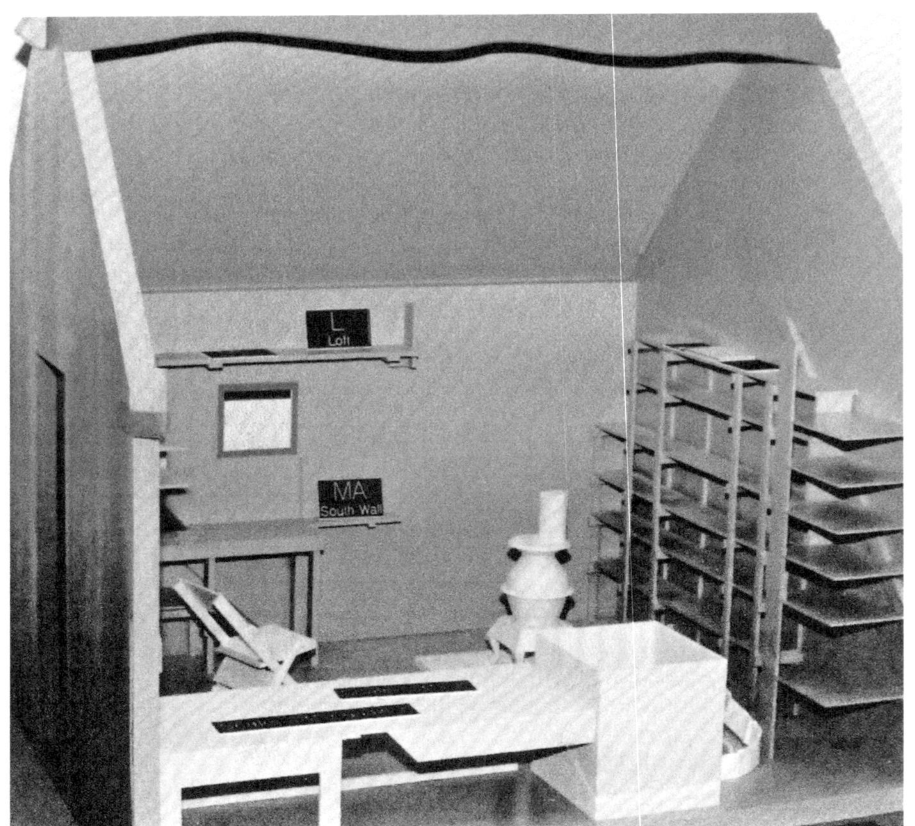
L
Loft
MA
South Wall

Die Wissenschaftler der Macy-Konferenzen hatten über eine Welt als „offenes System“ nachgedacht, Jack Burnham sprach von einer Welt aus „Systemen“, der Philosoph Karl Popper von einer „offenen Gesellschaft“. Doch all diese wunderbaren Schlagworte unterschlugen den Kontroll- und Steuerungswahn der Technologien, mit denen diese „offenen“ Gesellschaften notwendigerweise „autoritär“ operierten, einfach weil es ihrer Natur – oder besser: ihrem Quellcode – entsprach.

Diese offene Gesellschaft aus vielen komplizierten und miteinander verwobenen Systemen ist wie ein Myzel, das von der neurotischen Angst vor Angriffen von innen und außen und der Angst vor der eigenen Implosion bewacht wird.

Burnham hatte in unserem Interview von „mulching“ gesprochen und damit die Kunst gemeint, die er in der *SOFTWARE*-Ausstellung gezeigt hatte. Für ihn waren das zur Erde fallende Blätter, die verwelkten und zu Humus wurden, aus dem später einmal, so seine damalige Hoffnung, etwas Neues entstehen würde. Doch aus diesem Humus ist inzwischen ein Morast aus porösen und nicht dauerhaft funktionsfähigen Artefakten wie Modems, Festplatten und nicht dauerhaft überlebensfähigen Datensätzen geworden – ein, in der tatsächlichen wie symbolischen Bedeutung des Begriffs, giftiger Schlamm.

Was bleibt, ist ein Leben in diesem Schlamm – wie die Leibniz'schen Monaden. War der Mensch fähig, sich dagegen zu wehren? Oder war er dazu verdammt, diesen von Wissenschaft, Technik und Hybris vorgezeichneten Weg in den Morast immer weiter zu gehen? Weil seine genetische Verfasstheit nichts anderes zuließ? Weil sein Hirn immer auf der Suche nach einer weiteren Steigerung sein musste und sein Trieb und die Lust an der Erfindung ihn folgerichtig von den ersten Maschinen bis hin zu Quantencomputern und Chimären führen würde und da nicht endete? War das zwangsläufig?

Waren nicht auch diejenigen, denen das Etikett eines neuzeitlichen „Aufhalters“ angeheftet wurde, etwa der „Unabomber“ Ted Kaczynski, am Ende Teil dieser *Welt-Maschine*, deren Bauplan sie zwar analysieren konnten, ohne aber den von ihnen proklamierten alternativen Lebensentwurf durchzuhalten?

Kaczynski nahm ab und an eine Auszeit vom harten Leben in seiner selbst gebauten *cabin* im Wald von Lincoln in Montana und logierte dann in der nahen Bezirksstadt im Hotel. Ähnlich seinem Vorbild Henry David Thoreau, dessen Einsiedlerdasein am Walden-See in Massachusetts durch Kuchenpakete seiner Schwestern und die Kekse seiner Mutter im fußläufig erreichbaren Familiendomizil in Concord erträglich gemacht wurde.

Diese Geschichten eines freiwilligen Exils aus der Zivilisation und die Konfrontation mit der Wildnis und der Einsamkeit waren ein Spiel, eine Fiktion, und Thoreaus amerikanisches Nationalepos *Walden* war wie Kaczynskis Manifest lediglich Literatur und eine halbfiktionale Meditation – ein Als-ob. Dieses Als-ob verband es mit den Werken der Künstler in der *SOFTWARE*-Ausstellung, die ihre Kuchenpakete von Stiftungen, Firmen, dem Staat oder privaten Kunstsammlern erhielten.

Ihr Aufstand gegen überkommene Normen, ihr Infragestellen alles Hergebrachten, ihr Glaube an die transformative Kraft der Technologie, das Bewusstsein zu verändern, und alle Umsturzfantasien und Revolten dienten letztlich auch nur dazu, das Bestehende in seinem Lauf zu verbessern und zu perfektionieren.

So tappten der Kurator der Ausstellung und die von ihm eingeladenen Künstler in die gleiche Falle wie Kaczynski oder Thoreau. Als Agenten einer „Kunst-Revolte“ blieben sie nur Claqueure einer technischen Revolution, deren Platz im Laufrad der Institutionen dem der Labormäuse in *Seek* glich – allerdings blieb den Künstlern die Illusion, als kritische Aktivisten mit medienkritischem und systemtheoretischem Besteck das „System“ nicht nur zu analysieren, sondern auch verändern zu können.

Als ich Ted Kaczynski in unserem Briefwechsel fragte, wie er als Mathematiker und Intellektueller mit seinem IQ von 170 in Zukunft den ur-menschlichen Drang nach Innovation und Erkenntnis lenken oder gar ausschalten würde, damit sich nicht die bekannte Spirale von Erfindung und Forschung wieder in Gang setzen und zur von ihm kritisierten „Industriellen Gesellschaft“ führen würde, bekam ich keine Antwort.

Vielleicht war es eine der Fragen, auf die es keine Antwort gibt. In dem hier beschriebenen Kampf für Ordnung und gegen Desorganisation und Chaos, um Macht und Kontrolle, von wem er auch geführt wird, kann es weder einen idealen Ort am Ende aller Überschreitungen noch eine globale *volonté générale* geben, sondern letztlich nur Verlierer. Wie das aufhalten?

Und dann? Neuaufbau? Rückbau? Wenn ja: wie, durch wen? Und: wie weit zurück?
Als das Wünschen noch geholfen hat ..., so beginnen einige Märchen der Brüder Grimm.

Das erinnert an die Kraft des Wünschens. Und so wünsche ich mir zum Schluss, dass der Golem deaktiviert wird: Aus EMETH (wahrheit) soll METH (tot) werden. Und der Golem verkümmerte und starb.

Wenn nicht mehr Zahlen und Figuren
Sind Schlüssel aller Kreaturen
Dann fliegt von Einem geheimen Wort
Das ganze verkehrte Wesen fort.

Novalis, *Heinrich von Ofterdingen*

Danksagung

Für diesen Text konnte ich mich auf die Gespräche, die dabei gemachten Notizen und zusätzlich auf die Archivrecherchen für meine Filme *Das Netz* und *Overgames* stützen.

Zu herzlichem Dank bin ich vor allem Peter Galison verbunden, mit dem ich im Jahr 1999 das erste Gespräch für *Das Netz* führte, als er als Fellow in Berlin lebte. Dieses Gespräch öffnete mir auch die Türen zu weiteren Gesprächspartnern in den USA.

Peter Galison war es auch, der mir, als ich begann für meinen Film *Overgames* zu recherchieren, den Kontakt zu Rebecca Lemov vermittelte, der ich herzlich für das offene und ausführliche Gespräch danke, dem ich viele Informationen für das Kapitel „Foundations“ entnommen habe.

Ich danke Pamela M. Lee und Regine Prange für ihre Texte zu Albert Wohlstetter und Meyer Schapiro, ebenso Rainer Becker, Hans Diebner, Thomas Ried und Georg Vrachliotis für ihre interessanten Gedanken zu Kybernetik, Systemtheorie und Architektur, denen ich stellvertretend für alle hier Ungenannten danke, deren Publikationen nur in der angehängten Bibliografie Erwähnung finden, aber für meinen Text ebenso hilfreich und wichtig waren.

Ich danke auch meiner Partnerin bei den in den USA entstandenen Filmen, Sabine Schenk, mit der ich für *Das Netz* nach den ehemaligen Teilnehmern der Ausstellung *SOFTWARE – Information technology: its new meaning for art* in New York sowie Fotos und Filmen über die Ausstellung recherchierte. Ich danke Laurence Kardish, Senior Curator am Department of Film and Media am MoMA, der mir den Zugang zu den im Archiv des MoMA verwahrten Materialen zu der SOFTWARE-Ausstellung ermöglichte, und Prof. Dr. Uta Gerhardt in Heidelberg und Prof. Dr. Uwe Henrik Peters in Köln für deren Fachberatung zu den Themen Reeducation, Psychiatrie und Psychoanalyse.

Ich danke den Interview- und Gesprächspartnern für meine Filme wie Stewart Brand, John Brockman, Heinz von Foerster, Rudolf Arnheim, Robert W. Taylor, Lawrence Roberts, Jack Burnham, David Gelernter, Hans Haacke, John Perry Barlow, Billy Klüver und Julie Martin, John Hanhart, Edward Shanken, Craig Baldwin, ebenso wie Hans Haackes ehemaligen Studenten Paul Garrin, in Harvard Edward Shneidman und Philip J. Stone, Jon Hendricks, Hakim Bey (Peter Lamborn Wilson), Fred Turner und Jonas Mekas.

Mein besonderer Dank gilt Lydia Eccles und John Zerzan, den Unterstützern von Ted Kaczynski, und vor allem danke ich Ted Kaczynski selbst für die Zeit, die er sich für den intensiven und interessanten Briefwechsel mit mir nahm.

Mein besonderer Dank gilt aber den Mitarbeitern, ohne die ich die Installation *Seek II* nicht hätte realisieren können. Das sind Felix Härtelt, der die Metallkonstruktion anfertigte und Lars Vaupel, der den Greifarm konstruierte und das Programm schrieb, das den Greifarm bewegte, und der Biologe Dr. René Weinandy. Ebenso danke ich Fritz Barthel, der bei der Produktion und Installation von *Seek II* unersetzbar war.

Mein Dank gilt auch den Fotografen Bertram Kober und Christoph Irrgang für die hervorragende Dokumentation der Installation in Berlin und Hamburg.

Ein Stipendium im Künstlerhaus Lukas in Ahrenshoop ermöglichte mir im September 2021, mich ungestört dem Text zu widmen. Hanna Mittelstädt bin ich für die Empfehlung dankbar, den Verlag Spector Books in Leipzig anzusprechen. Meinem Lektor Jan-Frederik Bandel danke ich für seine ausgezeichnete Arbeit sowie Anne König und Jan Wenzel von Spector Books für das Interesse und Vertrauen, aus meinem Text ein Buch zu machen.

Und ich bitte alle um Verzeihung, die ich jetzt nicht erwähnt habe – später werde ich mir ganz sicher Vorwürfe machen, dass ich ihnen nicht ausdrücklich gedankt habe.

Doch ganz besonders bin ich den lieben Lesern meiner ersten, noch holperigen und unvollständigen Textfassung dankbar. Der Zuspruch und das Interesse von Karin Plessing, Katharina Picandet, Jürgen Verdofsky und Gerd Ohm machten mir Mut, daran weiterzuarbeiten.

Lutz Dammbeck, geboren 1948 in Leipzig (DDR) als Kind einer Sekretärin und eines Trainers für Rennpferde. Studium 1967 bis 1972 an der Hochschule für Grafik und Buchkunst in Leipzig. 1986 Übersiedlung nach Hamburg. 1999 bis 2014 Professor an der Hochschule für bildende Künste in Dresden. Arbeitet als Autor, Filmemacher und bildender Künstler seit Anfang der 1980er Jahre am *Herakles-Konzept* (www.herakleskonzept.de). Lebt in Hamburg.

Abbildungsverzeichnis

Seite 7
Installation *Seek II* in der Ausstellung *MAN SON 1969. Vom Schrecken der Situation*, Hamburger Kunsthalle, 2009, Foto: Christoph Irrgang, Hamburg

Seite 11
Gerd Arntz' Varianten von männlichen Piktogrammen für Neuraths *Bildlexikon* (Ausschnitt), Gesellschafts- und Wirtschaftsmuseum Wien / Artur Wolf Verlag

Seite 17
Franz Boas, „Changes in the Bodily Form of Descendants of Immigrants", in: *American Anthropologist*, New Series, Vol. 14, Nr. 3, Juli – September 1912, S. 530–562

Seite 21
Der Kopf von Adam Kadmon, in: Christian Knorr von Rosenroth, *Kabbala Denudata*, Frankfurt 1684

Seite 25
Kabbalistischer Lebensbaum mit den hebräischen Namen der Sephiroth und der Pfade, beruhend auf einem Diagramm von Athanasius Kircher (1652)

Seite 26
„Hochburg des Judentums in der Welt", in: Walter Jantzen, *Geopolitik im Kartenbild*, Vereinigte Staaten von America, Heft 4 und 5, Heidelberg, Berlin und Magdeburg: Kurt Vowinckel Verlag 1940

Seite 31
Walter Gropius' Totaltheater, in: Silke Koneffke, *Theater-Raum. Visionen und Projekte von Theaterleuten und Architekten zum anderen Aufführungsort 1900–1980*, Berlin: Dietrich Reimer Verlag 1999

Seite 34
Arno Breker, Relief (Detail, wahrscheinlich 1940–1942), Archiv der Firma Grasyma in Wunsiedel (ehemals Die Vereinigte Fichtelgebirgs-Granit-, Syenit- und Marmorwerke AG)

Seite 37
„City Now Ready For a Possible War Emergency" (Bombenangriff auf New York), in: *New York Herald Tribune*, 15. Mai 1941

Seite 41
Lawrence S. Kubie, „A Theoretical Application to Some Neurological Problems of the Properties of Excitation Waves Which Move in Closed Circuits", in: *Brain*, Vol. 53, Nr. 2, Juli 1930, S. 166–177

Seite 44
„Fat Man" kurz vor der Verladung in die B-29 „Bock's Car" am 8. August 1945, NARA Washington, RG 77-BT: Records of the Office of the Chief of Engineers, 1789–1999, Series: Photographic Prints of Atomic Bomb Preparations at Tinian Island, 1945–1945, 77-BT-187

Seite 47
„The War in Japanese Eyes", in: John W. Dower, *War Without Mercy: Race and Power in the Pacific War*, New York: Pantheon Books 1993

Seite 49
Hajichi (Tätowierung) der Präfektur Okinawa

Seite 53
Margaret Mead und Gregory Bateson, *Trance in Bali*, 1930er Jahre, in: Margaret Mead Papers and South Pacific Ethnographic Archives, 1838–1996, Library of Congress, Washington

Seite 55
Erik H. Erikson (Erik Homburger), „Configurations in Play – Clinical Notes“, in: *Psychoanalytic Quarterly*, Vol. 6, Nr. 2, 1937, S. 139–214

Seite 58
Amphiteatrum sapientiae aeternae (Detail), Darstellung zum christlichen Kabbalismus von Heinrich Khunrath, Peter van der Doort nach Hans Vredeman de Vries (16. Jahrhundert), Metropolitan Museum of Art

Seite 61
Richard M. Brickner und L. Vosburgh Lyons, „A Neuropsychiatric View of German Culture and the Treatment of Germany“, in: *The Journal of Nervous and Mental Disease*, Vol. 98, Nr. 3, September 1943, S. 281–293

Seite 64
Margaret Mead, *New Guinea*, 1939, in: Margaret Mead Papers and South Pacific Ethnographic Archives, 1838–1996, Library of Congress, Washington

Seite 66
Tomorrow, the World! Regie: Leslie Fenton, USA 1944

Seite 71
Homeostat, in: W. Ross Ashby, *Design for a Brain: the Origin of Adaptive Behaviour*, London: Chapman & Hall 1960

Seite 73
Asmodäus (auch: *Asmodi*), Dämon nach einer Fantasie von Louis Le Breton, Kupferstich, in: *Dictionnaire infernal*, Paris 1863

Seite 78
„Abb. 10: Ein gewöhnlicher Mensch gibt Befehle“, in: Stanley Milgram, *Das Milgram-Experiment. Zur Gehorsamsbereitschaft gegenüber Autorität*, Reinbek bei Hamburg: Rowohlt 1982

Seite 80
Josef Albers, *City*, 1928, in: Gyorgy Kepes (Hg.), *Module Proportion Symmetry Rhythm*, New York: George Braziller 1966

Seite 82
John Cage, *Variations V*, in: Billy Klüver, *The Story of E.A.T. Experiments in Art and Technology 1960–2001*, Archiv Lutz Dammbeck / ZKM
Foto © Hervé Gloaquen

Seite 88
„Side view of experimental chamber and associated apparatus“, in: C.B. Ferster und B.F. Skinner, *Schedules of Reinforcement*, Englewood Cliffs, NJ: Prentice-Hall 1957

Seite 90
Arnold Gesell, *An Atlas of Infant Behavior*, New Haven: Yale University Press 1934

Seite 95
Henry A. Murray. *T.A.T.*, ohne Jahr, The Henry A. Murray Research Archive, Harvard University

Seite 97
Norbert Wiener mit Hörhilfe, 1949, in: Steve J. Heims, *The Cybernetics Group*, Cambridge, Mass., und London: MIT Press, 1991

Seite 100
Kurt Lewin, Ronald Lippitt und Ralph K. White, „Patterns of aggressive behavior in experimentally created social climates“, in: *Journal of Social Psychology*, Vol. 10, Nr. 2, Mai 1939, S. 271–299

Seite 103
Japanische Ballonbombe im Pazifikkrieg, in: Robert C. Mikesh, *Japan's World War II Balloon Bomb on North America. Smithsonian Annals of Flight*, Nr. 9, 1973

Seite 107
Ansichtskarte *La Roulette Monte-Carlo, Règle du Jeu um 1900* (Ausschnitt) Lévy et Neurdein réunis (vor 1910) https://de.m.wikipedia.org/wiki/Datei:La_Roulette_de_Monte-Carlo_R%C3%A8gle_du_Jeu.jpg

Seite 110
Papus, *Le tarot des bohémiens: clef absolue de la science occulte; le plus ancien livre du monde; à l'usage exclusif des initiés* (1889)

Seite 115
Jean-Marie Charcot, „Hypnotiques utilisées à la Salpêtrière: application des pouces sur les globes oculaires", in: *Iconographie photographique de la Salpêtrière: service de M. Charcot*, Paris: Bureaux du Progrès medical / V. Adrien Delahaye 1876

Seite 124
Alfred H. Barr Jr., *Cubism and Abstract Art*, New York: The Museum of Modern Art 1936 (Reproduced from the jacket of the original editon)

Seite 130
ARPANET Logical Map, March 1977, in: Archiv Lawrence „Larry" Gilman Roberts

Seite 133
Diagramm eines allgemeinen Kommunikationssystems in Claude Shannon, „A Mathematical Theory of Communication", in: *Bell System Technical Journal*, 27, Juli 1948, S. 379–423

Seite 137
Lincoln Laboratory: geodätische „Radome"-Kuppel für eine Radaranlage der Distant Early Warning Line (DEW), *August* 1954, in: E.C. Freeman (Hg.), *MIT Lincoln Laboratory: Technology in the National Interest*, Lexington, Mass.: MIT Lincoln Laboratory 1995

Seite 142
George Maciunas' *Expanded Arts Diagram* (Ausschnitt), in: *Fluxfest Sale*, 1967

Seite 144
Over The Border, in: *Kesey's Garage Sale*, New York: The Viking Press 1967

Seite 148
Nam June Paik, in: Nam June Paik, *Videa 'n' Videology 1959–1973*, Ausst.-Kat. Everson Museum of Art und Galeria Bonino, New York 1974

Seite 153
John Bumpass, *Calhoun mouse universe*, National Institute of Mental Health, July 1968

Seite 158
Janet Reimer mit ihren Zwillingen Brian und Bruce, Foto: ImageCollect, https://www.dailystar.co.uk/news/world-news/tragic-life-boy-raised-girl-24473250

Seite 162
Das Jewish Museum, Vera and Albert List Building (links) und Warburg Mansion (rechts), um 1967, Foto: Courtesy of the Jewish Museum

Seite 164
Dan Flavin, *untiteled (to the ‚innovator' of Wheeling Peachblow)*, 1966/68, in: *Carl Andre, Dan Flavin, Donald Judd, Sol LeWitt*, Ausst.-Kat. Waddington Galleries London 1984

Seite 168
Palast der Sowjets, Entwurf von Boris Iofan und Wladimir Schtschuko, 1930–1934

Seite 171
Jackson Pollock, *259 (Mural)*, 1950, in: *Jackson Pollock 1912–1956: A Catalogue Raisonné of Paintings, Drawings, and Other Works*, New Haven und London: Yale University Press 1978

Seite 173
Ferdinand de Saussure, Redekreislauf

Seite 177
Dick Giordano, George Pratt und Peter Milligan, *The Golem of Gotham Part Two,* DC Comics

Seite 182
„Fig. 11 The same alloy as Fig. 10, deformed by cold rolling. Note the heterogeneity of the distortion. Magnification x 300 (Photo by B. Nielsen, University of Chicago)", in: Gyorgy Kepes (Hg.), *Structure in Art and Science*, New York: George Braziller 1965

Seite 186
Nicholas Negroponte und Leon Groisser *Urban 5*, 1970, Screenshot, in: https://github.com/c0deLab/URBAN5 c0delab.github.io/URBAN5/

Seite 191
Sociogram, in: Kurt Lewin und Ronald Lippit, „An Experimental Approach to the Study of Autocracy and Democracy: A Preliminary Note", in: *Sociometry*, Vol. 1, Nr. 3/4, Januar – April 1938

Seite 195
Rauschen, GNU Unifont Glyphs: https://unifoundry.com/pub/unifont/unifont-15.0.01/unifont-15.0.01.bmp

Seite 200
Andy Warhol, *Silver Clouds*, in: Billy Klüver, *The Story of E.A.T. Experiments in Art and Technology 1960–2001*, Archiv Lutz Dammbeck / ZKM
Foto © Rudolph Burkhardt

Seite 204
Steve Paxton, *Physical Things*, in: Billy Klüver, *The Story of E.A.T. Experiments in Art and Technology 1960–2001*, Archiv Lutz Dammbeck / ZKM
Foto © Peter Moore

Seite 208
Sage, in: E.C. Freeman (Hg.), *MIT Lincoln Laboratory: Technology in the National Interest*, Lexington, Mass.: MIT Lincoln Laboratory 1995

Seite 213
Ludwig von Bertalanffy, *General System Theory. Foundations, Development, Applications*, New York: George Braziller 1968

Seite 217
Hans Haacke, *Sol Goldman & Alex DiLorenzo Manhattan Real Estate Holdings* (Auszug), in: *Hans Haacke. Werkmonographie*, Köln: Dumont 1972

Seite 222
Henry David Thoreau, *Walden; or, Life in the Woods*, Boston: Ticknor and Fields 1854

Seite 225
Q: And babies? A: And babies, Plakat, Art Workers' Coalition, Smithsonian American Art Museum, 1970

Seite 227
Pablo Picasso, *Portrait de Staline*, Kohle, 8. März 1953, *Les Lettres françaises*, März 1953

Seite 233
The R.E.S.I.S.T.O.R.S., *SOFTWARE – Information technology: its new meaning for art*, The Jewish Museum, 1970, Foto: Shunk-Kender, Harry Schunk and Shunk-Kender Archive, The Getty Research Institute

Seite 237
Zuschauer betrachten die beliebten Wüstenrennmäuse, in: *SOFTWARE – Information technology: its new meaning for art*, The Jewish Museum, 1970, Foto: Shunk-Kender, Harry Schunk and Shunk-Kender Archive, The Getty Research Institute

Seite 241
„First in-vivo multi-contrast x-ray images of a mouse“, in: https://www.nature.com/articles/srep03209?proof=trueNov

Seite 248
Seek, SOFTWARE – Information technology: its new meaning for art, The Jewish Museum, 1970, Foto: Shunk-Kender, Harry Schunk and Shunk-Kender Archive, The Getty Research Institute

Seite 252
Konzentrationslager Ausschwitz I (Stammlager), Gedenkstätte Staatliches Museum Auschwitz-Birkenau

Seite 258
Chimäre, https://www.grenzwissenschaft-aktuell.de/genetiker-erzeugen-erstmals-affe-mensch-mischwesen20190804/, Bild: Ed Uthman

Seite 261
„Zuordnung von 20 Variablen zu einem Face“, in: Karl H. Müller, *Symbole, Statistik, Computer, Design. Otto Neuraths Bildpädagogik im Computerzeitalter*, Wien: Verlag Hölder-Pichler-Tempsky 1991

Seite 264
Modell der „cabin“ des Unabombers, FBI UNABOMBER Task Force 2002

Anhang:

Seek
Seite 285–292
SOFTWARE – Information technology: its new meaning for art, The Jewish Museum, 1970, alle Fotos: Shunk-Kender, Harry Schunk and Shunk-Kender Archive, The Getty Research Institute

Seek II
Seite 297–303
Fotos: Bertram Kober, Leipzig
Seite 304
Foto: Karin Plessing, Hamburg

Literatur

Alle Zitate zwischen den einzelnen Kapiteln sind dem Band Gustav Meyrink, *Der Golem*, Leipzig: Kurt Wolff 1915, entnommen.

Becker, Rainer, „Leitende Ziele kybernetischer Leitbilder. Von Teleology, Cybernetics, Computer aus in die Nachkriegszeit", in: S. Fischer, E. Maehle und R. Reischuk (Hg.), *Informatik 2009 – Im Focus das Leben*, Bonn 2009.

Bertalanffy, Ludwig von, General System Theory, New York 1969.

Blanke, Gustav H., „Das amerikanische Sendungsbewußtsein. Zur Kontinuität rhetorischer Grundmuster im öffentlichen Leben der USA", in: Klaus-M. Kodalle (Hg.), *Gott und Politik in USA. Über den Einfluß des Religiösen. Eine Bestandsaufnahme*, Frankfurt am Main 1988.

Böhme, Hartmut, *Natur und Subjekt*, Frankfurt am Main 1988.

Brickner, Richard M., *Is Germany Incurable?*, New York 1943.

Bulgakowa, Oksana, *Sergei Eisenstein. A Biography*, Berlin 2002.

Burnham, Jack, *Beyond Modern Sculpture: The Effects of Science and Technology on the Sculpture of This Century*, New York 1968.

Burnham, Jack, „Systems Esthetics", in: *Artforum*, September 1968, Nachdruck in: Donna de Salvo (Hg.), *Open Systems: Rethinking Art c. 1970*, London 2005.

d'Alembert, Jean le Rond, *Mélanges de Littérature, d'Histoire et de Philosophie*, 1759.

Diebner, Hans H., „Systemtheorie – Von der Hermeneutik zum Konstruktivismus", in: Rafael Capurro und John Holgate (Hg.), *Messages and Messengers / Von Boten und Botschaften*, Paderborn 2011.

Durkheim, Émile, *Deutschland über alles: Die deutsche Gesinnung und der Krieg*, Paris 1917.

Fankhänel, Teresa, und Amdres Lepik (Hg.), *Die Architekturmaschine*, Basel 2021.

Foerster, Heinz von, *Cybernetics of Cybernetics*, Vorlesungsmanuskript, University of Illinois, Urbana 1979.

Galison, Peter, *Einstein's Clocks, Poincaré's Maps*, New York 2003.

Galison, Peter, *How Experiments End*, Chicago 1987.

Galison, Peter, *Image and Logic. A Material Culture of Microphysics*, Chicago 1997.

Galison, Peter, „The Ontology of the Enemy: Norbert Wiener and the Cybernetic Vision", in: *Critical Inquiry* Vol. 21, No. 1, Autumn 1994.

Greiner, Bernd, Tim B. Müller und Claudia Weber (Hg.), *Macht und Geist im Kalten Krieg. Studien zum Kalten Krieg*, Bd. 5, Hamburg 2011.

Heidegger, Martin, *Aus der Erfahrung des Denkens 1910–1970*, Frankfurt am Main 1983.

Heidegger, Martin, *Unterwegs zur Sprache*, Pfullingen 1959.

Hempel, Hans-Peter, *Natur und Geschichte. Der Jahrhundertdialog zwischen Heidegger und Heisenberg*, Frankfurt am Main 1990.

Jäger, Lorenz, *Heidegger. Ein deutsches Leben*, Berlin 2021.

Katz, Karl, *The Exhibitionist. Living Museums, Loving Museums*, New York 2016.

Kay, Lily E., *Das Buch des Lebens. Wer schrieb den genetischen Code?*, München und Wien 2002.

Lee, Pamela M., „Aesthetic Strategist: Albert Wohlstetter, the Cold War, and a Theory of Mid-Century Modernism“, in: *Digital Art*, Vol. 138, Fall 2011.

Lemov, Rebecca, *World as Laboratory. Experiments with Mice, Mazes, and Men*, New York 2005.

Lévinas, Emmanuel, „Heidegger, Gagarin und wir“, in: ders., *Schwierige Freiheit. Versuch über das Judentum*, Frankfurt am Main 1963.

Lewin, Kurt, *Field Theory in Social Science*, New York 1951.

Licklider, J. C. R., „Man-Computer Symbiosis“, in: *IRE Transactions on Human Factors in Electronics*, März 1960.

Licklider, J. C. R., und Robert W. Taylor, „The Computer as a Communication Device“, in: *Science and Technology*, April 1968.

Masani, P. R., *Nobert Wiener 1894–1964*, Basel, Boston und Berlin 1990.

McCulloch, Warren S.: „Zu Schaltkreisen ethischer Roboter oder: Eine Beobachtungswissenschaft der Genese sozialer Wertungen im verständigen Verhalten von Artefakten“, in: ders.: *Die Verkörperung des Geistes*, Wien und New York 2000.

Mead, Margaret, *And Keep Your Powder Dry*, New York 1943.

Negroponte, Nicholas, *Architecture Machine – Toward a More Human Environment*, Cambridge 1970.

Negroponte, Nicholas, und Leon Groisser, *URBAN 5: An On-Line Design Partner*, Cambridge 1967.

Neumann, John von, *The Theory of Games and Economic Behavior*, Princeton, NJ, 1947.

Pols, Hans: „‚Beyond the Clinical Frontiers'. The American Mental Hygiene Movement 1910–1945“, in: Volker Roelcke, Paul J. Weindling und Louise Westwood (Hg.), *International Relations in Psychiatry. Britain, Germany, and the United States to World War II*, Rochester 2010.

Prange, Regine, „Normen der Freiheit. Meyer Schapiros Moderne“, in: *Zeitschrift für Ästhetik und allgemeine Kunstwissenschaft*, 40, 1995.

Rid, Thomas, *Maschinendämmerung*, Berlin 2016.

Schröder, Thomas, „COMPUTER-UNTERSTÜTZTES ENTWERFEN in den Fachbereichen Architektur und Stadtplanung“, in: *ARCH+*, 1, 1968, H. 4.

Schumann, Henry, *Kritik und Kreation. Versuche über Kunst und Kunstkritik*, Leipzig 1983.

Shannon, Claude E., *The Mathematical Theory of Communication*, Chicago 1949.

Strecker, Edward A., *Beyond the Clinical Frontiers*, New York 1940.

Vrachliotis, Georg, *Geregelte Verhältnisse. Architektur und technisches Denken in der Epoche der Kybernetik*, Wien und New York 2012.

Wiener, Norbert, *Cybernetics or Control and Communication in the Animal and the Machine*, Cambrigde 1948.

Wiener, Norbert, *God & Golem, Inc. A Comment on Certain Points where Cybernetics Impinges on Religion*, Cambrigde 1964

Wiener, Norbert, *The Human Use of Human Beings*, Boston 1950.

SEEK

The Architecture Machine Group, MIT
Seek 1969–1970
Computer: The Interdata Corporation, Oceanport, New Jersey
Mongolische Wüstenrennmäuse: Tumblebrook Farm, Brant Lake, New York

Seek wurde von Studenten und Professoren des MIT entwickelt, die zur Architecture Machine Group gehörten, die von der Ford Foundation im Rahmen einer Förderung für das MIT Urban Systems Laboratory unterstützt wurde. Im November 1967 erhielt das MIT von der Ford Foundation dafür einen Zuschuss in Höhe von drei Millionen Dollar, um Lehrstühle, Vorlesungen und ein Labor für die Analyse städtischer Systeme einzurichten. Mit diesen Mitteln wurde das abteilungsübergreifende und multidisziplinäre Urban Systems Laboratory Anfang 1968 unter der Leitung von Charles Miller, einem Mitglied der Fakultät für Bauingenieurwesen, eingerichtet. Der Architekt und Spezialist für rechnergestütztes Konstruieren, Nicholas Negroponte, gründete 1967 zusammen mit dem Architekten Leon B. Groisser zudem die Architecture Machine Group (Arch Mac), aus der dann 1985 das MIT Media Lab hervorging. Die Teilnehmer der Gruppe, die unter der Leitung von Negroponte *Seek* realisierten, waren zum Teil Studienanfänger, die im Rahmen des Undergraduate Research Opportunities Program arbeiteten, zum Teil aber auch Postgraduates, die im Rahmen ihrer Forschungsassistenz Teile der Installation entwarfen.

Randy Rettberg und Mike Titelbaum, Studenten der Elektrotechnik, waren für die Elektronik zuständig, insbesondere für die Schnittstelle und den Controller. Der Doktorand Steven Gregory von der Fakultät für Architektur und Planung war für die Programmierung des Interdata-Model-3-Computers zuständig, Steven Peters und Ernest Vincent für die Konstruktion einiger Maschinenteile.

Nach Beendigung der *SOFTWARE*-Ausstellung kehrte *Seek* zum MIT zurück, um die Einzelteile der Maschine als Allzweck-Sensoren oder als Endeffektoren weiterzuverwenden. *Seek* wurde am MIT das Modell für weitere Experimente von Professoren und Studenten im Bereich des computergestützten Designs und der Künstlichen Intelligenz, die den weiteren Weg des Computers zur Zeichenmaschine, zum Entwurfswerkzeug und zur interaktiven Kommunikationsplattform vorbereiteten.

SOFTWARE – Information technology: its new meaning for art

The Jewish Museum, New York,
16. September – 8. November 1970

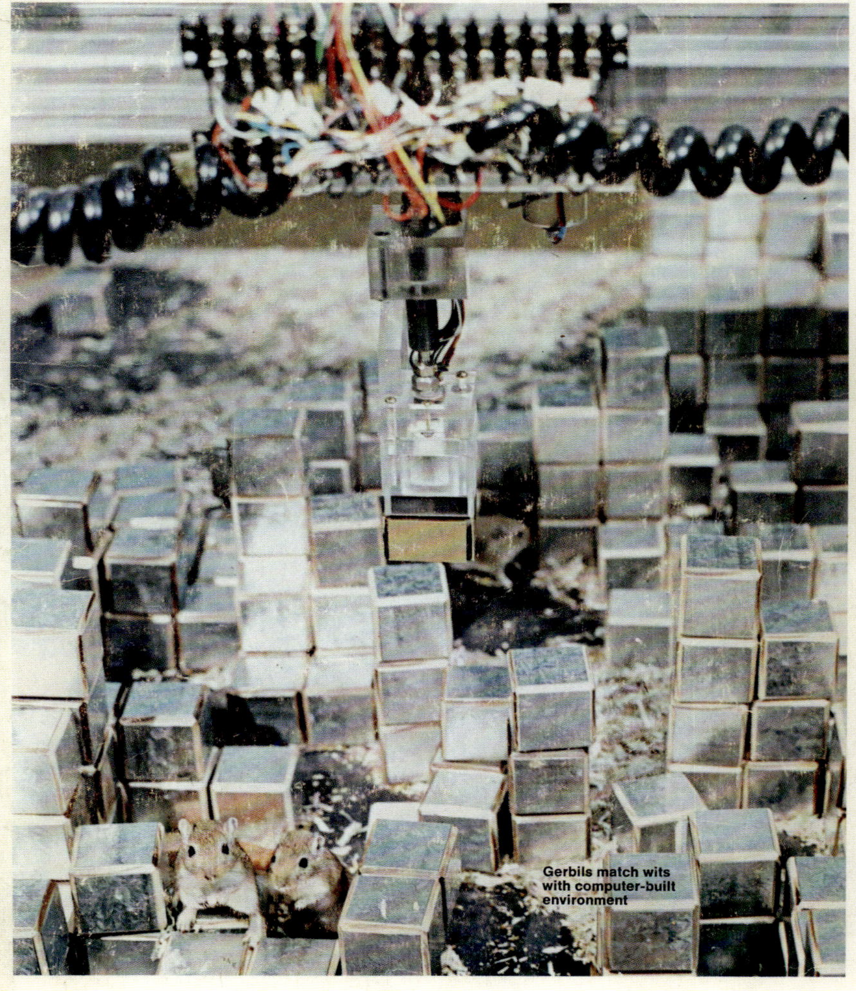
SOFTWARE
Information technology: its new meaning for art
Gerbils match wits
with computer-built
environment

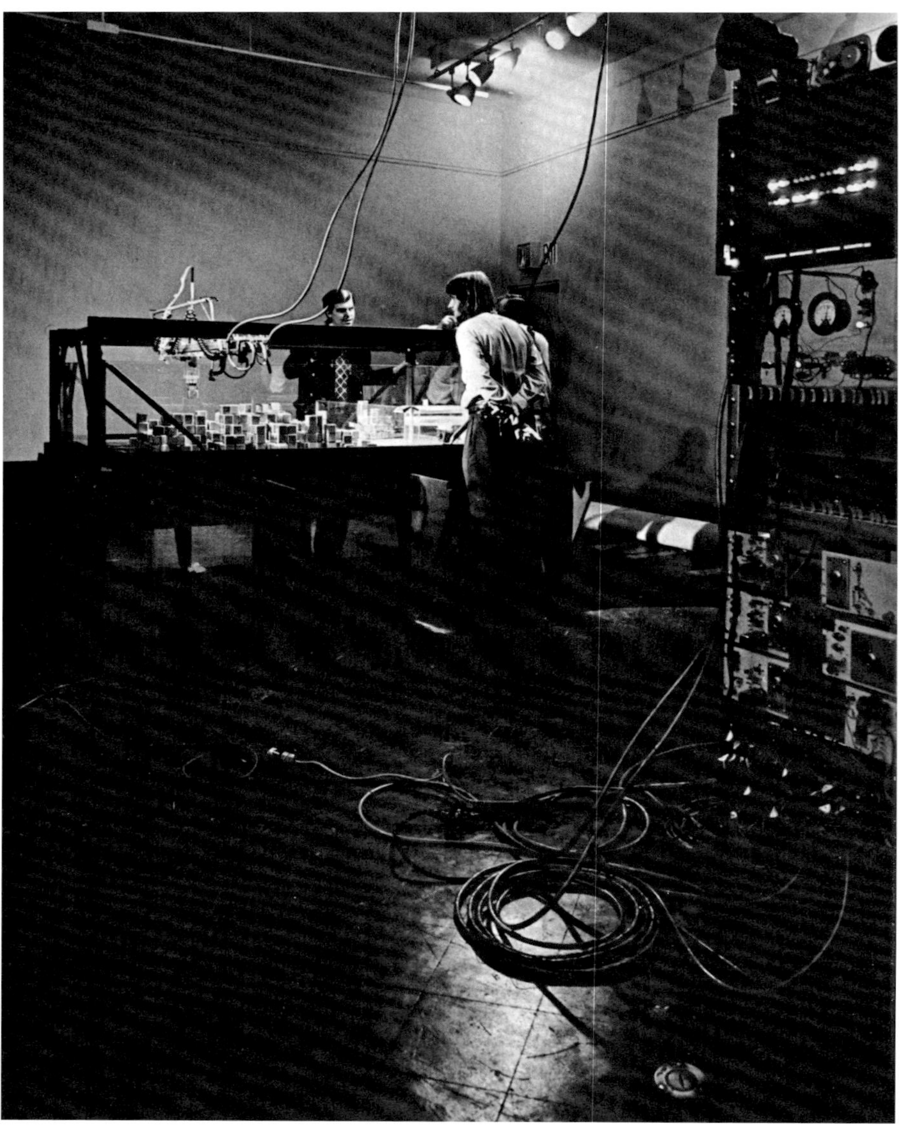

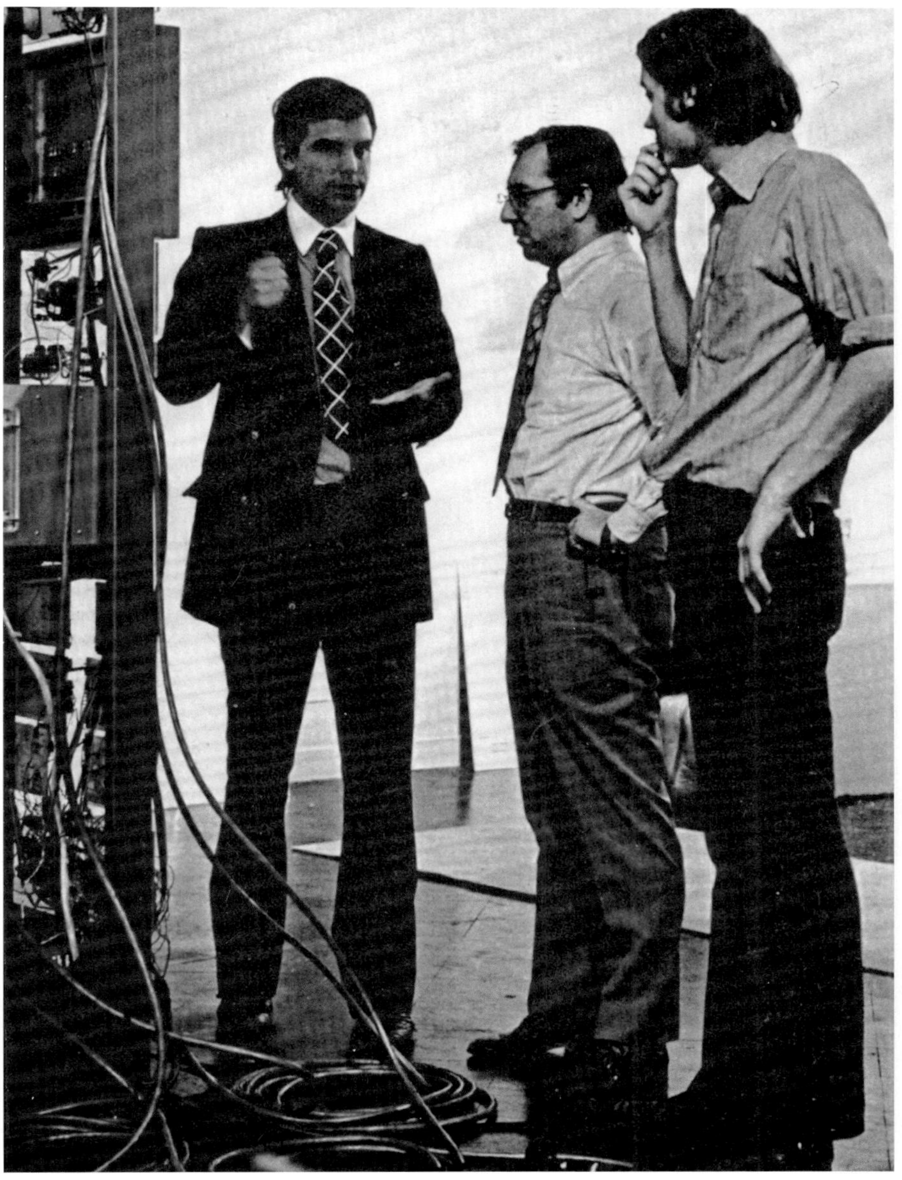

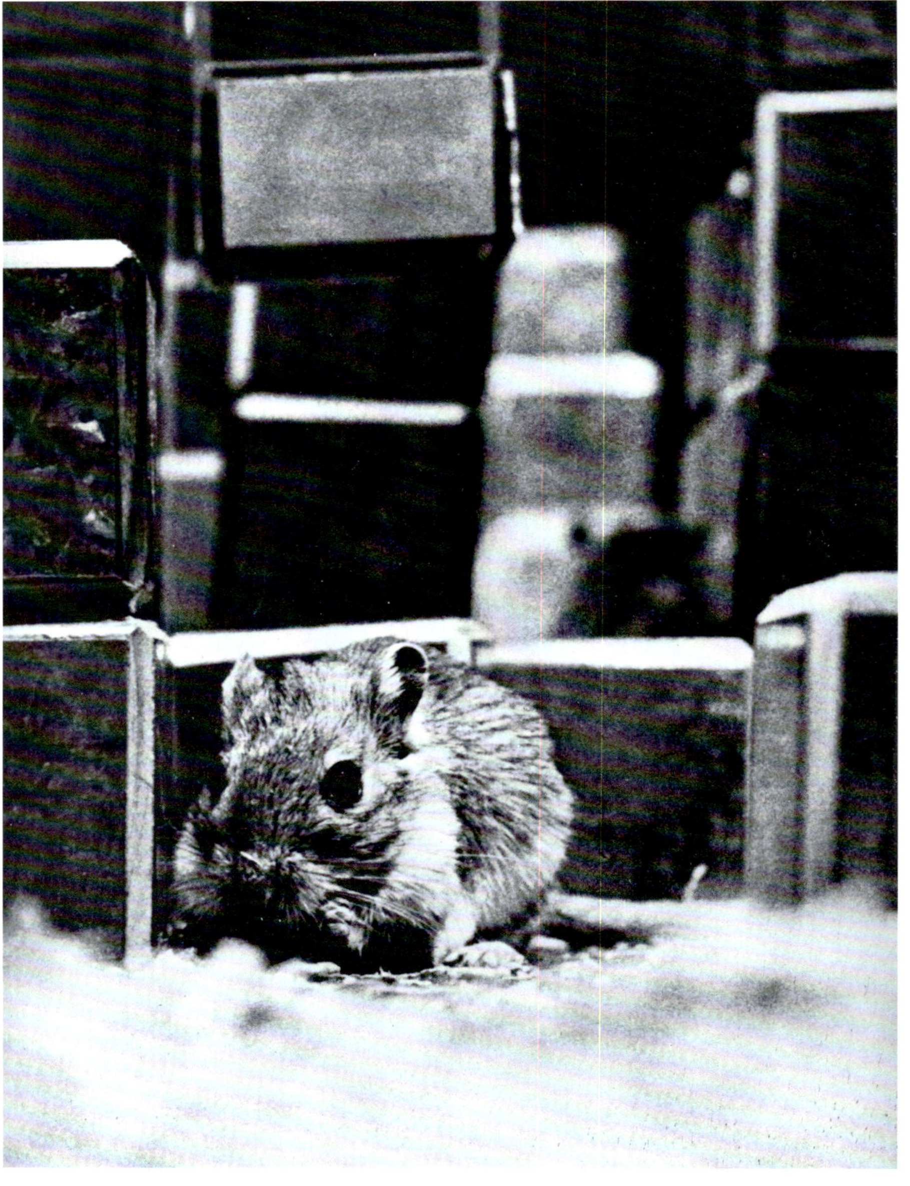

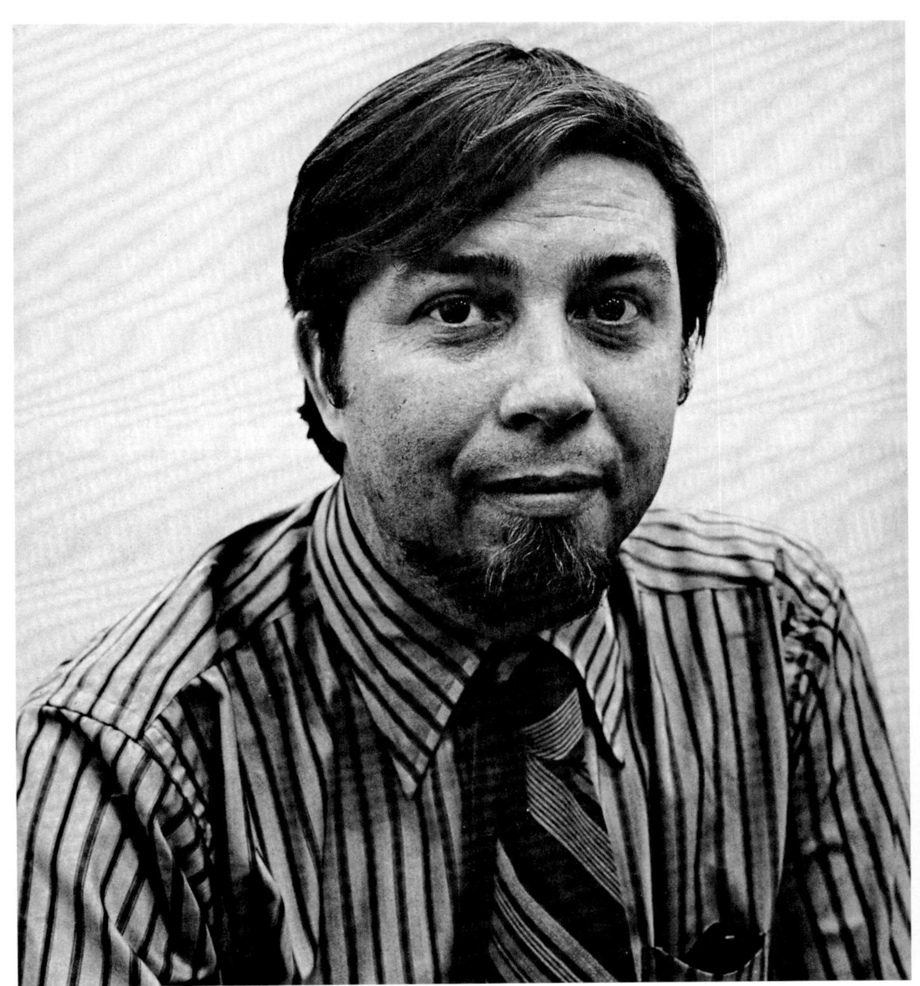

N.Y. Post 7-11-70

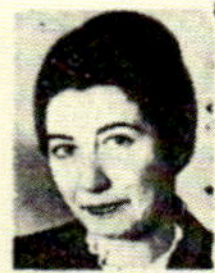

Art and the Artist

EMILY GENAUER

IF AN exhibition called "Information" doesn't give you any, what have you got? At the Museum of Modern Art's elaborate new show so titled, it seems next to impossible to get any clear notion of either the museum's purpose in putting it on, or the ideas and spirit moving most of its participating artists.

A few things do come across loud and clear. A printed placard on the wall offers a statement by Andy Warhol: "In the future everybody will be famous for 15 minutes."

The very first item you see on entering the show is a pair of transparent plastic ballot boxes, offered as the work of Hans Haacke, over which a sign reads: "Would the fact that Gov. Rockefeller has not denounced President Nixon's Indochina policy be a reason for you not to vote for him in November?"

Visitors are supposed to vote "yes" or "no" and drop their ballots in the appropriate box. One may wonder at the humor (propriety, obviously, is too archaic a concept even to have figured) of such poll-taking in a museum founded by the Governor's mother, headed now by his brother and served by himself and other members of his family in important financial and administrative capacities since its founding 40 years ago.

"Information," says the museum's announcement, quoting Kynaston McShine, —associate curator of painting and sculpture who assembled the show—is "an international report on recent activity . . . of highly intellectual and serious young artists who have addressed themselves to the question of how to create an art that reaches out to an audience larger than which has been interested in contemporary art in the last few decades."

Now you can't fault artists for that. But what the show really suggests is that, feeling uneasy and obsolete in a world of instant communications dominated by calcu-

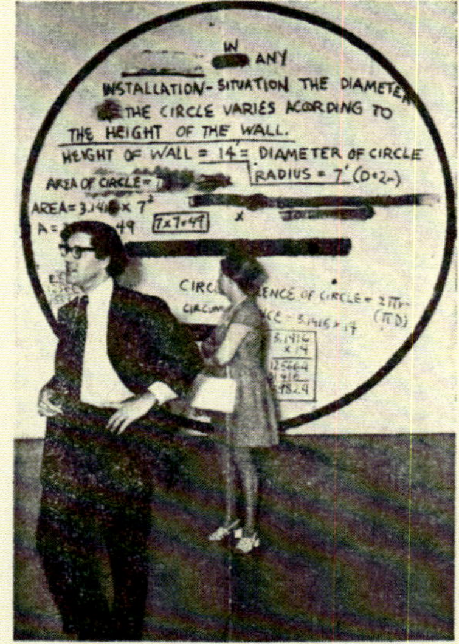

Left: Computing a wall. Right: the visual juke box.

The revelation of a revolution

lov. Or a sign by Vita Acconci which announces that since the artist is in a show at the museum and can use it as a post-office-box during the show, he's having his mail forwarded there. His "work" then, is the service performed by the post-office, delivering the mail, the act of the sender in mailing it, and his own in picking it up.

So, you figure, the whole show *has* to be a put-on. Only it can't be that easy. There are 150 artists from 15 countries represented in it, and I'm not ready to believe that that many people all over the world, not to mention the museum staff, would waste their time, energy and resources on a huge, terrible, unfunny joke.

Besides, another project, of similar nature, organized by the Smithsonian Institution and the Jewish Museum, and called "Software," will open in mid-September at that museum. This one will include the work of nineteen artists questioning how "personal and social sensibilities" have been altered by the "Cybernetic Revolution," and involve solar-powered radios, transmitters, teletype equipment, computers, or just documentation and proposals that are purely "conceptual."

The fact is that a revolution is going on in the world of art, a revolution which says that communications

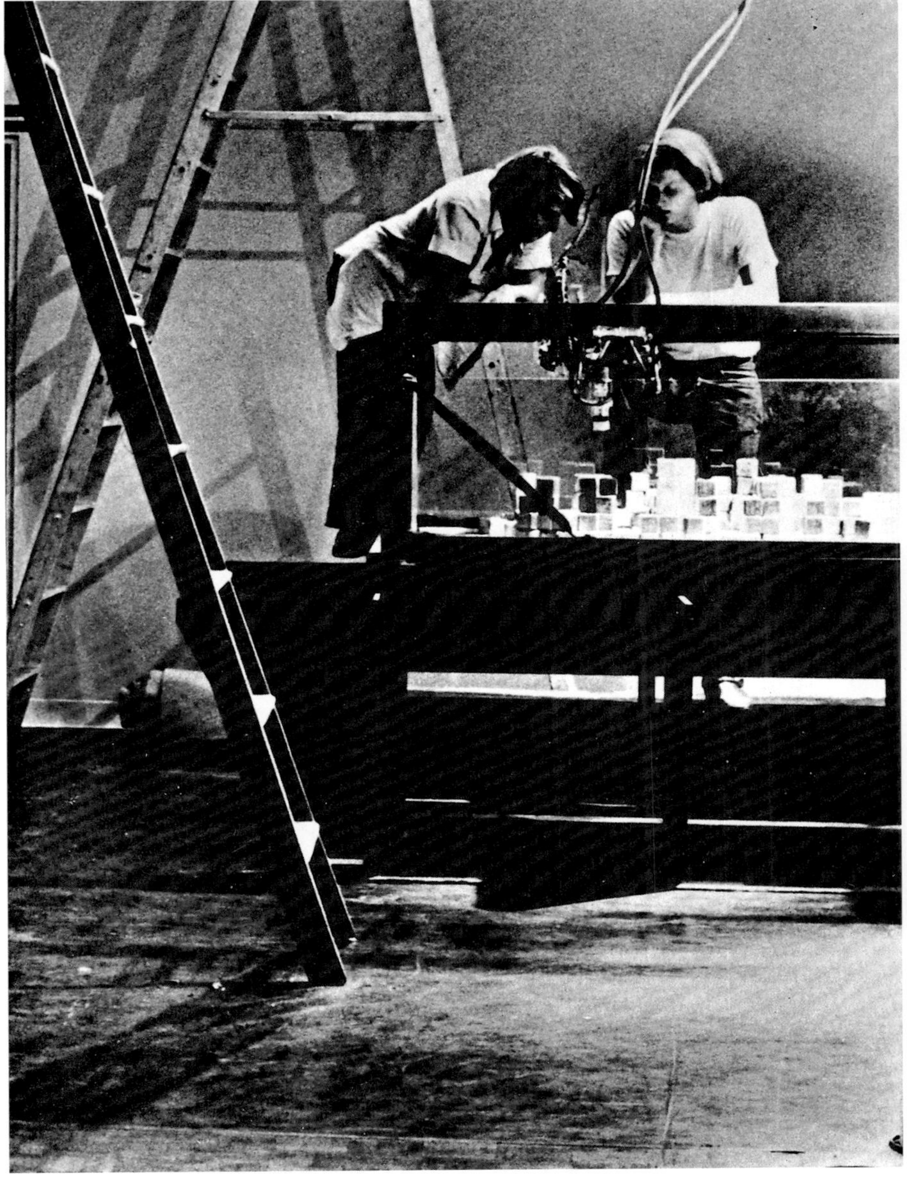

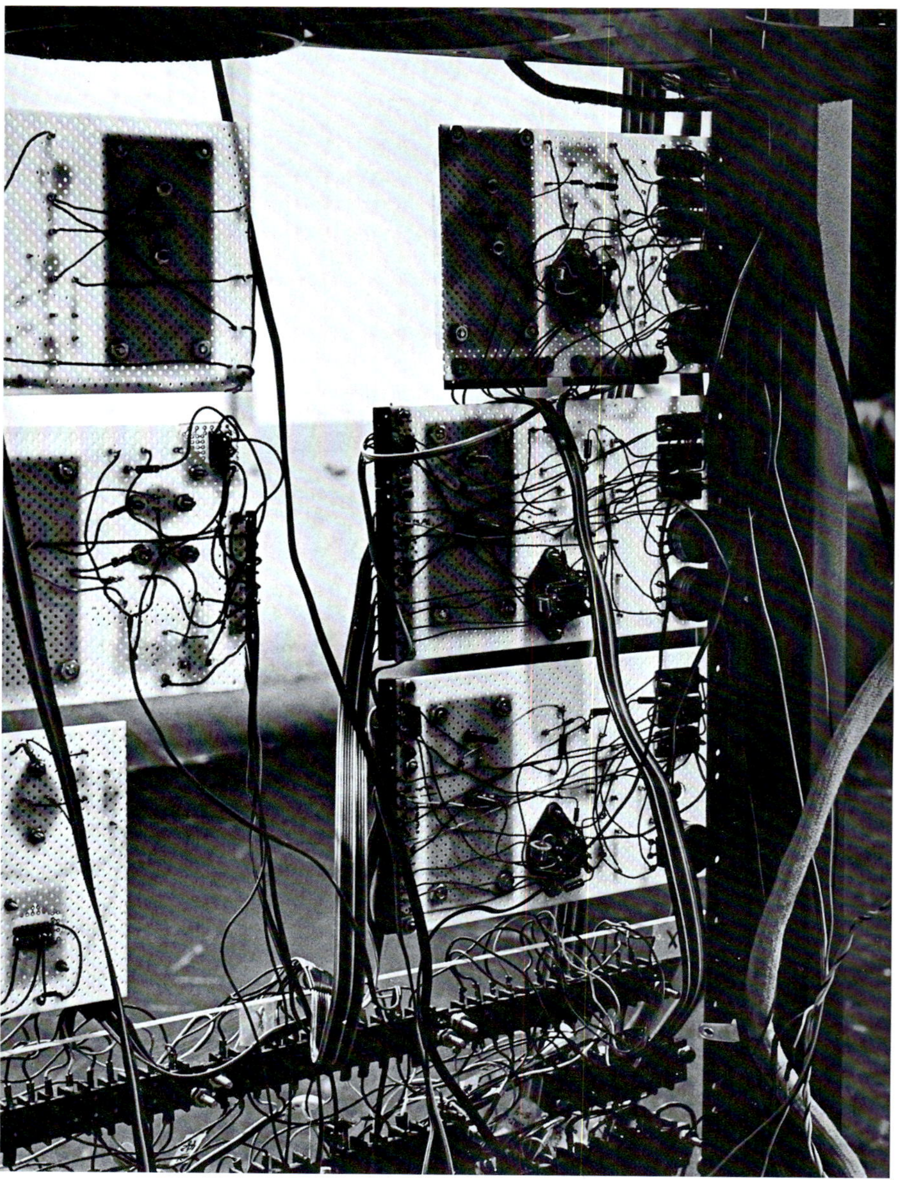

SEEK II

Lutz Dammbeck
Seek II (Replikat), 2007–2023
Maschinenbau: Felix Härtelt, Hamburg
Elektronik und Programmierung: Lars Vaupel, Hamburg
Produktionsassistenz: Fritz Barthel, Hamburg
Mongolische Wüstenrennmäuse: Martin-Luther-Universität Halle-Wittenberg, Institutsbereich Zoologie
Fachberatung: Dr. René Weinandy, Halle

2006 boten mir zwei junge Berliner Galeristen an, bei ihnen auszustellen. Sie gaben mir eine *carte blanche*. Mit dem Ausstellungsetat finanzierte ich den Nachbau von *Seek* und die Kontextualisierung der Maschine in einer Installation.
Zunächst machte ich mich auf die Suche nach einem Forschungsinstitut, das mir 25 Mongolische Wüstenrennmäuse zur Verfügung stellen konnte.

Nach langem Suchen wurde ich in Halle fündig. Der dort an Mongolischen Wüstenrennmäusen forschende Biologe Dr. René Weinandy stellte mir ein Stammpaar zur Verfügung, das sich Wurf um Wurf vermehrte, bis die gewünschte Anzahl Mäuse zur Verfügung stand.

Kompliziert war auch die Programmierung für den Greifarm von *Seek* und die Ermittlung der exakten Maße für das Metallgerüst, da an Informationen nur zur Verfügung stand, was im Katalog zu lesen und zu sehen war. Nicholas Negroponte und das MIT reagierten auf keine meiner Anfragen, und andere Mitglieder der damals für *Seek* zuständigen Forschungsgruppe waren nicht mehr auffind- oder befragbar.

Hatte 1970 noch der Computer mit seinem Greifarm und dem im Katalog beschriebenen Wunschprogramm dem Publikum Bewunderung oder zumindest Respekt abverlangt, so waren 2007 und bei weiteren Präsentationen von *Seek II* die Mäuse die Stars. Die Betrachter der Szenerie hatten fast 40 Jahre später beruflich wie privat Erfahrungen mit dem Computer, und *Seek* weckte nun eher Unbehagen. Den heutigen Betrachtern war klar, dass sie inzwischen selbst die Rolle der Mäuse übernommen hatten und sich täglich dem Ordnungswillen der Technik fügten.

Ihre Sympathie gehörte den Mäusen, die stellvertretend gegen einen Gegner antraten, gegen den sie keine Chance hatten – trotz alles Zerstörungswillens und gelegentlicher spontaner und chaotischer Revolten gegen Teile der Maschine.

Obwohl bei öffentlichen Präsentationen von *Seek II* das für den Tierschutz zuständige Veterinäramt einen Rückzugsort für die Mäuse zur Auflage machte, so dass diese entscheiden konnten, ob sie „mitspielen“ wollten oder nicht, kam es während der Ausstellungsdauer zu heftigen Auseinandersetzungen um die Rangordnung in der Gruppe. Eine Maus überlebte das nicht und fand ihre Auferstehung als Präparat.

Als Installation war *Seek II* Teil folgender Ausstellungen:

2007	*Re_Re-Education*, Galerie COMA, Berlin
2009	*MAN SON. Vom Schrecken der Situation*, Hamburger Kunsthalle / Galerie der Gegenwart
2010	*Atlasmacher*, Kunstraum im Deutschen Bundestag
2023	*Renaissance 3.0, Ein Basislager für neue Allianzen von Kunst undWissenschaft im 21. Jahrhundert*. Zentrum für Kunst und Medientechnologie (ZKM) Karlsruhe

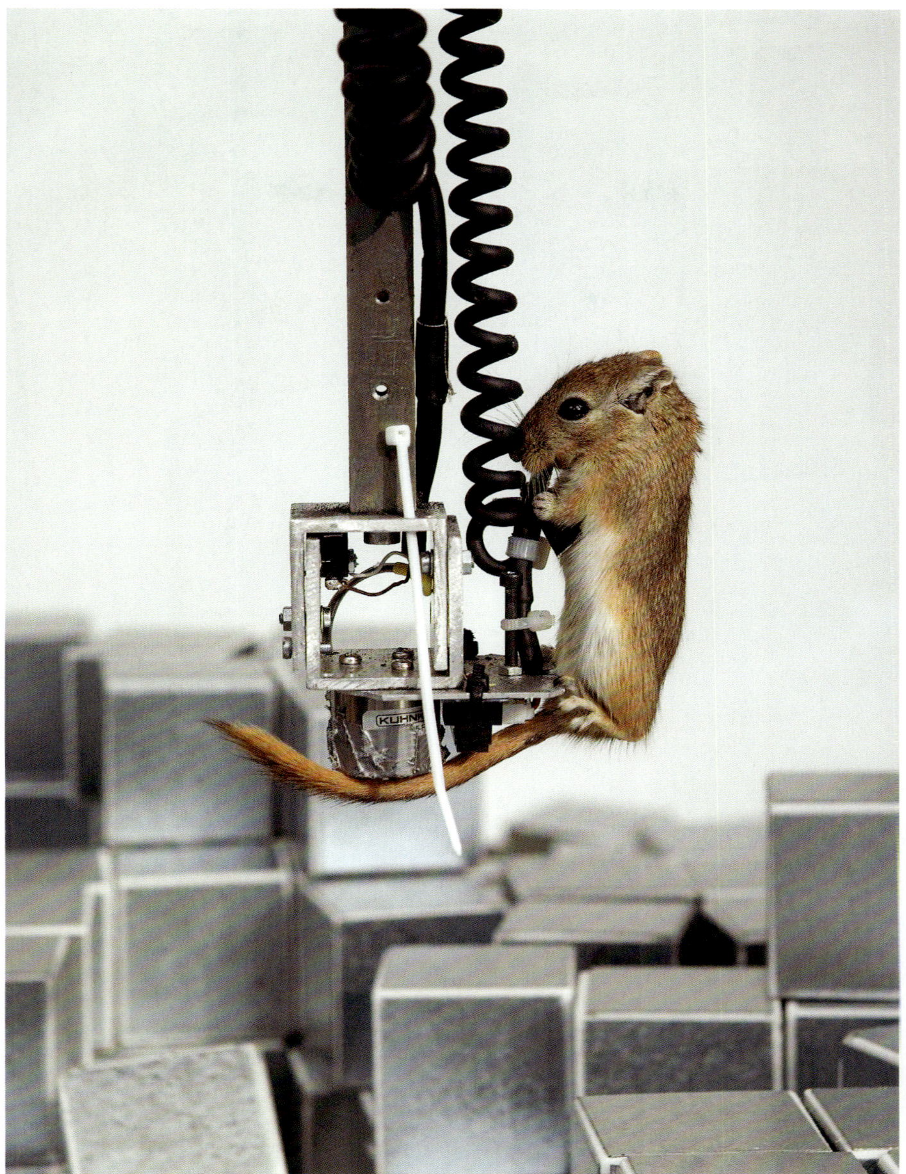

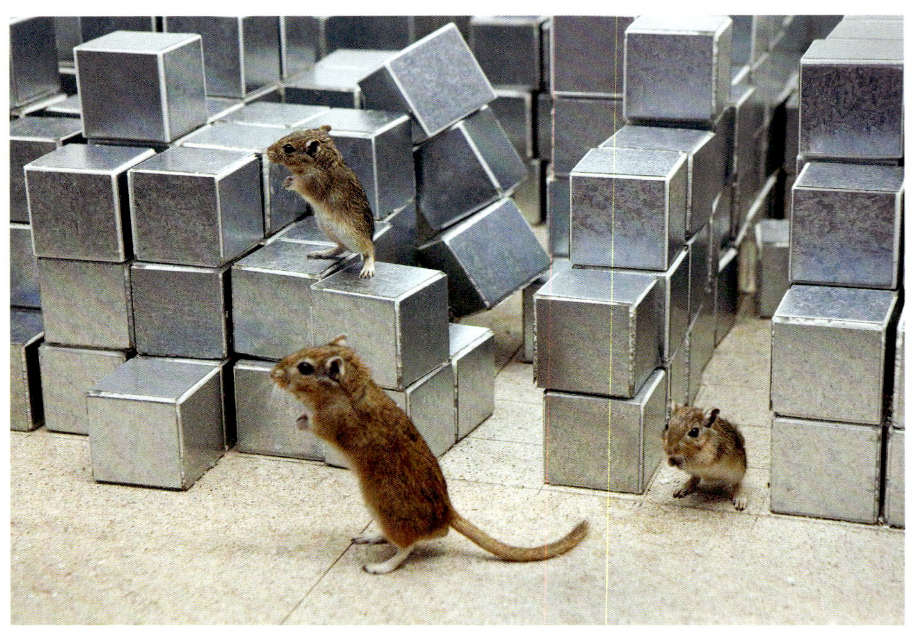

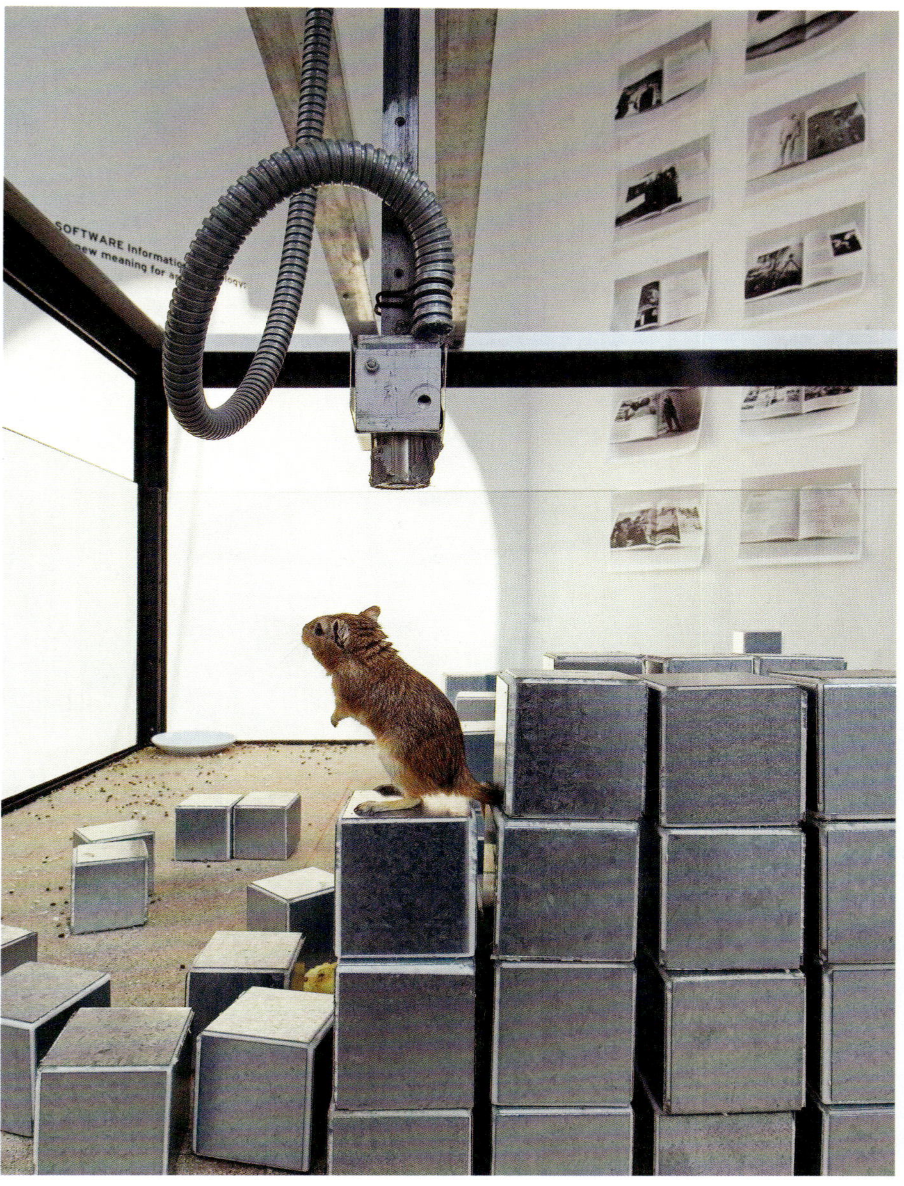
SOFTWARE

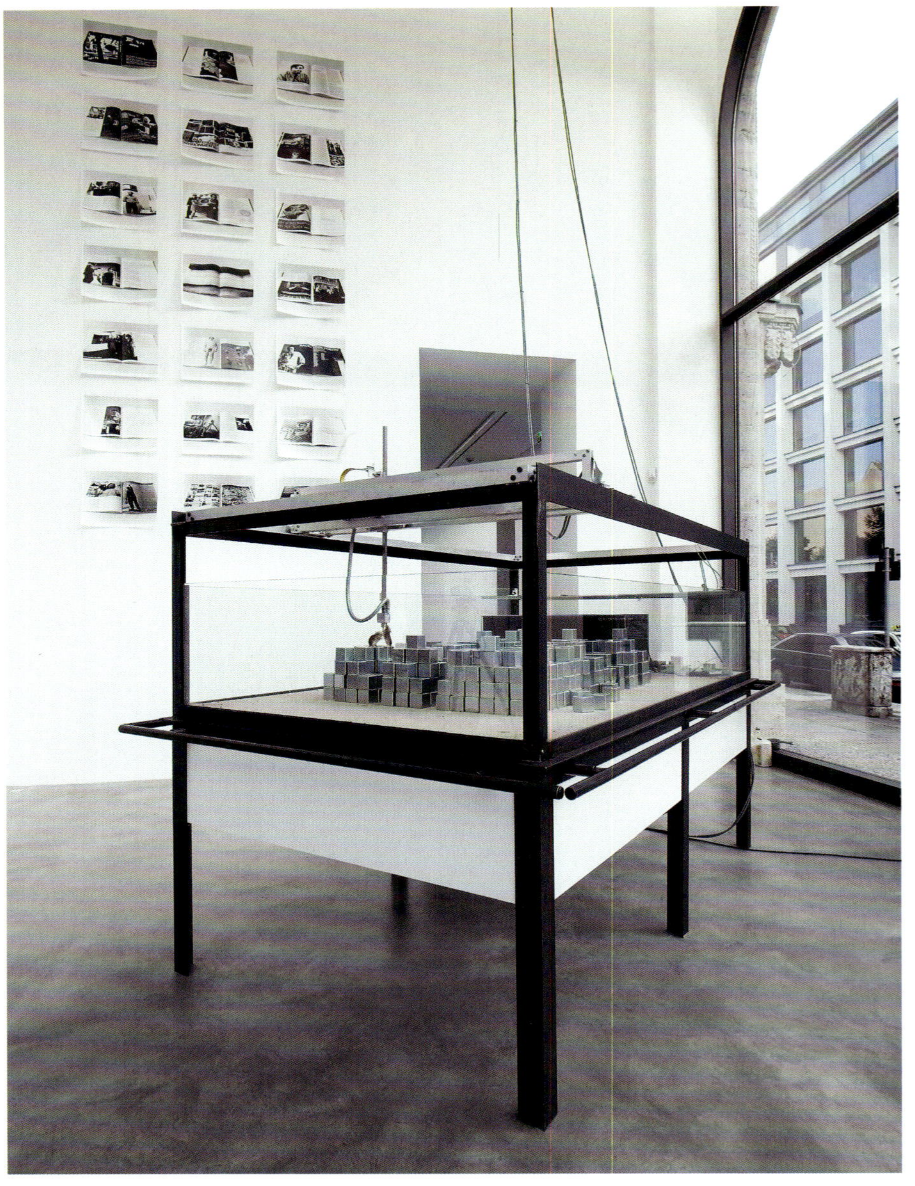

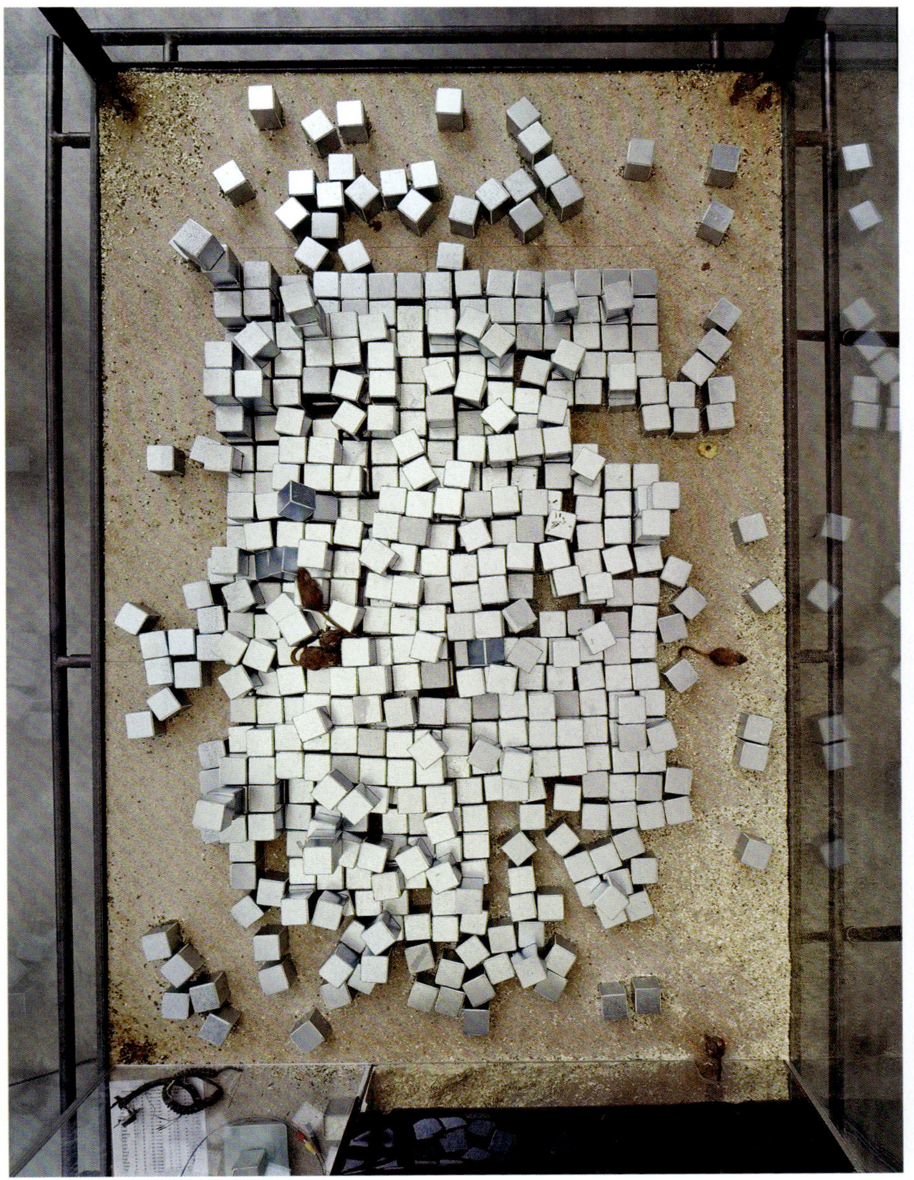

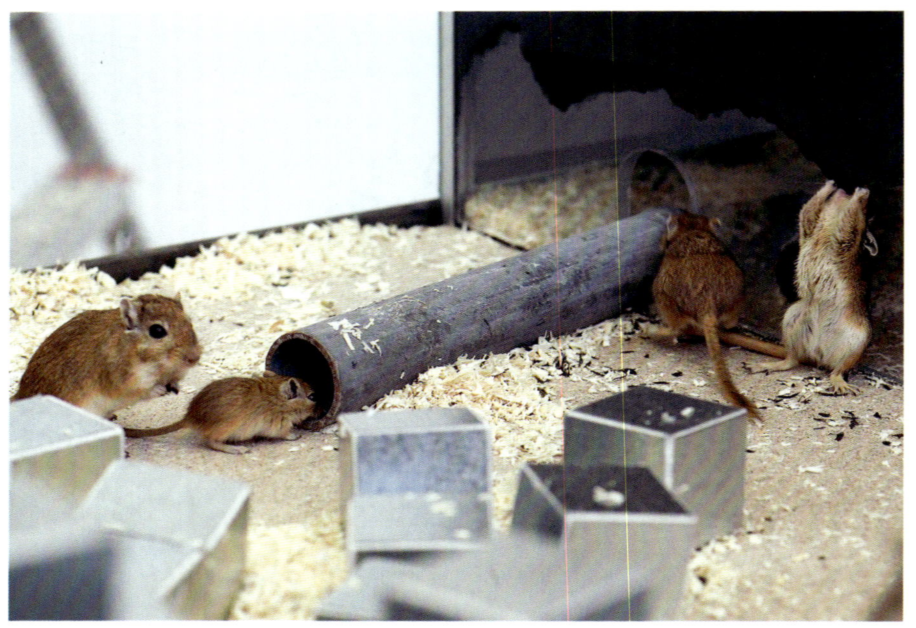

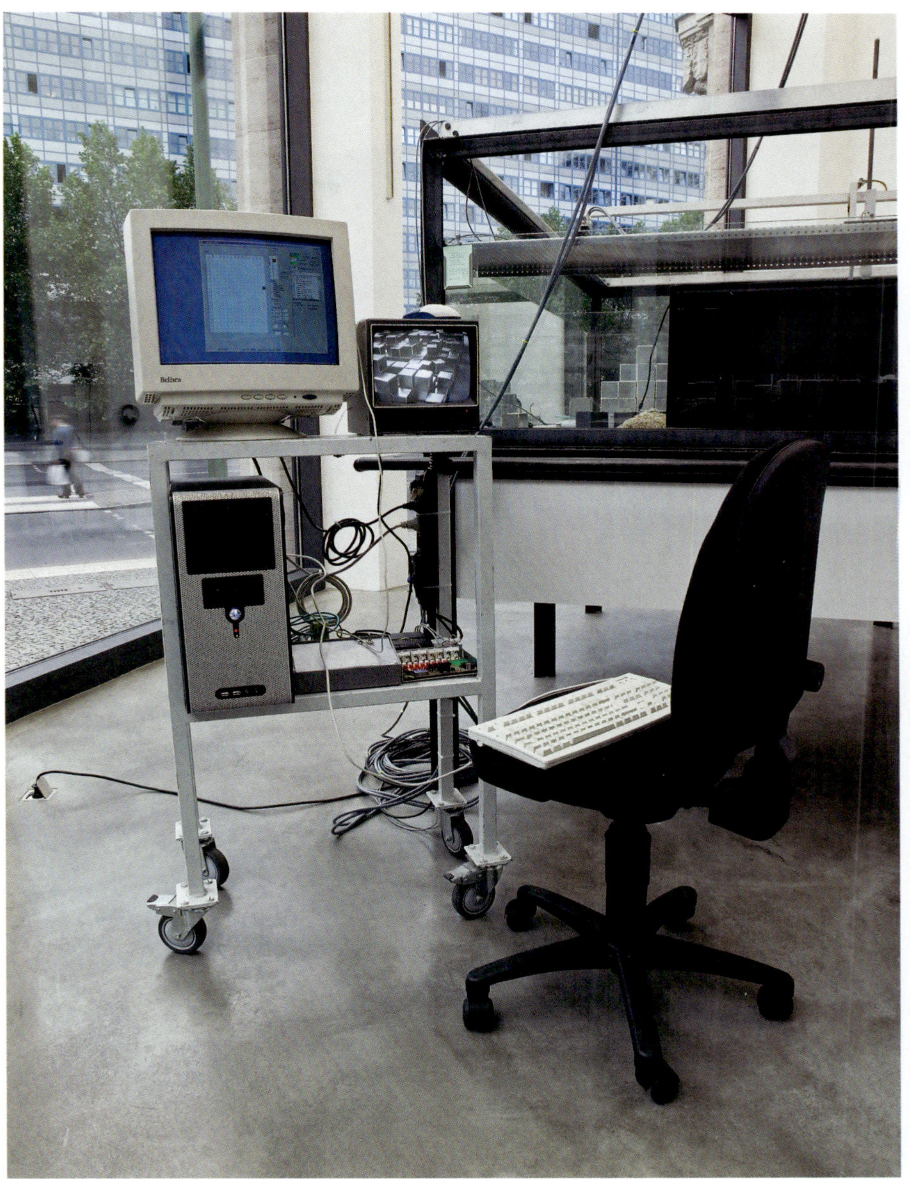
Belinea

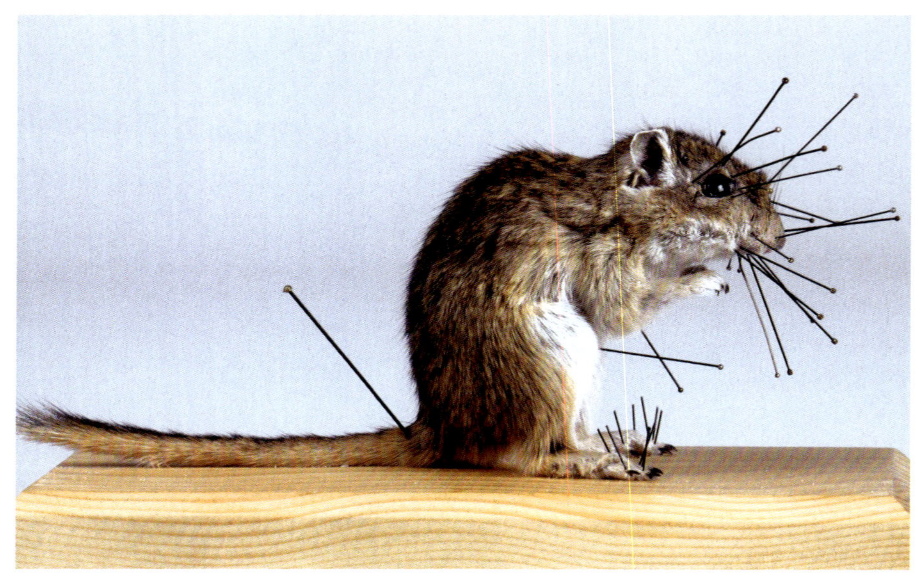